国家自然科学基金资助项目（71372070）
上海立信会计学院085项目
立信会计产学研基地建设项目

企业并购与重组会计案例

（第二版）Accounting Cases of Merge, Acquisition and Restructuring

张奇峰 主 编
张维宾 郑先弘 朱 颖 潘莉华 副主编

东北财经大学出版社 大 连
Dongbei University of Finance & Economics Press

图书在版编目（CIP）数据

企业并购与重组会计案例／张奇峰主编．—2版．—大连：东北财经大学出版社，2019.8
ISBN 978-7-5654-3562-1

Ⅰ.企…　Ⅱ.张…　Ⅲ.企业合并-会计-案例-中国　Ⅳ.F275.2

中国版本图书馆CIP数据核字（2019）第114964号

东北财经大学出版社出版
（大连市黑石礁尖山街217号　邮政编码　116025）
网　　址：http://www.dufep.cn
读者信箱：dufep@dufe.edu.cn

大连永盛印业有限公司印刷　　东北财经大学出版社发行

幅面尺寸：170mm×240mm　字数：442千字　印张：22.5　插页：1
2019年8月第2版　　2019年8月第3次印刷

责任编辑：李智慧　王　莹　　责任校对：惠恩乐
封面设计：张智波　　版式设计：钟福建

定价：48.00元

教学支持　售后服务　联系电话：（0411）84710309

如有印装质量问题，请联系营销部：（0411）84710711

资助声明

本书是作者主持的国家自然科学基金资助项目“同一控制下企业合并会计的经济后果研究”（项目批准号：71372070）、上海立信会计学院085项目“企业并购与合并报表实训基地建设”以及立信会计产学研基地建设项目的重要成果之一。感谢国家自然科学基金委、上海市教委、上海立信会计学院与立信会计产学研基地的资助，但本书文责由作者承担。

第二版前言

近年来，企业会计准则与解释公告相继修订或制定，使本书第一版案例中运用的相关法规与原理受到了一些影响。为此，根据目前最新的企业会计准则与解释公告，以及近年来教师在授课过程中的反馈情况，对本书进行了修订。

第二版主要的修订之处如下：

（1）案例1“华映科技股权收购”中补充与调整了拟讨论的问题；

（2）案例5“美的集团换股兼并美的电器：是企业合并吗”与案例20“精良印包兼并原子公司：同一控制合并还是公司清算”中补充了其法规基础——《企业会计准则解释第7号》；

（3）附录补充了《企业会计准则解释第7号》《企业会计准则解释第8号》《企业会计准则解释第9号》中企业并购与重组部分内容。

由于作者时间与能力有限，本书的疏漏与错误在所难免，敬请读者批评指正！

张奇峰

2019年6月

第一版前言

企业并购重组是企业快速扩张或缩小规模的主要途径，对于企业经营效率的改善、资源配置的优化、产业转型与技术升级以及资本市场的健康良性发展都具有重要意义。目前，企业并购重组的实务发展与创新层出不穷，对并购重组的会计核算与教育提出了严峻的挑战。本书从财务会计的视角，分析与讨论企业并购与重组的会计核算问题，揭示并购与重组的经济实质及会计核算原则，为投资顾问、财会人员、审计师以及监管者更好地理解与开展并购与重组业务提供了思路。

本书适用于会计专业高年级本科生、会计专业硕士（MPAcc）、审计专业硕士（MAud）以及工商管理硕士（MBA）的“企业并购与重组”等相关课程教学以及会计师事务所审计人员的后续培训，也可以作为“高级财务会计”课程的教学辅导资料。我们也希望本书给从事企业并购与重组实务的投资顾问、会计与税务人员、研究人员以及监管者提供一个基于财务会计视角的分析框架与建设性思路。

本书撰写的动机最早可追溯到 2006 年我开始给会计学专业高年级本科生讲授“企业并购与重组”课程，当时查阅了图书馆所有相关的教材与教辅资料，发现绝大多数教材都是从金融学或战略管理的角度来展开讨论，与会计的理论与实务相差甚远。如何使会计学专业学生更好地了解并购重组理论与实务的前沿一直是我探索的目标，因此我萌发了自编教材的想法。

2009 年我赴香港理工大学访学期间，向俞伟峰教授请教了香港与海外高校开设的“企业并购与重组”课程的情况，发现大多数海外高校都把该课程列为财务学或金融学的高年级本科生或硕士生的教学内容，不太适合给会计学专业的学生讲授，因此我开始收集并购与重组会计的资料，也坚定了自编教材的想法。

2010 年，台湾政治大学吴安妮教授担任我院的东方学者与客座教授，带领我们到长三角地区调研企业的战略与管理会计的实施情况，并指导我们如何编写教学案例，这给了我启发——编写一本并购与重组会计案例的教材。

幸运的是，2012 年我校张维宾教授邀请我参加立信会计产学研基地践习。在此期间，我参加了产学研基地举办的“并购重组与企业发展”研讨会，参与了张维宾老师主持的“企业并购与合并报表”实验项目的开发，主持并参与了 3 个与并购重组相关的产学研基地课题。张维宾教授还接受了我的邀请并组织会计师事务所的专家参与本书稿的撰写与讨论。在此基础上，我们申报的国家自然科学基金课题“同一控制下企业合并会计的经济后果研究”也获得了立项。经过两年多的努力，我们的书稿终于可以与大家见面。毫无疑问，没有张维宾老师以及会计师事务所专家郑先弘、朱颖、潘莉华、徐娟、黄海、江强、饶海兵、孙冰、张宇、周永厦等的帮助与支持，本书稿的完成绝无可能。

本书具有如下特点：

（1）本书聚焦于企业并购重组中的会计问题。目前，关于企业并购重组的资料或研究大多从经济学、财务学、战略管理、法律或税务的角度来展开分析与讨论，较少关注其会计问题。而并购与重组的会计教学主要在“高级财务会计”课程中进行，由于受到学时的限制，往往很难全面与深入展开，且与目前并购与重组的实务前沿存在较大脱节。会计核算强调实质重于形式原则。本书从企业财务报告确认与计量的角度分析企业并购重组的交易，能够更深入细致地揭示其交易的经济实质，明晰并购与重组的交易动机与后果，为实务人士更好地理解与开展并购与重组提供思路。

（2）本书案例具有实战性、新颖性以及趣味性。实战性是指本书所有案例素材都来自企业的实务前沿，而不是作者的虚构与想象，其中大部分案例来自上市公司的公开信息披露，少数案例来自会计师事务所合伙人或高级项目经理在审计过程中所亲历的会计难题。出于客户信息的保密需要以及为了更好地揭示其所运用的会计原则，我们对一些案例做了匿名或化名的处理，对一些案例的交易细节做了简化与调整。新颖性不仅是指案例的资料来自当前最新的实务问题，而且案例所运用的原则或原理来自目前最新的会计准则与规范，如 2014 年新修订的“长期股权投资”与“合并财务报表”等准则。趣味性是指本书案例都设置了一个讨论场景与一场激烈的争论以及一系列案例思考题，在争论中阐明了交易所面临的主要会计问题，以激发读者的兴趣，引导读者设身处地从不同的角度对交易中相关会计问题与原理进行深入的思考。

（3）本书案例注重实务与理论相结合。本书案例主要是探索性、描述性与解释性案例，目的在于揭示并购重组交易中的会计问题及其所运用的会计原则，提高读者分析与解决问题的能力。Ryan、Scapens 和 Theobald（1992）将会计与财务的案例研究分为描述性案例研究（descriptive case studies）、说明性案例研究（illustrative case studies）、实验性案例研究（experimental case studies）、探索性案例研究（exploratory case studies）和解释性案例研究（interpretative case studies）。本书没有说明性和实验性的案例，最好与我们另一本书《企业并购与合并报表实验教程》结合使用。在《企业并购与合并报表实验教程》中，我们开发了配套实验软件，试图让使用者明白企业并购与合并报表的会计核算“怎么做”；在本书中我们不仅阐明了企业并购重组的会计实务“应该”怎么做，而且试图引导读者探索“为什么”这么做。需要特别指出的是，由于本书的案例主要是探索性的，我们所提供的参考答案并非标准答案，因此本书的案例主要在于激发与引导读者的思考。由于案例资料的完备性尚欠、人们的认知水平有限以及我国会计规范在不断变化中，会计实务也在不断发展中，不少案例在当时没有相关会计与税务规范，我们不能用后颁布的会计与税务规范去处理当时的业务，以免成为“事后诸葛亮”；同时，案例本身的特殊性意味着它不可能在未来的工作中完全重复出现，但是案例中所运用的基本原理为我们未来实务的开展提供了思路与借鉴。

(4) 本书案例的视角具有多维性与多元性。本书的案例全部取材于中国市场。从案例的内容来看，本书案例主要包括一般并购业务、特殊并购业务与企业重组业务三个部分。上篇——一般并购业务，包括案例1至案例13，主要涉及是否为企业合并、是否为同一控制下的合并、是否为非同一控制下的合并、是否为一揽子交易、是否为分步购买下企业合并的交易特征、判断标准、会计处理原则及其实务应用。中篇——特殊并购业务，包括案例14至案例19，主要涉及是否为反向购买，是否构成业务、是否为业务合并、是否为无支付对价的合并的交易特征、判断标准、会计处理原则及其实务应用。下篇——企业重组业务，包括案例20至案例23，主要涉及股权出售、公司清算、资产置换与债务重组的交易特征、会计处理原则及其实务应用。从案例的角色来看，决策者不仅包括会计人员与审计人员，还包括CFO、会计主管等企业管理层，大股东，以及监管机构。有些案例具有相似的交易结构，但是由于其交易目的与初始股权结构不同，因此采用不同的会计处理原则，从而导致完全不同的经济后果；还有些交易相似的案例由于决策者不同，面临的问题迥异。从案例的难度来看，每个部分的案例都包括一般、较难与很难三个层次，尤其是在特殊并购业务中，大多交易比较复杂，需要读者或学生花费较多时间去阅读与思考。在案例中，会计的作用不仅在于反映企业管理层受托责任履行情况，而且在于提供预测与反馈企业价值的相关信息。

(5) 本书配有较完备的教学辅导资料，便于教师在课堂教学与培训中使用。每个案例都具有一定的独立性，我们基本按照由易到难的顺序编排，教师可以根据需要单独讲授，不必依次讲解。除了教学课件，我们还为本书编写了教学辅助用书，内容包括思考分析题的参考答案以及教学建议等，单独成册，仅供参考（书名为《企业并购与重组会计案例解析》，由东北财经大学出版社出版）。本书作者均来自会计实务与教学的一线，具有丰富的实务经验与教学经验，每个案例均在我们内部进行了深入讨论，其中一些案例已经在“高级财务会计”与“企业并购与重组”课堂上使用与修订过多次，取得了较好的教学效果。

本书由张奇峰担任主编，负责拟定编写大纲，设计体例，并负责总纂、修改与定稿；张维宾、郑先弘、朱颖、潘莉华担任副主编，协助主编审校；冯琪协助主编复核。本书具体写作分工如下：

内容	主笔	审校
导论	张奇峰	张奇峰、张维宾
案例1	张奇峰	郑先弘、张奇峰、张维宾
案例2	郑先弘、章丽娟	张维宾、张奇峰
案例3	张奇峰	张奇峰、张维宾、郑先弘

续表

内容	主笔	审校
案例 4	潘莉华、江强、张维宾	张维宾、张奇峰
案例 5	张奇峰、潘文科、戴佳君	张奇峰、张维宾
案例 6	张奇峰、杨龙	张维宾、张奇峰
案例 7	朱颖、周永厦、徐莎	张维宾、张奇峰、朱颖
案例 8	朱颖、张维宾、李沿锦	张维宾、张奇峰、朱颖
案例 9	叶飞腾	郑先弘、张奇峰
案例 10	董卉娜	张奇峰、张维宾
案例 11	张维宾、钱敏	张维宾、张奇峰
案例 12	黄海	张维宾、张奇峰
案例 13	徐娟	张维宾、张奇峰
案例 14	张奇峰	张奇峰、张维宾
案例 15	张维宾、张宇	张维宾、张奇峰
案例 16	王斌、朱颖、左冰清	张维宾、张奇峰、朱颖
案例 17	张奇峰、叶敏、章丽娟、刘艳君	郑先弘、张奇峰、张维宾
案例 18	潘莉华、饶海兵	张维宾、张奇峰、潘莉华
案例 19	张维宾、章丽娟	张维宾、张奇峰
案例 20	张维宾、章丽娟	张维宾、张奇峰
案例 21	姚津、张维宾	张维宾、张奇峰
案例 22	张奇峰、吴烁华	张奇峰、张维宾
案例 23	叶敏	郑先弘、张奇峰、张维宾

本书部分内容来自我在上海立信会计学院给高年级本科生与审计专业硕士生讲授“高级财务会计”与“企业并购与重组”的讲义和笔记。在写作过程中，感谢我的同事叶敏老师、董卉娜博士、叶飞腾博士、肖成民博士的积极参与，相关课程的学员也提供了许多宝贵的意见。

由于编者水平与能力有限，书中的错误与遗漏在所难免，恳请各位专家、同学批评指正并提出改进意见，以便再版时进行更新与修订。

张奇峰

2015 年 2 月

目　录

中篇 特殊并购业务

下篇 企业重组业务

企业并购与重组导论

企业并购重组，从经济学意义来看，是企业资源的优化配置、产业结构调整、产生规模经济与范围经济效应、实现生产与资本的迅速调整、企业价值再发现和再创造的过程。

一、并购与重组的基本概念

（一）并购的概念

1. 法律上的并购

从法律上来看，企业并购包括两层含义：狭义的并购是指企业的合并或收购，西方国家普遍使用“merge & acquisition”来表达，简称“M & A”。其中合并（merge）是指由两个或两个以上企业合并形成一个新的企业，其特点是伴有产权关系的转移，一个或多个法人身份被注销，由多个法人变成一个法人，相当于《中华人民共和国公司法》（以下简称《公司法》）中的吸收合并。收购（acquisition）是指一家企业以现金、有价证券等形式购买另一家企业的部分或全部股权，从而获得对该企业的控制权的经营行为。其特征是被收购企业的法人身份继续保持，因为不涉及债务清偿，所以手续简单；同时，可以较少资金收购部分股权而实施控制，但是被收购企业的经营战略与方式较难转型。

2. 经济学上的并购

从经济学上看，企业并购是指在企业控制权转移的过程中，各权利主体依据企业产权规定的制度安排而进行的一种权利让渡行为。企业并购的过程实质是企业权利主体不断变换的过程，旨在通过企业产权、控制权的转移和重新组合，来达到整合资源、增加或转移财富的目的。

3. 会计学上的并购

根据《企业会计准则第 20 号——企业合并》，企业合并是指将两个或两个以上单独的企业合并形成一个报告主体的交易或事项。

企业合并的结果通常是一个企业取得了对一个或多个业务的控制权。构成企业合并至少应包括两层含义：一是取得对另一个或多个企业（或业务）的控制权；二是所合并的企业必须构成业务。业务是指企业内部某些生产经营活动或资产、负债的组合，该组合具有投入、加工处理和产出能力，能够独立计算其成本费用或所产生的收入。有关资产、负债的组合要形成一项业务，通常应至少具备以下要素中的两个：（1）投入，即原材料、人工、必要的生产技术等无形资产以及构成生产能力的机器设备等其他长期资产的投入；（2）加工处理过程，即具有一定的管理能力、运营过程，能够组织投入形成产出；（3）产出，如生产出产成品，或是通过为其他部门提供服务来降低企业整体的运行成本等其他带来经济利益的方式，该组合能够独立计算其成本费用或所产生的收入，直接为投资者等提供股利或其他经济利益等形式的回报，如联想购买 IBM 的 PC 部，就是业务合并。

如果一个企业取得了对另一个或多个企业的控制权，而被购买方（或被合并方）并不构成业务，则该交易或事项不形成会计上的企业合并。

从企业合并的定义看，是否形成企业合并，除了要看取得的企业是否构成业务之外，还需要看有关交易或事项发生前后，是否能够引起报告主体的变化。

报告主体的变化产生于控制权的变化。在交易事项发生以后，如果一方能够对另一方的生产经营决策实施控制，形成母子公司关系，就会涉及控制权的转移，从合并财务报告角度形成报告主体的变化；如果一方能够控制另一方的全部净资产，被合并的企业在合并后失去其法人资格，也会涉及控制权及报告主体的变化，形成企业合并。在实务中，对于交易或事项发生前后是否形成控制权的转移，应当遵循实质重于形式原则，综合可获得的各方面情况进行判断。

可以看出，会计上的并购更接近于经济学上的并购概念，但是更注重微观企业上的确认、计量与报告。本书更多地从会计的角度来使用该概念。

（二）企业重组的概念

狭义的企业重组是与前述企业规模扩张的并购相对的一个概念，主要是指通过重新安排公司所有权或控制权来收缩企业规模，以达到优化企业资源配置的经济行为。

广义上的企业重组则不仅包括狭义的重组，还包括前述企业规模扩张的并购。本书主要在狭义的基础上使用该概念。

二、并购的基本类型

（一）按法律形式划分

按法律形式划分，并购可分为吸收合并、控股合并与新设合并三种。

吸收合并是指由两个或两个以上企业合并形成一个新的企业，其特点是一个或多个法人身份被注销，由多个法人变成一个法人。

控股合并，也称股权收购，是指一家企业以现金、有价证券等形式购买另一家企业部分或全部的股权，从而获得对该企业的控制权的经营行为。交易双方不涉及法人身份的变化。股权收购又可分为要约收购（tender offer）与协议收购（acquisition based on an agreement）。要约收购是指有收购意愿的投资者向目标公司的所有股东出示购买其所持有（全部或一定比例）股份的书面意向，并依法公告包括收购条件、收购价格以及收购期限等内容的收购要约，以最终实现对目标企业的收购。要约收购可以是自愿的，但更多的是法律的强制性要求。我国的相关法律规定，收购公司在证券交易所进行股票交易时，当持有的目标公司的股份达到法定比例（30%）时，若还想继续增持股份，就必须依法向目标公司的所有股东发出全面收购要约（符合条件被批准豁免的除外）。协议收购是指收购公司在证券交易所之外，以协商方式与被收购公司的股东签订收购其股份的协议，从而实现收购该企业的目的。

新设合并指两个或两个以上企业通过合并设立一个新企业，合并后各方的法人实体地位都消失的经营行为。

（二）按业务范围划分

按业务范围划分，并购可分为横向并购、纵向并购与混合并购三种。

横向并购也称水平式并购，是指生产同类商品或服务的企业之间的并购行为。例如，两家生产相同或类似汽车零部件的企业合并为一家，就是横向合并。这种并购可以迅速扩大企业的生产规模与市场份额，在一定程度上实现规模经济。

纵向并购又称垂直式并购，是指生产工艺或经营方式上前后关联的企业之间的并购，即上下游企业之间的相互并购。纵向并购又可分为前向的纵向并购与后向的纵向并购。其中，前向的纵向并购是指企业通过并购另一家企业而拉近了与消费者的距离。例如，一家汽车制造厂并购了一家汽车销售公司，可以称为前向的纵向并购。而反之，一家汽车销售公司并购了一家汽车制造厂，则可以称为后向的纵向并购。这种并购有利于大企业更直接地控制原材料的供应与产品销售环节，建立垂直整合的管控体系，从而缩短企业的生产、销售周期，节约仓储与运输成本，降低交易成本。

混合并购是指从事不相关业务类型经营的企业之间的并购行为。例如，家电制造的海尔企业控股一家城市商业银行。很多时候，混合并购有助于降低企业的行业风险，为资金找出路。混合并购可按其战略目标的不同再细分为三类：一是产品扩张型并购，是指优势企业以原有产品和市场为基础，通过并购其他企业进入相关产业的经营领域，以达到扩大经营范围、增强企业实力的目的；二是市场扩张型并购，是指优势企业通过并购接收目标公司的营销网络，从而扩张自己的市场领域，提高市场占有率；三是纯混合型并购，是指优势企业通过并购在生产和需求方面互不相关甚至是负相关的目标公司，从而实现多元化经营，分散并降低风险。

（三）按并购的支付方式划分

按并购的支付方式划分，并购可分为现金并购、股票并购与综合支付并购。

现金并购是指并购方以现金作为主要或全部支付方式，以取得目标公司的资产或股权的一种并购行为。采用现金并购的优点在于主并企业的控制权没有被稀释；缺点在于大量现金流出，给主并企业带来的财务压力较大。根据现金的来源，现金并购又可分为自由现金并购与杠杆并购。其中，杠杆并购的资金主要来源于负债。20 世纪 80 年代，美国次级债的盛行激发了杠杆并购的浪潮。

股票并购是指并购方以股票作为主要或全部支付方式，以取得目标企业的资产或股权的一种并购行为。采用股票并购的优点在于主并企业的财务压力较小；缺点在于主并企业的控制权被稀释。一般而言，规模较大的企业之间的并购更可能采取股票并购，因为不容易在短期内支付大额现金。

综合支付并购是指并购方采用多种支付工具作为支付方式，以取得目标企业的资产或股权的一种并购行为。

（四）按并购的意图划分

按并购的意图划分，并购可分为战略型并购与财务型并购。

战略型并购是指主并企业并购的目的在于提高企业的核心竞争力，通过研发、采购、生产、销售、管控等环节的规模经济或范围经济，可能发挥并购企业与被并企业之间的资源互补作用，实现一加一大于二的战略协同效应。

财务型并购是指主并企业并购的目的是通过买入被低估的被并企业，然后把并购的资产或股权进行重组或分拆再度出售，以获取短期的财务收益。

（五）按会计方法划分

按会计方法划分，我国《企业会计准则第 20 号——企业合并》将企业合并划分为同一控制下的企业合并与非同一控制下的企业合并。

同一控制下的企业合并，是指参与合并的企业在合并前后均受同一方或相同多方的最终控制且该控制并不是暂时性的合并交易。非同一控制下的企业合并，是指参与合并各方在合并前后不受同一方或相同多方的最终控制的合并交易。

三、重组的类型

从企业的财务报表结构上看，重组主要包括资产重组、债务重组与股权重组。债务重组与股权重组实质上是企业资本结构的调整，所以又称为财务重组。根据重组的对象，重组可分为以下类型：

（一）资产剥离

资产剥离（divestiture），又称资产出售，是指公司将其现有部分子公司、部门、产品生产线、其他固定资产等出售给其他公司，并取得现金或有价证券作为回报。剥离的主要目的在于使企业致力于增强自己的核心优势，降低多元化经营的风险。

（二）分拆

分拆（carve-outs），也称股权出售，是指母公司将资产的一部分转移到新设立的子公司，再将子公司股权对外出售给第三方。在分拆的过程中，母公司通过将其在子公司中所拥有的股份，按比例分配给现有母公司的股东，从而在法律上和组织上将子公司的经营从母公司的经营中分离出去，最终出现两家独立的、股权结构相同的公司。例如，青岛天桥和同仁堂分别于 2000 年 7 月和 10 月从国内主板上市公司中分拆出青岛环宇和同仁堂科技在中国香港创业板上市。

（三）分立

分立（spin-offs）是指一个公司依法签订分立协议，不经清算程序，分设为两个或两个以上公司的法律行为。公司分立可以采取派生分立和新设分立两种形式。

派生分立（split-off）是指一个公司按照法律规定的条件和程序，将其部分资产或营业进行分离，另设一个或数个新的公司或分支机构，原有公司继续存在的公司分立形式。

新设分立（split-up）是指公司按照法律规定的条件和程序，将其资产或业务进行分割，然后分别设立两个或两个以上新设公司，原有公司的法律主体资格消灭的公司分立形式。

分立与剥离的区别在于剥离可为实施剥离的主体带来现金流，而分立通常不会给实施分立的主体带来现金流。

（四）资产置换

资产置换是指以自己的资产交换另一家公司的资产，包括整体资产置换和部分资产置换。资产置换后，公司的产业结构将得到调整，资产状况将得到改善。我国有些公司借壳上市就采用整体资产置换的方式。

（五）债务重组

债务重组又称债务重整，是指在债务人发生财务困难的情况下，债权人按照其与债务人达成的协议或者法院的裁定作出让步的事项。债务重组可采取以下方式：(1）以资产清偿债务，即债务人转让其资产给债权人以清偿债务的债务重组方式。债务人用于偿债的资产主要有：现金、存货、金融资产、固定资产、无形资产等。(2）债务转为资本，即债务人将债务转为资本，同时债权人将债权转为股权的债务重组方式。(3）修改其他债务条件，如减少债务本金、降低利率、免去应付未付的利息等。(4）同时采用以上三种方式清偿债务的债务重组形式。

（六）公司清算

公司清算是指公司解散时，为终结现存的财产和其他法律关系，依照法定程序，对公司的财产和债权债务关系进行清理、处分和分配，以了结其债权债务关系，从而剥夺公司法人资格的法律行为。公司除因合并或分立而解散外，其他原因引起的解散，均必须经过清算程序。

公司清算可按清算程序的不同分为破产清算与非破产清算。破产清算是指在公司不能清偿到期债务的情况下，依照《中华人民共和国企业破产法》的规定所进行的清算。《公司法》第一百九十条规定："公司被依法宣告破产的，依照有关企业破产的法律实施破产清算。"非破产清算则是指在公司解散时，在财产足以偿还债务的情况下，依照《公司法》的规定所进行的清算。

（七）股份回购

股份回购是指公司按一定的程序购回发行或流通在外的本公司股份的行为，是通过大规模买回本公司发行在外的股份来改变资本结构的防御方法。公司主要采用现金、以债权换股权或以优先股换普通股的方式回购其流通在外的股票。

国外对股份回购作了普遍的规定，特别是在成熟的资本市场中，股份回购已经成为一项重要的金融活动。我国《公司法》《股票发行与交易管理暂行条例》等法律法规对相关的内容也作了一定的规定，但实践中还很少实施。较为典型的实践出现在上市公司减持国有法人股中，如 1994 年陆家嘴开始回购国有股；1999 年年底，申能股份回购国有股；之后，云天化、冰箱压缩、长春高新等也相继以国有股回购方式实施减持。

股份回购的基本形式有两种：一是目标公司将可用的现金或公积金分配给股东以换回后者手中所持的股票；二是公司通过发售债券，用募得的款项来购回它自己的股票。被公司购回的股票在会计上称为“库存股”。股票一旦被公司大量购回，其结果必然是流通在外的股份数量减少，假设回购不影响公司的收益，那么剩余股票的每股收益率就会上升，每股的市价也会随之增加。目标公司如果提出以比收购者更高的价格来收购其股票，则收购者也不得不提高其收购价格，这样，收购计划就需要更多的资金来支持，从而导致其难度增加。

四、企业并购的动因

并购的动因理论试图解释企业为什么要进行并购，以及企业并购后绩效发生变化的可能原因。根据并购对企业价值的影响，并购的动因理论有以下四种：

（一）协同效应理论：并购增加企业价值

协同效应理论假设企业并购目的是使股东价值最大化，并购会增进目标公司和收购公司的企业价值，因而并购双方的综合收益为正。

协同效应实现的途径主要有经营协同效应、财务协同效应、公司治理效应等（Weston，Siu & Johnson，2001；DePamphilis，2001）。

1. 经营协同效应

（1）迅速扩大规模，获得规模经济。在一定的技术条件下，特定产业都存在一个最佳的生产规模，即生产费用最低的生产规模；而且随着技术环境的变化，企业的最优规模也在不断变化。对于规模偏小的企业来说，企业通过并购能迅速扩大生产规模，提高销售数量，降低单位成本，形成规模经济。

（2）通过纵向一体化节约交易成本。企业通过兼并那些处于同一产业链的上游或下游企业，不仅可以保证原材料的供应，或产品销售渠道的畅通，而且可以节约交易过程中由资产专用化引起的交易成本。

（3）多元化经营降低风险。通过兼并其他行业中的企业，实行多角化经营，企业可以获得更加稳定的现金流，从而降低破产概率以及破产成本。

（4）实现优势互补，获得市场力量。在一段时期内，受特定条件的制约，企业可能存在不均衡发展的情况，通过企业间的兼并联合，可以实现优势互补。市场力量主要表现为企业可以影响或操纵市场价格，阻止其他企业进入市场的垄断能力。对企业来说，通过不断兼并竞争对手，不仅可以避免与对手之间的价格大战，而且可以扩大企业规模，提高市场占有率，强化企业的市场力量，获得垄断利润。下列三种情况更可能导致以增强市场势力为目标的并购活动：①在需求下降、生产能力过剩和削价竞争的情况下，几家企业联合起来，以取得对实现本产业结构合理化比较有利的地位；②在国际竞争使国内市场遭受外商势力的强烈渗透和冲击的情况下，企业间通过联合组成大规模联合企业，对抗外来竞争；③由于法律变化，使企业间包括合谋等在内的多种联系成为非法，在这种情况下，通过合并可以使一些非法的做法“内部化”，达到继续控制市场的目的。

2. 财务协同效应

（1）集团内建立内部资本市场。企业并购后规模扩张，成为一个企业集团，母子公司的资金可以统筹管理，形成内部资本市场，降低对外部融资的依赖，从而节约资金成本。

（2）获得税收好处。在有些西方国家，企业并购是一种合法的避税手段。具有不同纳税义务的企业可以利用税法和会计制度上的漏洞，通过并购获利。在我国，为了推动国有企业改革，鼓励优势企业兼并亏损企业，有些地方政府特意对兼并后的企业实行一定程度的税收优惠。

3. 公司治理效应

很多时候，企业被并购往往是由于企业管理或经营不善，主并方通过替换不尽职的管理层，派出新的管理团队接管企业的决策层，或引入新的管理举措，以改善企业的效率，提高企业绩效。

目前，中国经济是处于全球化背景下的新兴市场经济，需要通过并购重组来完成向市场经济的转轨（通过股权收购完成产权的转移），需要在并购重组的推动下从新兴市场经济走向成熟市场经济（通过重组完成产业的调整和成熟），也需要通过外资并购中资企业和中资并购外资企业形成融入全球经济的新格局。

（二）代理动机假说：并购摧毁企业价值

代理动机假说指的是管理层发动并购重组主要是出于自身利益的考虑，包括 Amihud & Lev（1981）提出的“管理层个人利益组合的多元化”，Jensen（1986）提出的“管理层利用自由现金流扩大公司规模，进而提高与公司规模正相关的个人利益”，管理主义（Managerialism）以及 Shleifer & Vishny（1989）提出的“通过并购扩大公司规模进而提高公司对现任管理层的依赖程度”。因此代理动机假说预期，主并方与被并方的企业价值都会因为并购而减少，并购的综合收益也会减少。

（三）狂妄自大假说：并购不影响企业价值

狂妄自大假说（Roll，1986）指的是管理层的并购决策往往出于自身的狂妄和盲目乐观，充分相信自己对目标公司的“错误”估价和对协同效应的“错误”估计，在大多数情况下，不会产生真正的协同效应，致使目标公司股东价值的提高以收购公司股东价值的下降和转移为代价。狂妄自大假说预期，并购后收购方的企业

(股东) 价值会下降，而被收购方的企业（股东）价值会上升，因此并购的综合收益没有显著差异。

(四) 中国体制下的价值转移假说：并购对企业价值的影响具有不确定性

中国体制下的价值转移假说由张新（2003）提出，指的是鉴于中国并购重组的市场动机与利益机制的特殊性，有些并购重组本身不应该发生，或发生后并不一定会创造价值，但是会由于体制因素，导致以转移其他利益相关方的利益为代价提高并购公司的价值，也就是利益/价值在并购公司股东和其他利益相关者之间的一种再分配或者转移（张新，2003）。

在并购交易中，上市公司是目标公司，收购方和重组方同属和上市公司不相关的第三方。图 1 为上市公司并购重组利益相关方博弈图。

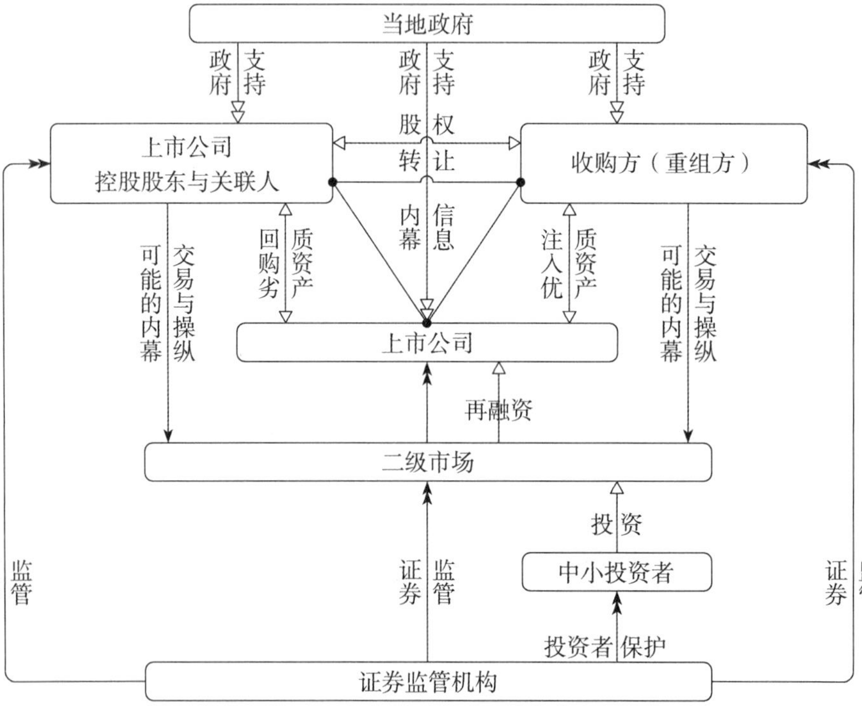

图 1　上市公司并购重组利益相关方博弈图

资料来源　张新．并购重组是否创造价值——中国证券市场的理论与实证研究［J］．经济研究，2003（6）．

目标公司控股股东及其关联人成本效益分析。目标公司控股股东及其关联人付出：(1) 控制权；(2) 可能从上市公司回购劣质资产。目标公司控股股东及其关联人得到：(1) 通过出售股权实现壳价值；(2) 一定程度上掩盖了公司经营不当的问题；(3) 可能利用内幕消息从二级市场获利。

收购方成本效益分析。收购方付出：(1) 付出代价购买股权；(2) 可能要注入优质资产。收购方得到：(1) 获取壳资源的控制权利益，如再融资利益；(2) 可能利用内幕消息从二级市场获利。总体来说，短期内，并购重组会负面影响收购公司的财务状况，但收购方在中长期内，利用再融资和其他别的方式，依赖控股股东的地位，往往能收回最初的投资。

当地政府成本效益分析。在我国，当地政府在并购重组过程中常常扮演着极其重要的角色。当地政府的付出包括资金支援、资产（土地等）低价注入上市公司等，进而重组本地有实力的上市公司。当地政府得到的是确保本地区上市公司的数量（壳资源）及其再融资资格，增加本地就业和维护地方稳定。总体来说，短期内，地方政府付出较多。

证券监管机构成本效益分析。证券监管机构的首要任务是保护投资者的权益。为此，我国的证券监管机构对上市公司设置了相应的盈利要求。那些经营绩效很差、不能给投资者创造投资价值的上市公司，会面临证券监管机构和市场投资者的巨大压力。为了扭亏、重获配股资格、免除被 ST 或退市，上市公司自身也会积极配合并购重组。所以，监管机构得到的是上市公司质量得到一定提高、现有中小投资者利益得到保护以及证券市场得以安定；付出的是社会资源和监管力量流向低效企业，从长远来讲可能影响证券市场资源配置功能的有效发挥。

目标公司中小股东成本效益分析。在这场“游戏”中，被重组进上市公司的原有中小股东（社会公众股东或非控股股东）收益较大，避免了因公司破产导致他们血本无归的后果，甚至还有股票升值的收获。从中长期看，他们也面临某些风险，如由于重组方的利益补偿主要来自于一级市场再融资或二级市场股票炒作，如果重组后，重组方发现无法提升业绩达到再融资标准，或者二级市场价格没有充分上升，那么就可能通过掏空上市公司来补偿自己，这样会使上市公司的质量进一步恶化，中小股东的处境将更加悲惨。

通过上述分析，看上去各利益相关方都得益于并购交易，但是这实际上损害了资本市场的融资效率与资源配置效率，市场的优胜劣汰机制被抑制，资金流向了效益低的企业，最终损害的是市场秩序，资本市场的健康长远发展也无从谈起。

五、企业重组的动因

企业重组的动因在于解释与预测企业重组为什么会发生，发生重组后企业的绩效是增加还是减少。企业重组的动因理论主要有以下四种：

（一）战略聚焦理论

国内外企业并购的实证研究表明，不少并购并没有发生预期的协同效应，这使得许多企业在并购完成一定时期后，又不得不把被并企业或业务剥离出去。企业剥离非主业资产的目的在于使企业能够更好地战略聚焦，即聚焦于满足某些特定的客户需要，降低企业多元化的风险。

（二）代理成本理论

一般而言，每个企业都有一个最优的管理层级与管理跨度，一旦企业的层级或跨度超过这个限度，就会导致管理成本上升，代理成本增加。其中，代理成本是指委托人与代理人之间订立、管理、实施那些或明或暗的合同的全部费用。例如，由于信息的不对称，股东无法知道经理人是在为实现股东收益最大化而努力工作，还是已经满足平稳的投资收益率以及缓慢增长的财务指标；股东也无法监督经理人到底是将资金用于有益的投资，还是用于能够给他本人带来个人福利的活动，这些都是股东聘用（委托）经理人管理而产生的代理成本。这些监督、约束以及激励管理层的成本就是代理成本。类似的管理层与一般员工之间也存在着代理成本。

企业重组的目的在于降低企业集团（总部）的管理层级或减少企业集团（总部）的管理跨度，从而降低代理成本与管理成本，提升企业绩效。

（三）信号传递理论

一些庞大且业务复杂的企业集团由于经营范围广泛，涉及的投资领域较宽，从而给市场投资者以及证券分析人员对该企业价值的评估带来了困难，增加了股东与企业管理层之间的信息不对称，导致企业的价值可能被长期低估。通过资产剥离或分拆，将企业各项资产或业务的盈利能力与发展前景更直接地展示给投资者，有助于降低信息不对称，提升企业价值。

（四）交易成本理论

企业重组的实质就是企业边界的重新调整。Coase（1937）认为，市场存在着交易成本，企业存在着管理成本，用企业来替代市场进行资源配置，实质上是因为企业管理的边际成本低于市场交易的边际成本。

六、并购重组绩效的计量

企业并购重组绩效的计量方法主要有财务绩效法（会计研究法）与市场绩效法（事件研究法）两种①。

（一）财务绩效法（会计研究法）

财务绩效法是指通过比较并购重组前后并购重组双方的业务收入变化、成本变化、盈利能力变化、偿债能力变化以及现金流量变化等财务指标，来计量并购绩效。

该方法的优点在于不仅能够计量并购重组绩效，还能够找出并购重组绩效变化的原因是由于收入的增加，还是成本的降低，或是现金流量的改善。该方法的缺点在于不能控制并购重组期间其他事项的影响，因此具有较大的“噪音”。

---

① 此外，在管理学中还有两种研究方法，即基于公司管理层的访谈调查研究法与基于管理咨询界专家经验的案例研究法，这两种研究方法由于数据的可获得性较低以及结论的可靠性与普适性较差，因此较少被研究人员采用。

（二）市场绩效法（事件研究法）

市场绩效法通过分析并购重组发生前后并购重组双方市场价格的反应，检验是否存在超常收益率。

其中，超常收益率（abnormal returns）= 实际收益 - 预期收益，即 AR = R - E（R）；R 表示收购公告发布前后某段时间内并购重组双方股东的实际收益；E（R）通常采用资本资产定价模型（CAPM）与市场模型进行估算。

该方法的优点在于能够排除非并购重组事项对企业绩效的影响，因此更为常用；缺点在于只适用于上市公司，因为非上市公司的股票价格一般难以获得，而且依赖于股票市场的有效性。

七、并购重组的经济后果

美国著名学者、诺贝尔经济学奖获得者斯蒂格勒在对美国前500家大公司的深入研究后，得出了这样的结论："在当今的美国，没有一家大公司不是通过某种程度、某种方式的并购成长起来的。一个企业通过并购其竞争对手而成为巨型企业是现代经济史上的一个突出现象。几乎没有一家大公司主要是靠内部扩张成长起来的。"从这种意义上来说，企业并购重组不仅仅影响到并购双方企业的股东、管理层、员工，还影响到并购双方企业的供应商、消费者及其社区。我们从日常的吃、穿、住、行到对电脑、手机的消费，无不受到那些世界级大公司的影响，同时也享受着企业并购重组带给我们的便利。

但是并购重组也可能意味着公司关闭，管理层、员工被解聘，供应商与消费者需要重新搜寻与选择，员工薪酬与福利的削减。因此，并购重组的反对者认为，并购重组正在转移社会财富，造成社会动荡，这些并购重组所带来的价值并非来自于效率的提高与生产率的改善，而是来自于税负的规避，来自于资本市场的错误定价或投机行为，来自于经理、员工和供应商、消费者的财富损失，并购重组应该被限制与严格管制。

并购重组的赞成者认为，并购重组不仅通过经营协同、财务协同与公司治理改善来增加并购双方的企业（股东）价值，而且直接推动着产业的升级转型与技术进步，影响着资本市场的成长，甚至一个国家经济的增长。尤其是在资本市场上，并购重组是永恒的热点。因为上市公司首次公开发行（IPO）只有一次，但是存量资产与控制权的调整与优化会持续发生，公司的并购重组就是满足这一需要的重要途径。

Jensen（1988）对20世纪七八十年代美国的并购重组浪潮的总结中写道，并购重组总体上是健康的，社会公众（股东）与美国经济都受益于（并购重组）管制的放松，并购重组的蓬勃发展使得资源快速流向高回报的企业，加快了公司竞争的优胜劣汰，是美国经济保持竞争力的关键。

八、并购的会计处理

根据我国企业会计准则，企业合并分为同一控制下的企业合并与非同一控制下的企业合并。判断某一企业合并是否属于同一控制下的企业合并，应当把握以下特征：

第一，能够对参与合并各方在合并前后均实施最终控制的一方通常是企业集团的母公司。

同一控制下的企业合并一般发生于企业集团内部，如集团内母子公司之间、子公司与子公司之间等。因为该类合并从本质上看是集团内部企业之间的资产或权益的转移，能够对参与合并企业在合并前后均实施最终控制的一方为集团的母公司。

第二，能够对参与合并的企业在合并前后均实施最终控制的相同多方，是指根据合同或协议的约定，拥有最终决定参与合并企业的财务和经营政策，并从中获取利益的投资者群体。

第三，实施控制的时间性要求，是指参与合并各方在合并前后较长时间内为最终控制方所控制。具体是指在企业合并之前（即合并日之前），参与合并各方在最终控制方的控制时间一般在1年以上（含1年），企业合并后所形成的报告主体在最终控制方的控制时间也应达到1年以上（含1年）。

第四，企业之间的合并是否属于同一控制下的企业合并，应综合构成企业合并交易的各方面情况，按照实质重于形式的原则进行判断。通常情况下，同一控制下的企业合并是指发生在同一企业集团内部企业之间的合并。同受国家控制的企业之间发生的合并，不应仅仅因为参与合并各方在合并前后均受国家控制而将其作为同一控制下的企业合并。

企业合并的类型不同，所采用的会计处理方法也不同。非同一控制下的企业合并采用的会计处理方法是购买法，而同一控制下的企业合并采用的会计处理方法是权益结合法。

（一）非同一控制下的企业合并的会计处理

非同一控制下的企业合并采用购买法核算。非同一控制下的企业合并，在购买日取得对其他参与合并企业控制权的一方为购买方，参与合并的其他企业为被购买方。购买法下的会计处理原则如下：

（1）购买日，是指购买方实际取得对被购买方控制权的日期，也是购买方的做账日期。

（2）购买方应当区别下列情况确定合并成本：

①一次交换交易实现的企业合并，合并成本为购买方在购买日为取得对被购买方的控制权而付出的资产、发生或承担的负债以及发行的权益性证券的公允价值。

②通过多次交换交易分步实现的企业合并，合并成本为每一单项交易成本之和。

③购买方为进行企业合并发生的各项直接相关费用也应当计入企业合并成本。

④在合并合同或协议中对可能影响合并成本的未来事项作出约定的，购买日如果估计未来事项很可能发生并且对合并成本的影响金额能够可靠计量的，购买方应当将其计入合并成本。

（3）购买方在购买日对作为企业合并对价付出的资产、发生或承担的负债应当按照公允价值计量，公允价值与其账面价值的差额计入当期损益。

（4）购买方在购买日应当对合并成本进行分配，按照规定确认所取得的被购买方各项可辨认资产、负债及或有负债。

①购买方对合并成本大于合并中取得的被购买方可辨认净资产公允价值份额的差额，应当确认为商誉。初始确认后的商誉，应当以其成本扣除累计减值准备后的金额计量。

②购买方对合并成本小于合并中取得的被购买方可辨认净资产公允价值份额的差额，应当按照下列规定处理：

第一，对取得的被购买方各项可辨认资产、负债及或有负债的公允价值以及合并成本的计量进行复核；

第二，经复核后，合并成本仍小于合并中取得的被购买方可辨认净资产公允价值份额的，其差额应当计入当期损益。

（5）被购买方可辨认净资产公允价值，是指合并中取得的被购买方可辨认资产的公允价值减去负债及或有负债公允价值后的余额。

①合并中取得的被购买方除无形资产以外的其他各项资产（不仅限于被购买方原已确认的资产），其所带来的经济利益很可能流入企业且公允价值能够可靠计量的，应当单独予以确认并按照公允价值计量。

合并中取得的无形资产，其公允价值能够可靠计量的，应当单独确认为无形资产并按照公允价值计量。

②合并中取得的被购买方除或有负债以外的其他各项负债，履行有关的义务很可能导致经济利益流出企业且公允价值能够可靠计量的，应当单独予以确认并按照公允价值计量。

③合并中取得的被购买方或有负债，其公允价值能够可靠计量的，应当单独确认为负债并按照公允价值计量。或有负债在初始确认后，应当按照下列两者孰高进行后续计量：

第一，按照《企业会计准则第 13 号——或有事项》应予确认的金额；

第二，初始确认金额减去按照《企业会计准则第 14 号——收入》确认的累计摊销额后的余额。

（6）非同一控制下的企业合并中，审计、法律服务、评估咨询等中介费用以及其他相关管理费用，应当于发生时计入当期损益。

（二）同一控制下的企业合并的会计处理

对于同一控制下的企业合并，《企业合并准则》中规定的会计处理方法是权益结合法。

在权益结合法下，将企业合并看成两个或多个参与合并企业权益的重新整合，由于最终控制方的存在，从最终控制方的角度，该类企业合并在一定程度上并不会造成企业集团整体的经济利益流入和流出，最终控制方在合并前后实际控制的经济资源并没有发生变化，有关交易事项不作为出售或购买。因此，同一控制下的企业合并的会计处理遵循以下原则：

（1）合并方在合并中确认取得的被合并方的资产、负债仅限于被合并方账面上原已确认的资产和负债，合并中不产生新的资产和负债。

（2）合并方在合并中取得的被合并方的各项资产、负债应维持其在被合并方的原账面价值不变。

（3）合并方在合并中取得的净资产的入账价值与为进行企业合并支付的对价账面价值之间的差额，应当调整所有者权益相关项目，不计入企业合并当期损益。合并方在同一控制下的企业合并，本质上不作为购买，而是两个或多个会计主体权益的整合。合并方在企业合并中取得的价值量相对于所放弃价值量之间存在差额的，应当调整所有者权益。在根据合并差额调整合并方的所有者权益时，应首先调整资本公积（资本溢价或股本溢价）；资本公积（资本溢价或股本溢价）的余额不足冲减的，应冲减留存收益。

（4）对于同一控制下的控股合并，应视同合并后形成的报告主体自最终控制方开始实施控制时一直是一体化存续下来的，体现在其合并财务报表上，即由合并后形成的母子公司构成的报告主体，无论是其资产规模还是其经营成果都应持续计算。

（5）同一控制下的企业合并中，审计、法律服务、评估咨询等中介费用以及其他相关管理费用，应当于发生时计入当期损益。为企业合并发行的债券或承担其他债务支付的手续费、佣金等，应当计入所发行债券及其他债务的初始计量金额。企业合并中发行权益性证券发生的手续费、佣金等费用，应当抵减权益性证券溢价收入，溢价收入不足冲减的，冲减留存收益。

（三）企业合并会计方法的理论争论：权益结合法的废存

企业合并会计方法主要有购买法与权益结合法①。由于不同形式下企业合并的经济动机和实质有所不同，因而会计方法也就有所不同。

权益结合法最初起源于19世纪20年代那些具有很强关联关系的企业合并会计处理（丁友刚，2004）。比如两家附属公司合并仅仅是权益形式的联合，并没有发生控制权的转移，因此，合并企业仍以参与合并企业权益或资产和负债的原账面价值作为计量基础。到了19世纪40年代中期，换股合并大量增加。换股合并的目的

---

① 准确地说，早期企业合并的会计处理方法有购买法（purchase method）、权益结合法与初始法（fresh-start method）三种。其中，初始法要求并购双方均采用公允价值计量，其在实务中一方面导致过高的评估成本，另一方面存在大量盈余管理空间，所以仅适用于新设合并，在此不展开讨论。

是不同风险与收益能力的合并各方通过股权的交换和联合，共同分享合并后的风险和收益，这就形成了权益结合法的概念基础。

而企业合并的购买法则假设企业以现金或其他资产收购被合并企业，类似于一揽子购入一批整体资产；此时该批资产的风险和收益转移至并购方，由并购方的股东承担和享受；被收购方的股权价值都已经变现。因此合并企业对于购入的股权或者资产和负债的计量基础应采用公允价值。

就具体一项合并业务而言，购买法和权益结合法是相互排斥的。因此对企业合并会计的争论主要聚焦于权益结合法的废存或者适用范围上。

权益结合法的反对者（Wyatt，1963；Catlett & Olson，1968）认为：第一，一般情况下，如果企业合并涉及的是独立的双（多）方之间的资产与权益或权益与权益的交换，那么原则上不存在“权益结合”会计中的延续基础，客观存在着购买行为，即一家企业获得了对另一家企业的控制权，因此应按照购买法来处理；第二，企业合并是经过讨价还价的公平交易的结果，这一交易是基于各种资产和负债的公允价值而非账面价值，因此在做账时应按公允价值和实际支付的代价入账；第三，购买法可以反映合并业务的经济实质，而权益结合法缺乏明确的适用范围，特别是运用权益结合法有可能使主并企业有条件进行盈余管理，通过合并增加利润，以欺骗投资者和监管部门。储一昀、林华（2001）比较了企业合并的三种会计处理方法（购买法、权益结合法与初始法）的不同信息质量特征，结合我国的制度环境建议我国采用单一的、基于历史成本的特殊购买法。陈信元、曾庆生（2001）考察了我国已有的10例换股合并中权益结合法的使用对主并企业的财务影响，认为在股本结构特殊、证券市场和资产评估市场不够成熟的现行环境下，我国上市公司换股合并中被并企业的公允价值难以获得，因而尚不具备采用购买法的条件，建议当时我国上市公司的换股合并可以采用一种基于可辨认资产公允价值的购买法（即不确认合并商誉的购买法），同时对换股合并后被并企业的整体性转让、出售行为做出限制。

而权益结合法的支持者（Holsen，1963）认为，当一个公司取得另一个公司资产的控制权时应采用购买法，但当一个公司与另一个公司平等联合时，则应该采用权益结合法。首先，当合并采用的是换股的方式时就应采用权益结合法。因为在这种情况下，新企业是原有各企业的继续，应保持原有的账面价值，以作为合并后企业账目计算的基础。其次，权益结合法符合原始成本会计和持续经营概念，易于操作。在运用购买法时，需要判断并购所取得的资产和负债的公允价值，而这往往是十分困难的，因为任何资产评估方法事实上都存在局限性。最后，运用权益结合法可以确保主并企业和被并企业财务数据的一致性，有很好的可比性。而运用购买法，由于主并企业采用的是账面价值，而被并企业采用的是公允价值，因此可能会造成新形成的财务数据可比性差，不够准确（朱宝宪、朱朝华，2003）。

潘秀丽（2002）讨论了共同控制下企业合并的会计方法选择问题，认为我国

《企业合并准则》应该涉及共同控制下的企业合并问题，对共同控制下的企业合并应采取权益结合法。黄世忠等（2004）认为，对于非同一控制下的企业合并采用购买法，而对于同一控制下的企业合并采用权益结合法的二元逻辑框架不仅与企业合并会计的国际趋势基本保持一致，也兼顾了我国国情。现阶段，我国绝大多数企业合并和资产重组主要是在“共同控制”下的企业集团内的关联成员之间发生的，采用权益结合法既有其合乎逻辑的基础，亦可降低这类企业合并的交易成本。在我国产权交易市场完全发育成熟之前，在公允价值不公允现象司空见惯的环境下，保留购买法和权益结合法并存的二元格局是唯一明智和现实的选择。丁友刚（2004）探讨了美国企业合并会计方法规范领域的历史争论和经验证据，认为导致权益结合法滥用的症结在于购买法与权益结合法之间的不平衡性，即商誉会计技术性强制摊销规定。因此，企业合并会计方法规范的关键不在于取消权益结合法，而在于缩小两种方法之间的差距。

（四）企业合并会计的国际比较：权益结合法应用的差异

人们对权益结合概念的不同理解，也反映在各国早期企业合并准则之间的差异上。

20 世纪 40 年代，美国企业合并会计实务的通常做法是表面上按购买法进行会计处理，但超过购得净资产的账面价值的任何溢价，冲销资本公积。1945 年，美国证券交易委员会（SEC）发布了第 50 号会计系列文告（ASR50），不允许用商誉（并购溢价）冲销资本公积。1953 年，美国会计原则委员会（APB）发布了 ARB43，禁止企业用商誉冲销资本公积。APB 第 17 号意见书中更是规定，1970 年 10 月 31 日以后发生的商誉应在最长不超过 40 年的期限内采用直线摊销法。同时，根据美国税法中免税条款的规定，那些涉及股票交换的交易，可以不用确认所得税负债，这使得企业合并更愿意采用换股合并的形式。这些因素都刺激了公司采用权益结合法而不是购买法来处理合并，因为权益结合法一方面可以把被并企业并购当期的全部利润纳入合并报表，另一方面可以避免确认商誉和其他无形资产及由此产生的未来巨额摊销费用。

为了防止权益结合法的滥用，1970 年，美国会计原则委员会第 16 号意见书（APB Opinion No. 16）将权益结合法的应用范围界定为包括参与合并企业的性质、合并所有者权益的方式以及不存在有计划的交易三个方面，但放弃了对合并企业相对规模的要求。该准则暗含的假设是，只要参与合并企业的股东在合并后主体存续，就实现了股东权益的结合，而不管合并后主体被谁控制。

国际会计准则委员会（IASC）和英国会计准则委员会（ASB）对于权益结合法的适用范围则持不同的观点。《国际会计准则第 22 号——企业合并》（1998 年修订）规定，当且仅当合并交易中无法辨认哪一方为购买方时，才能采用权益结合法。IASC 认为，在例外情况下，或许会出现无法辨别哪个是购买企业的情况，这时参与合并企业的股东签订了一项本质上平等的协议，共同分担和分享合并后主体的风险和收益。ASB 在 1994 年 9 月颁布的第 6 号财务报告公告（FRS6）——《兼并与收购》中，把权益结合法的适用范围限定为合并各方的相对规模不能相差悬殊以致某一方控制合并后的主体。所以在 IASC 和 ASB 看来，只有等规模合并才能保证合并各方的股东权益的完整结合。

尽管权益结合法在各国受到了严格的限制，但是经理人员对权益结合法的偏好仍然非常强烈，甚至在某些并购协议条款中规定，如果不能保证采用权益结合法，就不实施该项兼并。Lys & Vincent（1995）的研究表明，并购者愿意支付额外的溢价使得一项并购交易符合权益联合法的 12 个条件。这些问题导致了美国监管机构花费了大量的资源在企业合并会计的解释与监管上（丁友刚，2004）。

为解决上述问题的困扰，美国财务会计准则委员会（FASB）于 1997 年 2 月创立了工作小组调查企业合并会计问题。FASB 于 2001 年 1 月发布 SFAS 141（《企业合并》）与 SFAS 142《商誉与其他无形资产》，正式决定将合并的会计处理方法完全转向购买法，禁止权益结合法的使用；同时允许商誉不再逐年摊销，而是在年末进行减值测试。FASB 认为权益结合法的缺点如下：（1）提供给投资者的相关信息太少；（2）忽视了公司并购中的交换价值；（3）人为制造了与购买法的会计差异，且不是真实的经济差异。FASB 在 SFAS 141 中说明了废除权益结合法的背景：（1）两起经济特征相似的并购采用两种不同的会计处理方法将产生截然不同的财务会计报表，这降低了会计信息的可比性与决策有用性；（2）许多公司相信如果其不能满足权益结合法的条件，就会在与那些能够满足权益结合法条件的收购竞争者的竞争中处于劣势；（3）随着全球化的发展，国家间可比性财务报告的需求不容忽视，而绝大部分国家都不允许采用权益结合法。

类似的，2004 年 3 月，国际会计准则理事会（IASB）修订了 IAS 22（《企业合并》），发布的《国际财务报告准则第 3 号——企业合并》（IFRS3）中废除了权益结合法。日本于 2008 年 12 月出台的《企业合并会计准则》也废除了权益结合法，实现了会计国际趋同。

2007 年 12 月，FASB 发布了 SFAS 141R（2009 年开始实施），替代了原 SFAS 141,用收购法（acquisition method）取代了购买法，主要做出了以下改变：（1）企业合并的计量属性从成本基础转向公允价值；（2）支付给中介机构的与并购相关的费用不再纳入合并成本，而是当期费用化；（3）被并企业的研发支出按照公允价值确认为一项资产。IASB 于 2008 年 1 月发布的 IFRS 3（R）（2009 年 7 月起施行）和 FASB 发布的 SFAS 141R 在企业合并范围、合并会计方法以及商誉的会计处理方面都保持一致。无论是 SFAS 141R，还是 IFRS 3（R），都把“企业合并”的范围限定为取得对某一业务（business）的控制，并排除以下三种企业合并：（1）合营企业的形成；（2）取得不构成企业的一项资产或一组资产；（3）同一控制下的实体或企业间的合并。

我国最早对企业合并进行会计规范的文件是 1995 年发布的《合并会计报表暂

行规定》，还包括《企业兼并有关会计处理问题暂行规定》（1997）、《关于执行具体会计准则和〈股份有限公司会计制度〉有关会计问题解答》（1998），但都没有涉及企业权益结合法的应用。权益结合法在实务中的应用从1999年6月证监会批准了清华同方与鲁颖电子换股吸收合并开始，截止到2006年新准则的颁布前，一直都是换股吸收合并制度外的一种默许（陈信元、曾庆生，2001；刘峰等，2002；朱宝宪、朱朝华，2003；冯淑萍，2005）。与各国企业合并会计准则一元化趋同的潮流相悖的是，我国2006年新发布的《企业合并准则》采用了非同一控制下的企业合并采用购买法，而同一控制下的企业合并采用权益结合法的双元格局。这是因为我国上市公司目前超过40%的合并属于同一控制下的企业合并。与非同一控制下的企业合并不同，同一控制下的企业合并资产（负债）或权益的最终控制权并没有发生转移，而且公允价值难以取得且可靠性不高。

（五）企业合并会计的经济后果：没有一致结论

关于权益结合法废存的理论争论，实际上都隐含一个假设：不同企业合并会计方法会影响投资者、债权人、政府和工会的决策行为，即企业合并会计方法具有经济后果（Zeff，1978）。为此，大量国外实证研究检验了企业合并会计方法的经济后果。如果企业合并会计方法具有经济后果，那么企业合并的会计政策选择就会影响投资者、债权人等利益相关者的决策，进而导致企业价值发生变化。研究人员从信息观、计量观以及契约观三个方面检验了企业合并会计政策选择与企业价值之间的关系，并没有形成一致的研究结论。

从财务会计的信息观来看，商誉费用（包括商誉摊销费用和商誉减值费用）是一种非现金费用，合并企业采用权益结合法时，尽管其合并后的会计利润通常高于采用购买法时的会计利润，但只要所得税不受影响，两者并不会导致企业未来现金流量的差异。因此，在有效市场假说下，企业价值只取决于未来现金流量的贴现，合并会计方法的选择并不影响合并企业价值。Hong et al.（1978）、Vincent（1997）以及Hemang et al.（2002）比较了采用不同企业合并会计方法的企业的市场反应，结果表明采用权益结合法的公司在合并当期与合并之后并没有产生非正常回报，即不同的企业合并会计方法对企业价值没有显著影响。Chatraphorn（2001）则发现市场无论是在短期还是在长期，都能够识别购买法和权益结合法的会计差异，投资者在企业合并时对采用权益结合法的企业和采用购买法的企业在定价上没有显著差异。换言之，投资者并没有被权益结合法“创造”的会计利润外表所“愚弄”，企业合并会计政策选择没有影响企业价值。

随着证券市场异象的大量涌现，人们对有效证券市场假说提出了质疑。而且上述研究直接比较了投资者对不同企业选择不同企业合并会计方法的市场反应，隐含地假设不同企业面临相同的会计政策选择，而这一点与多数研究结论不符。企业愿意为权益结合法的使用支付更高的溢价（Robinson & Shane，1990；Ayers et al.，2000），甚至愿意人为地创造条件来满足监管要求，使“应用权益结合法”合法化

（Lys & Vincent，1995）。

从财务会计的计量观来看，证券市场并非总是那么完善，合并会计方法的选择会影响财务报告使用者对公司股票的估价（Hopkins et al.，2000）。Hollis et al.（2002）的研究表明，采用权益结合法的企业在受限期显著摧毁了股东的价值，而在非受限期则显著增加了股东的价值。Bancorp Piper Jaffray（1999）的分析表明，投资者对采用权益结合法并报告较高 EPS 的企业的股价做出了积极反应。Barnes et al.（2002）发现，投资者对因企业合并准则变化而降低会计利润的企业做出了负面反应，对因此而提高利润的企业做出了正面反应。

由于直接观察不同企业选择不同会计政策的市场反应难以避免内生性的问题，也难以解释会计实务中企业管理层对权益结合法趋之若骛的现象，因此后续对企业合并会计经济后果的研究转向了从契约观来分析企业面临合并会计政策选择的成本约束与激励，即企业合并会计政策选择的影响因素。

从契约理论与代理理论来看，企业是一系列契约的联合体。作为企业合并会计政策的决策者，管理层面临着债务契约、薪酬制度以及外部管制等一系列契约的约束与激励，而这些契约很大一部分依赖于会计利润。不同的企业合并会计方法会影响企业利润，管理层会利用信息不对称，选择对自己有利的会计政策（Scott，2009）。大量研究验证了红利计划假说、债务契约假说与政治成本假说（Watts & Zimmerman，1986）。Ayers et al.（2000）发现，采用购买法的合并企业确认并摊销合并溢价将明显降低企业的权益回报率和每股收益率，企业避免确认对目标企业的大额购买价格是采用权益结合法的主要动机。Davis（1990）和 Aboody et al.（2000）的研究表明，购买法和权益结合法的选择决策取决于购买方的内部股权比例、以会计为基础的报酬计划、以财务杠杆为基础的债务契约以及政治成本等因素。Beatty & Weber（2006）与 Ramanna & Watts（2011）检验了 SFAS142 关于商誉不再摊销而改为减值的规定的执行效果。他们发现，企业的商誉减值会计并没有反映其经济实质，而是更方便了管理层的机会主义行为，这符合代理理论的预期。

我国学者分析了实施《企业合并准则》（2006）之前权益结合法的应用情况，发现权益结合法主要应用于换股吸收合并，并没有成为操纵企业利润的工具，更多的是政府利益协调的产物（陈信元、曾庆生，2001；刘峰等，2002；冯淑萍等，2005；朱红军等，2005）。具体来说，陈信元、曾庆生（2001）考察了我国上市公司最早的 10 例换股合并中权益结合法的使用对主并企业的财务影响，发现虽然权益结合法的使用客观上提高了主并企业的净资产收益率与每股收益，但是并未成为操纵企业利润的工具。刘峰等（2002）与冯淑萍等（2005）分析了 2002 年年底之前采用权益结合法的换股吸收合并的情形，发现企业吸收合并的背景是《国务院办公厅转发证监会关于〈清理整顿场外非法股票交易方案〉的通知》（国办发〔1998〕10 号）文件下发后，地方政府为清理非法产权交易中心的挂牌企业而推出的举措。为了避免主并上市公司在吸收合并后净资产收益率与每股收益的大幅下降，权益结合法的使用是政府利益协调的产物。刘玉廷等（2010）与财政部会计司课题组（2008，2009，2010，2011）逐年分析了会计准则的执行情况发现，在我国，超过40%的企业合并为同一控制下的企业合并，会计准则总体执行情况良好。

九、企业并购重组的税务处理

我国颁发的关于企业并购重组的主要税务规范见表1。其中财税〔2009〕59号文件对于企业并购重组的税务处理的规定较具体与直接，财税〔2014〕109号文件是在其基础上的修订。

表1 我国颁发的关于企业并购重组的主要税务规范

文件名	编号
财政部 国家税务总局关于企业改制重组若干契税政策的通知（已废止）	财税〔2008〕175号
财政部 国家税务总局关于企业重组业务企业所得税处理若干问题的通知（条款修改）	财税〔2009〕59号
国家税务总局关于企业改制重组契税政策若干执行问题的通知（已废止）	国税发〔2009〕89号
国家税务总局关于加强非居民企业股权转让所得企业所得税管理的通知（已失效）	国税函〔2009〕698号
企业重组业务企业所得税管理办法	2010年4号公告
财政部 国家税务总局关于促进企业重组有关企业所得税处理问题的通知	财税〔2014〕109号

根据财税〔2009〕59号文件的规定，从2008年1月1日起，企业并购重组的税务处理区分不同条件分别适用一般性税务处理规定和特殊性税务处理规定。

（一）一般性税务处理规定

企业重组，除适用特殊性税务处理规定的外，按以下规定进行税务处理：

（1）企业由法人转变为个人独资企业、合伙企业等非法人组织，或将登记注册地转移至中华人民共和国境外（包括港澳台地区），应视同企业进行清算、分配，股东重新投资成立新企业。企业的全部资产以及股东投资的计税基础均应以公允价值为基础确定。

企业发生其他法律形式简单改变的，可直接变更税务登记，除另有规定外，有关企业所得税纳税事项（包括亏损结转、税收优惠等权益和义务）由变更后企业承继，但因住所发生变化而不符合税收优惠条件的除外。

（2）企业债务重组，相关交易应按以下规定处理：

①以非货币资产清偿债务，应当分解为转让相关非货币性资产、按非货币性资

产公允价值清偿债务两项业务，确认相关资产的所得或损失。

②发生债权转股权的，应当分解为债务清偿和股权投资两项业务，确认有关债务清偿所得或损失。

③债务人应当按照支付的债务清偿额低于债务计税基础的差额，确认债务重组所得；债权人应当按照收到的债务清偿额低于债权计税基础的差额，确认债务重组损失。

④债务人的相关所得税纳税事项原则上保持不变。

（3）企业股权收购、资产收购重组，相关交易应按以下规定处理：

①被收购方应确认股权、资产转让所得或损失。

②收购方取得股权或资产的计税基础应以公允价值为基础确定。

③被收购企业的相关所得税事项原则上保持不变。

（4）企业合并，当事各方应按下列规定处理：

①合并企业应按公允价值确定接受被合并企业各项资产和负债的计税基础。

②被合并企业及其股东都应按清算进行所得税处理。

③被合并企业的亏损不得在合并企业结转弥补。

（5）企业分立，当事各方应按下列规定处理：

①被分立企业对分立出去资产应按公允价值确认资产转让所得或损失。

②分立企业应按公允价值确认接受资产的计税基础。

③被分立企业继续存在时，其股东取得的对价应视同被分立企业分配进行处理。

④被分立企业不再继续存在时，被分立企业及其股东都应按清算进行所得税处理。

⑤企业分立相关企业的亏损不得相互结转弥补。

（二）特殊性税务处理规定

企业重组同时符合下列条件的，适用特殊性税务处理规定：

（1）具有合理的商业目的，且不以减少、免除或者推迟缴纳税款为主要目的。

（2）被收购、合并或分立部分的资产或股权比例符合规定的比例。

（3）企业重组后的连续 12 个月内不改变重组资产原来的实质性经营活动。

（4）重组交易对价中涉及股权支付金额符合规定比例。

（5）企业重组中取得股权支付的原主要股东，在重组后连续 12 个月内，不得转让所取得的股权。

企业重组符合上述规定条件的，交易各方对其交易中的股权支付部分，可以按以下规定进行特殊性税务处理：

（1）企业债务重组确认的应纳税所得额占该企业当年应纳税所得额 50% 以上，可以在 5 个纳税年度的期间内，均匀计入各年度的应纳税所得额。

企业发生债权转股权业务，对债务清偿和股权投资两项业务暂不确认有关债务清偿所得或损失，股权投资的计税基础以原债权的计税基础确定。企业的其他相关所得税事项保持不变。

（2）股权收购，收购企业购买的股权不低于被收购企业全部股权的75%（根据财税〔2014〕109号文件的规定，从2014年1月1日起，该比例调整为50%），且收购企业在该股权收购发生时的股权支付金额不低于其交易支付总额的85%，可以选择按以下规定处理：

①被收购企业的股东取得收购企业股权的计税基础，以被收购股权的原有计税基础确定。

②收购企业取得被收购企业股权的计税基础，以被收购股权的原有计税基础确定。

③收购企业、被收购企业的原有各项资产和负债的计税基础和其他相关所得税事项保持不变。

（3）资产收购，受让企业收购的资产不低于转让企业全部资产的75%（根据财税〔2014〕109号文件的规定，从2014年1月1日起，该比例调整为50%），且受让企业在该资产收购发生时的股权支付金额不低于其交易支付总额的85%，可以选择按以下规定处理：

①转让企业取得受让企业股权的计税基础，以被转让资产的原有计税基础确定。

②受让企业取得转让企业资产的计税基础，以被转让资产的原有计税基础确定。

（4）对100%直接控制的居民企业之间，以及受同一或相同多家居民企业100%直接控制的居民企业之间按账面净值划转股权或资产，凡具有合理商业目的，不以减少、免除或者推迟缴纳税款为主要目的，股权或资产划转后连续12个月内不改变被划转股权或资产原来实质性经营活动，且划出方企业和划入方企业均未在会计上确认损益的，可以选择按以下规定进行特殊性税务处理（财税〔2014〕109号）：

①划出方企业和划入方企业均不确认所得。

②划入方企业取得被划转股权或资产的计税基础，以被划转股权或资产的原账面净值确定。

③划入方企业取得的被划转资产，应按其原账面净值计算折旧扣除。

（5）企业合并，企业股东在该企业合并发生时取得的股权支付金额不低于其交易支付总额的85%，以及同一控制下且不需要支付对价的企业合并，可以选择按以下规定处理：

①合并企业接受被合并企业资产和负债的计税基础，以被合并企业的原有计税基础确定。

②被合并企业合并前的相关所得税事项由合并企业承继。

③可由合并企业弥补的被合并企业亏损的限额=被合并企业净资产公允价值×

截至合并业务发生当年年末国家发行的最长期限的国债利率。

④被合并企业股东取得合并企业股权的计税基础，以其原持有的被合并企业股权的计税基础确定。

（6）企业分立，被分立企业所有股东按原持股比例取得分立企业的股权，分立企业和被分立企业均不改变原来的实质经营活动，且被分立企业股东在该企业分立发生时取得的股权支付金额不低于其交易支付总额的85%，可以选择按以下规定处理：

①分立企业接受被分立企业资产和负债的计税基础，以被分立企业的原有计税基础确定。

②被分立企业已分立出去资产相应的所得税事项由分立企业承继。

③被分立企业未超过法定弥补期限的亏损额可按分立资产占全部资产的比例进行分配，由分立企业继续弥补。

④被分立企业的股东取得分立企业的股权（以下简称“新股”），如需部分或全部放弃原持有的被分立企业的股权（以下简称“旧股”），“新股”的计税基础应以放弃“旧股”的计税基础确定。如不需放弃“旧股”，则其取得“新股”的计税基础可从以下两种方法中选择确定：直接将“新股”的计税基础确定为零；或者以被分立企业分立出去的净资产占被分立企业全部净资产的比例先调减原持有的“旧股”的计税基础，再将调减的计税基础平均分配到“新股”上。

（7）重组交易各方按规定对交易中股权支付暂不确认有关资产的转让所得或损失的，其非股权支付仍应在交易当期确认相应的资产转让所得或损失，并调整相应资产的计税基础。

$$\begin{array}{c}\text{非股权支付对应的}\\\text{资产转让所得或损失}\end{array}=\left(\begin{array}{c}\text{被转让资产}\\\text{的公允价值}\end{array}-\begin{array}{c}\text{被转让资产}\\\text{的计税基础}\end{array}\right)\times\left(\begin{array}{c}\text{非股权}\\\text{支付金额}\end{array}\div\begin{array}{c}\text{被转让资产}\\\text{的公允价值}\end{array}\right)$$

（8）企业发生涉及中国境内与境外之间（包括港澳台地区）的股权和资产收购交易，除应符合规定的条件外，还应同时符合下列条件，才可选择适用特殊性税务处理规定：

①非居民企业向其100%直接控股的另一非居民企业转让其拥有的居民企业股权，没有因此造成以后该项股权转让所得预提税负担变化，且转让方非居民企业向主管税务机关书面承诺在3年（含3年）内不转让其拥有受让方非居民企业的股权。

②非居民企业向与其具有100%直接控股关系的居民企业转让其拥有的另一居民企业股权。

③居民企业以其拥有的资产或股权向其100%直接控股的非居民企业进行投资。

④财政部、国家税务总局核准的其他情形。

（9）上述所指的居民企业以其拥有的资产或股权向其100%直接控股关系的非居民企业进行投资，其资产或股权转让收益如选择特殊性税务处理，可以在10个纳税年度内均匀计入各年度应纳税所得额。

（10）在企业吸收合并中，合并后的存续企业性质及适用税收优惠的条件未发生改变的，可以继续享受合并前该企业剩余期限的税收优惠，其优惠金额按存续企业合并前一年的应纳税所得额（亏损计为零）计算。

在企业存续分立中，分立后的存续企业性质及适用税收优惠的条件未发生改变的，可以继续享受分立前该企业剩余期限的税收优惠，其优惠金额按该企业分立前一年的应纳税所得额（亏损计为零）乘以分立后存续企业资产占分立前该企业全部资产的比例计算。

（11）企业在重组发生前后连续12个月内分步对其资产、股权进行交易，应根据实质重于形式原则将上述交易作为一项企业重组交易进行处理。

思考分析题

从媒体或新闻上，找一个上市公司并购或重组的例子，试分析以下问题：

1. 该并购或重组交易的主体以及主要内容是什么？
2. 该并购或重组的交易属于什么类型？
3. 该并购或重组的绩效如何？
4. 该并购或重组的动因是什么？
5. 该并购或重组应如何进行会计处理？
6. 该并购或重组应如何进行税务处理？

自备参考文献

1. KANZNIK, WILLIAMS. Purchase versus pooling in stock-for-stock acquisitions: Why do firms care? [J]. Journal of Accounting and Economics, 2000, 29 (3).

2. AYERS, LEFANOWICZ, ROBINSON. The financial statement effects of eliminating the pooling-of-interests methods of acquisition [J]. Accounting Horizons, 2000 (14).

3. BALL, SHIVAKUMAR. The role of accruals in asymmetrically timely gain and loss recognition [J]. Journal of Accounting Research, 2006 (5): 207-242.

4. BEATTY, WEBER. Accounting discretion in fair value estimates: An examination of SFAS 142 goodwill impairments [J]. Journal of Accounting Research, 2006, 44: 257-288.

5. JAFFRAY. The furor over purchase/pooling [EB/OL]. (1999-06-12). http://www.gotoanalysts.com.

6. BARNES, SERVAES. The stock market response to changes in business combinations

accounting [EB/OL] . (2002-02-28) . http: //www. faculty. london. edu.

7. BERESFORD, DENNIS. Congress looks at accounting for business combinations [J] . Accounting Horizons, 2001, 15 (1): 73-86.

8. CHATRAPHORN. Accounting for business combinations: A test for long-term market memory [EB/OL] . (2001-12-09) . http: //www. scholar. lib. vt. edu.

9. CATLETT, OLSON. ARS10: Accounting for Goodwill [J] . The Journal of Accountancy, 1968 (9) .

10. DAVIS. Differential market reaction to pooling and purchase methods [J] . The Accounting Review, 1990, 65: 696-709.

11. DECHOW, DICHEV. The quality of accruals and earnings: The role of accrual estimation errors [J] . The Accounting Review (Supplement), 2002 (1): 35-59.

12. Dunne. An empirical analysis of management's choice of accounting treatment for business combination [J] . Journal of Accounting and Public Policy 9 (Summer), 1990, 9 (2) .

13. FASB. Statement of financial accounting standards No. 141: Business combinations [S] . 2001.

14. FASB. Statement of financial accounting standards No. 142: Goodwill and other Intangible Assets [S] . 2001.

15. FASB. Statement of financial accounting standards No. 141R: Business combinations [S] . 2007.

16. HENNING, KRISHNAMURTHY, MAGLIOLO. Does the choice of accounting method matter in mergers? [EB/OL] . (2002-10-23) . http: //www. london. edu.

17. HOLSEN. Another look at business combinations [J] . Journal of Accountancy, 1963 (6) .

18. HOLLIS, LAFOND. Perolsson value creation and accounting choice [EB/OL] . (2002-12-15) . http: //www. faculty. duke. edu.

19. HONG, KAPLAN, MANDELKER. Pooling vs. purchase: The effects of accounting for mergers on stock prices [J] . The Accounting Review, 1978, 53 (1) .

20. HOLYE, SCHAEFER, DOUPNIK. Advanced accounting [M] . NY: The McGraw-Hill Companies, Inc, 2009.

21. ISAB. IFRS3: Business combinations [S] . 2008.

22. NATHAN. Do firms pay to pool: some empirical evidence [J] . Journal of Accounting and Public Policy, 1988 (7): 185-200.

23. HOPKINS, HOUSTON, PETERS. Purchase, pooling, and equity analyst's valuation judgments [J] . The Accounting Review, 2000 (6) .

24. KARTHIK, ROSS. Evidence on the use of unverifiable estimates in required

goodwill impairment [J] . Review of Accounting Studies, 2012, 17 (4) .

25. ROBINSON, SHANE. Acquisition accounting method and the bid premium for target firms [J] . The Accounting Review, 1990, 65: 25-48.

26. SCOTT. Financial accounting theory [M] . 5th ed. Ontano: Prentice Hall Canada Inc. , 2009.

27. SHAHRUR. Industry structure and horizontal takeovers: Analysis of wealth effects on rivals, suppliers and corporate customers [J] . Journal of Financial Economics, 2005, 76: 61-98.

28. VINCENT. Equity valuation implications of purchase versus pooling accounting [J] . Journal of Financial Statement Analysis (Summer), 1998 (1) .

29. WALTER. Pooling or purchase: A merger mystery [J] . Federal Reserve Bank of Richmond Economic Quarterly, 1999, 85 (1) .

30. WATTS, ZIMMERMAN. Positive accounting theory [M] . NJ: Prentice-Hall, 1986.

31. ARTHUR. Summary from ARS No. 5: A critical study of accounting for business combination [J] . The Journal of Accountancy, 1963 (6) .

32. STEPHEN. The rise of economic consequences [J] . Journal of Accountancy, 1978 (12): 56-63.

33. 财政部会计司课题组．企业会计准则实现连续四年平稳有效实施——我国上市公司2010年执行企业会计准则情况分析报告［J］．财会学习，2011（11）．

34. 财政部会计司．我国上市公司2008年执行企业会计准则情况分析报告［M］．北京：经济科学出版社，2009.

35. 财政部会计司．我国上市公司2007年执行新会计准则情况分析报告［M］．北京：经济科学出版社，2008.

36. 陈信元，陈冬华．换股合并增加股东财富了吗？——一项案例研究［J］．中国会计与财务研究，2000，2（1）．

37. 陈信元，应唯，史多丽，等．我国上市公司换股合并的会计方法选择：案例分析与现实思考［J］．会计研究，2001（5）．

38. 陈信元，朱红军．转型经济中的公司治理［M］．北京：清华大学出版社，2007.

39. 储一昀，林华．合并会计方法的信息质量比较［J］．会计研究，2001（10）．

40. 丁友刚．企业合并会计方法：问题、争论与选择［J］．会计研究，2004（3）．

41. 方军雄．政府干预、所有权性质与企业并购［J］．管理世界，2008（9）．

42. 冯淑萍．企业合并会计问题研究［C］//财政部会计准则委员会．企业合并与合并会计报表．大连：大连出版社，2005.

43. 黄世忠. 企业合并会计研究报告 [C] //财政部会计准则委员会. 企业合并与合并会计报表. 大连: 大连出版社, 2005.

44. 黄世忠, 陈箭深, 张象至, 等. 企业合并会计的经济后果分析——兼论我国会计准则体系中计量属性的整合 [J]. 会计研究, 2004 (8).

45. 李青原. 制度环境、会计信息质量与资源配置 [M]. 北京: 经济科学出版社, 2009.

46. 李青原, 田晨阳, 唐建新, 等. 公司横向并购动机: 效率理论还是市场势力理论——来自汇源果汁与可口可乐的案例研究 [J]. 会计研究, 2011 (5).

47. 李增泉, 余谦, 王晓坤. 掏空、支持与并购重组——来自我国上市公司的经验证据 [J]. 经济研究, 2005 (1).

48. 刘峰, 谢莹, 毕秀玲, 等. 换股合并与资本市场效率——新潮实业与新牟股份换股合并的案例分析 [J]. 管理世界, 2002 (4).

49. 刘玉廷, 王鹏, 薛杰. 企业会计准则实施的经济效果——基于上市公司2009年年度财务报告的分析 [J]. 会计研究, 2010 (6): 3-12.

50. 刘玉廷. 关于企业会计准则体系建设、趋同、实施与等效问题 [M] //财政部会计司. 企业会计准则讲解 (2010). 北京: 人民出版社, 2010.

51. 潘红波, 夏新平, 余明桂. 政府干预、政治关联与地方国有企业并购 [J]. 经济研究, 2008 (4).

52. 潘秀丽. 共同控制下企业合并的会计方法选择 [J]. 会计研究, 2002 (1).

53. 谭劲松, 黎文靖, 谭燕. 企业合并中的多方利益博弈——一项10起换股合并案例为基础的研究 [J]. 管理世界, 2003 (3).

54. 谭劲松, 刘炳奇, 谭燕. 企业合并: 政府主导下的多方利益博弈——来自10起换股合并案例的检验 [J]. 管理世界, 2005 (2).

55. 谭劲松, 郑国坚, 彭松. 地方政府公共治理与国有控股上市公司控制权转移——1996—2004年深圳市属上市公司重组案例研究 [J]. 管理世界, 2009 (10).

56. 王鹏. 财务会计上控制的理论框架研究 [J]. 会计研究, 2009 (8).

57. 夏立军. 盈余管理计量模型在中国股票市场的应用研究 [J]. 中国会计与财务研究, 2003, 5 (2).

58. 张维迎. 控制权损失的不可补偿性与国有企业兼并中的产权障碍 [J]. 经济研究, 1998 (7).

59. 张新. 并购重组是否创造价值? ——中国证券市场的理论与实证研究 [J]. 经济研究, 2003 (6).

60. 朱宝宪, 朱朝华. 企业合并中购买法与权益结合法的选择分析 [J]. 财经论丛, 2003 (2): 62-68.

61. 朱红军，杨静，张人骥．共同控制下的企业合并行为：协同效应还是财富转移——第一百货吸收合并华联商厦的案例研究［J］．管理世界，2005（4）．

62. 上海国家会计学院．企业并购与重组［M］．北京：经济科学出版社，2011.

63. 周春生．融资、并购与公司控制［M］.3 版．北京：北京大学出版社，2013.

64. 朱宝宪．公司并购与重组［M］．北京：清华大学出版社，2006.

65. 郭垂平，王瑞琪，林文辉．中国企业并购重组税收指南［M］．北京：中国财政经济出版社，2013.

上篇　一般并购业务

案例 1

华映科技股权收购：同一控制下的企业合并吗

2011 年 9 月，华映科技（集团）股份有限公司（以下简称华映科技）的董事会、临时股东大会审议通过议案：华映科技受让控股股东中华映管（百慕大）股份有限公司（以下简称华映百慕大）持有的子公司华映光电 20% 股权，转让金额为 4 亿元人民币。同时华映科技将视市场发展情况，选择合适的时机继续收购华映百慕大等华映光电股东持有的剩余的华映光电股份，以控制华映光电。

2011 年年底，华映科技公司会计主管吴总召集会计人员小王、小李与小孙就上述股权收购交易的会计处理进行了讨论，会计人员在该投资的初始入账价值以及后续计量之间发生了激烈的争论。

案例情况介绍

一、交易各方简介

（一）收购方：华映科技

华映科技（集团）股份有限公司（股票代码 000536）从事新型平板显示器件、液晶显示屏、模组及零部件的研发、设计、生产、销售和售后服务。公司名称于 2010 年 12 月 6 日，经国家工商行政管理总局核准，由闽东电机（集团）股份有限公司变更为华映科技（集团）股份有限公司，于 2011 年 1 月 28 日取得变更后的企业法人营业执照。公司的控股股东为中华映管（百慕大）股份有限公司，实际控制人为大同股份有限公司（台资公司）。华映科技公司的控股股东情况如图 1-1

所示。

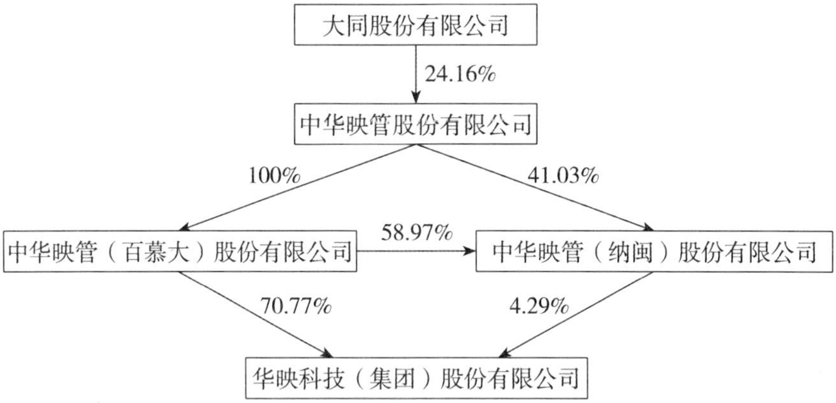

图 1-1　华映科技公司的控股股东情况

华映科技公司 2009—2011 年盈利状况见表 1-1。

表 1-1　　华映科技公司 2009—2011 年盈利状况表　　金额单位：元人民币

项目	2011 年	2010 年	本年比上年增减（%）	2009 年
营业总收入	2 182 537 883. 08	3 024 096 792. 08	-27. 83	1 885 179 782. 45
利润总额	567 278 988. 98	569 120 197. 56	-0. 32	396 994 956. 59
归属于上市公司股东的净利润	346 729 158. 79	349 382 749. 83	-0. 76	255 528 204. 50
归属于上市公司股东的扣除非经常性损益的净利润	326 282 074. 24	332 291 414. 72	-1. 81	240 814 959. 29
经营活动产生的现金流量净额	807 467 896. 95	758 991 431. 94	6. 39	298 114 088. 71

（二）股权转让方：中华映管（百慕大）股份有限公司

中华映管（百慕大）股份有限公司成立于 1994 年 6 月 16 日，法定代表人为林蔚山，注册资本为 13 190 万美元；投资总额为 56 031. 43 万美元；主营业务为控股投资。

（三）标的资产：华映光电 20%股权

华映光电公司成立于 1994 年 1 月 11 日，注册资金为 232 552. 61 万元人民币，经营范围为开发、设计、生产单色显像管、单色显示管、彩色显像管、电子枪、管面涂布材料及相关零部件、中小尺寸平板显示产品、平板显示产品及相关零部件的开发、设计、生产、销售及售后服务。股权交易前华映光电的股权结构如图 1-2

所示，其控股股东为华映百慕大，持股比例为 78.91%。2010 年，华映光电扭亏为盈，母公司营业利润为 2 864.81 万元人民币，合并营业利润为 3 946.04 万元人民币，其 2008—2010 年的财务状况见表 1-2。

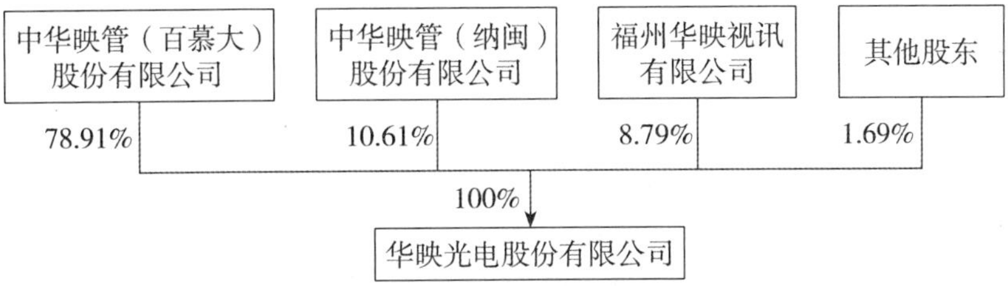

图 1-2　股权交易前华映光电的股权结构图

表 1-2　**华映光电 2008—2010 年的财务状况**　单位：万元人民币

项目	2010 年 12 月 31 日		2009 年 12 月 31 日		2008 年 12 月 31 日	
	合并数	母公司数	合并数	母公司数	合并数	母公司数
资产总额	390 636. 18	354 874. 41	307 206. 46	284 221. 92	377 205. 54	363 133. 62
负债总额	222 024. 83	189 080. 13	142 781. 66	121 638. 79	159 654. 50	147 131. 42
归属于母公司的股东权益	166 564. 20	165 794. 27	162 750. 94	162 583. 13	216 043. 86	216 002. 20
项目	2010 年度		2009 年度		2008 年度	
	合并数	母公司数	合并数	母公司数	合并数	母公司数
营业收入	246 586. 54	192 031. 33	123 421. 32	88 735. 33	199 473. 39	169 283. 46
营业利润	3 946. 04	2 864. 81	-61 461. 83	-61 512. 00	-18 478. 22	-19 299. 19
归属于母公司的净利润	3 813. 26	3 211. 14	-46 837. 44	-46 894. 22	-17 003. 65	17 417. 11

二、交易主要过程

（一）交易概况

2011 年 9 月，华映科技董事会、临时股东大会审议通过华映科技受让控股股东华映百慕大持有的华映光电 20% 股权，转让金额为 4 亿元人民币，以自有资金购买。

（二）交易背景及目的

2011 年 9 月，华映光电正式结束单、彩色显像管、显示管的业务，未来将全力打造触控一条龙产业链，目前已经形成以中小尺寸液晶模组加工、盖板玻璃加工、贴合（盖板玻璃与触控屏面板贴合、触控模组与液晶面板贴合）、盖板玻璃印刷等业务为主的产业，可以根据客户需求提供不同阶段的产品及服务，具备较强的产业竞争优势。鉴于中小尺寸平板显示产品、触控产品的市场需求持续旺盛，华映光电打造的全产业链模式效益逐步显现，在建项目产能逐步于 2011 年释放，可以大大提升公司的盈利水平。本次收购有利于进一步完善华映科技的产品结构，公司将在合适的时机通过收购华映百慕大等华映光电股东所持华映光电剩余股份的方式实现对华映光电的控股，促使公司朝中小尺寸触控产业链拓展，并结合公司未来新项目的运作，提升公司整体竞争力。本次收购充分考虑了公司自有资金状况以及中小股东的利益，并依照上市公司收购关联方资产的相关规定严格履行相关法律法规程序，以实现各方共赢的结果。

本次交易及华映科技后续的收购安排可以有效解决华映科技与关联方的同业竞争问题，并充分利用华映光电目前在中小尺寸平板显示产品、触控产品及相关零部件加工的技术、生产及销售等方面积累的优势，加速公司的全产业整合规划。

本次收购完成后，华映科技持有华映光电 20% 股权，将根据持股比例及华映光电章程的规定推荐董事及高层管理人员。华映光电顺利实现产业转型后，目前主要以中小尺寸平板显示产品、触控产品及相关零部件加工为主，2010 年实现合并归属于母公司的利润为 3 813.26 万元人民币，未来在全产业链逐步投产并产生效益后，业绩将会逐步提升。华映科技受让华映光电股权后将受益未来由触控技术应用带来的中小尺寸平板显示产品的市场成长机会，给股东带来更好的回报。

（三）关联交易的定价政策及定价依据

本次交易聘请具有从事证券业务资格的审计机构——希格玛会计师事务所有限公司对交易标的以 2010 年 12 月 31 日为基准日进行审计，希格玛会计师事务所有限公司出具了希会审字〔2011〕第 0663 号标准无保留意见审计报告。同时聘请具有从事证券业务资格的评估机构——福建联合中和资产评估有限责任公司采用市场法评估并出具了《华映光电股份有限公司企业价值报告书》（〔2011〕榕联评字第 159 号），评估基准日为 2010 年 12 月 31 日。本次评估主要采用成本法和收益法评估，评估值分别为 202 854.94 万元人民币、210 438.66 万元人民币。公司采用成本法，评估值 202 854.94 万元人民币作为本次交易的定价基础。净资产原账面价值为 165 794.28 万元人民币，溢价 37 060.66 万元人民币，增值幅度为 22.35%。其中，资产评估增值的主要原因为以下两项：（1）固定资产评估增值 35 271.99 万元人民币，增值幅度为 63.28%，主要是厂房及员工宿舍房产增值所致。（2）无形资产评估增值 12 806.48 万元人民币，增值幅度为 339.50%，主要是土地增值所致。

本次交易参照评估值，以 20 亿元人民币作为定价基准（低于评估净资产价值），确定股权交易价格为 4 亿元人民币。

（四）转让价款的支付方式、时间和条件

（1）股份交易款项支付至甲方账户。

（2）支付的时间和条件：乙方于本合同生效之日起 30 个工作日内将全部股份转让款支付给甲方。

（五）交易基准日

经甲、乙双方约定，交易基准日为 2010 年 12 月 31 日。自 2011 年 1 月 1 日起至股份转让完成日止，其间产生的盈利或亏损及风险由乙方按股份转让的比例承担。

（六）股权转让的税收和费用

股权转让中涉及的有关税费，根据国家的相关规定由甲、乙双方各自承担。

（七）后续收购安排

目前华映光电与实际控制人的关联交易比重较高，华映光电正在为寻求降低关联交易积极努力。公司将视市场发展情况，选择合适的时机继续收购华映百慕大等华映光电股东持有的剩余华映光电股份，以控股华映光电，实现中小尺寸触控技术全产业链的整合。

为避免华映科技拟购买华映百慕大持有的华映光电 20% 股份后可能发生的同业竞争，减少关联交易，保证上市公司华映科技的权益，华映百慕大就华映科技收购华映光电股份事项承诺如下：

（1）华映科技购买华映百慕大持有的华映光电 20% 股份完成后，如华映科技拟继续收购华映百慕大持有的华映光电股份，则华映百慕大应同意华映科技提出的收购请求，并保证收购符合上市公司关联交易的规定，不损害华映科技及其股东的利益。

（2）华映科技购买华映百慕大持有的华映光电 20% 股份完成后，如华映百慕大拟出售其持有的剩余华映光电股份，则华映科技享有优先购买权；经华映科技同意放弃购买的，华映百慕大可以出售给第三方。

（3）以上承诺在华映百慕大为华映科技控股股东期间长期有效。

（八）华映科技公司战略委员会意见

本次交易行为是为了进一步提升公司竞争力与进一步完善公司产品结构，并为进一步解决公司与关联方潜在的同业竞争及关联交易问题奠定良好基础，符合公司实际经营及长远发展需要。

（九）华映科技公司独立董事意见

华映科技公司独立董事就本次关联交易发表了事前认可及独立意见。

事前认可如下：（1）鉴于中小尺寸平板显示产品的市场需求持续旺盛，本次收购有利于进一步完善公司产品结构；（2）公司关于未来进一步收购的安排及控股股东关于公司收购其所持的华映光电股份有限公司剩余股权所作出的承诺，均表明公司及控股股东对解决公司同业竞争的决心；（3）本议案提交本次董事会前已获公司战略委员会 2011 年第二次会议审议通过；（4）请公司董事会及相关人员严格按照国家相关法律法规的要求，执行相关的审批及信息披露程序。同意将此议案提交公司董事会审议。

独立意见如下：根据公司战略委员会 2011 年第二次会议的决议，公司本次关联交易行为是为了进一步提升公司竞争力与进一步完善公司产品结构，并为进一步解决公司与关联方潜在的同业竞争及关联交易问题奠定良好基础，符合公司实际经营及长远发展需要。上述关联交易标的经具有证券从业资格的资产评估机构评估，交易定价参照评估价值，交易公平、合理，程序合法。本次关联交易不存在损害中小股东利益的情况。

（十）交易过程

2011 年 9 月 1 日，华映光电公司董事会会议审议通过《关于受让中华映管（百慕大）股份有限公司所持华映光电股份有限公司 20% 股权的议案》，即华映科技受让控股股东中华映管（百慕大）股份有限公司（以下简称华映百慕大）持有的华映光电 20% 股权，转让金额为 4 亿元人民币。

2011 年 9 月 21 日，华映光电公司临时股东大会审议通过《关于受让中华映管（百慕大）股份有限公司所持华映光电股份有限公司 20% 股权的议案》。关联股东中华映管（百慕大）股份有限公司、中华映管（纳闽）股份有限公司回避表决。

2011 年 10 月 28 日，华映光电公司向转让方中华映管（百慕大）股份有限公司支付本次股权收购的款项。

2011 年 10 月 31 日，华映光电公司完成本次股权转让的工商备案，正式完成受让华映光电 20% 股权作业程序。

如果以股权交易完成日 2011 年 10 月 31 日为收购日，华映光电的财务状况见表 1-3。

表 1-3　**2011 年 10 月 31 日华映光电公司的财务状况**　单位：万元人民币

项目	收购日财务报表	以公允价值为基础调整后报表
2011 年 10 月 31 日资产总额	379 678.93	421 795.35
2011 年 10 月 31 日负债总额	236 188.09	236 188.09
2011 年 10 月 31 日归属于母公司的所有者权益	140 566.40	182 682.82
本公司享有的 20% 的可辨认净资产公允价值份额		36 628.34
本公司的投资成本		40 000.00
投资成本与可辨认净资产公允价值的差额		3 371.66

股权交易后华映光电公司的股权结构如图 1-3 所示。

三、其他背景资料

（一）华映科技借壳上市的经过

华映科技（集团）股份有限公司原名为闽东电机（集团）股份有限公司，是 1992 年 12 月经福建省经济体制改革委员会（闽体改字〔1992〕117 号）批准，以募集方式设立的股份制公司。公司于 1993 年 9 月经中国证券监督管理委员会批准，

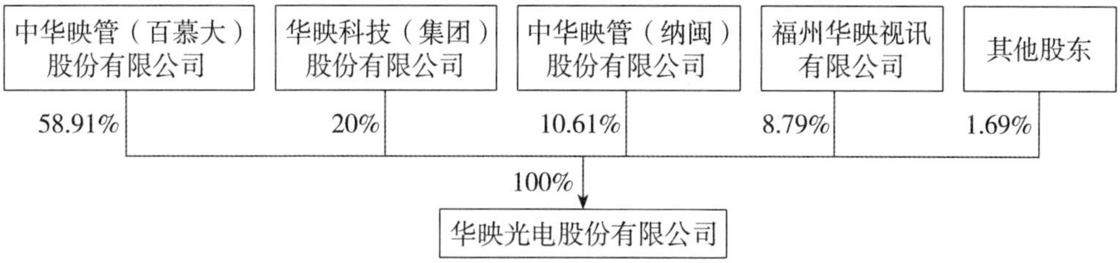

图 1-3　股权交易后华映光电公司的股权结构图

首次向社会公众发行人民币普通股 3 354 万股，并于 1993 年 11 月 26 日在深圳证券交易所上市，股票代码为 000536。

2009 年 4 月 20 日，闽东电机公司 2009 年第二次临时股东大会决议，审议通过了公司 2009 年 4 月 1 日与福建省电子信息（集团）有限责任公司（以下简称信息集团）签署的《资产和负债转让协议书》，闽东电机公司拟将全部资产和负债转让给信息集团，同时将涉及该资产和负债的相关业务全部转移给信息集团，并由信息集团指定其下属企业（不包括闽闽东）接受闽闽东之全部职工；审议通过了公司 2009 年 4 月 1 日与中华映管（百慕大）有限公司（以下简称华映百慕大）、中华映管（纳闽）股份有限公司（以下简称华映纳闽）、福建福日电子股份有限公司（以下简称福日电子）签署的《关于闽东电机（集团）股份有限公司股份认购协议书》，闽东电机公司拟以 4. 36 元/股的价格发行 555 832 717 股股份，其中：华映百慕大以其合法持有的福建华映显示科技有限公司（以下简称福建华显）75% 的股权、深圳华映显示科技有限公司（以下简称深圳华显）75% 的股权、福建华冠光电有限公司（以下简称华冠光电）75% 的股权以及华映视讯（吴江）有限公司（以下简称华映视讯）67. 19% 的股权作价 218 136. 16 万元人民币认购 500 312 295 股；华映纳闽以其合法持有的华映视讯 7. 81% 的股权作价 13 097. 62 万元人民币认购 30 040 422 股；福日电子以其拥有的 206 基地资产作价 11 109. 28 万元人民币认购 25 480 000 股。

2009 年 9 月 21 日，中国证券监督管理委员会以《关于核准闽东电机（集团）股份有限公司重大资产重组及向中华映管（百慕大）股份有限公司等发行股份购买资产的批复》（证监许可〔2009〕938 号），核准闽东电机公司本次重大资产重组以及向华映百慕大发行 500 312 295 股股份、向华映纳闽发行 30 040 422 股股份、向福日电子发行 25 480 000 股股份。截至 2010 年 1 月 13 日，福建华显、深圳华显、华冠光电和华映视讯（以下简称四家 LCM 公司）各 75% 的股权及 206 基地资产已全部过户至闽东电机公司名下。

2010 年 1 月 15 日，本公司本次定向发行的 555 832 717 股新增股份在中国证券登记结算有限责任公司深圳分公司办理完毕登记存管手续，其中向华映百慕大发行 500 312 295 股、向华映纳闽发行 30 040 422 股、向福日电子发行 25 480 000 股。

公司名称于 2010 年 12 月 6 日，经国家工商行政管理总局核准，由闽东电机

（集团）股份有限公司变更为华映科技（集团）股份有限公司。

（二）控股股东的利润承诺

2009年1月16日，公司重组方华映百慕大及其一致行动人华映纳闽出具了《关于闽东电机（集团）股份有限公司未来三年盈利能力的承诺函》，2009年4月1日华映百慕大及其一致行动人华映纳闽出具了《实际业绩不足承诺业绩补偿协议》，郑重承诺：上市公司2010年实现的归属于母公司所有者的净利润（合并数）不低于3.46亿元人民币，上市公司2011年实现的归属于母公司所有者的净利润（合并数）不低于3.46亿元人民币。若上市公司经营业绩无法达到设定目标，则实际盈利数不足设定目标的差额，由华映百慕大于相关年度报告公告之当年以现金向存续上市公司补偿。

（三）盈利预测实现情况

华映科技公司2011年度利润实现数与业绩承诺数的比较见表1-4。

表1-4　**华映科技公司2011年度利润实现数与业绩承诺数的比较**

项目	业绩承诺数（亿元人民币）	利润实现数（亿元人民币）	业绩承诺实现率（%）
归属于母公司所有者的净利润	3.46	3.4673	100.21

说明：公司2011年度利润实现数业经福建华兴会计师事务所有限公司审计，并出具闽华兴所（2012）审字G-011号审计报告。

相关会计问题的讨论与分析

2011年年底，华映科技的会计主管吴总召集会计人员小王、小李与小孙就上述股权收购交易的会计处理进行了讨论，会计人员在该投资的初始入账价值以及后续计量之间发生了激烈的争论，没有达成一致。

小王首先发言："对于华映科技收购控股股东华映百慕大的子公司华映光电20%的股权，我认为应该按照实际支付的价款4亿元人民币入账，采用权益法进行后续处理，本年度华映光电母公司个别报表中净利润为695.92万元人民币，因此年末应确认投资收益139.184万元人民币。"

小李马上表示异议："我同意小王关于初始投资成本4亿元人民币的入账价值，但是不同意小王对投资收益的计量，因为华映科技收购华映光电的日期在2011年10月31日，那么投资收益确认应该以华映光电合并报表中自购买日后最后2个月的利润7 676.7万元人民币为基础乘以持股比例20%，因此投资收益应确认为1 535.34万元人民币。"

小王摇着头，争论道："小李的看法不对，投资转让合同上注明，'经甲、乙双方约定，交易基准日为2010年12月31日。自2011年1月1日起至股份转让完成日止，其间产生的盈利或亏损及风险由乙方按股份转让的比例承担’。因此，还是应该从 2011 年 1 月 1 日开始计算被投资单位个别报表的净利润。”

小孙忍不住插言：“我不同意你们的看法，你们没有注意到该交易的后续安排：华映科技公司将视市场发展情况，选择合适的时机继续收购华映百慕大等华映光电股东持有的剩余的华映光电股份，以控股华映光电，实现中小尺寸触控技术全产业链的整合。而且华映科技购买华映百慕大持有的华映光电 20% 股份完成后，如华映科技拟继续收购华映百慕大持有的华映光电股份，则华映百慕大应同意华映科技提出的收购请求，并保证收购符合上市公司关联交易的规定，不损害华映科技及其股东的利益。这意味着这次华映科技收购华映光电 20% 的股权仅是控股合并华映光电的第一步，因此可以看成是一揽子交易的第一部分，即同一控制下的企业合并的第一步。我们知道，在同一控制下的企业合并，华映科技应该以 2011 年 1 月 1 日的账面价值 165 794. 28 万元人民币乘以持股比例 20%，也就是 33 158. 86 万元人民币入账。既然看成是同一控制下的企业合并，那么华映科技长期股权投资应该在个别报表中采用成本法核算，不确认当期的投资收益，因为华映光电当年还没有分配股利，然后华映科技应把华映光电纳入合并报表。”

华映光电 2011 年不同时点的财务状况见表 1-5。

表 1-5 华映光电 2011 年不同时点的财务状况 单位：万元人民币

项目	2011 年 11—12 月净利润	2011 年 1—12 月净利润	2011 年年初净资产	2011 年 10 月底净资产
个别报表	3 275. 32	695. 92	165 794. 00	140 566. 00
合并报表合计	7 676. 7	1 631. 1	166 565. 20	182 682. 00
合并报表（归属于母公司）	4 314. 15	916. 64		

★ 下一步的行动

吴总听着会计人员小王、小李与小孙的激烈争论，陷入了沉思。随着年终报表决算日期的到来，吴总需要马上给会计人员明确的指导——华映科技财务报告应如何确认长期股权投资以及投资收益，以真实反映公司的财务状况、经营成果以及现金流量。

思考分析题

1. 对于华映科技收购华映光电 20% 的股权，该交易属于哪种类型的并购重组？

2. 对于华映科技收购华映光电 20% 的股权，请说明小王、小李与小孙三人在会计处理方面的分歧及其对华映科技 2011 年年底财务报表的不同影响。

3. 如果你是吴总，请评述小王、小李与小孙的会计处理的合理与不足之处，说明针对本次交易应如何进行会计处理及其理由。

4. 如华映科技与华映百慕大约定，2012 年 6 月 30 日前继续购买华映光电 40% 的股权，应如何进行会计处理？

5. （可选）如果你是华映百慕大的会计人员，请说明该交易的会计处理与税务处理。

6. （可选）试分析华映百慕大转让华映光电 20% 股权的时机选择以及可能动机。

自备参考文献

1. 中华人民共和国财政部．企业会计准则第 2 号——长期股权投资 . 2014.

2. 中华人民共和国财政部．企业会计准则第 13 号——或有事项 . 2006.

3. 中华人民共和国财政部．企业会计准则第 20 号——企业合并 . 2006.

4. 中华人民共和国财政部．企业会计准则第 33 号——合并财务报表 . 2014.

5. 中华人民共和国财政部．企业会计准则应用指南［M］．北京：中国时代经济出版社，2007.

6. 财政部会计司．企业会计准则讲解 2010［M］．北京：人民出版社，2010.

7. 中华人民共和国财政部．企业会计准则解释第 5 号．财会〔2012〕19 号．

8. 财政部会计司．《企业会计准则第 2 号——长期股权投资》应用指南［M］．北京：中国财政经济出版社，2014.

案例 2

海豹股份增发收购大原地产：同一控制下的企业合并吗

2013 年 7 月，上市公司重庆市海豹实业股份有限公司（以下简称“海豹股份”，报告主体）向第一大股东重庆市东日控股有限公司（以下简称“东日控股”）非公开发行 57 592.99 万股股票，购买其持有的重庆大原房地产开发有限公司（以下简称“大原地产”）70% 股权。东日控股此前持有海豹股份 40% 的股权，交易后东日控股的持股比例上升为 66.66%。

信华会计师事务所为海豹股份提供 2013 年度财务报告审计服务。2013 年 11 月，项目组对海豹股份进行了预审，并就本次非公开发行股份购买股权资产交易中存在分歧的有关重大会计问题展开了讨论。

案例情况介绍

一、交易各方情况

2012 年 6 月底，东日控股持有海豹股份 40% 股权、大原地产 70% 股权，海豹股份持有大原地产 30% 股权，股权投资关系如图 2-1 所示。

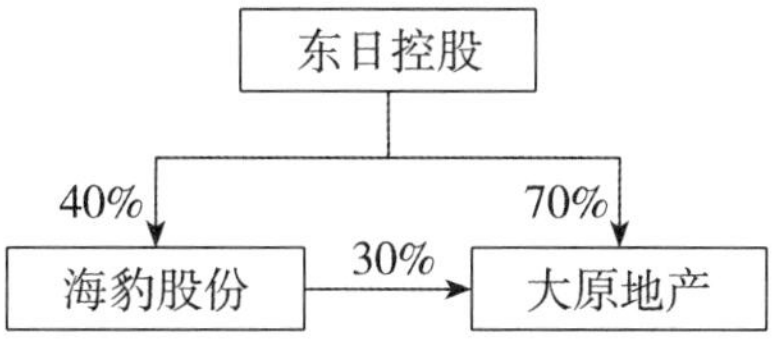

图 2-1　2012 年 6 月底交易各方股权投资关系图

（一）交易主体

1. 上市公司：海豹股份

海豹股份主要从事钢丝制品的生产和销售，以及房地产开发等业务。海豹股份原主要经营钢丝制品业务，自 2007 年以来，海豹股份对产业结构进行了较大的转换和调整，在提升和保持原有的金属制造业务领域优势的同时，积极进军房地产市场，积累了多层及高层普通住宅、精装公寓、低密度住宅、社区配套商业等多业态房产开发经验，已形成房地产开发和金属制造业务共同发展的产业结构。

海豹股份于1997年10月9日注册成立，原名“重庆市海豹金属制造有限公司”。1999年8月，东日控股因自原控股股东处受让其持有的70%股份，变更成为海豹股份的控股股东。2000年7月31日，经重庆市人民政府批准，依法整体变更为股份有限公司，并更名为“重庆市海豹实业股份有限公司”，注册资本为6 000万元。经中国证监会核准，海豹股份于2002年7月10日以每股15.80元的价格向社会公众发行人民币普通股2 000万股，并于2002年7月23日在上海证券交易所挂牌交易，注册资本增至8 000万元。2006年2月，海豹股份通过股权分置改革方案，流通股股东每10股的流通股获得非流通股股东支付的2.6股股票对价。

2006年至2011年间，海豹股份进行了多次资本公积转增股本和非公开发行股票募集资金，截至2012年7月31日，海豹股份总股本增至72 000万股，东日控股对海豹股份的持股比例被稀释为40%，海豹股份前五大股东持股情况见表2-1。

表2-1 海豹股份前五大股东持股情况

排名	股东名称	持股比例（%）
1	重庆市东日控股有限公司	40
2	广州市易慧实业有限公司	2.11
3	范学中	1.84
4	南京市金水融投资咨询有限公司	0.75
5	许美	0.56
	合计	45.26

从近年来海豹股份召开的股东大会的情况来看，出席会议的股东或其代理人所持表决权的股份总数约占公司股份总数的60%～70%。

海豹股份最近一届董事会成员见表2-2。

表2-2 海豹股份最近一届董事会成员

姓名	职务	在股东单位任职情况
罗西	董事长	在东日控股任董事
甄俊	董事兼总经理	在东日控股任董事
程炳离	董事	—
魏渊	独立董事	—
刘华建	独立董事	—

从董事会历次表决情况来看，董事长罗西和董事甄俊提出的议案均获得了董事

会的全票通过。

2. 交易对方：东日控股

东日控股是一家以金属制造、房地产、矿产能源和金融投资为主要发展方向的投资控股型企业集团。

东日控股成立于 1996 年，由自然人罗东出资设立，注册资本 500 万元。罗东对其进行了数次增资，截至 2012 年 7 月 31 日，东日控股的注册资本为 48 000 万元。

截至 2012 年 7 月 31 日，东日控股总资产为 2 579 800 万元，所有者权益为 351 600万元。2012 年 1—7 月，东日控股实现营业收入 1 073 000 万元，净利润 58 600万元。东日控股持有的主要子公司及其核心业务情况见表 2-3。

表 2-3 东日控股持有的主要子公司及其核心业务情况表

序号	公司名称	持股比例（%）	主营业务
1	重庆市海豹实业股份有限公司	40	金属制造、房地产开发
2	重庆大原房地产开发有限公司	70	房地产开发
3	新疆东日能源有限责任公司	100	能源技术开发；能源技术方面投资
4	上海东日股权投资有限公司	90	非房地产业务的金融投资
5	西藏高日投资有限公司	90	矿产能源方面投资

（二）交易标的：大原地产

大原地产主要经营房地产开发业务，开发项目位于重庆市江北区，主要为高层普通住宅、小户型公寓、社区配套商业、商务写字楼等，主要定位于“首置首改”刚性住房需求群体。

1. 历史沿革

大原地产由东日控股和恒控房地产开发有限公司（东日控股无关联的第三方，以下简称“恒控地产”）于 2007 年 2 月共同出资 100 000 万元成立，分别持股 70%、30%，控股股东为东日控股。大原地产设立时股权结构见表 2-4。

表 2-4 大原地产设立时股权结构

序号	股东名称	出资额（万元）	持股比例（%）
1	重庆市东日控股有限公司	70 000	70
2	恒控房地产开发有限公司	30 000	30
	合计	100 000	100

2010 年 2 月 12 日，大原地产股东会通过决议，同意恒控地产将其持有的大原地产 30% 的股权转让给海豹股份，双方就本次股权转让签订了股权转让协议，约定股权转让价格以截至 2009 年 12 月 31 日的全部股东权益评估值为基础，确定为

54 180 万元。2010 年 2 月 28 日，大原地产完成工商变更登记（注：截至该日大原地产相关财务数据参见本案例“三、其他背景材料”）。本次股权转让完成后，海豹股份在大原地产董事会中派有董事，能够对大原地产实施重大影响，变更后大原地产的股权结构见表 2-5。

表 2-5　　2010 年 2 月 28 日股权转让后大原地产的股权结构

序号	股东名称	出资额（万元）	持股比例（%）
1	重庆市东日控股有限公司	70 000	70
2	重庆市海豹实业股份有限公司	30 000	30
	合计	100 000	100

2. 财务数据及估值

大原地产 2011 年度及 2012 年 1—7 月经审计的主要财务数据见表 2-6。

表 2-6　　大原地产 2011 年度及 2012 年 1—7 月经审计的主要财务数据　　单位：万元

项目	2012 年 1—7 月	2011 年度
营业收入	81 872.37	82 774.67
利润总额	15 837.69	19 942.58
净利润	11 872.22	16 954.46
项目	2012 年 7 月 31 日（注）	2011 年 12 月 31 日
资产总额	470 509.54	413 208.42
负债总额	275 264.90	210 678.10
所有者权益	195 244.64	202 530.32

注：2012 年 1 月 16 日，大原地产股东会通过决议，同意将 2011 年度的部分未分配利润 19 157.90万元按股东出资比例进行现金红利分配。

海豹股份委托振兴资产评估公司以 2012 年 7 月 31 日为评估基准日，对大原地产全部股东权益值进行了评估，根据振兴资产评估公司出具的评估报告，大原地产全部股东权益价值为 313 470.44 万元。

二、公司并购重组过程

（一）并购背景与目的

一方面，本次标的资产为东日控股控制的优质房地产开发类股权资产，其开发的房产项目销售前景良好，盈利能力较强，海豹股份希望通过注入盈利状况良好的优质资产增强公司资本实力，改善公司盈利状况，提升公司在房地产开发业务领域的竞争力。

另一方面，海豹股份与其股东东日控股在房地产开发业务方面存在同业竞争，通过本次并购可以有效解决同业竞争问题。

（二）交易方案

本次重大资产重组的交易方案为上市公司向东日控股非公开发行股份，购买东日控股持有的大原地产 70% 股权。

东日控股、海豹股份双方对于标的资产的定价根据振兴资产评估公司以 2012 年 7 月 31 日为基准日出具的评估结果协商确定，最终通过协议确定本次交易的价格为 219 429.31 万元。海豹股份本次向东日控股非公开发行股票的价格为公司 2012 年 8 月 27 日董事会决议公告日前 20 个交易日股票交易均价，即 3.81 元/股，按照该交易价格计算本次购买资产需发行的股份数为 57 592.99 万股。

（三）交易过程

2012 年 7 月 6 日，海豹股份公告因大股东东日控股正在筹划与公司相关的重大事项，公司股票自 2012 年 7 月 8 日起停牌，停牌期间海豹股份开始进行重组资产的梳理及重组方案的论证工作。

2012 年 8 月 23 日，东日控股召开董事会，审议通过了以资产认购海豹股份非公开发行股份和签署非公开发行股份购买资产框架协议的相关议案。2012 年 8 月 26 日，东日控股召开股东会，同意前述议案。

2012 年 8 月 27 日，海豹股份召开董事会，审议通过了海豹股份《发行股份购买资产暨关联交易预案》，并与东日控股签订了发行股份购买资产框架协议。2012 年 8 月 28 日，海豹股份股票恢复交易。

2012 年 9 月 13 日，东日控股召开董事会，审议通过了本次交易的正式方案，签署了非公开发行股份购买资产协议的相关议案。2012 年 9 月 16 日，东日控股召开股东会同意前述议案。

2012 年 9 月 17 日，海豹股份召开董事会，审议通过了本次交易正式方案的相关议案，并与东日控股签订了非公开发行股份购买资产协议。2012 年 10 月 9 日，海豹股份召开了股东大会，并审议通过了本次交易的正式方案。

2013 年 4 月 29 日，海豹股份本次发行股份购买资产事项获得中国证监会并购重组委员会审核通过，2013 年 5 月 28 日，海豹股份取得中国证监会正式批复，核准海豹股份通过非公开发行股份的方式，购买东日控股持有的大原地产 70% 股权。

2013 年 6 月 26 日，海豹股份完成了上述股权的交割及工商登记变更手续。2013 年 7 月 2 日，海豹股份在登记结算公司办理了本次向东日控股发行股份的股权登记手续，获得了《证券登记确认书》。该日，海豹股份的收盘价为 4.70 元/股（假设该收盘价即为海豹股份权益证券的公允价值）。

本次非公开发行股票后，东日控股持有海豹股份的股权上升为 66.66%，股权关系如图 2-2 所示。

（四）标的股权资产在合并日的财务信息

截至 2013 年 6 月 30 日（合并日），海豹股份对原持有的大原地产 30% 股权的长期股权投资账面价值为 71 234.30 万元，持有期间大原地产不存在除净损益及利

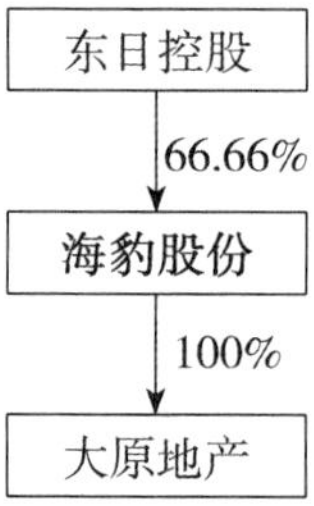

图 2-2　2013 年 7 月底交易各方股权投资关系图

润分配外其他引起净资产变化的情况。

截至 2013 年 6 月 30 日，海豹股份在股权备查登记簿中记载的自原持有的大原地产 30% 股权交易日（2010 年 2 月 28 日）作价为基础持续计量的可辨认净资产公允价值、大原地产资产及负债的账面价值、可辨认净资产公允价值见表 2-7。

表 2-7　　2013 年 6 月 30 日大原地产财务信息　　单位：万元

项目	自 2010 年 2 月 28 日持续计量的公允价值	账面价值	公允价值
资产总额	505 673.03	475 486.56	593 712.36
负债总额	270 264.58	270 264.58	270 264.58
所有者权益	235 408.45	205 221.98	323 447.78

三、其他背景材料

2010 年 2 月 28 日，大原地产所有者权益账面价值为 128 250 万元，可辨认净资产公允价值为 178 560.78 万元。该日大原地产的主要财务数据见表 2-8。

表 2-8　　2010 年 2 月 28 日大原地产的主要财务数据　　单位：万元

项目	账面价值	公允价值
资产总额	259 657.61	309 968.39
负债总额	131 407.61	131 407.61
所有者权益	128 250.00	178 560.78

四、海豹股份的会计处理概要

海豹股份原持有大原地产 30% 股权，按权益法核算。通过本次重组，从东日控股处购入大原地产剩余 70% 股权后，取得了对大原地产的控制权，合计持有其 100% 的股权。

海豹股份将本次交易认定为同一控制下的企业合并，其持有的 100% 股权按照大原地产截至 2013 年 6 月 30 日（合并日）个别财务报表的所有者权益账面价值 205 221.98 万元确认本次交易的合并成本，海豹股份原持有的大原地产 30% 股权视同取得时即按照同一控制下的企业合并的原则处理并做相应调整，该长期股权投资账面价值（经调整）加上合并日进一步取得 70% 股份所支付的投资对价之和与合并日计算确定的合并成本之间的差额，冲减资本公积（股本溢价），对原持有的 30% 股权投资在取得日（2010 年 2 月 28 日）与合并日（2013 年 6 月 30 日）之间按权益法确认的有关损益予以冲回，即同时调整长期股权投资及留存收益。在编制海豹股份合并财务报表中的前期比较报表时，按照海豹股份持有大原地产 100% 股权进行重述。

相关会计问题的讨论与分析

根据预审中了解的业务背景，项目组成员对于海豹股份现有的会计处理存在分歧。为此，项目负责人老苏组织项目组成员针对以下内容展开了讨论。

一、关于认定为同一控制下的企业合并的讨论

同一控制下的企业合并，是指参与合并的企业在合并前后均受同一方或相同多方最终控制且该控制是非暂时性的。认定同一控制下的企业合并的关键包括“最终控制”的判断及控制的时间性要求，本案不涉及暂时性判断上的分歧，但对于东日控股在交易前后能否实施最终控制，项目组成员持有不同观点。

注册会计师老金认为：“我不赞成将该交易判断为同一控制下的企业合并。虽然交易前后东日控股能够控制大原地产以及交易后能够控制海豹股份，但本次交易前，东日控股仅持有海豹股份 40% 的股权，未达到半数以上表决权，不能判断其能够控制海豹股份；并且从海豹股份最近董事会成员的表决权比例来看，东日控股也未达到半数以上，不能控制海豹股份董事会，仅能对海豹股份实施重大影响。因此，我认为合并前后海豹股份和大原地产同受东日控股控制的事实并不成立，该交易不满足同一控制下的企业合并的条件，而应当判断为非同一控制下的企业合并。”

注册会计师老盛表示：“我不同意老金的观点。独立董事目前一般由大股东提名，因此独立董事会维护大股东在董事会中的利益。实质上，东日控股在海豹股份董事会中拥有 4 席，已经过半数了。再说，如果不考虑独立董事因素，东日控股在董事会的表决权也超过半数。由此可以判断，东日控股对海豹股份实施了控制。”

审计员小石发表意见：“我也认为东日控股可以认定为控制海豹股份，我的判断另有法规依据，《上海证券交易所股票上市规则》规定的控制条件包括上市公司股东名册中显示持有股份数量最多的股东，即可以判断为控制了上市公司，东日控股在收购前为海豹股份第一大股东，由此可认为东日控股控制了海豹股份。”

注册会计师老盛补充道：“从海豹股份股东大会的出席情况和董事会的历史表决情况来看，东日控股实质上可以通过主导股东大会和董事会决议来控制海豹股

份，该交易属于同一控制下的企业合并。”

二、关于同一控制下的企业合并成本的确定及相关处理原则的讨论

根据同一控制下的企业合并的规定，海豹股份应将取得的大原地产资产、负债按照合并日账面价值纳入合并财务报表范围，确认的净资产的账面价值与合并成本的差额，调整资本公积。但是该案的特殊之处在于，海豹股份已经按照权益法对原持有的大原地产30%的股权投资进行了核算，海豹股份通过向东日控股购买剩余70%的股权对大原地产实施了控制，项目组对于公司目前同一控制下的企业合并成本的计算及其处理原则进行了讨论。

注册会计师老金表示：“我觉得公司的处理没有问题。从东日控股的角度来看，本次交易前后均持有大原地产100%的股权，若认定为同一控制下的企业合并，就应当采用一致方法进行处理。由于同一控制下的企业合并按照被合并方账面价值份额采用类似于权益结合法并入合并方的合并财务报表，因此，海豹股份本次同一控制下的企业合并成本应按合并日大原地产所有者权益账面价值的100%确定，即205 221.98万元（205 221.98×100%）。海豹股份原持有的采用权益法核算的30%股权，视同取得时即按照同一控制下的企业合并处理原则进行调整，相关差额冲减资本公积，原权益法下核算的有关损益等予以冲回。”

注册会计师老盛反对：“我不同意老金的观点。海豹股份原取得大原地产30%股权并未涉及控制权的转移，不构成企业合并，而只有本次购入70%股权的交易才涉及控制权的转移，所以本次交易属于多次交易分步实现的同一控制下的企业合并，其合并成本为每一项交易的成本之和214 889.69万元（71 234.30+205 221.98×70%），原持有的30%股权权益法下账面余额与大原地产所有者权益账面价值相关份额的差额调整资本公积。”

审计员小石说：“我同意老盛关于同一控制下的企业合并成本的计算方法。但是，对于合并财务报表中原持有30%股权权益法下账面余额与大原地产所有者权益账面价值相关份额的差额，我认为调整资本公积的做法不妥当，该30%股权原购买价款中实际上包含了购买法下购入股权的商誉部分金额，不应按照同一控制下的企业合并处理原则将这部分金额冲减资本公积，而应归属于商誉的范畴，因为从最终控制方的角度看，其在企业合并发生前后能够控制的净资产价值量并没有发生变化。”

三、关于合并日原持有30%股权在个别财务报表上改按成本法核算的处理

本次交易完成后，海豹股份在个别财务报表上对于大原地产的长期股权投资应采用成本法，对于原采用权益法核算的大原地产30%的股权在合并日后也应改按成本法核算。海豹股份对该30%股权由权益法改按成本法的处理是将其视同取得时即按照同一控制下的企业合并处理原则进行调整，并对原权益法确认的有关损益

予以冲回。项目组成员对此处理有不同的看法。

注册会计师老盛表示："我不赞成海豹股份的做法，原购买 30% 股权与本次交易购买 70% 股权是分开的两次交易，不应该看成一次交易。况且在本次交易前，海豹股份因对大原地产派出董事而对其具有重大影响，所以该 30% 股权采用权益法核算并没有错。如果将原来权益法确认的有关损益等冲回，会导致对该联营企业投资采用成本法核算，容易造成报表使用者的不理解。我认为该 30% 股权投资中原已按权益法确认的有关损益等金额不能冲回。"

注册会计师老金说："我不赞成老盛的观点。原持有 30% 股权是采用非同一控制下的购买法进行处理的，其计量属性为公允价值，而同一控制下的企业合并则要求合并财务报表反映被投资方账面价值，其计量属性为账面价值。若个别财务报表对该 30% 股权不进行调整，将会与合并财务报表账面价值的计量属性存在不协调。因此，我认为该 30% 股权投资原按权益法确认的有关损益予以冲回是有道理的，应视同取得时即按照同一控制下的企业合并处理原则进行调整。"

审计员小石反驳道："老金的观点在操作上过于复杂，我认为可以参照《企业会计准则解释第 4 号》问答三关于'多次交易分步实现非同一控制下企业合并的'有关规定，海豹股份对于原持有的 30% 股权应以合并日权益法下账面价值作为成本法转换时的投资成本计量，无须作特别调整。"

注册会计师老金说："本次交易属于同一控制下的企业合并，审计员小石参照非同一控制下的企业合并的规定进行会计处理似乎不太合适吧？而且大原地产 100% 股权是一个整体，割裂开来按照不同方法计量不合理，应全部按照同一控制下的企业合并核算进行处理，所以只能将原持有的 30% 股权投资按权益法确认的有关损益予以冲回。"

注册会计师老盛补充道："在我国，企业是以其个别财务报表未分配利润项目金额为基础确定可供分配利润的，若在个别财务报表中冲回以前年度确认的损益，会直接影响其未分配利润，可能会人为地减少可供分配利润，从而损害股东的利益，所以不太妥当。我还是认为原持有的 30% 股权既然已经按照权益法核算了，就不应当再进行调整，这也是符合企业会计准则对于长期股权投资权益法转换为成本法会计处理规定的。"

四、关于合并报表以前各期重述比例的讨论

对于同一控制下的控股合并，在编制合并财务报表时，应对前期比较报表进行调整。对于海豹股份按 100% 的比例调整合并比较报表，项目组成员发表了各自的观点。

注册会计师老金说："同一控制下的企业合并在考虑前期比较报表的重述调整时，应视同合并后的报告主体在以前期间一直以目前的状态存在。合并前东日控股对大原地产的直接和间接持股比例合计达 100%，因此，我认为海豹股份应当按照

100%持股比例重述合并比较报表以前各期。”

审计员小石表示：“我赞成海豹股份合并财务报表的前期比较报表中体现持有大原地产100%股权。但海豹股份合并财务报表中以前年度对于原持有的大原地产30%股权已作为联营企业投资按照权益法进行核算了，本年度按照70%持股比例对比较报表以前各期进行重述即可。”

注册会计师老盛提出：“既然同一控制下的企业合并是站在最终控制方的角度考虑重述比较期间报表的持股比例，那么本案中，比较期间最终控制方东日控股对大原地产的直接持股比例70%和间接持股比例12%（40%×30%）合计其实是82%，所以海豹股份应当按照持有大原地产82%股权比例对前期比较报表进行重述。”

注册会计师老金表示反对：“合并日后，海豹股份是按照持有100%股权将大原地产纳入合并范围的，就财务数据的可比性而言，按相同的比例重述更有助于报表使用者了解该重组股权资产对报告主体财务状况、经营成果等的影响。”

★ 下一步的行动

在组织项目组对于本次重大资产重组交易涉及的主要疑难问题进行讨论后，项目负责人老苏对各方意见进行了汇总整理。随着审计工作的持续开展以及审计报告日的来临，对于本次海豹股份重大资产重组，项目负责人老苏需要深入分析每位项目组成员的观点，并根据现场审计情况，做出最终判断。

思考分析题

1. 如果你是项目负责人老苏，对于交易前东日控股是否能够控制海豹股份，请评价各项目组成员的看法，指出你的倾向性意见与理由。

2. 如果你是项目负责人老苏，对于同一控制下的企业合并成本的确定及相关处理原则，请评价各项目组成员的看法，指出你的倾向性意见与理由。

3. 请根据项目组成员老金、老盛与小石对同一控制下的企业合并成本与相关会计处理原则的讨论，写出各自的会计分录（包括确定合并成本及合并财务报表中长期股权投资及所有者权益的抵销分录），并说明其对财务报表的影响。

4. 如果你是项目负责人老苏，对于本次交易原持有的30%股权按权益法确认的相关损益等金额在个别财务报表上是否需要冲回，请评价各项目组成员的看法，指出你的倾向性意见与理由。

5. 如果海豹股份购买大原地产70%的股权认定为非同一控制下的企业合并，你认为应如何进行账务处理，并说明与认定为同一控制下的企业合并（采用你认为较妥当的会计处理）相比，将对财务报表有何影响。

6. （可选）如果你是项目负责人老苏，对于合并财务报表比较期间按照持有多少大原地产股权比例进行重述，请评价各项目组成员的看法，指出你的倾向性意见与理由。

自备参考文献

1. 中华人民共和国财政部．企业会计准则第 2 号——长期股权投资 . 2014.

2. 中华人民共和国财政部．企业会计准则第 20 号——企业合并 . 2006.

3. 中华人民共和国财政部．企业会计准则第 33 号——合并财务报表 . 2014.

4. 中华人民共和国财政部．企业会计准则应用指南［M］．北京：中国时代经济出版社，2007.

5. 财政部会计司．企业会计准则讲解 2010［M］．北京：人民出版社，2010.

6. 中华人民共和国财政部．企业会计准则解释第 5 号．财会〔2012〕19 号．

7. 中国证券监督管理委员会．上市公司执行企业会计准则监管问题解答 . 2013 年第 1 期 .

8. 中国证监会会计部．关于执行《企业会计准则解释 4 号》有关问题的提示．2010-11-30.

案例3

远东股份增发收购云峰股份：夫妻分别控股下并购如何核算

2009年8月26日，远东实业股份有限公司（以下简称远东股份）董事会与临时股东大会通过议案：向公司第一大股东的实际控制人姜放的妻子控股的沈阳雅都投资有限公司（以下简称雅都公司）发行股份购买其持有的云峰投资有限责任公司（以下简称云峰公司）100%股权，发行价格为定价基准日前20个交易日远东股份股票交易均价，即2.03元/股，发行数量为208 038 328股，标的资产定价422 317 807.65元。

本次交易前远东股份的第一大股东为物华实业有限公司，持有上市公司15.46%的股权，而物华实业有限公司的实际控制人为姜放，其妻子罗兰持有雅都公司95%的股份。本次交易后姜放及其妻子将间接持有上市公司51.14%股份。

2011年7月，会计师事务所培训部章然老师组织学员对并购重组会计业务进行学习时介绍了该案例，审计人员小蔡、老黄与小范对上述远东股份股权收购交易的会计类型及其会计处理原则产生了较大的分歧。

案例情况介绍

一、交易各方简介

（一）收购方：远东股份

远东股份，股票代码000681，是1993年10月经江苏省体改委批准成立的定向募集股份有限公司。1996年12月31日经中国证监会批准于深圳证券交易所上网发行人民币普通股1 250万股，并于1997年1月21日在深圳证券交易所上市流通。截至2009年12月31日，公司股本总额为19 875万元，经营范围为：开发、生产计算机软、硬件，销售自产产品并提供相关技术和工程咨询、服务、培训，转让本企业所开发的技术；生产服装、床上用品、装饰品、鞋帽、纺织品、服务辅料等。

远东股份的主营业务为服装生产加工。至2009年，远东股份的主营业务已基本停止，公司下属常州远东实业股份有限公司服装分公司已正式停产整顿。常州市远东久佰年服饰有限公司、常州永东服饰洗水有限公司已经被吊销营业执照。同时，为避免持续亏损，远东股份控股子公司常州远东科技有限公司、常州远东文化产业有限公司、远东网安科技有限公司、北京远东网安信息技术有限公司目前已进入歇业状态，北京远东网络安全研究院、常州远东中美视光科技有限公司已注销。

在远东股份人员方面，公司拟实施经济性裁员。截至 2009 年 3 月 31 日，远东股份及其下属子公司尚有在职人员 37 人，内退人员 16 人，待岗人员 1 人，共计 54 人。

截至 2009 年 3 月 31 日，远东股份资产总计 15 222.87 万元，所有者权益 12 081.41万元；2009 年第一季度实现收入 62.81 万元、净利润-375.18 万元，每股收益为-0.02 元。

由于 2006 年、2007 年、2008 年连续三年亏损，远东股份股票自 2009 年 3 月 24 日起暂停上市。如果 2009 年公司未能实现盈利，公司股票将被终止上市。并购重组前远东股份的控股股东情况如图 3-1 所示。

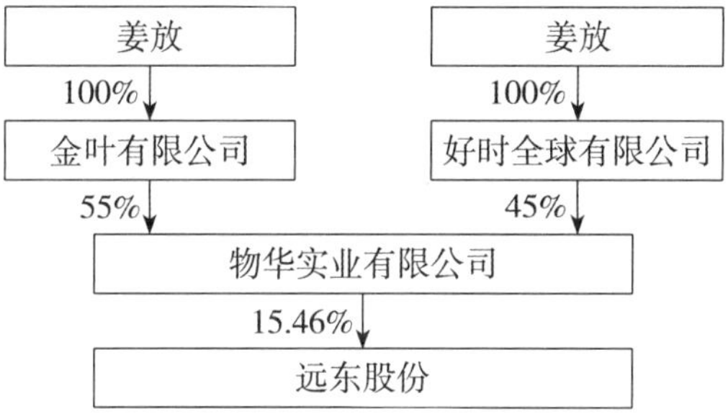

图 3-1　并购重组前远东股份的控股股东情况

并购前远东股份的股权结构见表 3-1。

表 3-1　并购前（2009 年 7 月）远东股份的股权结构

股东名称	股东性质	持股比例（%）	持股总数（股）
物华实业有限公司	境外法人	15.46	30 730 838
常州服装集团有限公司	境内非国有法人	8.72	17 322 925
深圳市君利得商贸有限公司	境内非国有法人	5.28	10 497 200
中国东方资产管理公司	国有法人	5.11	10 165 564
常州市中房房地产开发有限公司	境内非国有法人	3.49	6 930 233
陈玉花	境内自然人	2.07	4 109 627
常州市远金服装有限公司	境内非国有法人	1.76	3 503 950
富嘉兴	境内自然人	1.05	2 090 000
扬州印染厂	境内非国有法人	1.04	2 074 522
侨通发展有限公司	境内非国有法人	1.01	1 999 401

在交易前截至2009年7月，物华实业有限公司持有远东股份15.46%的股权，为远东股份的第一大股东。2008年5月27日，姜放受让林晓滨持有的物华实业有限公司股东金叶有限公司和好时全球有限公司的100%股权。这样远东股份董事长姜放通过100%控股金叶有限公司和好时全球有限公司控股物华实业有限公司。远东股份现有9位董事（包括3位独立董事），其中，物华实业有限公司提名的非独立董事有姜放、俞鲲鹏、张毅，提名的独立董事为孙琦。物华实业有限公司通过对远东股份董事会的重大影响进一步巩固了其控股股东地位，姜放先生从而成为远东股份的实际控制人。

（二）出让方：雅都公司

雅都公司，原名为沈阳雅都污水处理有限公司，成立于2008年4月22日，注册资本为300万元，成立时该公司为自然人独资的有限责任公司，股东与法定代表人均为自然人罗兰，经营范围是污水处理工程施工。

2008年11月28日，罗兰将其所持有的沈阳雅都污水处理有限公司的15万元股权以15万元的价格转让给郭若非。转让后，分别由罗兰和郭若非持有沈阳雅都污水处理有限公司95%和5%的股权。雅都公司注册资本未变，仍为300万元。

2008年12月3日，公司进行了变更登记，企业名称由沈阳雅都污水处理有限公司变更为沈阳雅都投资有限公司（即雅都公司）；企业类型由有限责任（自然人独资）变更为有限责任；经营范围由污水处理工程施工（持资质证经营）变更为产业投资（法律法规禁止及应审批而未获批准的项目除外）。股东由罗兰变更为罗兰、郭若非。

2008年12月15日，雅都公司股东进行了增资，注册资本由原300万元增加到800万元。注册资本变更后，各股东出资比例如下：罗兰出资760万元，占注册资本的95%；郭若非出资40万元，占注册资本的5%，全部为货币出资。雅都公司的主营业务是产业投资，目前其业务集中于云峰公司。

雅都公司并购前的财务状况见表3-2。

表3-2 **雅都公司并购前的财务状况** 金额单位：元

项目	2009年3月31日	2008年12月31日
总资产	376 561 207.54	386 691 172.97
净资产	8 679 010.97	8 195 467.31
归属于母公司的净资产	8 679 010.97	8 195 467.31
资产负债率（母公司）	97.00%	96.99%
项目	2009年1—3月	2008年度
营业收入	2 032 027.29	8 611 012.50
营业利润	654 118.22	1 921 773.10
利润总额	654 118.22	1 906 008.35
净利润	483 543.66	1 366.002.50
归属于母公司的净利润	483 543.66	1 366 002.50
净资产收益率	5.57%	16.67%

（三）交易标的：云峰公司

云峰公司，原名云峰房产开发有限责任公司，2000 年 8 月成立，注册资本为 1 000万元。

2002 年 5 月姜放与姜澎两兄弟分别出资 800 万元与 200 万元各买入云峰房产开发有限责任公司 80% 与 20% 的股份。

2007 年 1 月，辽宁玛莉蓝混凝土有限公司（2007 年 2 月改名为辽宁凯锐混凝土有限公司）以货币形式对云峰房产开发有限责任公司增资 6 129.5185 万元，其中，实收资本 6 000 万元，资本公积 129.5185 万元。云峰公司注册资本增至 7 000 万元。

2007 年 6 月至 2008 年 3 月，姜放与姜澎两兄弟相继把股份全部转让给其父亲郭若非；2008 年 5 月，云峰房产开发有限责任公司原股东辽宁凯锐混凝土有限公司与郭若非把所持股份全部平价转让给雅都公司。

2008 年 11 月，云峰房产开发有限责任公司名称变更为云峰投资有限责任公司（即云峰公司）。

2008 年 12 月，雅都公司以货币形式对云峰公司增加投资 18 000 万元，其中实收资本 10 000 万元，资本公积 8 000 万元。云峰公司注册资本增至 17 000 万元。

云峰公司的法定代表人为姜放；经营范围为产业投资（法律法规禁止及应经审批而未获批准的项目除外）；土地整理；房产开发及经营；自有房屋租赁。

云峰公司主要的资产业务包括三个项目：（1）沈阳乐购超市经营租赁项目；（2）亚洲时尚中心开发项目；（3）沈阳空港国际新城居住用地整理项目。其中，前两个项目已竣工，投入运营；第三个项目尚未进行实质性开发。并购重组前雅都公司、云峰公司的股权结构如图 3-2 所示。

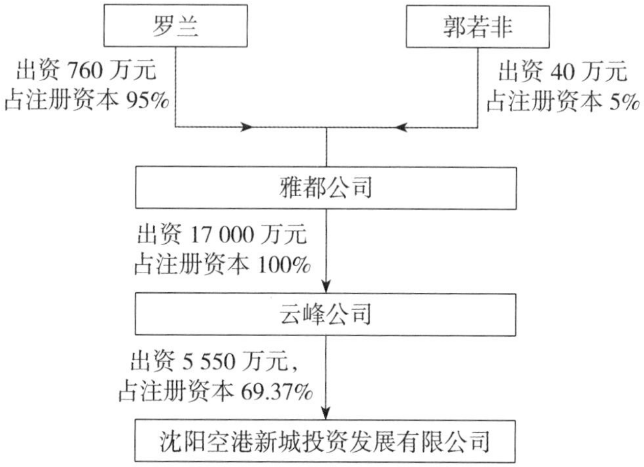

图 3-2　并购重组前雅都公司、云峰公司的股权结构

云峰公司并购前的财务状况见表 3-3。

表 3-3　云峰公司并购前的财务状况　金额单位：元

财务指标	2009 年第一季度	2008 年度	2007 年度
营业收入	2 032 027.29	8 611 012.50	7 146 379.95
营业利润	658 167.48	1 934 783.18	474 343.57
利润总额	658 167.48	1 919 018.43	474 343.57
净利润	487 592.92	1 379 012.58	215 455.89
净资产收益率	0.19%	0.55%	0.31%
销售利润率	24.00%	16.01%	3.01%

二、收购交易概况

（一）交易概要

2009 年 7 月，远东股份董事会、临时股东大会审议通过了向雅都公司发行股份购买资产的议案。远东股份拟向雅都公司发行股份购买其持有的云峰公司 100% 的股权，发行价格为定价基准日前 20 个交易日远东股份股票交易均价，即 2.03 元/股，发行数量为 208 038 328 股，标的资产交易价值 4.22 亿元，账面价值 2.5 亿元。

本次资产购买方案的简要情况见表 3-4。

表 3-4　远东股份收购云峰公司的方案简况

项 目	简要情况
资产出售方、发行对象	雅都公司
标的资产	云峰公司 100% 的股权
标的资产定价	422 317 807.65 元
购买方式	远东股份向雅都公司非公开发行 A 股股票，雅都公司以经北京天健兴业评估有限公司评估的标的资产的价值，认购本次非公开发行的股票
发行股份种类及面值	公司于深圳证券交易所发行上市的 A 股股票，每股面值为 1.00 元

本次交易前物华实业持有远东股份 15.46% 的股份，为第一大股东，实际控制人为姜放（参见图 3-1），其妻子罗兰持有雅都公司 95% 的股份（参见图 3-2）。姜放夫妇确认，雅都公司成立后即由姜放实际控制，同时，2009 年 12 月双方以书面协议方式确认，罗兰将所持雅都公司全部出资的表决权授权姜放行使，在罗兰持有雅都公司出资期间持续有效，姜放通过雅都公司拥有云峰公司的控制权。

本次交易后姜放及其家族成员将间接持有上市公司 58.7% 股份，成为远东股份的共同实际控制人（参见图 3-3）。

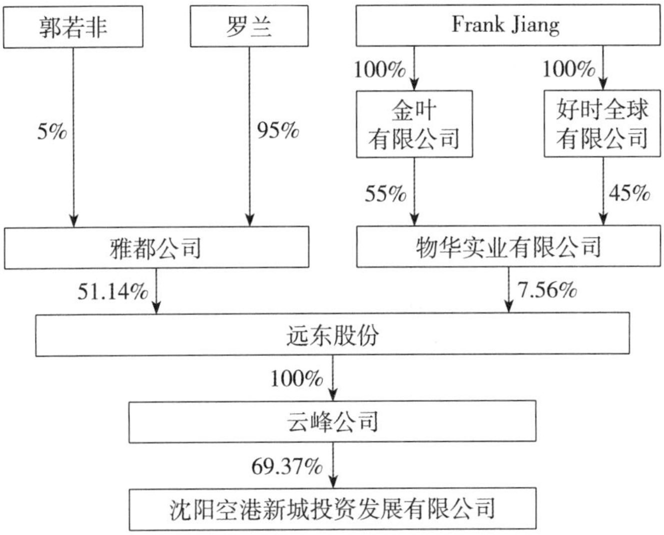

图 3-3　并购重组完成后远东股份的股权结构图

注：Frank Jiang 系姜放，美国籍，罗兰与之为夫妻关系，郭若非与之为父子关系。

（二）交易背景与目的

远东股份的实际控制人姜放先生在土地一级开发及房地产开发领域有着较为丰富的经验，现任清华房地产总裁商会第一届理事会执行会长、全国工商联房地产商会常务理事。此次交易标的云峰公司的控股子公司沈阳空港新城投资发展有限公司已与沈阳市土地储备交易中心东陵分中心就沈阳空港国际新城 6.93 平方千米的居住用地整理项目签订了《土地前期开发委托合同》。该土地一级开发项目具有广阔的前景，该项目的成功运作将增强上市公司的盈利能力。本次的交易目的如下：

1. 挽救上市公司，改善上市公司质量

通过本次交易，云峰公司拥有的沈阳空港国际新城居住用地整理项目、沈阳乐购超市经营租赁项目、亚洲时尚中心开发项目将注入上市公司。上述项目的注入，将从根本上改变上市公司的盈利能力，有利于提高远东股份资产质量、改善公司财务状况和增强持续盈利能力，切实维护了远东股份社会公众股东和其他股东的利益，响应和贯彻了中国证监会关于提高上市公司质量、促进上市公司做优做强的要求。

2. 实现上市公司主营业务转型，突出主营业务

远东股份的原主营业务主要为服装生产加工。目前公司的原有主营业务已全部停止，通过本次交易，远东股份的主营业务将逐渐转变为土地一级开发。预计转型后，公司的盈利能力将有较大幅度提升，以实现公司的可持续发展。

3. 解决上市公司不规范运作，完善上市公司治理结构

本次重组前，远东股份存在一些历史遗留问题。通过本次重大资产重组，远东

股份对存在的不规范运作问题进行整顿清理，改善公司治理结构，清理关联方资金占用。同时，此次交易也避免了未来上市公司运作过程中的同业竞争。

（三）本次交易目标资产的评估结果、交易价格及溢价情况

本次交易目标资产的评估基准日为2009年3月31日，北京天健兴业评估有限公司出具了天兴评报字〔2009〕第30号《资产评估报告书》，采用资产基础法和收益现值法对云峰公司的全部股东权益进行评估。由于云峰公司纳入本次评估范围的资产主要是房地产资产，受国际金融危机的影响，市场波动较大，特别是近期的房地产行业价格走向尚不明朗，因此资产评估报告书以资产基础法评估结果为最终评估结论。云峰公司净资产评估情况见表3-5。

表3-5　**云峰公司净资产评估情况**　金额单位：万元

项　目		账面价值	调整后账面价值	评估价值	增减值	增值率（%）
		A	B	C	D=C-B	E=D/B×100%
流动资产	1	32 225.67	32 225.67	38 596.93	6 371.26	19.77
非流动资产	2	5 430.16	5 430.16	16 283.35	10 853.19	199.87
其中：可供出售金融资产	3	—	—	—	—	
持有至到期投资	4	—	—	—	—	
长期股权投资	5	—	—	—		
投资性房地产	6	5 319.55	5 319.55	16 172.75	10 853.20	204.02
固定资产	7	109.53	109.53	109.52	-0.01	-0.01
在建工程	8	—	—	—	—	
无形资产	9	—	—	—	—	
其他非流动资产	10	—	—	—	—	
资产总计	11	37 655.83	37 655.83	54 880.28	17 224.45	45.74
流动负债	12	4 971.08	4 971.08	4 973.78	2.69	0.05
非流动负债	13	7 615.14	7 615.14	7 674.72	59.58	0.78
负债总计	14	12 586.22	12 586.22	12 648.50	62.28	0.49
净资产	15	25 069.61	25 069.61	42 231.78	17 162.17	68.46

根据《资产评估报告书》，标的资产账面价值250 696 070.31元，评估值422 317 807.65元，该评估值作为本次交易的价格，本次评估增值171 621 737.34元，增值率为68.46%。

（四）期间损益的安排

标的资产自评估基准日至交割日期间产生的盈利由远东股份享有；如发生亏损，由雅都公司承担并以现金补足。

（五）利润承诺及补偿方式

雅都公司，姜放、罗兰出具“承诺函”：本次发行股份购买资产实施完毕，雅都公司或姜放、罗兰对云峰公司归属于母公司所有者的净利润以及重组完成后的远东股份合并财务报表的归属于母公司所有者的净利润做出如下承诺：（1）重组方案实施完毕当年不低于4 100 万元；（2）重组方案实施完毕第二年不低于8 000 万元；（3）重组方案实施完毕第三年不低于1 亿元。该等承诺为无条件的承诺，如云峰公司在上述任一年度经审计的实际利润数低于该年度承诺的利润数，则雅都公司或姜放、罗兰将在远东股份公告该年度的年度报告后20 日内以现金方式向远东股份补足该等实际净利润数与承诺利润数之间的差额，以充分保护上市公司及中小股东的利益。

三、其他背景资料

（一）《深圳证券交易所股票上市规则》中关于控制的相关规定

18.1 本规则下列用语具有如下含义：

控股股东：指其持有的股份占公司股本总额50%以上的股东；或者持有股份的比例虽然不足50%，但依其持有的股份所享有的表决权已足以对股东大会的决议产生重大影响的股东。

实际控制人：指虽不是公司的股东，但通过投资关系、协议或者其他安排，能够实际支配公司行为的人。

控制：指有权决定一个企业的财务和经营政策，并能据以从该企业的经营活动中获取利益。有下列情形之一的，为拥有上市公司控制权：

（1）为上市公司持股50%以上的控股股东；

（2）可以实际支配上市公司股份表决权超过30%；

（3）通过实际支配上市公司股份表决权能够决定公司董事会半数以上成员选任；

（4）依其可实际支配的上市公司股份表决权足以对公司股东大会的决议产生重大影响；

（5）中国证监会或者本所认定的其他情形。

（二）《上海证券交易所股票上市规则》（2013 年12 月第八次修订）中关于控制的相关规定

18.1 本规则下列用语含义如下：

控股股东：指其持有的股份占公司股本总额50%以上的股东；或者持有股份的比例虽然不足50%，但依其持有的股份所享有的表决权已足以对股东大会的决议产生重大影响的股东。

实际控制人：指虽不是公司的股东，但通过投资关系、协议或者其他安排，能够实际支配公司行为的人。

控制：指能够决定一个企业的财务和经营政策，并可据以从该企业的经营活动中获取利益的状态。具有下列情形之一的，构成控制：

（1）股东名册中显示持有公司股份数量最多，但是有相反证据的除外；

（2）能够直接或者间接行使一个公司的表决权多于该公司股东名册中持股数量最多的股东能够行使的表决权；

（3）通过行使表决权能够决定一个公司董事会半数以上成员当选；

（4）中国证监会和本所认定的其他情形。

上市公司控股子公司：指上市公司持有其50%以上的股份，或者能够决定其董事会半数以上成员的当选，或者通过协议或其他安排能够实际控制的公司。

（三）《首次公开发行股票并上市管理办法》第十二条“实际控制人没有发生变更”的理解和适用——证券期货法律适用意见第1号

第三条　发行人及其保荐人和律师主张多人共同拥有公司控制权的，应当符合以下条件：

（1）每人都必须直接持有公司股份和/或者间接支配公司股份的表决权；

（2）发行人公司治理结构健全、运行良好，多人共同拥有公司控制权的情况不影响发行人的规范运作；

（3）多人共同拥有公司控制权的情况，一般应当通过公司章程、协议或者其他安排予以明确，有关章程、协议及安排必须合法有效、权利义务清晰、责任明确，该情况在最近3年内且在首发后的可预期期限内是稳定、有效存在的，共同拥有公司控制权的多人没有出现重大变更；

（4）发行审核部门根据发行人的具体情况认为发行人应该符合的其他条件。

（四）《中华人民共和国婚姻法》

第十七条 夫妻在婚姻关系存续期间所得的以下财产，归夫妻共同所有：（1）工资、奖金；（2）生产、经营的收益；（3）知识产权的收益；（4）继承或赠与所得的财产，但本法第十八条第三项规定的除外；（5）其他应当归共同所有的财产。夫妻对共同所有的财产，有平等的处理权。

第十八条 有下列情形之一的，为夫妻一方的财产：（1）一方的婚前财产；（2）一方因身体受到伤害获得的医疗赔偿费、残疾人生活补助等费用；（3）遗嘱或赠与合同中确定只归夫或妻一方的财产；（4）一方专用的生活用品；（5）其他应当归一方的财产。

第十九条 夫妻可以约定婚姻关系存续期间所得的财产以及婚前财产归各自所有、共同所有或部分各自所有、共同所有。约定应当采用书面形式。没有约定或约定不明确的，适用本法第十七条、十八条的规定。

相关会计问题的讨论与分析

2011 年 7 月，会计师事务所培训部章然老师组织学员对并购重组会计业务进行学习时介绍了该案例，审计人员小蔡、老黄与小范针对上述远东股份股权收购交易的会计类型及其会计处理原则发生了激烈的争论，没有达成一致。

小蔡首先发言："我认为，远东股份向雅都公司定向发行股份收购其全资子公司云峰公司，属于非同一控制下的企业合并。远东股份是购买方，云峰公司是被购买方。因为并购交易发生之前云峰公司的控制人是罗兰，而远东股份的最终控制人是姜放，两人虽是夫妻关系，但毕竟不是一人；而且目前离婚率高，万一夫妻不和，并购后远东股份的经营政策与财务政策最终还得是持有股权多的罗兰说了算。我国企业会计准则没有规定夫妻分别控制的企业合并可以视同为同一控制下的企业合并。"

小蔡扶了下眼镜，接着说："在非同一控制下的企业合并中，远东股份在购买日应当以合并成本作为长期股权投资的初始投资成本。其合并成本为在购买日发行的权益性证券的公允价值，也就是 2.03 元/股乘以发行的股份数量 208 038 328 股，即 422 317 805.38 元。"

小蔡刚说完，老黄马上反驳说："小蔡说得不对。根据《中华人民共和国婚姻法》第十七条关于婚姻关系存续期间所得财产归夫妻共同所有，以及夫妻对共同所有的财产有平等的处理权等规定，法律上已明确了夫妻双方对共同财产拥有平等的控制权。"

老黄喝了口水，继续道："在并购前后，云峰公司的法人代表都是姜放，而云峰公司是雅都公司的全资子公司，雅都公司的股权由姜放的妻子与父亲所持有，都是由姜放家族控制的；在并购之后，云峰公司的股权由远东股份全部持有，而姜放夫妇间接持有远东股份 58.7% 的表决权与股权（如图 3-3 所示），这样姜放夫妇共同控制远东股份，从而间接控制云峰公司。"

老黄最后阐明了远东股份对该交易的会计处理："这样远东股份收购云峰公司属于姜放夫妇同一控制下的企业合并，远东股份为购买方，云峰公司为被购买方。远东股份对云峰公司的股权投资应该按照云峰公司净资产的账面价值计量，即 25 069.61万元，发行权益的面值为 20 803.83 万元，两者之间的差额应记入资本公积的贷方。"

小范一直在翻阅案例资料，这时抬起头来，说道："我补充一点，2009 年 12 月姜放与罗兰以书面协议方式确认，罗兰将所持雅都公司全部出资的表决权授权姜放行使，在罗兰持有雅都公司股权期间持续有效，姜放通过雅都公司拥有云峰公司的控制权。因此我同意老黄的部分判断，即交易之后远东股份与云峰公司都属于罗兰、姜放夫妇的同一控制。但是我认为交易之前姜放仅持有远东股份 15.46% 股权，持股比例没有达到50%以上的控制标准，因此这次交易还不能看成是同一控制下的企业合并。”

小范缓了口气，继续说：“姜放在2008年5月通过购买物华实业100%股权，间接持有远东股份15.46%股权，这次再把云峰公司股份注入远东股份，使得对远东股份达到控制的比例，可以把这次交易看成是非同一控制下企业合并的分步购买。”

老黄说：“姜放虽然在并购前仅间接持有远东股份15.46%股权，但是依其可实际支配的上市公司股份表决权，足以对公司股东大会的决议产生重大影响；满足《上海证券交易所股票上市规则》中18.1条的控制标准——股东名册中显示持有公司股份数量最多，即构成控制。2009年7月北京市万商天勤律师事务所出具的《关于远东实业股份有限公司向沈阳雅都投资有限公司发行股份购买资产暨关联交易的法律意见书》、华泰证券股份有限公司出具的《关于远东实业股份有限公司非公开发行股份购买资产暨关联交易之独立财务顾问报告》将远东股份实际控制人认定为姜放。本次交易在董事会与股东大会的议案通过，也表明并购前后姜放夫妇对远东股份的控制正逐渐从形式与实质上的不一致，逐渐过渡到形式与实质上的一致。这样，在并购之前姜放就实质上控制着远东股份，而罗兰控制着云峰公司，并购后姜放、罗兰夫妇共同控制着远东股份与云峰公司，因此这次交易属于同一控制下的企业合并。”

★ 下一步的行动

章然听着学员们激烈的辩论，觉得自己选择了一个有趣的案例，很是欣慰。作为指导老师，他需要给学员们一些明确的指导，夫妻分别控制下的企业合并是否属于同一控制下的企业合并直接关系到企业并购会计方法的选择，也会导致财务报表编制的不同。

思考分析题

1. 请说明远东股份定向增发购买关联股份，属于哪种类型并购（可从法律形式、业务范围与支付方式等方面考虑）。

2. 如果你是指导老师章然，对于远东股份定向增发购买关联股份的会计核算，请指出小蔡的看法中正确与不当之处。

3. 如果你是指导老师章然，对于远东股份定向增发购买关联股份的会计核算，请指出老黄的看法中正确与不当之处。

4. 如果你是指导老师章然，对于远东股份定向增发购买关联股份的会计核算，请指出小范的看法中正确与不当之处。

5. 如果你是指导老师章然，对于远东股份定向增发购买关联股份的会计核算，请说明你的倾向性意见及其理由。

6. 请指出不同会计核算方法对远东股份个别财务报表以及合并财务报表的财务影响的差异。如果你是远东股份的财务总监，你的倾向性意见与理由是什么？

7. （可选）如果你是监管机构的审批人，你是否赞同该交易，或对该交易还存在哪些疑虑？对该公司的会计处理方案有何建议？

自备参考文献

1. 中华人民共和国财政部．企业会计准则第 2 号——长期股权投资．2014.

2. 中华人民共和国财政部．企业会计准则第 20 号——企业合并．2006.

3. 中华人民共和国财政部．企业会计准则第 33 号——合并财务报表．2014.

4. 中华人民共和国财政部．企业会计准则——应用指南［M］．北京：中国财政经济出版社，2006.

5. 财政部会计司．企业会计准则讲解 2010［M］．北京：人民出版社，2010.

6. 中华人民共和国财政部．企业会计准则解释第 5 号．财会〔2012〕19 号．

案例4

友谊股份兼并百联股份：同一控制下的企业合并吗

2010年7月18日，百联集团（全称为百联集团有限公司）旗下的两家上市公司——友谊股份（全称为上海友谊集团股份有限公司）和百联股份（全称为上海百联集团股份有限公司）双双发布重大事项暨停牌公告，拉开了重大资产重组事项的帷幕，这是百联集团旗下上市公司间的第二次吸收合并。

友谊股份以新增A股947 984 500股换股吸收合并百联股份，并向百联集团发行A股302 394 810股，购买百联集团持有的八佰伴（全称为上海第一八佰伴有限公司）36%股权和投资公司（全称为上海百联集团投资有限公司）100%股权。本次百联股份与友谊股份的换股比例为1∶0.861，换股吸收合并工作已于2011年8月26日完成。在2011年度财务报告审计过程中，立信会计师事务所审计项目组对同一控制下吸收合并的有关会计问题进行了讨论，主要涉及同一控制下吸收合并会计处理对权益结构及后续利润分配的财务影响、同一控制下吸收合并现行会计规范的合理性等。该项目组参加业务讨论的主要人员有：合伙人高山、部门经理奚悦及注册会计师白灵、马兰。

案例情况介绍

一、交易各方公司背景

（一）吸收合并方：友谊股份

友谊股份，系于1993年12月31日经上海市外国投资工作委员会沪外资委批字（93）第1342号文、上海市人民政府沪府财贸（93）第317号文、上海市证券管理办公室沪证办（93）121号文批准，采用公开募集方式设立的股份有限公司，公司A、B股分别于1994年2月4日和1994年1月5日在上海证券交易所上市交易，股票代码分别为：600827（A股）、900923（B股），公司股权分置改革于2006年5月29日经相关股东会议通过，公司的募集法人股已于2007年7月3日起上市流通，2009 年 7 月 10 日、2010 年 7 月 5 日、2011 年 7 月 4 日，友谊股份有限售条件的流通股分步上市流通。至此，友谊股份所有有限售条件的流通股均已上市流通。友谊股份以零售商业为主，以连锁超市、特色百货、装潢建材、商业房地产租赁及经营管理为核心业务。经营范围包括：综合百货、连锁超市、装潢装饰材料、仓储运输、进出口业务、餐饮服务、食品生产、娱乐、实业投资、房地产开发经营、房屋中介、房屋出租、物业管理、服装、针纺织品、五金交电、文教用品、烟酒茶食品、中西成药、音像制品、新旧工艺品、金银制品、家具、古玩收购（涉及许可经营的凭许可证经营）。

截至 2010 年 12 月 31 日，友谊股份的主要财务指标见表 4-1。

表 4-1　　友谊股份的主要财务指标　　单位：万元

项目	2010 年 12 月 31 日/2010 年度	2009 年 12 月 31 日/2009 年度	2008 年 12 月 31 日/2008 年度
总资产	2 128 505.22	1 857 903.05	1 742 914.59
总负债	1 619 748.91	1 367 489.69	1 289 309.58
归属于母公司的所有者权益	269 552.01	271 697.38	230 183.21
营业收入	3 105 242.20	2 918 690.24	2 836 274.54
利润总额	112 704.21	88 013.79	66 390.40
归属于母公司股东的净利润	29 798.39	18 814.07	14 802.67
股本	47 211.64	47 211.64	42 919.68
资本公积	117 849.77	140 351.20	119 797.09
其中：其他综合收益	58 909.92	81 434.35	39 301.05
盈余公积	15 637.60	14 132.46	12 912.32
未分配利润	88 852.99	70 002.08	54 554.13

（二）被吸收合并方：百联股份

百联股份，原名上海市第一百货商店股份有限公司（简称第一百货），1992 年 4 月经上海市人民政府财贸办公室（92）第 147 号文批准，由上海市第一百货商店（集团）公司独家发起并向社会公众公开发行人民币普通股 5 300 000 股后，以募集方式设立为股份有限公司。股票代码为：600631。2004 年第一百货吸收合并原华联商厦后更名为百联股份。2006 年 3 月 3 日，百联股份相关股东会议审议通过股权分置改革方案。2007 年 4 月 18 日、2008 年 4 月 23 日和 2009 年 4 月 20 日，百联股份有限售条件的流通股分步上市流通，至此，百联股份所有有限售条件的流通股均已上市流通。百联股份的经营范围为：国内贸易、货物及技术进出口业务、汽车修理及汽车配件、货运代理（一类）、普通货物运输、收费停车库、广告、音像制品、医疗器械、房地产开发、自有办公楼、房屋出租、商业咨询、酒类（不含散装酒）、本经营场所内从事卷烟及雪茄烟的零售（限分支机构经营），附设分支机构（涉及行政许可经营的凭许可证经营）。

截至2010年12月31日，百联股份的主要财务指标见表4-2。

表4-2 百联股份的主要财务指标 单位：万元

项目	2010年12月31日/2010年度	2009年12月31日/2009年度	2008年12月31日/2008年度
总资产	1 472 510.56	1 517 108.89	1 291 952.51
总负债	747 664.59	767 544.51	739 692.22
归属于母公司所有者权益	621 509.61	661 810.99	464 716.66
营业收入	1 284 395.92	1 045 902.58	934 578.36
利润总额	99 693.49	65 586.82	57 591.21
归属于母公司股东的净利润	61 484.92	41 565.67	36 698.08
股本	110 102.73	110 102.73	110 102.73
资本公积	299 121.48	387 695.45	217 856.52
其中：其他综合收益	136 590.79	218 298.49	50 262.42
盈余公积	50 536.21	48 003.40	44 121.07
未分配利润	161 749.19	116 009.40	89 589.14

（三）控股股东：百联集团

友谊股份和百联股份同受百联集团控制。百联集团原名为上海百联（集团）有限公司，系根据上海市人民政府《关于同意组建上海百联（集团）有限公司的批复》（沪府〔2003〕28号）批准成立。2004年6月2日，上海百联（集团）有限公司更名为百联集团有限公司。百联集团的经营范围为：国有资产经营、资产重组、投资开发、国内贸易（除专项审批外）、生产资料、企业管理、房地产开发（涉及许可经营的凭许可证经营）。百联集团旗下拥有百联股份、友谊股份、联华超市、第一医药、上海物贸共5家上市公司和一批享誉国内外的知名企业，是国内最大的商贸流通集团之一。

本次重大资产重组前有关股权投资关系如图4-1所示。

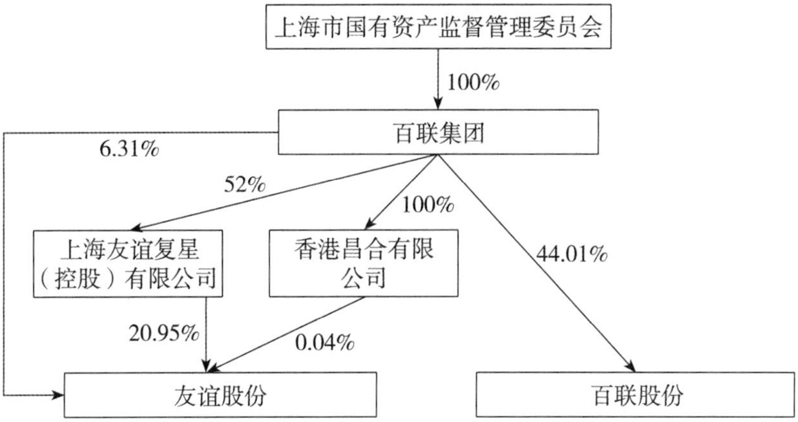

图 4-1　本次重大资产重组前有关股权投资关系

二、友谊股份吸收合并方案及实施

（一）重组背景及目的

百联集团为实现商业资源一体化，解决集团内两家上市公司之间的同业竞争，重拳出击，于 2011 年由友谊股份发行股份购买资产及换股吸收合并百联股份，打造“零售业航母”，新友谊将成为百联集团旗下经营百货和商超业务的唯一上市平台。

1. 实现商业资源一体化，打造大型上市商业集团

在中央“保增长、扩内需、调结构”以及拉动内需、扩大消费的政策背景下，上海市政府将国有资产战略性重组列为经济结构调整重点之一；同时，国内零售业正形成市场集中度高、企业规模大的格局，大型综合零售企业更能在激烈的市场竞争中占据优势。百联集团作为国内最大的商贸流通集团之一，商业资源长期分散于百联股份、友谊股份、联华超市（H 股）三家上市公司，存在业务重叠等问题，因此需建立统一的百货、商超类产业上市平台，发挥百货和商超两种业态的联动优势及协同效应。

2. 解决上市公司之间的同业竞争问题

百联股份主要经营百货业务，由于历史原因，友谊股份亦经营一部分百货业务，由此造成两家上市公司之间在百货业务方面存在部分同业竞争。因此，百联集团需对这两家上市公司进行全面重组，彻底解决友谊股份与百联股份之间的同业竞争问题，实现对百货、商超类零售业资产的整合。

3. 做实公司主业，改善治理结构

本次重组前，友谊股份为一家控股型公司，主要持有联华超市 34.03% 股权，通过对联华超市的投资收益来获取经营利润。通过本次重组，友谊股份一方面增加了对联华超市的控股比例，另一方面取得了百联集团和百联股份旗下的百货业务，

有效解决了其自身主营业务定位问题，进一步完善了管理架构和公司治理结构，有助于增强上市公司的可持续经营能力。

（二）重组方案

本次交易由友谊股份吸收合并百联股份，主要考虑友谊股份发行的股份有 B 股，为了便于重组方案的顺利实施。本次重组由以下两项交易构成：

1. 发行股份购买资产

友谊股份向百联集团发行 A 股股份购买百联集团持有的八佰伴 36% 股权和投资公司 100% 股权。

本次拟购买的八佰伴 36% 股权和投资公司 100% 股权以资产评估值为作价依据，根据财瑞评估和东洲评估出具的资产评估报告（已经上海市国资委备案），本次拟购买的八佰伴 36% 股权的评估值为 180 594. 42 万元，拟购买的投资公司 100% 股权的评估值为 290 234. 31 万元，两者合计 470 828. 73 万元。友谊股份拟发行 302 394 810股 A 股作为支付对价，发行价格为公司审议本次重大资产重组事项的董事会决议公告日前 20 个交易日的 A 股股票交易均价经除息调整后的价格，即每股 15. 57 元。

2. 友谊股份换股吸收合并百联股份

友谊股份以新增 A 股股份换股吸收合并百联股份。换股价格根据友谊股份和百联股份审议本次交易的董事会决议公告日前 20 个交易日的 A 股股票交易均价经除息调整后确定，分别为每股 15. 57 元和每股 13. 41 元，由此确定百联股份与友谊股份的换股比例为 1 ∶ 0. 861（即 13. 41 ∶ 15. 57），即每 1 股百联股份之 A 股股份换 0. 861 股友谊股份之 A 股股份。

上述两项交易共同构成本次重大资产重组不可分割的组成部分，其中任何一项未获得所需的批准，则本次重大资产重组自始不生效。本次重大资产重组结构路径如图 4-2 所示。

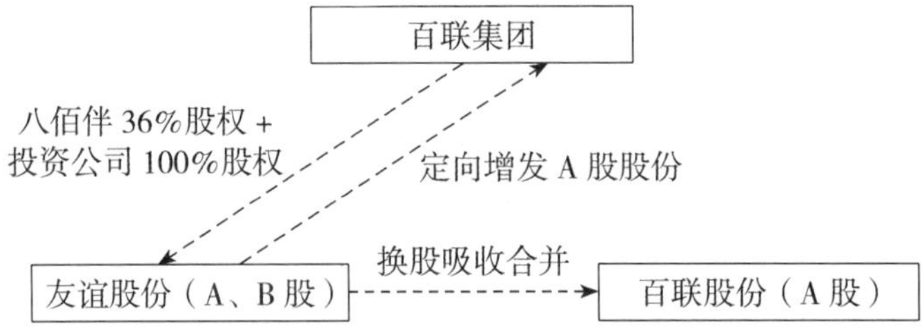

图 4-2 本次重大资产重组结构路径

（三）重组实施情况

2011 年 7 月 22 日，中国证券监督管理委员会出具《关于核准上海友谊集团股份有限公司向百联集团有限公司发行股份购买资产及吸收合并上海百联集团股份有限公司的批复》（证监许可〔2011〕1172 号）核准了本次换股吸收合并及非公开发行股份购买资产。本次换股吸收合并后，友谊股份 A 股股本增加947 984 500股，总数增至 1 240 382 745 股。本次换股吸收合并不涉及友谊股份 B 股的股份数变动，换股后的公司总股本增至 1 420 100 942 股。本次向百联集团发行 A 股302 394 810股购买百联集团持有的八佰伴 36% 股权和投资公司 100% 股权，新增股份完成后公司总股本增至 1 722 495 752 股。

本次换股吸收合并工作已于 2011 年 8 月 26 日完成，新增无限售条件流通股上市流通时间为 2011 年 8 月 31 日（会计上合并日）。本次非公开发行股份的交易双方于 2011 年 8 月 24 日已完成非公开发行所涉及资产的交割转让及变更过户登记手续，预计流通上市时间为 2014 年 9 月 5 日。

本次重大资产重组后有关股权投资关系如图 4-3 所示。

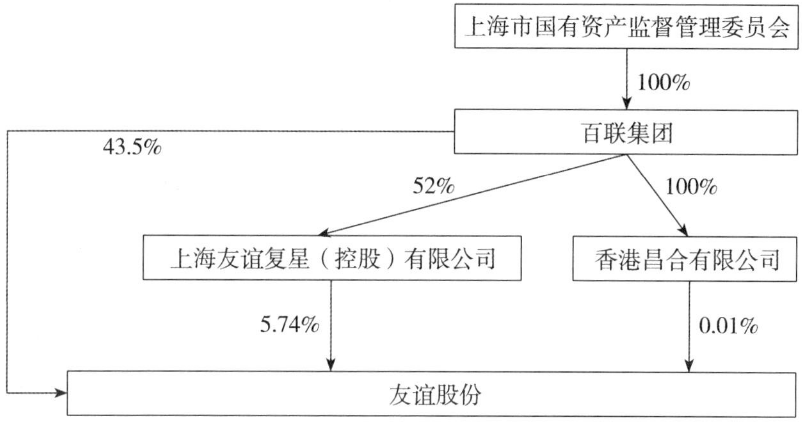

图 4-3　本次重大资产重组后有关股权投资关系

重组完成后友谊股份存续，百联股份待有关资产过户手续完成后注销。

相关会计问题的讨论与分析

一、友谊股份吸收合并百联股份是否属于同一控制下企业合并

在友谊股份年报审计业务讨论会上，马兰首先对友谊股份吸收合并百联股份是同一控制下企业合并进行质疑。

马兰发言：各位老师，我最近才加入这个项目组，我认为友谊股份吸收合并百联股份是非同一控制下的企业合并，因为合并前，百联集团仅持股友谊股份27.30%，仅从股权结构上看并没有处于控股情形，即使在合并后，百联集团仅持股友谊股份 49.25%；而百联集团在此前仅持股百联股份 44.01%。

奚悦发言：合并财务报表是以控制为前提。所谓控制是指投资方拥有对被投资方的权力，通过参与被投资方的相关活动而享有可变回报，并且有能力运用对被投

资方的权力影响其回报金额。分析百联集团是否拥有友谊股份和百联股份的控制权，不能仅仅看其持股比例，还要关注其权力的渗透和管控。需要关注友谊股份、百联股份公司章程的相关规定、董事会成员构成以及公司股权结构。合并前后的友谊股份和百联股份的董事会成员中均超过半数来自百联集团，即百联集团拥有董事会的多数表决权；根据公司章程的相关规定，董事会能够决定公司的重大经营决策。此外，从友谊股份、百联股份合并前后公告的前10大股东分析，除百联集团以及百联集团控股的上海友谊复星（控股）有限公司外，其他股东均为证券投资公司、理财投资组合、投资基金等，且持股比例很分散，所以百联集团能够通过董事会渗透其权力，在合并前后均控制友谊股份和百联股份，享有可变回报。

二、同一控制下吸收合并与100%控股合并的会计处理结果是否相同

一般而言，会计采用实质重于形式原则进行核算。对于企业合并而言，尽管吸收合并与控股合并在法律形式上迥然不同，但是在经济实质上并无差异。因此，从理论上来看，吸收合并的财务报表与全资控股下的合并财务报表应无差异。那么一家公司如果在同一控制下采用吸收合并与100%控股合并两种不同的方式合并，最终的会计处理结果是否相同？

白灵抢着发言：我认为两者最终的会计处理结果应当相同，都基于一个原则：视同合并后的报告主体从开始就是一个整体。如果说有不同，那仅仅在个别财务报表中的会计处理不同，在合并财务报表中所体现的结果是相同的。《企业会计准则讲解（2010）》对于同一控制下控股合并中被合并方留存收益的处理有明确说明：在合并资产负债表中，对于被合并方在企业合并前实现的留存收益（盈余公积和未分配利润之和）中归属于合并方的部分，应按一定原则，自合并方的资本公积转入盈余公积和未分配利润。因合并方的资本公积（资本溢价或股本溢价）余额不足，被合并方在合并前实现的留存收益中归属于合并方的部分在合并资产负债表中未予全额恢复的，合并方应当在财务报表附注中对这一情况进行说明。

奚悦说：如果不需要编制合并财务报表的话，则会计处理的最终结果不同。对于同一控制下的吸收合并，被合并方在合并前实现的留存收益是否回转，《企业会计准则》《企业会计准则——应用指南》均未涉及，但《企业会计准则讲解（2010）》中有如下说明：如果合并方在合并当期期末需要编制合并财务报表的，在编制前期比较合并财务报表时，应将吸收合并取得的被合并方前期有关财务状况、经营成果及现金流量等并入合并方前期合并财务报表。前期比较报表的具体编制原则比照同一控制下控股合并比较报表的编制。从中可以推断出：同一控制下的吸收合并，只有在需要编制合并财务报表的前提下，才可以恢复被合并方在合并前实现的留存收益，否则不予恢复，从而导致最终的结果不同。

马兰听后发言：对于奚悦的观点我有不同意见，控股合并和吸收合并基于其合

并的法律形式差异，无论是否需要编制合并财务报表，我认为最终会计处理结果都不同。同一控制下的吸收合并，对于被合并方股东而言，其实质是以被合并方的净资产作价投资的行为，其合并前的留存收益均在换股投资时用以作价考虑，所以将被合并方在合并前实现的留存收益继续回转是不合适的。

三、被合并方吸收合并前的留存收益能否由合并后主体承继

百联股份母公司吸收合并前的未分配利润为 119 750. 57 万元，而友谊股份母公司吸收合并前的未分配利润只有 37 403. 14 万元。被合并方吸收合并前的留存收益能否由合并后主体承继，直接关系到参与合并各方的股东后续的利润分配问题。

白灵认为：百联股份的法人主体在合并后注销，其合并前的未分配利润及盈余公积在被吸收合并后已经不存在，无论合并方股东还是被合并方股东均无法继续分享这部分留存收益。友谊股份发行新股换股吸收合并百联股份，对于百联股份股东而言，其实质是以百联股份的净资产作价投资的行为，其合并前的未分配利润和盈余公积均在换股投资时用以作价考虑，继续由股东享有是不合适的。

高山对此质疑：既然同一控制下吸收合并是基于权益结合的原则，而权益结合的实质在于不发生企业购买交易，且继续分担和分享企业合并之前就存在的风险和利益，那被合并方吸收合并前的留存收益就应当由合并后主体承继，由参与合并各方的股东共享。我认为同一控制下吸收合并的有关现行会计规范不尽合理。对于同一控制下吸收合并，根据我国对于同一控制下吸收合并的会计规范和利润分配基础的规定，参与合并各方的股东根本无法继续分担和分享企业合并之前就存在的风险和利益，无法体现现有的股东权益在结合后企业中的联合和继续，背离了权益结合的实质。

在本案例中，百联股份母公司吸收合并前的未分配利润为 119 750. 57 万元，按现行会计规定不能再继续作为未分配利润满足股东的分红回报需求；而友谊股份母公司吸收合并前的未分配利润为 37 403. 14 万元，原先只对应 47 211. 64 万元的股本进行分红，现在要对应 142 010. 09 万元的股本进行分红，面对的投资者要求的分红回报压力是可想而知的。

四、被合并方百联股份合并前的其他综合收益能否延续

其他综合收益属于尚未实现的收益。被合并方的其他综合收益在同一控制下吸收合并完成时作为股本溢价处理还是仍然作为其他综合收益延续，关系到对合并后主体未来收益的确认。

奚悦认为：由于友谊股份吸收合并百联股份是同一控制下企业合并，视同合并后的报告主体一开始就是一个整体，故在编制合并财务报表时，原百联股份资本公积中的其他综合收益应予以延续，以完整反映该项资产的损益。既然在合并财务报

表中允许将被合并方在企业合并前实现的留存收益中归属于合并方的部分从资本公积转入盈余公积和未分配利润，按照相同的原则，被合并方的其他综合收益也应予以延续。不过，由于被合并方法人主体已经注销，此项其他综合收益在合并后形成报告主体的个别财务报表中不应当延续。

白灵快人快语：我觉得应当直接在合并后主体的个别财务报表中作为其他综合收益延续。合并方友谊股份的资本公积中如果有其他综合收益在合并后可以延续，为什么参与权益结合的被合并方百联股份的其他综合收益在合并后不能延续？而且，这样处理与100%控股合并处理的最终结果可以相同。

高山表示反对：你们二位的观点我都不认同，我认为被合并方百联股份的其他综合收益在合并时不能再作为其他综合收益延续而应作为股本溢价。本案例通过换股形式实现的同一控制下企业合并属于权益性交易，不应确认损益（包括未实现损益）。本案例这一权益互换的交易应视为投资，被合并方百联股份合并前的其他综合收益在此项权益性交易中应作为股本溢价处理。其会计处理要与公司改制折股的处理相类似。

相关税务问题的讨论与分析

在友谊股份年报审计业务讨论会上，大家对百联股份被友谊股份吸收合并法人主体注销前是否需要视同清算，计算缴纳企业所得税以及合并后友谊股份对于原百联股份并入资产、负债的计税基础如何确定进行了激烈的讨论。

白灵首先发言：百联股份是被友谊股份吸收合并，法人主体注销，实际就是清算注销，按照《企业所得税法》的规定："企业依法清算时，应当以清算期间作为一个纳税年度，企业应当在办理注销登记前，就其清算所得向税务机关申报并依法缴纳企业所得税。"所以我认为，百联股份必须在注销法人资格前，向税务机关申报清算期间的所得税。

马兰：我不同意白灵的说法，根据《公司法》的规定："公司合并时，合并各方的债权、债务，应当由合并后存续的公司或者新设的公司承继。"也就是说，企业吸收合并与简单的被吸收方注销不一样，被吸收方法人主体注销后，应该由吸收后的公司或新设的公司承继一切，所以百联股份没必要去按照清算价格计算重组中的应纳税所得额。

奚悦：我同意马兰的观点，假如真的要像白灵所说按照清算价格计税，那么吸收合并与企业清算就没有区别了，重组的成本也太高了，但是我有一点要提醒一下，百联股份必须先向税务机关说明公司的交易背景，申请不要按照清算价格计算合并中的应纳税所得额。

★ 下一步的行动

项目组负责人高山听取完项目组成员对并购会计类型认定及其财务影响的不同

意见，陷入了沉思。随着公司三季度报告与年度预审工作时间的逼近，高山必须在一周内给项目组成员予以明确的指导，确定本次并购的会计类型及其核算方法，以真实公允地反映企业的财务状况、经营成果与现金流量。

思考分析题

1. 对马兰与奚悦关于友谊股份吸收合并百联股份是否属于同一控制下企业合并的不同意见，你如何看待？请说明理由。

2. 对于友谊股份吸收合并百联股份，说明马兰与奚悦的会计处理方案对企业财务报表的不同影响；如果你是友谊股份的财务总监，你倾向于采用哪种方案，为什么？

3. 按我国现行会计规范，发生同一控制下吸收合并与控股合并，会计处理的结果是否相同，白灵、奚悦及马兰的观点各不相同，他们的意见分歧在哪里？请进行评价，说明你的意见及理由。

4. 结合白灵与高山关于百联股份合并前的未分配利润在被吸收合并后能否由股东享有以及现行有关会计规范是否合理的争论，分析不同处理对权益结构的影响，并予以评价。

5. 请评述项目组成员对友谊股份吸收合并百联股份的税务处理问题的分歧及其财务影响，说明你的倾向性意见。

6. （可选）关于被合并方百联股份合并前的其他综合收益，马兰、奚悦、高山的意见分歧在哪里？请说明你的观点及理由。

自备参考文献

1. 中华人民共和国财政部．企业会计准则第 2 号——长期股权投资．2014.

2. 中华人民共和国财政部．企业会计准则第 20 号——企业合并．2006.

3. 中华人民共和国财政部．企业会计准则第 33 号——合并财务报表．2014.

4. 中华人民共和国财政部．企业会计准则——应用指南［M］．北京：中国财政经济出版社，2006.

5. 财政部会计司．企业会计准则讲解 2010［M］．北京：人民出版社，2010.

6. 中华人民共和国财政部会计司．关于编制合并会计报告中利润分配问题的请示的复函．财会函〔2000〕7 号．

7. 证监会会计部．关于明确上市公司利润分配基数征询函的复函．证监会会计部函〔2008〕94 号．

8. 中华人民共和国财政部 国家税务总局．关于企业重组业务企业所得税处理若干问题的通知．财税〔2009〕59 号．

案例 5

美的集团换股兼并美的电器：是企业合并吗

2013 年 3 月，美的电器（全称为广东美的电器股份有限公司）公布整体上市方案：美的集团（全称为美的集团股份有限公司）以换股方式吸收合并美的电器，即美的集团向美的电器除美的集团外的所有换股股东发行股票交换该等股东所持有的美的电器股票。其中，美的集团此前所持美的电器 41.17% 的股票不参与换股，也不行使现金选择权，并且该股票将在本次换股吸收合并完成后予以注销。本次换股吸收合并完成后，美的电器的法人资格将注销，美的集团作为存续公司将承继及承接美的电器的全部资产、负债、业务、人员、合同及其他一切权利与义务。

美的集团的发行价格为 44.56 元/股。美的电器换股价格为 15.36 元/股，换股比例为 0.3447 : 1，美的集团本次发行股数为 686 323 389 股。

会计师事务所张老师在组织学员小赵、小钱与小孙进行并购会计业务的学习中，对本次交易的会计类型及其会计处理进行了讨论，学员们对本次交易是否属于企业合并存在着巨大的分歧。

案例情况介绍

一、交易双方介绍

（一）购买方：美的集团（股票代码：000333）

美的集团前身系原顺德市美托投资有限公司，成立于 2000 年 4 月 7 日，系由广东美的集团股份有限公司工会委员会和何享健等 21 名公司高管共同投资组建的有限公司，初始注册资本为人民币 1 036.87 万元，其中，广东美的集团股份有限公司工会委员会持有本公司的股权比例为 22.90%，何享健等 21 名公司高管持有本公司的股权比例为 77.10%。

公司以 2011 年 12 月 31 日为基准日整体变更为股份有限公司，于 2012 年 8 月 30 日取得“企业法人营业执照”，注册资本 10 亿元，股份总数 10 亿股（每股面值

1 元）。

美的集团的控股股东为美的控股。美的控股系何享健先生控制管理，注册资本为 33 000 万元。该公司在本次合并前持有美的集团 59 850 万股的股份，占本次合并前总股本的 59.85%。何享健先生是美的控股的控股股东，其出资额为 31 200 万元，持股比例为 94.55%，是美的集团的实际控制人。美的集团是一家以家电制造业为主的大型综合性企业集团，拥有完整的空调、冰箱、洗衣机产业链以及完整的小家电产品群。

美的集团的主要业务分为四大板块，分别是大家电业务板块、小家电业务板块、电机业务板块和物流业务板块，其主营业务收入情况见表 5-1。

表 5-1　**美的集团四大业务板块的主营业务收入情况**　金额单位：千万元

业务	2012 年		2011 年		2010 年	
	金额	占比（%）	金额	占比（%）	金额	占比（%）
大家电	6 362.90	66.22	8 495.66	68.95	6 792.78	67.26
小家电	2 576.16	26.81	3 165.58	25.69	2 799.79	27.72
电机	485.30	5.05	470.91	3.82	383.94	3.80
物流	184.59	1.92	190.15	1.54	123.45	1.22

（二）被购买方：美的电器（原股票代码：000527）

美的电器是于 1992 年 8 月 10 日在原广东美的电器企业集团基础上改组设立的股份有限公司。1993 年 9 月 7 日，美的电器登陆深交所。现法定代表人为方洪波，控股股东为美的集团，最终控制人为何享健。美的电器属家用电器制造行业，主要产品包括空调器、空调压缩机、冰箱和洗衣机等。

截至 2012 年 12 月 31 日，美的电器前十大股东情况见表 5-2；整体上市前美的电器股权结构如图 5-1 所示。

表 5-2　**2012 年 12 月 31 日美的电器前十大股东情况**

股东名称	持股数（股）	持股比例（%）
美的集团	1 393 273 124	41.17
鹏华价值优势股票型证券投资基金	76 499 626	2.26
全国社保基金一零二组合	66 075 687	1.95
宁波开联实业发展有限公司	56 224 825	1.66
全国社保基金五零一组合	49 500 000	1.46
全国社保基金一零四组合	41 199 770	1.22
国元证券股份有限公司	37 601 030	1.11
中国平安人寿保险股份有限公司	37 286 994	1.10
易方达深证 100 交易型开放式指数证券投资基金	33 843 452	1.00
广发大盘成长混合型证券投资基金	27 000 000	0.80
合计	1 818 504 508	53.73

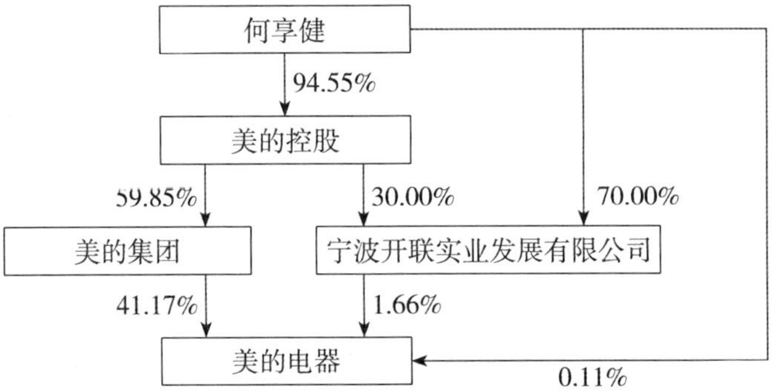

图 5-1 整体上市前美的电器股权结构图

二、美的集团吸收合并美的电器的交易过程

（一）交易背景

首先，《中国家用电器工业“十二五”发展规划》中指出，结合全球产业布局的调整和我国家电行业现状来看，不应继续鼓励企业通过盲目追求高销量来定增长，而是应该通过产业升级、技术更新来达到目标。为响应政策和促进自身发展模式的改变，美的集团准备通过整体上市，增强自主研发能力，整合上下游资源，向国际化大型家电企业目标迈进，并带动产业的发展。同时，国家相关部门也一直鼓励有实力的企业整体上市。

其次，受宏观经济疲软、家电消费刺激政策结束等因素影响，美的集团谋求战略转型，并力争达到“一个美的、一个体系、一个标准”的战略目标。同时，美的集团也陆续引进了私募基金作为战略投资者。

不仅如此，2012 年美的集团对小家电业务进行了重组，原先的八大事业部变为六个，使公司架构更加扁平优化。日趋激烈的竞争也要求美的集团能够更好地发挥内部资源共享的优势，协调各模块共同发展，而整体上市将进一步推动美的集团更加长久平稳的发展。

（二）交易目的

美的集团通过本次换股吸收合并，首先，从产业角度来看，将美的集团上下游、服务业整合成为一个整体企业，达到“一个美的、一个体系、一个标准”的战略目标，实现资产的整体上市及资源共享；其次，从组织架构角度来看，通过整体上市，公司将形成更为高效、敏捷的扁平化组织，并将更好地解决管理层长期激励的问题，使得职业经理人制度更为完善；再次，从公司治理角度来看，通过整体上市，公司能够更大程度地接受公众监督，形成持续有效的治理管控机制，通过上市公司规范化、透明化的管理来对职业经理人进行有效监管，维护股东的长远利益①。

（三）交易方案概要

（1）美的集团以换股方式吸收合并美的电器，即美的集团向美的电器除美的集团外的所有换股股东发行股票交换该等股东所持有的美的电器股票。其中，美的集团所持美的电器股票不参与换股，也不行使现金选择权，并且该等股票将在本次换股吸收合并完成后予以注销。本次换股吸收合并完成后，美的电器的法人资格将注销，美的集团作为存续公司将承继及承接美的电器的全部资产、负债、业务、人员、合同及其他一切权利与义务。

（2）美的集团的发行价格为 44.56 元/股。美的电器换股价格为 15.96 元/股（除息前），系以本次吸收合并董事会决议公告日前 20 个交易日的交易均价 9.46 元/股为基准，给予美的电器参与换股的股东 68.71% 的溢价确定。由此确定的美的集团和美的电器的换股比例为 0.3582∶1（除息前，换股比例按照四舍五入原则保留四位小数），即每 1 股美的电器参与换股股份可换取 0.3582 股美的集团本次发行的股份。若美的集团、美的电器在换股之前发生派息、送股、资本公积转增股本等除权除息事项，则上述发行价格或换股价格将进行相应调整。

（3）为充分保护被合并方异议股东的合法利益，本次换股吸收合并将由美的控股向美的电器异议股东提供现金选择权。具有现金选择权的美的电器异议股东是指在做出本次换股吸收合并决议的美的电器股东大会正式表决换股吸收合并议案时投出有效反对票，并且一直持有代表该反对权利的股份直至现金选择权实施日，同时在规定时间里履行申报程序的股东。行使现金选择权的美的电器异议股东，可以就其有效申报的每 1 股美的电器股份，在现金选择权实施日，按照每股 10.59 元（除息前，较定价基准日前 20 个交易日股票交易均价溢价 12%，参考美的电器停牌以来至 2013 年 2 月 28 日上证综指的涨幅）全部或部分申报行使现金选择权。若美的电器在换股之前发生派息、送股、资本公积转增股本等除权除息事项，则现金选择权价格将进行相应调整。

2013 年 4 月 22 日，美的电器股东大会已审议通过 2012 年度利润分配议案。根据利润分配方案，美的电器每 10 股将派发现金 6.00 元（含税）。该次分红派息的股权登记日为 2013 年 6 月 5 日，除权除息日为 2013 年 6 月 6 日。该方案实施后，美的电器异议股东现金选择权价格按照上述原则相应调减 0.60 元/股，即为 9.99 元/股。在方案实施时，现金选择权提供方于现金选择权实施日受让成功申报行使现金选择权的全部美的电器股份，并相应支付现金对价。现金选择权提供方通过提供现金选择权而受让的美的电器将全部按换股比例转换为美的集团发

① 在 2011 年至 2012 年期间，数家私募股权投资机构（PE）作为战略投资者进入美的集团。而 IPO 是 PE 退出最普遍的方式。同时，2013 年“财务核查”使常规 IPO 市场关闭。因此，PE 对于借助整体上市实现 IPO 有着迫切的需求。

行的股份。

（四）交易过程与实施情况

美的集团整体上市日程表见表 5-3。

表 5-3 美的集团整体上市日程表

时间	事件
2012 年 8 月 25 日	职业经理人方洪波出任美的集团董事长，何享健卸任
2012 年 8 月 27 日	美的电器公告：因控股股东美的集团正在筹划与本公司相关的重大事项，即日起停牌
2013 年 3 月 28 日	美的电器公布重组方案：美的集团拟以换股吸收合并美的电器的方式实现整体上市。美的集团拟定发行价为 44.56 元/股，美的电器流通股东能以 15.96 元/股的价格换取美的集团股份。方案获双方董事会通过
2013 年 4 月 22 日	美的电器和美的集团召开 2012 年年度股东大会，均审议通过了重组方案。同时，美的电器 2012 年度利润分配为每 10 股派现 6 元
2013 年 4 月 24 日	广东省外经贸厅批复交易方案，初步同意本次换股吸收合并
2013 年 6 月 8 日	商务部反垄断局出具了《不实施进一步审查通知》（商反垄初审函〔2013〕86 号），对美的集团吸收合并美的电器不实施进一步审查
2013 年 6 月 16 日	美的控股及 7 名自然人股东（管理层）与美的集团签署《美的集团股份有限公司与美的控股有限公司等 8 名股东盈利预测补偿协议》
2013 年 6 月 27 日	方案获中国证监会上市公司并购重组审核委员会有条件通过，美的集团发行 A 股，将只是用于换股，而不募集资金
2013 年 7 月 29 日	中国证券监督管理委员会批准美的集团换股吸收合并方案以及于 2013 年 9 月 18 日在深圳证券交易所上市
2013 年 8 月 14 日	美的电器股东现金选择权股权登记日（美的电器股票最后一个交易日）
2013 年 8 月 15 日	美的电器股票停牌，直至终止上市
2013 年 9 月 11 日	美的集团（000333）公告，经深圳证券交易所批准，美的集团发行的人民币普通股股票在深交所上市，简称：美的集团
2013 年 9 月 18 日	美的电器终止上市并摘牌。美的集团在深交所挂牌上市。当日以 40.50 元/股低开，收于 42.24 元/股

最后，此次交易美的集团以 44.56 元/股发行股票 686 323 389 股。美的电器换

股价格为 15.36 元/股（除息后），现金选择权价格为 9.99 元（除息后）。未有股东选择行使现金选择权。交易结束后，美的电器被注销。美的集团承接美的电器全部资产、负债、业务，安置原美的电器人员，并登陆深交所。整体上市后美的集团股权结构图如图 5-2 所示。

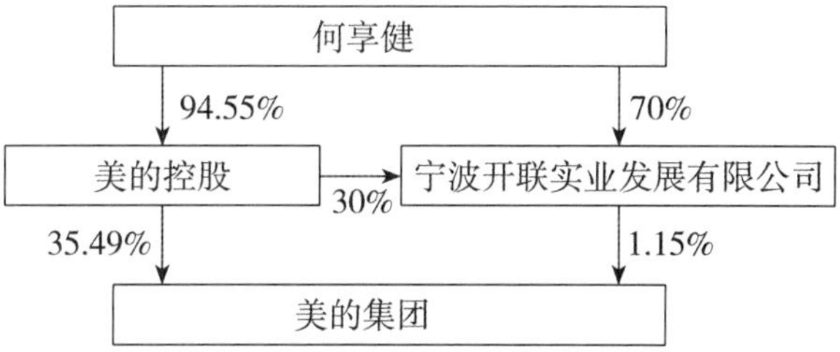

图 5-2 整体上市后美的集团股权结构图

三、其他背景资料

（一）美的集团整体上市是否有助于减少关联交易

美的集团在这次交易的目的中声称“整体上市有助于减少关联交易”。整体上市与关联交易以及公司透明度之间的相关性也一直是市场、监管机构和投资者关注的焦点。关联交易特殊的地方在于它具有两面性：（1）一定程度上降低企业的交易成本，提高市场和企业的效率，有助于企业的扩大经营。（2）关联方可能利用信息不对称侵害其他利益相关者的利益，影响交易的公允性和市场的公平秩序。

上海证券交易所第二十一期联合研究计划项目《上市公司关联交易研究》（2010）通过实证分析发现：从关联交易对象来看，上市公司与母公司的关联交易量最大，约占 40%；从关联交易的来源来看，关联交易主要集中于商品类交易、资金类交易、担保抵押以及债权债务关系①。同时，集团公司整体上市将减少集团公司和上市公司的关联交易。

以下将在界定关联方的基础上，从商品交易类、资金类交易、担保抵押以及债权债务关系等方面分析美的集团和美的电器在此次换股吸收合并前后各自的关联交易的情况，分析此次整体上市对美的集团和美的电器的关联交易情况的影响。

1. 界定关联方

综合《企业会计准则第 36 号——关联方披露》第三条、《公司法》第二百一十七条和《深圳证券交易所股票上市规则》（2012 年修订）第十章中的规定，以美的集团、美的电器和实际控制人何享健这三者之间的持股和控制关系判断，三者之间两两互为关联关系。同时，除此三者之外，还存在一些相关子公司也与这三者

① 罗忠洲，司徒大年．上市公司关联交易研究［R］．上海证券交易所第二十一期联合研究计划项目，2010.

存在关联关系。

2. 换股吸收合并前关联交易情况

（1）美的电器的关联交易

①日常购销关联交易（见表5-4和表5-5）

表5-4 2010—2012年度美的电器日常购销关联交易金额及占比 金额单位：万元

项目	2012年度		2011年度		2010年度	
	金额	占同类交易金额的比例（%）	金额	占同类交易金额的比例（%）	金额	占同类交易金额的比例（%）
采购商品和接受劳务	338 122.06	6.27	642 251.23	7.69	421 687.13	6.41
出售商品和提供劳务	25 779.24	0.36	50 533.01	0.55	64 605.38	0.88

表5-5 2011—2012年度美的集团对于美的电器日常购销关联交易金额及占比 金额单位：万元

项目	2012年度		2011年度	
	金额	占比（%）	金额	占比（%）
采购商品和接受劳务	315 016.2	93.2	489 755.5	76.3
出售商品和提供劳务	13 000.0	50.4	2 000.0	4.0

②关联担保（见表5-6）

表5-6 2010—2012年度美的电器接受关联担保情况 金额单位：万元

担保方	2012年度		2011年度		2010年度
	金额	增幅（%）	金额	增幅（%）	金额
美的集团股份有限公司	228 758.8	-76	967 396	95	497 300
广东美的生活电器制造有限公司	9 680.0	—	—	—	—
佛山市威尚科技产业发展集团有限公司	—	—	60 000	456	10 797
合计	238 438.8	-77	1 027 396	102	508 097

担保事项为票据、借款和贸易融资。从数据变化来看，2011年度为变化较为剧烈的年份，其原因是当年因经营规模扩大，票据金额较上年增加了约90%。美的电器自身仅在2010年度向关联方提供过担保，美的集团不在接受担保范围内。

③关联方往来款（见表5-7）

表5-7 2010—2012年度美的电器关联方往来款情况 金额单位：万元

项目（万元）	2012年12月31日			2011年12月31日			2010年12月31日		
	账面余额	占比（%）	坏账准备	账面余额	占比（%）	坏账准备	账面余额	占比（%）	坏账准备
应收账款	2 009	0.3	100.5	3 482	0.6	174.1	302	0.1	15.1
应付账款	55 695	5.0	—	48 721	4.0	—	67 066	6.1	—
其他应付款	36	0.1	—	—	—	—	10 833	32.1	—

（2）美的集团的关联交易

①经常性关联交易（见表5-8）

表5-8 2010—2012年度美的集团经常性关联交易情况 金额单位：万元

项目	2012年度	2011年度	2010年度
营业收入	10 259 811.05	13 404 564.93	11 026 201.17
经常性关联销售收入	15 829.68	45 240.79	67 918.70
占比	0.15%	0.34%	0.62%
营业成本	7 944 903.59	10 841 875.53	9 023 358.50
经常性关联采购支出	132 108.01	258 943.62	535 392.79
占比	1.66%	2.39%	5.93%

②关联资金拆借（见表5-9）

表5-9 2010—2012年度美的集团关联资金拆借情况 金额单位：万元

年度	关联方	资金占用利息	当年资金占用的年平均利率（%）	全年平均余额	备注
2010	佛山威尚科技	3 246.86	5.38	62 856.45	本公司收取利息
	盈峰投资控股	0.56	5.38	10.30	本公司收取利息
2011	佛山威尚科技	755.82	6.31	11 806.33	本公司收取利息
	盈峰投资控股	2.06	6.31	32.24	本公司收取利息
2012	佛山威尚科技	16 186.49	6.11	261 221.05	本公司支付利息

③关联方往来款（见表5-10）

表5-10　　2010—2012年度美的集团关联方往来款情况　　金额单位：万元

项目	2012年12月31日		2011年12月31日		2010年12月31日	
	金额	占比（%）	金额	占比（%）	金额	占比（%）
预付账款	28 400.00	15.76	2 502.88	0.81	—	—
应收账款	6 651.08	0.67	9 070.28	0.90	—	—
其他应收款	—	—	65 219.07	25.90	111 544.82	31.81
应付账款	16 204.75	1.03	5 237.62	0.30	17 508.43	0.99
其他应付款	99 600.00	40.34	—	—	—	—

3. 换股吸收合并后关联交易情况

（1）美的电器的关联交易

因为本次交易为美的电器被美的母公司吸收合并。故交易完成后，美的集团承接美的电器的一切资产、负债和业务。美的电器将被注销。因此，所有与美的电器直接相关的关联交易都将不再存在。在一定意义上，此次交易彻底将美的电器的关联交易内部化了，形成了美的集团的内部市场。

（2）美的集团的关联交易

①日常购销关联交易（见表5-11和表5-12）

表5-11　　美的集团关联采购情况

关联方	交易内容	2013年度		2012年度	
		金额（千元）	占同类交易金额比例（%）	金额（千元）	占同类交易金额比例（%）
佛山市美的家用电器有限公司	购货	—	—	20 381.05	0.03
合肥会通新材料有限公司	购货	—	—	127 389.83	0.16
合肥市百年塑模科技有限公司	购货	65 778.12	0.06	102 559.47	0.13
广东威奇电工材料有限公司	购货	868 092.57	0.84	761 845.84	0.98
佛山市麦克罗美的滤芯设备制造有限公司	购货	66 449.44	0.06	37 461.56	0.05
山西华翔同创铸造有限公司	购货	45 086.99	0.04	95 080.11	0.12
山西华翔集团有限公司	购货	195 695.64	0.19	46 427.19	0.06

续表

关联方	交易内容	2013 年度		2012 年度	
		金额（千元）	占同类交易金额比例（%）	金额（千元）	占同类交易金额比例（%）
佛山市顺德区圆融新材料有限公司	购货	—	—	124 579.84	0.15
广东盈科电子有限公司	购货	61 332.82	0.06	5 355.16	0.01
安徽威奇电工材料有限公司	购货	69 346.69	0.07	—	—
合计		1 371 782.27	1.32	1 321 080.05	1.69

表 5-12　**美的集团关联销售情况**

关联方	交易内容	2013 年度		2012 年度	
		金额（千元）	占同类交易金额比例（%）	金额（千元）	占同类交易金额比例（%）
佛山市美的家用电器有限公司	销货	—	—	48 153.65	0.05
合肥会通新材料有限公司	销货	—	—	23 123.51	0.02
合肥市百年塑模科技有限公司	销货	24 636.42	0.02	70 942.38	0.07
PT. MIDEA PLANET INDONESIA	销货	55 462.07	0.05	16 077.30	0.02
安徽威奇电工材料有限公司	销货	3 355.99	0.00	—	—
广东威奇电工材料有限公司	销货	17 704.75	0.01	—	—
广东盈科电子有限公司	销货	23 559.63	0.02	—	—
山西华翔集团有限公司	销货	539.10	0.00	—	—
山西华翔同创铸造有限公司	销货	34.09	0.00	—	—
合计		125 292.05	0.10	158 296.84	0.16

②关联方应收应付款项（见表5-13）

表5-13 美的集团关联方应收应付款项情况

项目及关联方	2013年期末数		2013年期初数
	账面余额（千元）	较上一年变化（%）	账面余额（千元）
应收账款			
佛山市美的家用电器有限公司	—	—	57 348.13
PT. MIDEA PLANET INDONESIA	2 507.86	-72.63	9 162.68
应收账款合计	2 507.86	-96.23	66 510.81
应付账款	242 855.09	49.87	162 047.45

（二）美的集团整体上市是否改善了同业竞争状况

一般而言，企业间的竞争是促进和推动企业和市场发展的动力。但是，上市企业的同业竞争并不是这种一般意义上的竞争。股票市场里的同业竞争是指上市公司的控股股东（包括绝对控股股东与相对控股股东）所从事的业务同该上市公司业务构成或可能构成的直接或间接的竞争关系。

对于大部分原先为了满足上市的质量要求以及受审批制下发行规模的约束，而采用分拆业务的方式进行上市的企业来讲，往往遗留上市公司与未上市母公司部分经营相同或类似业务的情况。由此可能会导致上市公司的独立性和母公司的整体性受到影响，存在上市公司依赖原母公司的现象。更严重的情况将是上市公司大股东的目标和中小股东的目标不一致，造成中小股东的权益可能受损。同时，上市公司的同业竞争也会扰乱正常的商业秩序，损害资本市场的公平性和有效性，催生股票市场中的投机风气，并影响国家利益。

解决同业竞争的方法主要有托管和租赁、监督和承诺、整体上市、资产重组等等。在这些方法中，整体上市是最有效的。而且，在整体上市的三种常用方式（定向增发、换股IPO和换股合并）中，此次交易所属的换股IPO对于消除同业竞争的效果是最好的。

本部分将通过对比分析本案例的两家主体公司的经营范围以及其他相关情况解决以下两个问题：第一，美的电器与美的集团在交易前后是否存在同业竞争的关系？第二，若存在同业竞争，通过整体上市是否解决了这一问题？

1. 交易前同业竞争情况分析

此次交易前美的集团的业务分部以及主要控股子公司的情况如图 5-3 所示。

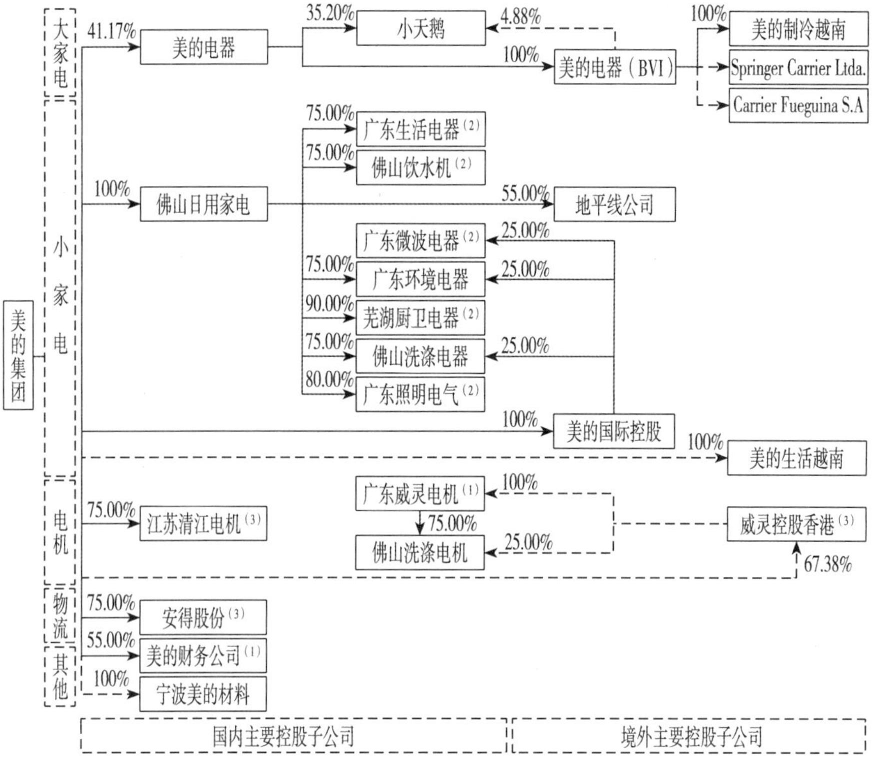

图 5-3 美的集团的业务分部及主要控股子公司情况

注：（1）美的电器持有美的财务公司 40% 股份，广东威灵电机持有美的财务公司 5% 股份；（2）除图中标明的持股关系，广东生活电器、佛山饮水机、芜湖厨卫电器、广东照明电气、广东微波电器其余的股份均由美的集团下属全资子公司持有；（3）美的国际控股持有江苏清江电机 25.00% 股份、安得股份 25.00% 股份、威灵控股香港 0.30% 股份；（4）图中实线箭头表示直接持股关系，虚线箭头表示通过下属全资子公司持有的间接持股关系（除 Springer Carrier Ltda. 和 Carrier Fueguina S. A 由美的电器（BVI）下属控股公司持股）。

通过观察图 5-3 可以发现，美的集团的主要经营业务分为以下几个部分：大家电、小家电、电机、物流和其他。大家电部分的主要业务是空调及零部件、冰箱及零部件、洗衣机及零部件的开发、设计、制造和销售。美的集团除了持有美的电器 41.17% 的股份以外，没有具体从事和经营空调、冰箱、洗衣机和压缩机的业务，也未控制或参与投资与美的电器有竞争或可能有竞争关系的企业。

表 5-14 显示了美的电器 2010—2012 年度的主营业务收入构成的情况。

表 5-14　　2010—2012 年度美的电器主营业务收入构成情况　　金额单位：万元

项　目	2012 年度		2011 年度		2010 年度	
	金额	构成比例（%）	金额	构成比例（%）	金额	构成比例（%）
空调	5 146 409	80.9	6 379 099	75.1	4 825 928	71.0
冰箱	595 063	9.4	1 140 578	13.4	993 928	14.6
洗衣机	621 427	9.8	975 981	11.5	972 924	14.3
合计	6 362 899	100	8 495 658	100	6 792 780	100

通过观察表 5-14 可以发现，美的电器的主要收入均来自大家电业务，即空调、冰箱和洗衣机，即其主营业务范围未涉及美的集团非大家电部分的业务。

同时，根据小天鹅（股票代码：000418）2012 年年报披露，美的电器直接持有小天鹅 35.2% 的股份，是小天鹅的控股股东。小天鹅的主营业务是单一的，只有洗衣机，而这也是美的电器的主营业务之一（见表 5-15）。由于美的电器在 2012 年的年报中未披露前五大客户的具体名称，因此无法直接判断双方在客户方面是否存在竞争的情况。

表 5-15　　2012 年小天鹅主营项目情况表

项目	营业收入（元）	营业成本（元）
主营业务	4 074 944 500.64	3 012 031 852.16
项目：洗衣机（唯一）	4 074 944 500.64	3 012 031 852.16

2. 整体上市后同业竞争情况分析

此次换股吸收合并完成后，美的电器予以注销，其资产、负债、人员等将全部由美的集团承接。因此，美的集团与美的电器之间也不会出现同业竞争的关系。同时，美的集团的控股股东美的控股，其主要功能为：投资管理。不仅如此，为防范未来可能出现的同业竞争，美的集团实际控制人何享健先生就同业竞争问题向美的集团做出了承诺。美的控股也做出了同样的承诺。

2013 年度小天鹅主营业务情况见表 5-16，小天鹅前五大客户及销售情况见表 5-17。

表 5-16　　2013 年度小天鹅主营业务情况　　金额单位：万元

项　目		营业收入	收入比例（%）	营业成本	成本比例（%）
主营业务		799 453.01	100	588 897.62	100
按产品	洗衣机	799 453.01	100	588 897.62	100
按地区	本国	632 262.78	79.09	434 349.86	73.76
	其他国家	167 190.22	20.91	154 547.76	26.24

表 5-17　2013 年度小天鹅前五大客户及销售情况　金额单位：元

客户名称	销售额	占年度销售总额比例（%）
美的电器（新加坡）贸易	1 112 577 742.13	12.75
苏宁云商集团	795 381 723.31	9.11
贵州美的制冷	162 915 012.10	1.87
北京京东世纪	118 037 791.26	1.35
昆明美的制冷	117 282 652.76	1.34
合计	2 306 194 921.56	26.42

（三）美的集团整体上市的绩效分析

整体上市使美的集团重组业务并重新分配资源。这将对美的集团的资本结构、运营管理带来一定的影响。

1. 财务指标分析

（1）美的集团整体上市前后杜邦分析财务指标对比（见表 5-18）

表 5-18　美的集团整体上市前后杜邦分析财务指标对比表①

杜邦分析项目	美的集团			
	财务指标	2013 年度	2012 年度	变化
	ROE	22.29%	18.25%	4.04%
盈利能力分析	销售净利率	6.86%	5.99%	0.87%
	毛利率	23.27%	22.56%	0.71%
	费用比率	16.27%	15.70%	0.57%
	销售费用率	10.25%	9.14%	1.11%
	管理费用率	5.55%	5.77%	-0.22%
	财务费用率	0.47%	0.79%	-0.32%
运营效率分析	总资产周转率	1.31 次	1.15 次	0.16 次
	应收账款周转率	13.6 次	10.38 次	3.22 次
	存货周转率	6.5 次	5.35 次	1.15 次
	固定资产周转率	6.09 次	5.44 次	0.65 次
财务风险分析	权益乘数	2.48	2.65	-0.17
	流动比率	1.15	1.09	0.06
	速动比率	0.88	0.83	0.05
	资产负债率	59.69%	62.20%	-2.51%

① 资料来源：WIND.

（2）同行业公司财务指标横向比较

为了体现更好的横向可比性，从资产、营业收入和主营范围三方面挑选对照公司。横向比较对照公司概况见表 5-19。

表 5-19 **横向比较对照公司概况表** 单位：亿元

公司名称	美的集团	格力电器	青岛海尔
2012 年底总资产	877.37	1 075.57	496.88
2012 年度营业收入	1 026.51	1 001.10	798.57
主营范围	以家电产业为主，涉及电机和物流业务	以生产销售空调器为主，并进出口相关零配件	以大家电为主，并经营相关渠道服务业务与小家电

最终选择格力电器与青岛海尔为美的集团的对照公司，并以 2012 年和 2013 年前三季度的财务指标进行对比。美的集团财务指标横向对比见表 5-20。

表 5-20 **美的集团财务指标横向对比表**

杜邦分析项目	财务指标	2013 年前三季度			2012 年前三季度		
		美的集团	格力电器	青岛海尔	美的集团	格力电器	青岛海尔
	ROE	18.72%	26.23%	25.99%	16.08%	23.90%	26.32%
盈利能力分析	销售净利率	7.21%	8.70%	6.65%	6.10%	7.03%	5.95%
	毛利率	23.28%	29.61%	25.20%	21.94%	24.81%	25.39%
	费用比率	15.51%	20.44%	17.65%	14.64%	17.32%	18.68%
	销售费用率	9.76%	16.70%	11.14%	9.29%	14.38%	12.63%
	管理费用率	5.08%	3.89%	6.52%	4.50%	3.34%	6.08%
	财务费用率	0.67%	-0.15%	-0.01%	0.85%	-0.40%	-0.03%
运营效率分析	总资产周转率	1.01 次	0.75 次	1.21 次	0.87 次	0.80 次	1.40 次
	应收账款周转率	9.13 次	49.33 次	12.76 次	6.75 次	50.23 次	17.19 次
	存货周转率	6.22 次	4.64 次	8.08 次	4.72 次	3.90 次	8.03 次
	固定资产周转率	4.75 次	6.73 次	12.42 次	4.44 次	7.90 次	12.69 次
财务风险分析	权益乘数	2.57	4.02	3.23	3.03	4.25	3.16
	流动比率	1.12	1.05	1.27	1.1	1.07	1.27
	速动比率	0.95	0.95	1.14	0.92	0.93	1.09
	资产负债率	61.07%	75.15%	69.05%	67.04%	76.45%	68.40%

2. 市场反应

美的电器自2012年8月27日起停牌，至2013年4月1日宣布整体上市方案复牌。

美的电器整体上市事件复牌前后5个交易日的股价变动见表5-21；美的电器与深证成指20个交易日累计涨幅对比如图5-4所示。

表5-21　美的电器整体上市事件复牌前后5个交易日股价变动表①

T	-5	-4	-3	-2	-1	0	+1	+2	+3	+4	+5
股价（元/股）	9.23	9.28	9.23	9.26	9.18	10.10	11.11	12.22	13.44	13.52	13.43
单日涨幅（%）	-0.65	+0.54	-0.54	+0.33	-0.86	+10.02	+10.0	+9.99	+9.98	+0.60	-0.67
累计涨幅（%）	-0.65	-0.11	-0.65	-0.32	-1.18	+8.84	+18.84	+28.83	+38.81	+39.41	+38.74

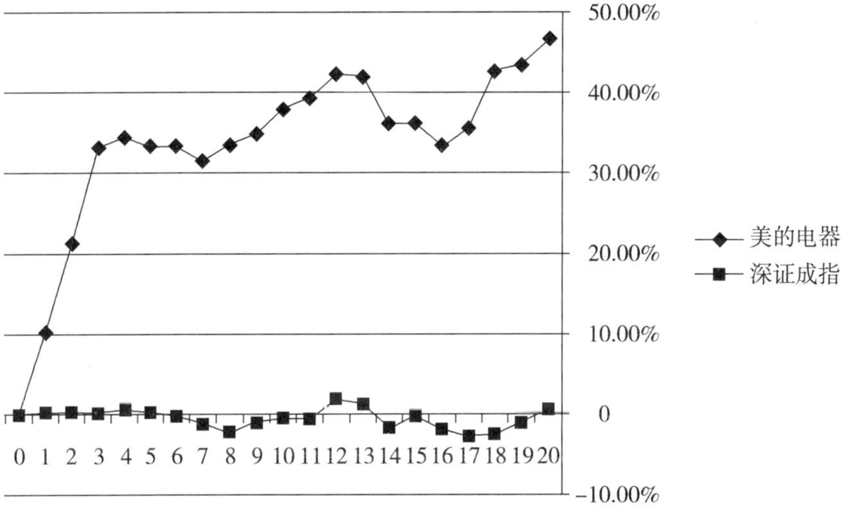

图5-4　美的电器与深证成指20个交易日累计涨幅对比（以复牌日为基准，即T=0）

相关会计问题的讨论与分析

会计师事务所张老师在组织学员小赵、小钱与小孙进行并购会计业务的学习中，对本次交易的会计类型进行了讨论，学员们对本次交易是否属于企业合并发生了激烈的争论。

张老师首先介绍了本次交易的概况，然后提出了问题：对于本次美的集团换股吸收合并美的电器，这属于哪种会计类型？

① 资料来源：WIND.

小赵首先发言："我认为这次交易属于非同一控制下的吸收合并。因为在吸收合并前美的集团仅持有美的电器 41.17% 的股权，未达到控制的标准；通过这次换股吸收合并后，美的电器的法人身份注销，美的集团把美的电器的所有资产与负债纳入自己的控制之下，因此属于非同一控制下的吸收合并。"

小钱站起来反驳道："小赵仅把直接持股情况作为控制的判断标准是不全面的，应综合考虑企业集团的间接持股与相对表决权来判断是否控制。根据图5-1整体上市前美的电器的股权结构，可以看出，在吸收合并前何享健直接持有美的电器 0.11% 的股权，同时间接持有美的电器 42.83% （41.17% +1.66%）的表决权，合计持有美的电器的表决权已达到 42.94%，远高于第二大股东鹏华价值优势股票型证券投资基金所持的 2.26% 股权，因此何享健对美的电器具有实际控制权；同时何享健通过美的控股间接持有美的集团 59.85% 股权，能主导美的集团的财务与经营政策，实质上控制着美的集团。这样，交易双方美的集团与美的电器在并购前后都是由何享健控制，这次换股吸收合并应该属于同一控制下的吸收合并。"

小孙也不甘示弱，积极发言道："我认为你们的看法都不对，这次交易从会计上看不属于合并。因为虽然从法律形式上看，美的电器的法人身份注销，美的集团与美的电器合二为一属于吸收合并；但是会计采取实质重于形式原则，是否属于吸收合并的判断重点在于交易前后对企业资产、资源或经营与财务活动的实际控制权是否有变化。在本次交易前后，何享健先生通过美的控股都实质上控制着美的集团与美的电器，而且美的集团也实质上控制着美的电器。判断是否控制不能仅考虑直接与间接的持股情况与相对表决权，还需要考虑公司治理情况，包括交易前后美的电器与美的集团的董事会构成以及表决机制。"

小孙停顿了一下，接着说："首先，我们分析下交易前美的控股对于美的集团和美的电器的控制情况。根据美的电器的公开披露，在此次交易前，美的控股持有美的集团 59.85% 的股份，达到绝对控制。美的控股是由何享健及其儿媳全资控股的。美的集团持有美的电器 41.17% 的股份。虽未达到绝对控制，但根据分析美的电器的董监高任职情况可以判断出美的集团控制美的电器。交易前美的电器董监高任职情况见表 5-22。

表 5-22　　**交易前美的电器董监高任职情况表**

姓名	在美的电器的任职情况	在股东美的集团的任职情况
方洪波	董事长兼总裁	董事长（2013 年 10 月 16 日经董事会同意兼任总裁）
黄晓明	副董事长	董事、高级副总裁及行政与人力资源部总监
栗建伟	副董事长	董事、美的集团控股股东：美的控股的副董事长
袁利群	董事	董事、高级副总裁及财务总监

续表

姓名	在美的电器的任职情况	在股东美的集团的任职情况
李飞德	董事	董事及战略经营部总监
肖明光	董事	
王珺	独立董事	
陈仁宝	独立董事	
王波	独立董事	
曾巧	监事会召集人	监事会召集人兼审计监察部总监
卢书平	监事	行政及人力资源部副总监
李力	职工代表监事	
陆剑锋	副总裁	
江鹏	董事会秘书	
陈建武	财务负责人	

通过表5-22我们可以看出，美的电器董事会中共9位董事，其中包括3位独立董事。在剩余的6位董事中除肖明光外，剩余5位董事均在控股股东——美的集团或是美的集团控股股东（美的控股）担任董事。

根据上述对于交易前控制权的分析来看，美的集团在交易前享有对美的电器的控制权。交易后，美的电器被注销，可视为美的集团完全控制美的电器原有资产。同时进一步分析交易后美的控股对美的集团的控制情况。

交易前后美的集团董事会任职情况对比情况见表5-23。

表5-23　**交易前后美的集团董事会任职情况对比表**

姓名	交易前美的集团任职情况	交易后美的集团任职情况	董事提名人
方洪波	董事长	董事长、总裁	美的控股
黄健	董事、总裁	无	美的控股
蔡其武	董事、高级副总裁	董事、高级副总裁	美的控股
袁利群	董事、高级副总裁、财务总监	董事、高级副总裁、财务总监	美的控股
黄晓明	董事、高级副总裁	董事、高级副总裁	美的控股
栗建伟	董事	董事	美的控股
李飞德	董事、董事会秘书	董事	美的控股
吴世农	独立董事	独立董事	董事会
何剑锋	董事	董事	美的控股
符正平	独立董事	独立董事	董事会

续表

姓名	交易前美的集团任职情况	交易后美的集团任职情况	董事提名人
徐海	董事	董事	珠海融睿、佳昭控股
胡晓玲	董事	董事	鼎晖嘉泰、鼎晖美泰、鼎晖绚彩
朱桂龙	独立董事	独立董事	董事会
郭学进	独立董事	独立董事	董事会
黎文靖	独立董事	独立董事	董事会
江鹏	无	董事会秘书	

通过表5-23我们可以看出，交易前美的集团董事会的15位董事中，除5位独立董事外，剩余10位董事中有8位是由美的控股提名。在交易结束后出现的董事会人员变动是黄健因工作变动原因辞去相关职务，但其仍然持有美的集团3 000万股，约占1.78%，是美的集团的第五大股东。李飞德因工作原因辞去董事会秘书一职，依旧担任董事，并由江鹏接任董事会秘书一职。江鹏也曾是美的电器的董事会秘书。因此，交易前后美的集团董事会任职情况并未发生重大变化。通过这一点也可以判断，美的控股在交易后虽然直接持股比例不足50%，但实质上依旧对美的集团形成控制。

遵循实质重于形式的原则，交易前后美的集团、美的控股和美的电器之间的控制关系均未发生改变。因此，此次交易的会计类型不属于企业合并。在考虑会计处理时，可以视为两个步骤：先购买美的电器少数股东权益，再将美的电器注销。”

小钱听了小孙的发言，很不服气，反驳道：“我认为，美的控股、美的集团与美的电器之间的董事会成员虽然有很多交叉重叠，但这并没有受到法律保护，不是法律上认可的权力；他们的交叉任职很可能出于最终控制人何享健先生的安排，而何享健先生已经高龄，一旦去世或者析产给自己的继承人，这些安排并未受到法律的认可，我们并不能仅凭董事会成员的交叉任职来确定美的控股对美的集团的控制。”

小赵、小钱与小孙对换股吸收合并是否在会计类型上属于企业合并没有达成一致意见，他们期待张老师给予他们更多的指点。张老师总结道：“同学们的意见都有一定的道理，但都不全面。大家应仔细学习2014年2月我国财政部发布的新修订的《企业会计准则第33号——合并财务报表》中关于控制的定义以及具体判断原则，综合考虑美的控股、美的集团以及美的电器的股权结构、表决权情况，公司治理状况（包括董事会构成、决策机制以及高管的绩效考核与薪酬制度）、技术与业务、股东的权力以及回报，通过综合研判最后得出结论。”

思考分析题

1. 对于美的集团换股吸收合并美的电器，从法律形式、交易方式、业务范围、并购意图上界定本次交易的类型。

2. 对于美的集团换股吸收合并美的电器，学员小赵、小钱与小孙对这次交易的会计类型的判断，你认为有哪些正确与不足之处？你认为这次交易是企业合并吗？并说明理由。

3. 根据小赵、小钱与小孙的讨论，请写出美的集团对本次交易的三种可能的会计处理，说明不同会计处理对美的集团财务报表的影响，并结合企业会计准则解释第 7 号，阐明你的倾向性观点。

4. 根据案例资料，你认为美的集团整体上市是否有助于减少关联交易？

5. 根据案例资料，你认为美的集团整体上市是否改善了同业竞争状况？

6. 请评价美的集团整体上市后绩效是否有所改善。试用并购动因理论来解释整体上市后的绩效变化。

7. （可选）截至 2012 年 12 月 31 日，美的电器商誉余额为 25.1 亿元，主要系美的电器收购小天鹅和美的开利拉美公司所致。美的集团吸收合并美的电器，应如何处理这些商誉？

自备参考文献

1. 杨朝军，廖士光．上市公司同业竞争问题研究［R］．上海证券交易所第二十一期联合研究计划项目，2010.

2. 罗忠洲，刘逖，廖士光．上市公司整体上市模式与效果分析［R］．上海证券交易所第二十期联合研究计划项目，2009.

3. 王志彬．中国集团公司整体上市与公司绩效关系的研究［D］．华中科技大学博士学位论文，2008.

4. 罗忠洲，司徒大年．上市公司关联交易研究［R］．上海证券交易所第二十一期联合研究计划项目，2010.

5. 中华人民共和国财政部．企业会计准则第 2 号——长期股权投资．2014.

6. 中华人民共和国财政部．企业会计准则第 20 号——企业合并．2006.

7. 中华人民共和国财政部．企业会计准则第 33 号——合并财务报表．2014.

8. 中华人民共和国财政部．企业会计准则——应用指南 2006［M］．北京：中国财政经济出版社，2006.

9. 财政部会计司．企业会计准则讲解 2010［M］．北京：人民出版社，2010.

10. 中华人民共和国财政部．关于做好执行会计准则企业 2008 年年报工作的通知．财会函〔2008〕60 号．

11. 中华人民共和国财政部．关于执行会计准则的上市公司和非上市企业做好 2009 年年报工作的通知．财会〔2009〕16 号．

12. 中华人民共和国财政部．关于非上市公司购买上市公司股权实现间接上市会计处理的复函财会便〔2009〕17 号．

13. 中国证券监督管理委员会会计部．上市公司执行企业会计准则案例解析［M］．北京：中国财政经济出版社，2012.

14. 汤树梅．试论上市公司同业竞争与关联交易问题［J］．河南社会科学，2004（1）：106-109.

15. 中华人民共和国财政部．企业会计准则解释第 7 号．财会〔2015〕19 号．

案例 6

广药集团整体上市：谁是主并方

2011 年 11 月 7 日至 2013 年 5 月 23 日期间，广州药业股份有限公司（简称广州药业）向广州白云山制药股份有限公司（简称 白云山）的股东定向增发 A 股股份 445 601 005 股，以此为对价换股吸收合并白云山，换股价格以 2011 年 11 月 7 日（定价基准日）前 20 个交易日的 A 股交易均价为基础，再经过除权除息的调整确定广州药业为每股 12.10 元，白云山为每股 11.50 元。因此，换股比例为 1 : 0.95，即每股白云山之股份换 0.95 股广州药业的 A 股股份。

与此同时，广州药业向广州医药集团有限公司（简称广药集团）定向增发 34 839 645股 A 股股份，以此为对价购买广药集团的四部分资产：房屋建筑物、商标、保联拓展 100% 的股权以及百特医疗 12.50% 的股权。广药集团与广州药业签订《净收益补偿协议》，约定在本次重组完成后，若 2012 年、2013 年和 2014 年任一年度标的资产实现的实际净收益低于其采用收益法评估时依据的预测净收益，则广药集团就不足部分以相应资产所认购的股份进行补偿。

会计师事务所合伙人郑老师在组织学员对并购会计业务的学习过程中，学员小张、小陈、小王对本次并购业务的会计处理进行了讨论，在会计并购的类型、谁是主并方、如何进行会计处理方面产生了巨大的分歧。

案例情况介绍

一、交易各方简介

（一）广药集团

广药集团，于 1951 年成立，当时注册资本仅为 0.22 亿元。广药集团是广州市人民政府国有资产监督管理委员会（以下简称广州市国资委）旗下的全资公司，也是广州市政府重点扶持发展的对象。其主营业务为制造和销售中成药与化学药。广药集团旗下近 30 家企业，其中包括广州药业和白云山两家大型上市公司。

重组前，2009—2011 年，广药集团营业收入的年复合增长率为 16.21%；净利润的年复合增长率为 32.19%。截至 2011 年 12 月 31 日，广药集团的总资产为 876 159.96万元，所有者权益为 575 408.68 万元，2011 年经营活动的现金流量达到 1.7 亿元，每股收益为 0.35 元。

（二）广州药业（吸并方）

广州药业，成立于 1997 年，注册资本为 81 090 万元。1997 年 10 月在港交所上市，2001 年 2 月在上交所上市，股票代码为 600332。其主营业务为中成药的研制和销售以及医药贸易等，由于拥有中华老字号商标，广州药业为国内中成药制造业的龙头企业。截至 2011 年 12 月 31 日，广州药业的总股本为 8.109 亿股，其实际控制人是广州市国资委（如图 6－1）。其中第一大股东（广药集团）持股 48.20%，社会公众股 A 股占 24.68%，社会公众股 H 股占 27.12%。

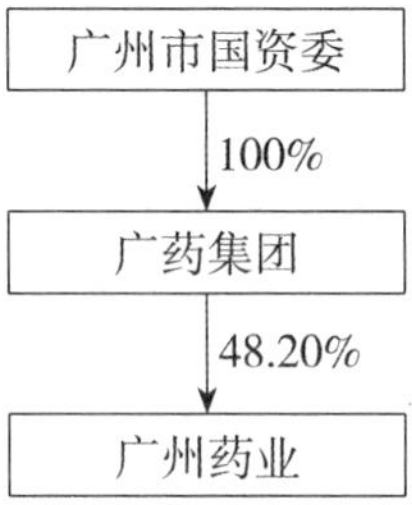

图 6－1　广州药业 2011 年 12 月 31 日股权控制结构

截至 2011 年年底，广州药业总资产达到 485 126.58 万元，净资产为 389 517.20 万元；2011 年度净利润为 29 999.69 万元，经营活动的现金流量为－1.8 亿元，每股收益为 0.35 元。

（三）白云山（被吸并方）

白云山，于 1973 年成立，1992 年改制成为股份制企业，注册资本为 4.69 亿元，并且于 1993 年 11 月在深圳证券交易所上市，股票代码为 000522。其主营业务为化学药的研制和生产。截至 2011 年 12 月 31 日，白云山的总股本为 4.69 亿股。其中，广药集团为其第一大股东，持股 16 690 万股，占公司总股本的 35.58%，最终控制人为广州市国资委（如图 6－2）。

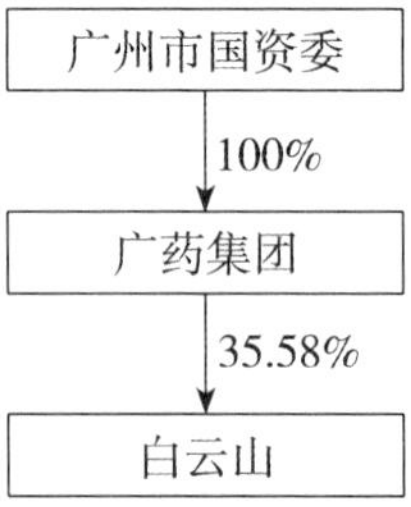

图 6－2　白云山 2011 年 12 月 31 日股权控制结构

截至 2011 年年底，白云山的总资产达到 314 736.06 万元，净资产为 140 758.42 万元；2011 年度净利润为 28 021.57 万元，经营活动现金流量为 2.74 亿元，每股收益为 0.56 元。

二、广药集团整体上市的并购过程

（一）广药集团整体上市的背景

2011 年，中国已成为全球第三大医药市场。未来十年，中国医药市场将继续保持快速增长。在医药产业快速发展的背景下，我国政府鼓励医药行业通过并购重组做大做强。2010 年 10 月，广州市政府下发《关于利用资本市场促进我市国有企业做强做大的意见》，进一步明确国企上市工作的目标任务、工作重点和政策措施，将上市公司市值管理和利用资本市场并购重组成效纳入国企考核范围，要求广州市国资委监管企业资产证券化率 5 年内由目前的 20% 左右提高到 60% 以上。作为广药集团的控股股东，广州市国资委加快推进市属国有企业的整体上市工作。

“十二五”期间，广药集团提出振兴“大南药”，发展“大健康”，打造战略性新兴产业龙头企业，逐步实现由壮大规模、提升水平到国际拓展的三步式跨越发展的战略目标，力争用 5 年时间，实现工商销售规模超 600 亿元，成为我国制药业龙头企业之一。

（二）广药集团整体上市的目的

广药集团整体上市的目的主要有：一是打造单一上市平台，实现广药集团医药产业整体上市。二是建立完整的医药产业链，提升广州药业的核心竞争力。本次重大资产重组完成后，存续公司将整合医药资源，打造中药、化学药、生物药、物流业、大健康产业及综合产业六大产业板块，并将拥有全国领先的制药研发实力以及中成药、中药饮片、化学制剂、化学原料药等门类齐全、数量众多的拳头产品。三是实现产业资源整合的协同效应，并依托资本市场实现跨越式发展。四是基本解决潜在同业竞争问题，规范上市公司运作。本次重大资产重组完成后，广药集团原分散在广州药业、白云山这两家上市公司及集团内的医药资产将纳入新广州药业统一上市平台，并进行全面的梳理和整合，可基本解决上市公司与控股股东及其关联人存在的潜在同业竞争问题，进一步促进上市公司规范运作、提升治理水平，切实保护社会公众股东的利益。

（三）并购事件经过

2011 年 11 月 7 日至 2013 年 5 月 23 日期间，广州药业向白云山的股东定向增发 445 601 005 股 A 股股份，以此为对价换股吸收合并白云山，换股价格以 2011 年 11 月 7 日（定价基准日）前 20 个交易日的 A 股交易均价为基础，再经过除权除息调整，确定广州药业为每股 12.10 元，白云山为每股 11.50 元。因此，换股比例为 1：0.95，即每股白云山之股份换 0.95 股广州药业的 A 股股份。

与此同时，广州药业向广药集团定向增发 34 839 645 股 A 股股份，以此为对价购买广药集团的四部分资产：房屋建筑物、商标、保联拓展 100% 的股权以及百特医疗 12.50% 的股权（如图 6-3 所示）。本次拟购买资产以资产评估值为作价依据，根据中天衡平出具并经国有资产监督管理部门核准或备案的资产评估报告，本

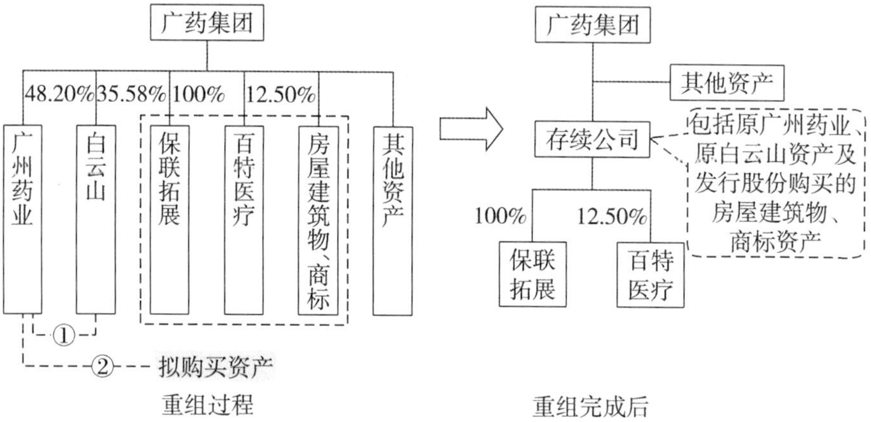

图 6-3　广药集团并购前后股权结构图

次拟购买资产的账面价值为 4 718.84 万元；评估值合计为 42 155.97 万元（评估基准日为 2011 年 12 月 31 日），评估的增值率达到 7.93 倍。

广药集团整体上市的事件过程见表 6-1。

表 6-1　**广药集团整体上市的事件过程**

日期	事件内容
2011 年 11 月 7 日	在上海和香港挂牌的广州药业和在深圳挂牌的白云山 A 先后停牌
2012 年 2 月 29 日	广州药业与白云山签署了“广州药业股份有限公司与广州白云山制药股份有限公司之换股吸收合并协议书”
2012 年 3 月 28 日	本次重组预案及相关事宜获得广州药业第五届董事会第十三次会议和白云山第七届董事会 2012 年度第二次临时会议审议通过
2012 年 9 月 19 日	广州药业 2012 年第一次临时股东大会暨 A 股、H 股类别股东大会、白云山 2012 年第二次临时股东大会的赞成率超过 90%，此次合并重组高票通过
2012 年 12 月 21 日	广药集团的并购重组获得证监会核准批文
2013 年 4 月 26 日	深圳证券交易所批准白云山人民币普通股股票自 2013 年 4 月 26 日（周五）起终止上市（深证上〔2013〕138 号）
2013 年 5 月 16 日（换股日）	广州药业在中登公司上海分公司办理了本次换股吸收合并涉及的新增 A 股股份的登记手续。本次换股吸收合并实施完成后，广州药业股份总额增加 445 601 005 股
2013 年 5 月 23 日	广药集团旗下的广州药业在上交所交易大厅举行新增股份上市仪式，新上市公司更名为“广州白云山医药集团股份有限公司”
2013 年 5 月 31 日（交割日）	广州药业与白云山签署“资产交割确认书”
2013 年 7 月 5 日	就拟购买广药集团资产，广州药业已按照“发行股份购买资产协议书”及其补充协议的约定向广药集团发行 34 839 645 股 A 股股份，上述股份在中登公司上海分公司办理了股份登记手续
2013 年 8 月 27 日	广药集团与白云山已办理完成拟购买房屋建筑物的过户手续及拟购买股权的工商变更登记手续

（四）业绩补偿安排与实施情况

广州药业向广药集团发行股份购买的资产中，商标和房屋建筑物的评估作价采用了收益法。假设本次重大资产重组方案于 2012 年内实施完毕，则自该年度起 3 年内（即 2012 年、2013 年、2014 年），采用收益法评估房屋建筑物依据的预测净收益分别为 689.38 万元、681.42 万元和 1 008.18 万元；采用收益法评估商标依据的预测净收益分别为 183.42 万元、217.28 万元和 233.49 万元。对于上述基于收益法评估及作价的拟购买资产，广药集团已与广州药业签订《净收益补偿协议》，约定在本次重组完成后，若 2012 年、2013 年和 2014 年任一年度标的资产实现的实际净收益低于其采用收益法评估时依据的预测净收益，则广药集团就不足部分以相应资产所认购的股份进行补偿。

截至 2013 年 6 月底，已过户至广州药业名下的房屋建筑物的权证登记总面积为 34 769.19 平方米，较《发行股份购买资产协议书》及其补充协议中约定的面积少 137.74 平方米。由于上述差额面积对应的评估值为 1 342 300 元，广药集团应根据其于 2012 年 6 月出具的《承诺函》以现金方式予以补足。2013 年 6 月 27 日，广州药业收到广药集团补足的差额 1 342 300 元。

截至 2013 年年底，白云山已基本完成拟购买商标的过户手续，其中，本次重大资产重组涉及的境内 331 项商标中，54 项主要商标及其他商标已基本办理完过户手续；涉及的境外商标，广药集团已于 2013 年 11 月提交转让申请材料，具体办理时间视境外相关国家审批流程而定。经核查，尚未完成过户的 7 项国内商标均为联合性和防御性商标，由于注册程序等问题已无法办理过户手续，根据重组承诺，广药集团已向白云山现金补偿 9 385.03 元。

根据广药集团与广州药业签订的《净收益补偿协议》，由于商标的盈利未达成原业绩承诺，广州药业将以总价人民币 1 元的价格定向回购广药集团持有的 261 400股 A 股股份并予以注销，股份回购的具体操作按照相关法律法规及公司章程的有关规定，并经相关监管机构批准后执行。若回购股份并注销事宜由于上市公司减少注册资本而未获债权人认可或未经股东大会通过等原因而无法实施的，则广药集团承诺于无法实施事项发生之日起 2 个月内将 261 400 股 A 股股份赠予其他股东。

相关会计问题的讨论与分析

对于原广州药业（现为白云山）上市公司而言，这里涉及以下会计核算问题：（1）广州药业吸收合并白云山应如何进行会计核算；（2）广州药业购买广药集团的相关资产应如何进行会计核算；（3）涉及业绩补偿安排的或有对价支付应如何进行会计核算。

会计师事务所合伙人郑老师组织学员小张、小陈、小王对本次并购业务的上述三个会计处理进行了激烈的讨论。

一、广州药业吸收合并白云山的会计核算

（一）谁是主并方

确定主并方是确定会计主体的前提，也是判断企业并购会计类型的基础。而不同并购类型的判定将影响到公司主体及其会计计量基础的选择以及比较报表的编制。

小张首先发言："我认为这次交易是以广州药业为主并方的非同一控制下吸收合并。因为在合并日前，广药集团持有广州药业 48.20% 股权和 35.58% 股权，都未达到50% 以上的股权。交易完成后，广药集团对存续的广州药业持股 45.24%，仍未达到50%。因此，无论在并购前还是并购后，广药集团对广州药业与白云山均不构成控制关系。根据《企业会计准则第 20 号——企业合并》的规定，参与合并的各方在合并前后不受同一方或相同的多方最终控制的，为非同一控制下的企业合并。交易完成后，白云山注销法人资格，其全部资产、负债、权益、业务和人员将并入广州药业，因此该交易的主并方是广州药业，被吸并方是白云山。"

小陈摇着头，提出了反对意见："我不同意小张的看法，我认为本次并购属于以白云山为主并方的反向购买。根据《企业会计准则讲解 2010》，非同一控制下的企业合并，以发行权益性证券交换股权的方式进行的，通常发行权益性证券的一方为收购方。但某些企业合并中，发行权益性证券的一方因其生产经营决策在合并后被参与合并的另一方所控制的，发行权益性证券的一方虽然为法律上的母公司，但其为会计上的被收购方，该类企业合并通常称为反向购买。"

小陈顿了顿，接着说："在本案例中，虽然广州药业发行权益吸收合并白云山，但是在广州药业性证券吸收合并白云山后，其公司名称反而改为'广州白云山医药集团股份有限公司'。同时并购后广州药业的董事长杨荣明于 2013 年 8 月 9 日辞任，原白云山董事长李楚源先生接任董事长，原白云山总经理陈矛担任存续公司的总经理，财务负责人由原白云山的财务部部长姚智志女士接任，这意味着合并后广州药业的经营政策与财务政策由吸并方白云山决定，因此该次并购属于会计上的反向购买。会计上的主并方是白云山，被合并方是广州药业。"

小王加入了讨论，提出了以下看法："广州药业和白云山都属于广药集团的上市子公司，而且它们的最终控制人都为广州市国资委。广州药业 1997 年通过重组，广药集团成为其第一大股东，在 2006 年股改后持股比例还达到 57.79%。白云山于 2001 年重组完成，广药集团受让广州市国资委持有的白云山全部国家股10 890 万股，成为第一大股东。因此此次吸收合并是在同一控制下进行的。"

根据《企业会计准则第 20 号——企业合并》的规定，同一控制下的企业合并，是指参与合并的企业在合并前后均受同一方或相同的多方最终控制且该控制并非暂时性的。

根据以上准则的规定，我们不能单纯地从持股比例来判断企业合并的会计类型。我们应该更多地关注企业的控制权是否转移，对比合并前后股东的持股比例只是判断控制权转移的方法之一，这不是唯一标准。通过持股比例的比较，此次广药集团合并前后都未绝对控股广州药业和白云山。因此，在界定此次合并所属的合并类型时，需要通过其他方法进一步确定合并前后控制权是否转移。

根据《企业会计准则第 33 号——合并财务报表》的规定，母公司拥有被投资单位半数或以下的表决权，满足以下条件之一的，视为母公司能够控制被投资单位，应当将该被投资单位认定为子公司，纳入合并财务报表的合并范围。其中一个条件就是在被投资单位的董事会或类似机构占多数表决权，广药集团就属于这种情况。

截至合并日，广州药业在任的董事人员共计 9 位，其中独立非执行董事 5 位，剩余 4 位董事中有 3 位在广药集团任职，分别是董事长杨荣明在广药集团担任董事长和党委书记、副董事长李楚源在广药集团担任总经理和副董事长以及党委副书记、执行董事施少斌在广药集团担任副总经理和董事，详见表 6-2。因此在合并前，广州药业受广药集团控制。合并前，广州药业的财务总监为陈炳华，未曾在广药集团任职。

表 6-2　　2011 年交易前广州药业董事在广药集团任职情况

姓 名	在广州药业的职务	在广药集团的职务
杨荣明	董事长	董事长、党委书记
李楚源	副董事长	总经理、副董事长、党委副书记
施少斌	执行董事	董事、副总经理
吴长海	执行董事、总经理	
刘锦湘	独立非执行董事	
李善民	独立非执行董事	
张永华	独立非执行董事	
黄龙德	独立非执行董事	
邱鸿钟	独立非执行董事	

而对于白云山来说，截至合并日，白云山在任的董事人员共计也是 9 位，其中，独立董事 3 位，剩余 6 位董事会成员有 4 位在广药集团任职，分别是董事长李楚源在广药集团担任总经理和副董事长及党委副书记、董事杨秀微在广药集团担任纪委书记和党委副书记、董事陈矛在广药集团担任副总经理、董事黎洪在广药集团担任总经理助理。因此在合并前，白云山受广药集团的控制，详见表 6-3。合并前，白云山的财务总监为黄智玲，未曾在广药集团任职。

表 6-3　　2011 年白云山现任董事人员在广药集团任职情况

姓 名	在白云山的职务	在广药集团的职务
李楚源	董事长	总经理、副董事长、党委副书记
杨秀微	董事、党委书记	纪委书记、党委副书记
陈矛	董事	董事、副总经理
黎洪	董事	总经理助理
王文楚	董事、总经理	
陈昆南	董事、副总经理	
温旭	独立董事	
朱桂龙	独立董事	
蚁旭升	独立董事	

重组完成后，新广州药业董事会人员一共 9 位，其中，独立非执行董事 5 位，另外 4 位董事中有 3 位在广药集团任职，分别是董事长杨荣明在广药集团担任董事长和党委书记、副董事长李楚源在广药集团担任总经理和副董事长以及党委副书记、执行董事程宁在广药集团担任财务总监兼财务部部长以及副总经理。因此，在合并后，新广州药业依然受广药集团的控制，详见表 6-4。由于陈炳华于 2013 年 1 月 15 日辞去财务总监一职，合并后新广州药业暂无财务总监。

表 6-4　　2013 年新广州药业现任董事人员在广药集团任职情况

姓 名	在新广州药业的职务	在广药集团的职务
杨荣明	董事长	董事长、党委书记
李楚源	副董事长	总经理、副董事长、党委副书记
程 宁	执行董事	财务总监兼财务部部长、副总经理
吴长海	执行董事、总经理	
刘锦湘	独立非执行董事	
李善民	独立非执行董事	
张永华	独立非执行董事	
黄龙德	独立非执行董事	
邱鸿钟	独立非执行董事	

因此，在董事会方面，广州药业和白云山在合并前后均为广药集团所控制，根据实质重于形式的原则，虽然广药集团所持有的两家上市公司股份都未超过 50%，但是已经控制了两家公司的董事会，拥有超过半数的董事会表决权。

综上所述，重组前后的广州药业和重组前的白云山的控股股东一直为广药集团，重组交易没有改变广药集团的控制权。此次合并的会计类型应该是同一控制下吸收合并。

（二）合并日的确定

合并日的确定既是决定企业做账的时点问题，也是企业会计分期的要求。合并日的确定对不同期间的财务报表具有重大影响。

小张发言："我认为合并日为 2012 年 12 月 21 日，广药集团的并购重组获得证监会核准批文时。因为根据实质重于形式原则，该并购双方的股东大会已经通过，主管部门已经批准，因此其实施已没有实质性的障碍，可以确定为合并日。"

小陈提出了不同看法：根据《企业会计准则第 20 号——企业合并》第五条的规定，合并日是指合并方实际取得对被合并方控制权的日期。我认为应按照谨慎性原则，合并日应为 2013 年 8 月 27 日，广药集团与白云山已办理完成拟购买房屋建筑物的过户手续及拟购买股权的工商变更登记手续。

二、广州药业购买广药集团的相关资产的会计核算

"对于广州药业增发股份购买母公司广药集团的房屋建筑物、商标、保联拓展 100% 的股权以及百特医疗 12.50% 的股权这一交易应如何核算呢?"郑老师提出了新问题。

小张沿袭前面的思路，说道："我仍然坚持认为这是一个非同一控制企业合并的组成部分，因此广州药业应把这四部分资产按照公允价值计量入账。"

小王针锋相对地说："我认为这是一个同一控制下企业合并的组成部分，因此都应该按照取得资产的原账面价值计量入账，并把取得资产的金额与支付对价的账面价值之间的差额计入资本公积。"

三、涉及业绩补偿安排或有对价支付的会计核算

郑老师再度发问："广州药业收到以下三笔涉及业绩补偿安排的支付：（1）2013年 6 月底，广州药业收到广药集团补足有关房地产部分的差额 1 342 300 元。（2）2013 年，广药白云山收到广药集团补足有关商标部分的现金补偿 9 385. 03元。（3）由于商标权所带来的盈利未达到承诺的盈利预测，广药白云山以总价 1 元的价格定向回购广药集团持有的 261 400 股 A 股股份并予以注销。你们认为应该如何核算?"

小张发言："这都属于合并成本的减少，应冲减合并成本，调减合并成本（支付对价的公允价值）与购入资产或负债的公允价值之间的差额，即减少商誉。"

小陈争论道："这些属于并购后或有事项的支付。因此，我认为，这三笔交易应单独做账，与合并没有关系。"

小王说："根据《企业会计准则讲解 2010》，在某些情况下，合并各方可能在合并协议中约定，根据未来一项或多项或有事项的发生，购买方通过发行额外证

券、支付额外现金或其他资产等方式追加合并对价，或者要求返还之前已经支付的对价。购买方应当将合并协议约定的或有对价作为企业合并转移对价的一部分，按照其在购买日的公允价值计入企业合并成本。购买日后 12 个月内出现对购买日已存在情况的新的或者进一步证据而需要调整或有对价的，应当予以确认并计入合并商誉的金额进行调整；其他情况下发生的或有对价变化或调整，应当区分情况进行会计处理。或有对价为权益性质的，不进行会计处理；或有对价为资产或负债性质的，按照企业会计准则的有关规定处理；如果属于《企业会计准则第 22 号——金融工具的确认和计量》中的金融工具，应采用公允价值计量，公允价值变动产生的利得和损失应按该准则规定计入当期损益或计入资本公积；如果不属于《企业会计准则第 22 号——金融工具的确认和计量》中的金融工具，应按照《企业会计准则第 13 号——或有事项》或其他相应的准则处理。但是对这个交易应怎样进行会计处理，我仍然没有头绪。”

★ 下一步的行动

学员们对这些交易的会计类型、谁是主并方、涉及业绩补偿安排等交易应如何核算等问题存在着严重的分歧，他们期待着郑老师能够解开他们心中的疑惑。

思考分析题

1. 对于广州药业吸收合并白云山，谁是主并方？并购的会计类型是什么？请评述学员小张、小陈与小王观点的正确与不当之处，并说明你的意见与理由。

2. 对于广州药业吸收合并白云山，合并日应如何确定？请评述学员小张与小陈观点的正确与不当之处，并说明你的意见与理由。

3. 对于广州药业吸收合并白云山，请根据学员小张、小陈与小王的观点，写出其各自的会计处理及其对财务报表的影响，并说明你的观点与理由。

4. 对于广州药业购买广药集团的相关资产的会计核算，请指出学员小张与小王评述观点的正确与不当之处，并说明你的观点与理由。

5. 对于本交易中涉及业绩补偿安排的或有对价支付的会计核算，请指出写出学员小张与小陈的会计处理，并评述其正确与不当之处。你认为该如何进行会计处理？

自备参考文献

1. 中华人民共和国财政部．企业会计准则第 2 号——长期股权投资．2014.
2. 中华人民共和国财政部．企业会计准则第 20 号——企业合并．2006.
3. 中华人民共和国财政部．企业会计准则第 33 号——合并财务报表．2014.
4. 中华人民共和国财政部．企业会计准则——应用指南［M］．北京：中国财

政经济出版社，2006.

5. 财政部会计司．企业会计准则讲解 2010［M］．北京：人民出版社，2010.

6. 中华人民共和国财政部．关于做好执行会计准则企业 2008 年年报工作的通知．财会函〔2008〕60 号．

7. 中华人民共和国财政部．关于执行会计准则的上市公司和非上市企业做好 2009 年年报工作的通知．财会〔2009〕16 号．

8. 中华人民共和国财政部．关于非上市公司购买上市公司股权实现间接上市会计处理的复函．财会便〔2009〕17 号．

9. 中国证券监督管理委员会会计部．上市公司执行企业会计准则案例解析［M］．北京：中国财政经济出版社，2012.

案例 7

达盛股份增发取得股权：合并成本如何计量

2012 年，上海达盛工程股份有限公司（以下简称达盛股份）向上海兴建集团公司（以下简称兴建集团）、上海昌盛集团有限公司（以下简称昌盛集团）以及上海昌平投资管理有限公司（以下简称昌平投资）定向发行股份，以获得兴建集团、昌盛集团及昌平投资持有的 8 家公司股权。兴建集团原持有达盛股份 36.85% 的股份，通过本次交易又获得了达盛股份 15.76% 的股份，合计最终持股比例为 52.61%①。

立信会计师事务所审计业务三部在对达盛股份 2012 年度财务报告审计过程中，审计项目负责人王武、注册会计师刘英和达盛股份财务经理马萍对上述交易事项的交易价格、新增股票的公允价格、是否属于同一控制下的企业合并及其相关成本的计量等存在较大分歧，由于这些问题的处理影响到资产的计价、合并报表的编制方法等，因此他们就此展开了讨论。

案例情况介绍

一、交易各方简介

（一）交易主体：达盛股份

达盛股份始建于 1965 年，前身为上海市达盛工程公司。上海市达盛工程公司剥离非经营性资产后整体改制，以募集设立方式设立上海达盛工程股份有限公司。1993 年 11 月 26 日，上海达盛工程股份有限公司注册成立，注册资本为 8 432.67 万元。1994 年 1 月 28 日，达盛股份挂牌上市，股票简称为“达盛股份”。经过多次送股、转增、配股以及实施股权分置改革，本次交易前达盛股份的股本总额已增至人民币 73 352.13 万元。

达盛股份主要从事市政工程施工，拥有市政公用工程施工总承包特级，房屋建

① 出于客户保密的需要，本案例的公司名称与相关资料进行了化名处理。

筑工程施工总承包、隧道工程专业承包一级和城市轨道交通工程专业承包资质。

上海市国资委持有达盛股份控股股东兴建集团 100% 股权，是达盛股份实际控制人。本次非货币性资产交换前兴建集团直接持有达盛股份 27 030.18 万股，持股比例为 36.85%（如图 7-1 所示）。达盛股份前五大股东持股情况见表 7-1。

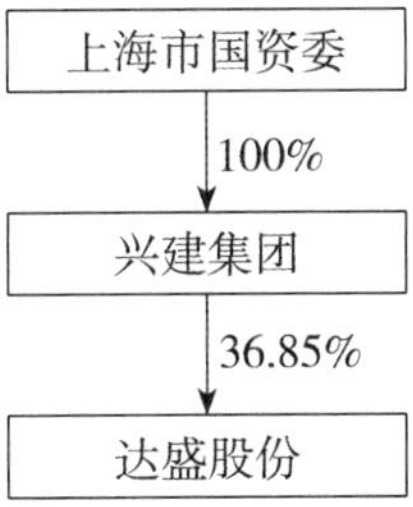

图 7-1　本次交易前兴建集团对达盛股份持股比例

表 7-1　**达盛股份前五大股东持股情况**

排名	股东名称	持股比例（%）
1	兴建集团	36.85
2	BILL & MELINDA GATES FOUNDATION TRUST	1.11
3	UBS AG	1.06
4	XX 银行—瑞安创新证券投资基金	0.85
5	YY 银行—华银股票型证券投资基金	0.96
	合计	40.83

从近年来达盛股份召开的股东大会的情况来看，出席会议的股东或其代理人所持表决权的股份总数约占该公司股份总数的 37% ~41%，而此次交易前兴建集团所持的股份比例为 36.85%，表明兴建集团对达盛股份拥有控制权。

达盛股份 2009—2011 年主要财务数据见表 7-2。

表 7-2　**达盛股份 2009—2011 年主要财务数据**　单位：万元

项目	2011 年度	2010 年度	2009 年度
营业总收入	1 419 154.99	1 517 358.13	1 508 337.26
营业利润	49 928.29	54 575.09	33 929.82
利润总额	61 040.37	68 598.96	46 956.24
归属于上市公司股东的净利润	51 719.01	55 321.44	36 071.37
归属于上市公司股东的扣除非经常性损益的净利润	41 381.61	31 582.57	23 548.78
经营活动产生的现金流量净额	197 819.62	30 083.98	233 792.35
项目	2011 年末	2010 年末	2009 年末
资产总额	2 259 044.90	2 011 470.47	1 784 105.10
负债总额	1 771 038.84	1 565 377.48	1 385 538.46
归属于上市公司股东的所有者权益	484 437.63	442 654.27	395 051.59
总股本	73 352.13	73 352.13	73 352.13

（二）主要交易对方：兴建集团

兴建集团系于 1996 年 11 月在整合原上海市市政工程管理局下属子公司的基础上设立，注册资本为 68 100 万元。经过数次增资，在本次交易前兴建集团的注册资本已增至 134 397.02 万元。

兴建集团是一家以市政工程设计施工总承包为龙头，基础设施建设投资和房地产开发经营为依托，集各类工程投资、设计、施工、管理、材料供应为一体的城市大型基础设施投资建设综合服务提供商。其主要从事市政工程设计施工总承包及运营管理、基础设施建设投资和房地产开发经营三大业务。

兴建集团是上海市国资委下属国有独资企业，其股权结构如图 7-2 所示。

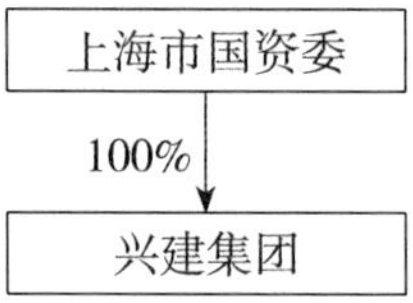

图 7-2 兴建集团股权结构

本次交易前，兴建集团持有达盛股份 36.85% 股权，持有本次拟交易的市政工程有限公司（以下简称市政公司）、建设机场道路工程有限公司（以下简称场道公司）、第一管线工程有限公司（以下简称第一管线）、第二管线工程有限公司（以下简称第二管线）、兴建投资发展有限公司（以下简称投资公司）和地下空间设计总院有限公司（以下简称地下设计）的 100% 股权，基础设施建设发展有限公司（以下简称基建公司）的 54% 股权，燃气工程设计研究有限公司（以下简称燃气设计）的 30% 股权，以及其他 12 家本次交易未注入的子公司的股权。兴建集团下属主要企业架构如图 7-3 所示。

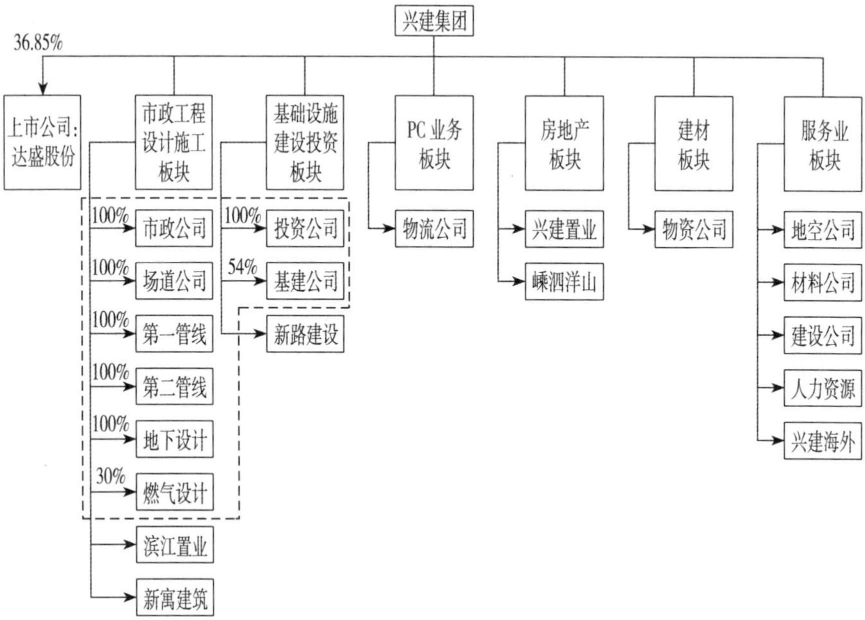

图 7-3 兴建集团下属主要企业架构

注：图 7-3 的虚线框内为本次交易的标的资产，主要涉及基础设施建设投资和市政工程设计施工两大板块。

（三）交易标的

交易标的：兴建集团持有的投资公司 100% 股权、市政公司 100% 股权、场道公司 100% 股权、第一管线 100% 股权、第二管线 100% 股权、地下设计 100% 股权、基建公司 54% 股权、燃气设计 30% 股权，以及昌盛集团、昌平投资分别持有的基建公司 36% 股权和 10% 股权。

按其所经营业务划分，标的资产主要分为两大密切联系的业务板块，即基础设施建设投资、市政工程设计施工。

从事基础设施建设投资业务的为基建公司和投资公司，投资于上海能够辐射到的周边城市以及经济快速增长、城市建设加快发展的省会和沿海城市的市政基础设施建设项目。

从事市政工程设计施工业务的包括地下设计、燃气设计、市政公司、场道公司、第一管线和第二管线，在各自资质范围内，开展地下工程、市政工程、燃气工程等设计咨询，以及城市道路、高速公路、桥梁、燃气工程、环保工程等基础设施建设。标的资产的业务分布见表 7-3。

表 7-3 标的资产的业务分布

主营业务	标的资产
基础设施建设投资	基建公司、投资公司
市政工程设计施工	市政公司、场道公司、第一管线、第二管线、地下设计、燃气设计

交易标的资产涉及的 8 家公司均为兴建集团初始投资设立或与其他投资者共同初始投资设立的，其基本情况见表 7-4。

表 7-4 交易标的资产涉及的 8 家公司的基本情况 单位：万元

公司名称	成立时间	注册资本	实收资本
基建公司	2009 年 6 月 25 日	250 000	250 000
投资公司	2001 年 1 月 15 日	100 000	100 000
市政公司	1993 年 8 月 30 日	30 000	30 000
场道公司	1999 年 1 月 29 日	11 000	11 000
第一管线	1997 年 5 月 13 日	10 000	10 000
第二管线	1993 年 8 月 27 日	10 000	10 000
燃气设计	2002 年 10 月 23 日	1 000	1 000
地下设计	1984 年 6 月 30 日	3 000	3 000

采用资产基础法进行评估，各标的公司评估增减值情况见表 7-5。

表 7-5 各标的公司资产评估增减情况 单位：万元

标的资产	账面净资产	评估值	评估增值	增值率（%）
基建公司 100% 股权	268 943.77	372 927.32	103 983.55	38.66
投资公司 100% 股权	101 174.01	115 148.38	13 974.37	13.81
市政公司 100% 股权	35 645.79	62 528.21	26 882.42	75.42
场道公司 100% 股权	13 349.94	31 204.55	17 854.61	133.74
第一管线 100% 股权	11 621.06	20 447.80	8 826.74	75.95
第二管线 100% 股权	13 364.64	29 429.77	16 065.13	120.21
燃气设计 30% 股权	1 319.92	1 579.07	259.15	19.63
地下设计 100% 股权	3 712.50	3 645.41	-67.09	-1.81
合计	449 131.63	636 910.51	187 778.88	41.81

注：表 7-5 中的评估增值主要是长期股权投资和流动资产增值所致。流动资产评估增值系其他应收款按照可回收性确定评估值，所计提的坏账准备评估为零所致。

二、达盛股份定向增发的背景、目的、方案及交易过程

（一）并购背景与目的

达盛股份是兴建集团旗下唯一的上市平台，兴建集团“十二五”规划发展愿景是打造国内领先、国际一流的城市大型基础设施建设综合服务提供商，成为改变城市的卓越力量。兴建集团计划通过本次重组，将下属的优质核心业务注入达盛股份，同时由于达盛股份和兴建集团在业务范围上存在一定的重叠，兴建集团也有意消除与达盛股份的同业竞争。在本次重组前上市公司的关联交易主要是与兴建集团及其部分下属企业之间以市场价格相互分包工程，此举有助于减少上市公司与控股股东之间的关联交易，增强独立性，更有益于提升上市公司盈利水平与核心竞争力。

（二）交易方案及相关数据比较

昌盛集团的实际控制人为上海市国资委，与兴建集团和达盛股份属于关联方；昌平投资的实际控制人为上海市慈善基金会，与达盛股份属于非关联方。本次交易完成后，兴建集团仍为达盛股份的控股股东，上海市国资委仍为达盛股份的实际控制人。

达盛股份本次发行股份的价格为定价基准日前 20 个交易日该公司股票交易均价，即人民币 11.47 元/股。2011 年 5 月 12 日，该公司 2010 年度股东大会审议通过了《2010 年度利润分配预案》，以 2010 年末总股本 73 352.1347 万股为基数，向全体股东每 10 股派发现金红利 2.00 元（含税）。前述利润分配方案实施后，达盛股份本次发行价格相应调整为 11.27 元/股。由上海财瑞资产评估有限公司（以下简称财瑞评估）出具并经上海市国资委备案的评估值 636 910.51 万元，以此作为

拟购买标的资产的交易总价，其中兴建集团、昌盛集团、昌平投资用于认购股份的资产作价分别为465 363.95万元、134 253.83万元、37 292.73万元。根据上述资产交易价格及11.27元/股的股份发行价格计算，本次发行股份数量为56 513.80万股，其中向兴建集团发行41 292.28万股，向昌盛集团发行11 912.50万股，向昌平投资发行3 309.02万股。

本次交易以2011年3月31日为基准日的资产基础法评估结果作为定价依据，确定交易价格为636 910.51万元。经立信会计师事务所审计，根据本次交易完成后架构编制的2010年标的资产汇总模拟利润表中归属于母公司所有者的净利润44 748.61万元，汇总模拟资产负债表中归属于母公司所有者权益452 899.06万元，确定标的资产的市盈率为14.23倍、市净率为1.41倍。同行业可比上市公司于2011年1月17日达盛股份停牌申请日的市盈率、市净率见表7-6。

表7-6 **同行业可比上市公司2011年1月17日的市盈率和市净率**

证券代码	证券简称	市盈率	市净率
601668	中国建筑	11.36	1.37
601390	中国中铁	12.71	1.42
601618	中国中冶	14.11	1.68
601186	中国铁建	20.39	1.49
600528	中铁二局	14.12	2.82
600170	上海建工	16.99	2.02
600284	浦东建设	30.59	2.89
平均值		17.18	1.96
标的资产		14.23	1.41

注：① 标的资产市盈率=636 910.51÷44 748.61=14.23；

标的资产市净率=636 910.51÷452 899.06=1.41。

② 同行业可比上市公司选取的是截至2010年12月31日总股本大于10亿股的同行业上市公司，剔除了主业为水利建设的葛洲坝和主业中包括较大比例房地产的中南建设，新增具有较强代表性的同行业、同地域可比上市公司浦东建设。

③ 可比上市公司的市盈率=各可比上市公司每股平均交易价格÷各可比上市公司2010年每股收益；可比上市公司的市净率=各可比上市公司每股平均交易价格÷各可比上市公司2010年末每股净资产。

④ 各可比上市公司每股平均交易价格=2011年1月17日达盛股份申请停牌前20个交易日的总交易金额÷总交易量。

资料来源 根据巨潮数据资料整理计算。

达盛股份本次股份增发价格是董事会决议公告日前20个交易日公司股票的均价11.47元/股（除息前），本次增发股票价格与达盛股份停牌前最后一个交易日收盘价、前5个交易日的均价、前10个交易日均价、前20个交易日均价等比较见表7-7。

表 7-7　　　　发行价格与历史股价对比

项目	股票价格（元/股）	发行价格较历史股价溢价比例（%）
停牌前 1 日收盘价	11.51	-0.35
前 5 日均价	11.54	-0.61
前 10 日均价	11.46	0.09
前 20 日均价	11.47	0
前 60 日均价	11.93	-3.86
前 80 日均价	11.59	-1.04
前 120 日均价	11.13	3.05
前 160 日均价	10.61	8.11
前 180 日均价	10.68	7.40

（三）交易过程

2011 年 1 月 17 日，达盛股份发布公告，因筹划重大事项，股票自 2011 年 1 月 17 日起停牌。

2011 年 2 月 17 日，兴建集团董事会作出决议，同意兴建集团实施重大资产重组工作，将兴建集团优质核心资产注入达盛股份。

2011 年 4 月 11 日，达盛股份召开第六届董事会第十四次会议，审议通过了本次交易的相关议案，并与兴建集团、昌盛集团及昌平投资签订了《发行股份购买资产协议》。

2011 年 7 月 4 日，达盛股份召开 2011 年的第一次临时股东大会，本次交易相关议案经出席股东大会非关联股东所持表决权的 2/3 以上通过。因为兴建集团为达盛股份控股股东，本次交易构成关联交易，所以在股东大会对相关议案进行表决时，兴建集团回避表决。

2011 年 12 月 30 日，中国证监会上市公司并购重组审核委员会 2011 年第 39 次会议通过了达盛股份本次发行股份购买资产申请。

2012 年 3 月 15 日，达盛股份取得了中国证监会《关于核准上海达盛工程股份有限公司向上海兴建集团公司等发行股份购买资产的批复》，同日兴建集团取得了中国证监会《关于核准豁免上海兴建集团公司要约收购上海达盛工程股份有限公司股份义务的批复》。

2012 年 5 月 15 日，达盛股份发布上海达盛工程股份有限公司重大资产重组实施进展公告，公告内容为已完成 8 家单位相关资产过户，并已于 5 月底办妥营业执照变更。

2012 年 5 月 31 日，达盛股份发行权益性证券 565 137 985 股（每股发行价为人民币 11.27 元（除息后）），取得了兴建集团持有的投资公司 100% 股权、市政公司 100% 股权、场道公司 100% 股权、第一管线 100% 股权、第二管线 100% 股权、地下设计 100% 股权、基建公司 54% 股权、燃气设计 30% 股权，以及昌盛集团、昌平投资分别持有的基建公司 36% 股权和 10% 股权。达盛股份以 2012 年 5 月 31 日为收购上述公司的合并日。

2012 年 6 月 14 日，立信会计师事务所（特殊普通合伙）对公司本次发行股份购买资产进行了验资，并出具验资报告。

2012 年 6 月 26 日，达盛股份收到登记公司出具的证券变更登记证明，该公司分别向兴建集团、昌盛集团和昌平投资发行 412 922 755 股、119 124 963 股和 33 090 267股股份的相关证券登记手续已办理完毕。

本次发行前后达盛股份股权结构变化见表 7-8。

表 7-8　**本次发行前后达盛股份股权结构变化**

股东	发行前		发行后	
	持股数额（万股）	持股比例（%）	持股数额（万股）	持股比例（%）
兴建集团	27 030. 18	36. 85	68 322. 45	52. 61
昌盛集团	—	—	11 912. 50	9. 17
昌平投资	—	—	3 309. 03	2. 55
公众股东	46 321. 95	63. 15	46 321. 95	35. 67
合计	73 352. 13	100. 00	129 865. 93	100. 00

三、达盛股份定向增发的会计处理原则

兴建集团原持有达盛股份 36. 85% 股权，为达盛股份控股股东，通过本次并购又获得了达盛股份 15. 76% 的股份，合计最终持股比例为 52. 61%，仍然为达盛股份的控股股东，公司实际控制人仍为上海市国资委。达盛股份的公司控股股东及实际控制人均未发生变化。

达盛股份对此次交易认定为同一控制下企业合并。本次交易前兴建集团对涉及交易的 8 家子公司具有控制权，本次交易后未改变由兴建集团控制的实质。

达盛股份的账务处理为按购买的 8 家子公司的账面价值增加长期股权投资 449 131. 63万元，同时按增发股份数量增加股本 56 513. 80 万元，差额 392 617. 83 万元计入资本公积。

相关会计问题的讨论与分析

在达盛股份 2012 年年报审计过程中，审计项目负责人王武、注册会计师刘英和达盛股份财务经理马萍对有关会计问题产生了分歧，展开了讨论。

一、案例交易价格和新增股票价格是否公允合理

本次交易价格为财瑞评估出具的评估值，即636 910.51万元，增发股票的价格为公司董事会决议公告日前20个交易日公司股票交易均价，即11.47元/股（派发现金红利后调整为11.27元/股），增发股票数量是根据交易价格和每股价格折算得出。但本次交易价格和新增股票价格是否公允合理，存在不同意见。这个问题关系到大股东是否损害中小股东利益。

注册会计师刘英说：我认为此次交易价格和新增股票价格是不合理的。本次标的资产评估价格与账面价值差异较大，评估增值高达187 778.88万元，评估增值率高达41.81%，大股东可能利用其控制权增加折股数量，损害中小股东利益。并且我国对于定向增发股票规章制度较为欠缺，在目前较为集中的股权结构下，为大股东提供了通过支付较低对价、剥离不良资产等实现向其输送利益的途径。公司采用董事会决议公告日前20个交易日的均价虽然符合规定，但取浮动区间的较低值，并且尽管关联交易表决中大股东需要回避，但难以限制大股东利用对上市公司的控制权，对股价刻意打压行为。

审计项目负责人王武反驳道：我不同意你的观点，我认为此次交易价格和新增股票价格是公允合理的，理由是：其一，以专业的评估机构出具的评估值为交易价格，体现了标的资产的真正价值，计算出的折股数量是合理的。其二，根据证监会公布的相关规定，上市公司非公开发行股份的价格不得低于本次发行股份购买资产的董事会决议公告日前20个交易日公司股票的均价的90%，认购价格或者定价原则应当由上市公司董事会的非公开发行股票决议确定，并经股东大会批准。达盛股份发行股份的价格是董事会决议公告日前20个交易日公司股票的均价进行除息调整，符合法律规定，并经董事会和股东大会审议一致通过（控股股东回避表决），其中包括了中小股东的意见。

二、本次交易是否属于同一控制下企业合并

达盛股份在交易前后均受兴建集团控制，本次交易标的中7家公司合并前均由兴建集团控股，受兴建集团控制。但兴建集团对持有30%股权的燃气设计是否控制，存在异议，将对达盛股份财务报表中资产和权益的列报发生较大影响。

财务经理马萍认为：本次交易应拆分为同一控制下企业合并和非企业合并，分开进行会计处理。因为本次交易前，兴建集团持有燃气设计股权只有30%，并未超过50%，如若其他股东联合投票，表决权将超过兴建集团的，不能单方面决定燃气设计的经营政策和财务政策，未达到控制，为一般投资行为，非企业合并。

注册会计师刘英持不同观点：我认为，本次交易性质为同一控制下企业合并（包括购买燃气设计30%股权）。理由是兴建集团虽然没有持有燃气设计半数以上表决权，但兴建集团为燃气设计单一最大股东，对燃气设计关键管理层拥有任免

权，且兴建集团与合计持有燃气设计30%股权的12位自然人签订了一致行动协议，对燃气设计的日常经营、重大决策等具有控制权，有权决定其财务和经营政策，根据《企业会计准则》相关规定，本次交易性质应为同一控制下企业合并。

三、合并8家公司的成本如何计量

在本次交易中，对于达盛股份取得的8家公司入账价值，审计项目负责人王武、注册会计师刘英和达盛股份财务经理马萍各持己见。

审计项目负责人王武首先发表意见：长期股权入账价值应按经评估确定的公允价值入账，即636 910.51万元，理由如下：其一，账面价值大多数以历史成本为计量属性，随着时间迁移，存在一定的失真，无法确切反映合并方在被合并方所占的权益份额；其二，账面价值往往不能代表公司的盈利能力、发展能力，通过权威机构对企业的各方面综合考虑确定的评估价值，才能揭示公司的真正价值；其三，达盛股份该项同一控制下控股合并的交易价格确定，经过了审计评估、董事会审议、国资委批复、股东大会审议、证监会审核等程序，权衡了有关各方的利益，对于达盛股份的中小股东而言，相对较为公允。所以，对于通过市场运作按公允价值交易的同一控制下企业合并，应按照合并日交易标的资产的公允价值作为计量基础，才能真实反映本次交易。

财务经理马萍则发表不同意见：我不同意你的观点。取得长期股权入账价值应分别情况入账，其中属于同一控制下企业合并的应按账面价值入账，符合现行会计准则的规定。但对于燃气设计的投资，达盛股份持有燃气设计股权只有30%，并未超过50%，如若其他股东联合投票，表决权将超过达盛股份的，达盛股份就不能决定燃气设计的经营政策和财务政策，未达到控制，为一般投资行为，非同一控制下企业合并，长期股权入账价值应按公允价值入账。

注册会计师刘英认为：取得包括燃气设计30%股权的8家公司长期股权的入账价值，应按账面价值449 131.63万元入账，理由如下：同一控制下的企业合并看作是合并企业资源和权益的重新组合，不具有商业实质，按账面价值入账符合现行会计准则的规定；若以评估价值作为入账价值，存在未实现收益预测折现不确定性和准确度的风险。并且同一控制企业合并主要是在最终控制方的主持下完成的，长期股权投资若以支付对价的公允价值入账，容易造成虚增资产，变成大股东操纵利润、盈余调控的手段。

四、是否符合特殊性税务处理的条件

根据本次交易的背景、目的、支付方式和合同条款中限售期约定可知，本次交易基本满足特殊性税务处理的条件，达盛股份采用100%的股权支付方式，但就“被收购、合并或分立部分的资产或股权比例符合规定比例，收购企业购买的股权不低于被收购企业全部股权比例的75%”存在争议。

财务经理马萍说：我认为取得燃气设计的股权不符合特殊性税务处理的条件，其他交易标的符合特殊性税务处理的条件。被合并方8家公司应作为单独的会计主体，每家子公司出售的股权比例均应大于或等于75%，因此取得基建公司等7家公司股权满足特殊性税务处理的条件，但是收购燃气设计的股权比例仅为30%，应采用一般性税务处理，即达盛股份取得其他7家公司股权的计税基础为账面价值，取得燃气设计股权的计税基础为公允价值。

注册会计师刘英则认为：本次交易取得8家公司的股权均满足特殊性税务处理的条件。这是一揽子交易，只要转让股权比例的加权平均数达到75%即可，就本案例而言，加权平均股权转让比例超过75%，因此达盛股份取得8家公司股权均符合特殊性税务处理的条件，即以账面价值作为计税基础。

★ 下一步的行动

在审计项目负责人王武、注册会计师刘英和达盛股份财务经理马萍的讨论中，谁也未能说服对方，各方未达成一致意见，审计项目组负责人王武将有关问题的讨论进行了梳理汇总，上报立信会计师事务所审计业务三部经理，请示如何处理。

思考分析题

1. 如果你是立信会计师事务所审计业务三部经理，请对本次交易价格和新增股票价格是否公允合理，发表你的倾向性意见并说明理由。

2. 如果你是立信会计师事务所审计业务三部经理，请对本次交易是否属于同一控制下企业合并，发表你的倾向性意见并说明理由。

3. 如果你是立信会计师事务所审计业务三部经理，请对合并8家公司的成本如何计量，发表你的倾向性意见并说明理由。

4. 如果你是立信会计师事务所审计业务三部经理，请结合中华人民共和国财政部、税务总局《关于企业重组业务企业所得税处理若干问题的通知》（财税〔2009〕59号），对本次交易是否符合特殊性税务处理的条件，发表你的倾向性意见并说明理由。

5. （可选）如果你是立信会计师事务所审计业务三部经理，在编制合并财务报表和最终控制方合并财务报表时，请谈谈你对同一控制下企业合并有关会计处理如何进一步改进的看法，并在此基础上说明你的观点或意见。

自备参考文献

1. 中华人民共和国财政部. 企业会计准则第7号——非货币性资产交换. 2006.

2. 中华人民共和国财政部. 企业会计准则第20号——企业合并. 2006.

3. 中华人民共和国财政部．企业会计准则——应用指南［M］．北京：中国财政经济出版社，2006.

4. 中华人民共和国财政部．企业会计准则解释第 2 号．财会〔2008〕11 号．

5. 财政部会计司．企业会计准则讲解 2010［M］．北京：人民出版社，2010.

6. 中华人民共和国财政部、税务总局．关于企业重组业务企业所得税处理若干问题的通知．财税〔2009〕59 号．

7. 中华人民共和国财政部．企业会计准则第 2 号——长期股权投资．2014.

8. 中华人民共和国财政部．企业会计准则第 33 号——合并财务报表．2014.

案例 8

兴建集团以股换股：取得少数股权如何计量

2012 年，上海兴建集团公司（以下简称兴建集团）以持有的 8 家子公司股权，换取上海达盛工程股份有限公司（以下简称达盛股份）发行的股份，兴建集团原持有达盛股份 36.85% 的股份，通过本次交易又获得了达盛股份 15.76% 的股份，合计最终持股比例为 52.61%[①]。

立信会计师事务所审计业务三十三部为兴建集团提供 2012 年度财务报告审计服务。在审计过程中，对兴建集团以股权交换购买达盛股份少数股权交易中的有关会计问题，原以为按照非货币性资产交换的会计准则进行处理比较简单，但在实务中，审计项目负责人海涛、注册会计师高峰和兴建集团财务经理林岭就此项交易的性质及其相关资产、负债、权益的计量和合并财务报表编制存在较大分歧，他们围绕这些分歧展开了讨论。

案例情况介绍

一、交易各方简介

交易各方简介见“案例 7 达盛股份增发取得股权：合并成本如何计量”。

二、兴建集团股权交换交易的背景、目的、方案及交易过程

兴建集团股权交换案例的背景、目的、方案及交易过程见“案例 7 达盛股份增发取得股权：合并成本如何计量”。

三、兴建集团股权交换交易的会计处理原则

兴建集团原持有达盛股份 36.85% 的股份，按成本法核算，通过本次并购又获

---

① 出于客户保密的需要，本案例的公司名称与相关资料进行了化名处理。

得了达盛股份15.76%的股份，合计最终持股比例为52.61%，仍然为达盛股份的控股股东，公司实际控制人仍为上海市国资委。达盛股份的公司控股股东及实际控制人均未发生变化。

兴建集团对此次交易认定为非货币性资产交换，本次交易前已经对达盛股份持有控制权，因此购买达盛股份少数股权并非合并，换出的是另外8家子公司相应股权，按不具有商业实质处理，以其持有这8家子公司的账面价值275 765.13万元对换入达盛股份少数股权计量。

兴建集团的账务处理为增加对达盛股份的长期股权投资275 765.13万元，减少对8家子公司的长期股权投资275 765.13万元。

相关会计问题的讨论与分析

在兴建集团2012年年报审计过程中，审计项目负责人海涛、注册会计师高峰和兴建集团财务经理林岭对有关会计问题产生了分歧，展开了讨论。

一、案例交易是否具有商业实质

对案例交易性质的认定，即本次非货币性资产交换是否具有商业实质，关系到会计计量及所得税会计处理方法。

财务经理林岭说：我认为此次交易不具有商业实质。首先，本次交易换入与换出的资产形态均为长期股权投资，属于同类资产交换，持股期间未来现金流入的来源均为股利的分派；其次，换入股权与换出股权均受兴建集团控制，本次交易属于关联方交易，交易定价易受实际控制人的影响；最后，从未来现金流量的现值分析，虽然从非货币性资产交易后的盈利预测来看未来现金流量呈看涨态势，但并没有证据表明不发生此次交易未来现金流量就不会上涨，一切预测都是基于相关数据进行的估计，未来现金流量及其现值的判断受人的主观判断影响较大，而主观判断容易受行业性质、企业规模及个人职业素养的影响，且会计准则对于“显著”和“重大”并没有作出明确限定，通过模糊的判断就肯定现金流量的乐观态势进而推断具有商业实质未免过于草率。

审计项目负责人海涛反驳道：我不同意你的观点，我认为此次交易具有商业实质。从未来现金流量分析，兴建集团换出资产是所持有的8家子公司股权，换入资产是达盛股份的部分股权，达盛股份作为一家规模大、资质高的从事市政工程施工及房屋建筑工程施工等的上市公司，与这8家公司相比，无论是经营范围、规模风险还是股利分配政策均有很大差异，未来现金流量的风险、时间、金额有显著不同；从交易价格的公允性分析，本次交易的定价是根据对8家子公司的资产评估值确定的，可以视为公允市场交易，并不单纯是兴建集团战略发展规划的内部调整。

二、换入达盛股份股权的价值如何计量

兴建集团换入达盛股份15.76%股份的交易价格，是根据对欲换出的8家子公司的价值进行评估后确定的，如何确定换入达盛股份股权的计量基础，对兴建集团财务报表中资产和权益的列报将产生较大影响。

财务经理林岭认为：此次交易不具有商业实质，根据《企业会计准则第7号——非货币性资产交换》的有关规定，换入达盛股份的股权应该用换出8家子公司的账面价值275 765.13万元计量。

审计项目组负责人海涛坚持不同观点：我认为，基于该项交易具有商业实质且换出资产的公允价值能够可靠计量，应当以换出资产（8家子公司股权）的公允价值作为对换入资产（达盛股份股权）计量的基础，即以换出8家子公司股权的公允价值也即达盛股份向兴建集团定向增发的股份总价465 363.95万元（41 292.28万股×每股发行价格11.27元）计量。本次交易除了兴建集团与达盛股份以外，还涉及昌盛集团和昌平投资，达盛股份与兴建集团属于母子公司的关系，与昌盛集团属于关联方关系，与昌平投资属于非关联方关系，但达盛股份定向增发股份时统一定价，没有因是否属于关联方关系而分别确定交易价格，因此兴建集团也应该按照与昌盛集团、昌平投资相同的股份发行价格来对换入达盛股份的股权进行计量。

注册会计师高峰对此提出疑问：在本案例中，换入股权与换出股权的实体都是兴建集团的子公司，若按照市场价格计量，确认交易损益，本案例岂不是要确认189 598.82万元（465 363.95-275 765.13）的巨额收益吗？我不能赞同此类由控股股东主导的非货币性资产交换采用公允价值计量，因为这样很有可能通过关联方交易进行盈余管理，从而达到虚增资产和利润的目的。

三、购买少数股权是否需要调整合并商誉

兴建集团在此次收购达盛股份少数股权之前，对于持有的达盛股份股权已确认商誉4 398万元，那么此次购买达盛股份15.76%的少数股权是否还需要调整商誉价值呢？审计项目负责人海涛、注册会计师高峰和兴建集团财务经理林岭各持己见。

注册会计师高峰首先发表意见：合并财务报表会计规范的依据是经济实体理论。基于经济实体理论，编制合并报表从整个集团的角度出发，并为全体股东（包括母公司股东和少数股东）的利益提供信息服务，合并财务报表上商誉的价值表示的是整个集团拥有的商誉价值，包括母公司享有的商誉份额和少数股东享有的商誉份额，即全部商誉而非部分商誉。不论购买方采用分步合并还是一次合并，也无论合并后是否收购少数股权，合并商誉的价值不会因为股权是一次取得还是分次取得而改变。现以A公司一次并购B公司90%的股权与先并购其80%股权再购买

10%少数股权予以比较，假定合并日相同，合并日 B 公司可辨认净资产的公允价值为 800 万元，合并日合并成本分别为 900 万元、800 万元。前者确认的商誉为 200 万元（900÷90%－800），后者确认的商誉也为 200 万元（800÷80%－800）。因此，基于经济实体理论，本次交易之前，兴建集团合并财务报表中列报的合并商誉已经包含了与达盛股份有关的全部商誉，此次兴建集团购买达盛股份少数股权，编制合并财务报表时不存在调整合并商誉的问题。

财务经理林岭则发表了不同意见：我不同意你的观点。我国现行企业会计准则对合并商誉和少数股权的列报采纳的是母公司理论。基于母公司理论编制的合并财务报表是母公司财务报表的延伸，确认的合并商誉并非子公司的全部商誉，而是子公司商誉中归属于母公司的份额。所以，应当按照购买少数股权后母公司持有子公司的股权比例相应调整合并商誉。如果购买少数股权后母公司持有子公司的 100%股权，那么合并财务报表中列报的商誉包含该子公司的全部商誉。

审计项目负责人海涛认为：企业会计准则对合并商誉的计量未采纳经济实体理论，合并商誉按购买方合并成本超过子公司可辨认净资产公允价值份额的差额计量，合并日一次确认商誉后不应当再调整。取得控制权是会计上进行确认和计量的重要分界线，购买少数股权是企业完成合并之后的行为，不需要对有关子公司的净资产重新计量，故也不存在因购买少数股权而调整合并商誉的问题。

四、计提职工安置费用能否调整重组前净资产

兴建集团（含拟交换的 8 家子公司）职工离退休人员和内退人员有关费用（属于辞退福利）的会计估计，与达盛股份存在差异，该集团聘请精算师对离退休及内退人员有关费用进行了测算，测算的期间从 2008 年开始。对于即将成为达盛股份子公司的兴建集团 8 家子公司，上述离退休及内退人员有关费用是否应当在重组前进行预提？审计项目负责人海涛与兴建集团财务经理林岭也有分歧。

财务经理林岭说：我认为对上述离退休及内退人员有关费用的计提不应当调整这 8 家子公司重组前的净资产。我记得财政部有个《关于企业重组有关职工安置费用财务管理问题的通知》，提到“人随资产、业务走”的原则，所以离退休及内退人员有关费用的计提，应当等到进入达盛股份后，再根据达盛股份的标准统一调整，计入交易发生后有关期间的费用。此前计提的辞退福利是在获得确凿证据并经过与工会协商后确定的，重组没有发生时并不存在任何会计估计或会计政策的变更，因此没有必要事先调整。

审计项目负责人海涛则认为：对离退休及内退人员有关费用的计提应当在重组前调整有关 8 家公司的净资产，这样能够夯实重组前 8 家子公司的净资产价

值，避免因辞退福利的计提差异而导致并入净资产价值虚增。由于职工在重组前一直为自己所在公司付出服务，他们的辞退福利不应该由达盛股份分摊，应当在重组前进行调整。涉及被重组的8家公司，在重组前预提符合规定的离退休和内退人员有关费用金额高达12 147.65万元，夯实了其净资产，根据调整后的净资产重组更加公允。

五、交易是否应当确认递延所得税资产或负债

本次交易是否应当确认递延所得税资产或负债，取决于计税基础的认定和会计上计量基础的确定。

财务经理林岭认为：对本案例交易应确认递延所得税资产，因为本次交易是兴建集团内部股权交换，不具有商业实质，兴建集团的会计处理是换入达盛股份股权按照换出8家子公司原账面价值275 765.13万元入账，而税法上根据一般性税务处理原则，以公允价值（评估值为465 363.95万元）为计税基础，达盛股份股权投资账面价值小于其计税基础，进行所得税会计处理时应按适用的所得税税率确认递延所得税资产。

审计项目负责人海涛说：我认为对案例交易不需要确认递延所得税资产或负债，因为此次交易具有商业实质，换入股权的计量基础按照公允价值，一般性税务处理也以公允价值为计税基础，因此会计账面价值与其计税基础无差异。

六、被合并方合并日之前的报告期利润和现金流量由谁合并

兴建集团和达盛股份于2012年5月30日完成此次非货币性资产交换，对于作为交易标的的8家子公司2012年1—5月的利润及现金流量由谁合并？海涛与林岭又展开了讨论。

审计项目负责人海涛说：我认为作为交易标的的8家子公司2012年1—5月的利润及现金流量由达盛股份合并符合企业会计准则的要求。达盛股份合并作为交易标的的8家子公司构成同一控制下的企业合并，根据权益结合法的处理原则，视同合并后的报告主体在以前期间一直存在，故达盛股份合并利润表应当包括这8家子公司自合并当期期初至合并日所发生的收入、费用和利润；同理，其合并现金流量表也应当包括这8家子公司自合并当期期初至合并日所发生的现金流入与流出。

财务经理林岭说：我认为你的处理方法在本案例中不合适。作为交易标的的8家子公司2012年1—5月的利润及现金流量由兴建集团直接合并才能反映实际情况。2012年1—5月这8家子公司并未受达盛股份的控制，若达盛股份也合并8家子公司2012年1—5月的利润及现金流量，会增加兴建集团编制合并财务报表的工作量，兴建集团如果不作必要的调整或剔除，会导致兴建集团合并财务报表对该部

分利润和现金流量的重复列报。而且 2012 年 1—5 月这 8 家子公司实际并非达盛股份的子公司却由达盛股份合并，这也会导致投资者难以理解。

★ 下一步的行动

在审计项目负责人海涛、注册会计师高峰和兴建集团财务经理林岭的讨论中，谁也未能说服对方，各方未达成一致意见，审计项目负责人海涛将有关问题的讨论进行了梳理汇总，上报立信会计师事务所审计业务三十三部经理，请示如何处理。

思考分析题

1. 如果你是立信会计师事务所审计业务三十三部经理，请对本次交易是否具有商业实质，发表你的倾向性意见并说明理由。

2. 如果你是立信会计师事务所审计业务三十三部经理，请对换入达盛股份股权的价值如何计量，发表你的倾向性意见并说明理由。

3. 如果你是立信会计师事务所审计业务三十三部经理，请对我国企业会计准则关于合并商誉及少数股权的计量采纳了母公司理论还是经济实体理论，评价各方的观点；并对购买少数股权是否需要调整合并商誉，说明你的观点及其理由。

4. 如果你是立信会计师事务所审计业务三十三部经理，请结合财政部《关于企业重组有关职工安置费用财务管理问题的通知》（财企〔2009〕117 号），对职工安置费用能否调整重组前净资产，试进行相关政策解读，并说明你的观点及其理由。

5. 如果你是立信会计师事务所审计业务三十三部经理，对案例交易是否应当确认递延所得税资产或负债，发表你的倾向性意见并说明理由。

6. （可选）如果你是立信会计师事务所审计业务三十三部经理，对被合并方合并日之前的报告期利润和现金流量由谁合并，谈谈你对同一控制下企业合并有关会计规范的看法，并在此基础上说明你的观点或意见。

自备参考文献

1. 中华人民共和国财政部．企业会计准则第 2 号——长期股权投资．2014.

2. 中华人民共和国财政部．企业会计准则第 7 号——非货币性资产交换．2006.

3. 中华人民共和国财政部．企业会计准则第 20 号——企业合并．2006.

4. 中华人民共和国财政部．企业会计准则第 33 号——合并财务报表．2014.

5. 中华人民共和国财政部．企业会计准则——应用指南［M］．北京：中国财

政经济出版社，2006.

6. 财政部会计司．企业会计准则讲解 2010［M］．北京：人民出版社，2010.

7. 中华人民共和国财政部．企业会计准则解释第 2 号．财会〔2008〕11 号．

8. 中华人民共和国财政部．关于企业重组有关职工安置费用财务管理问题的通知．财企〔2009〕117 号．

案例9

华邦制药吸收合并颖泰嘉和：商誉如何计量

重庆华邦制药股份有限公司（以下简称华邦制药）于2009年9月10日提出通过换股方式吸收合并北京颖泰嘉和科技股份有限公司（以下简称颖泰嘉和）的议案。本次交易前，华邦制药持有颖泰嘉和22.7437%的股权，李生学等18名自然人合计持有颖泰嘉和77.2563%的股权。华邦制药以发行股票作为对价，交换李生学等18名自然人股东所持颖泰嘉和77.2563%的股权。吸收合并完成后，华邦制药所持颖泰嘉和22.7437%的股权注销，颖泰嘉和全部资产、负债及附着其上的业务并入华邦制药后注销。交易作价以2009年8月31日颖泰嘉和对应股东权益公允价值84 686.21万元为依据，换股价格为董事会决议公告日前20个交易日均价，即23.86元/股，对应发行股票3 549.30万股。2011年9月27日，该重组方案经中国证监会审核通过。2011年12月，华邦制药吸收合并颖泰嘉和实施完毕。2011年12月13日，华邦制药股份的股价已上涨到40.65元/股。

2011年底，为华邦制药提供年报审计服务的审计项目负责人叶周以及注册会计师小柴、小薛与小沈在年报预审会上讨论了本年度合并交易的会计问题，尤其在这次交易的合并成本以及商誉计量上，各方存在着重大的分歧。

案例情况介绍

一、并购双方情况

（一）合并方：华邦制药

华邦制药成立于1994年9月，2004年6月经中国证监会批准在深圳中小企业版上市，证券代码为002004，主要从事皮肤用药系列、抗结核用药系列、抗肿瘤用药系列化学药等产品的研究、生产与销售，以及其他化学药和天然药物的研究开发。

2006 年至 2008 年 4 月，公司第一大股东为张松山先生，其持有公司股份占公司股本总额的比例为 15.77%，2008 年 5 月，重庆汇邦旅业有限公司受让渝高公司所持华邦制药 1 716 万股后成为第一大股东，持股比例为 17.17%，张松山先生为第二大股东，持股比例为 15.77%。

本次交易前，华邦制药和颖泰嘉和存在战略合作关系，华邦制药持有颖泰嘉和 22.7437% 的股权，系 2008 年 1 月 5 日，华邦制药出资 8 600 万元，认购颖泰嘉和 1 236.45 万股份，颖泰嘉和注册资本由 4 200 万元增加到 5 436.45 万元。并购交易前华邦制药的股权结构如图 9-1 所示。

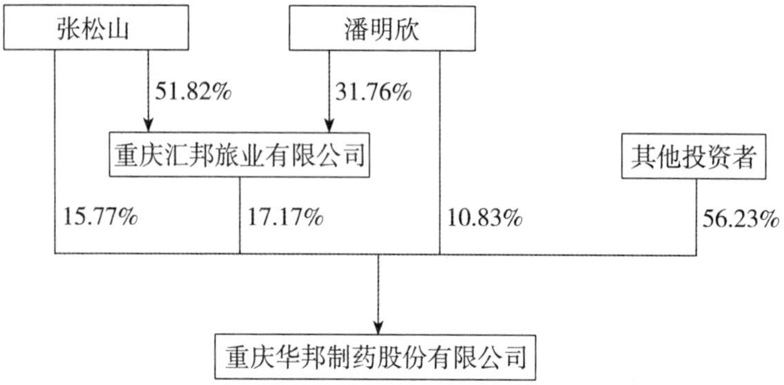

图 9-1 并购交易前华邦制药的股权结构

（二）被合并方：颖泰嘉和

颖泰嘉和是由原北京颖新泰康科技有限公司（以下简称颖新泰康）整体变更设立的，其由 2003 年 11 月 21 日经中关村科技园区海淀园数字园区管理服务中心海园批准设立。

公司成立后，经过多次增资扩股，2007 年 10 月 10 日，颖新泰康召开第四届第一次股东会并形成决议，同意颖新泰康由外商投资企业改为内资企业，股权转让后李生学（国籍为中国）成为第一大股东，持股比例为 19.5%，颖新泰康的性质也从外商投资企业转变为内资企业。

2007 年 11 月 20 日，颖新泰康召开股东会并形成决议，全体股东同意颖新泰康整体改制，以 2007 年 11 月 30 日为基准日，以其整体净资产作为折股基数，投入到颖泰嘉和，原有限责任公司不再存续，公司组织形式从有限责任公司转变为股份有限公司。

2008 年 1 月 5 日，颖泰嘉和召开第二次股东大会并形成决议，同意新增法人股东华邦制药，华邦制药出资金额 8 600 万元，认购颖泰嘉和 1 236.45 万股份，占总股本的 22.7437%。

本次交易前，李生学等 18 名自然人股东合计持有颖泰嘉和 77.2563% 的股权①。

并购交易前颖泰嘉和的股权结构如图 9-2 所示。

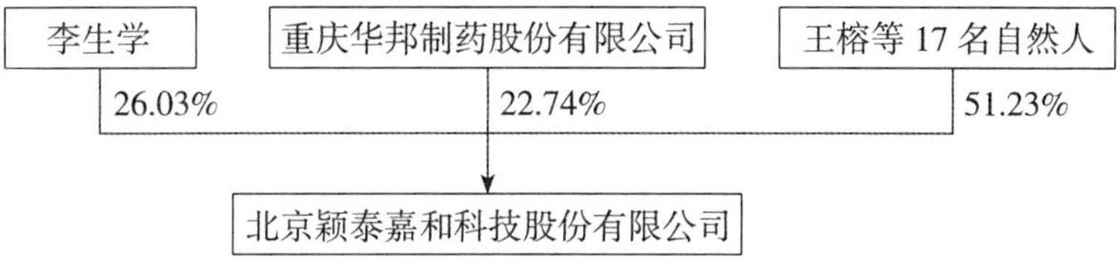

图 9-2　并购交易前颖泰嘉和的股权结构

二、并购交易过程

（一）交易背景与目的

华邦制药和颖泰嘉和存在战略合作关系，本次交易前，华邦制药持有颖泰嘉和 22.7437% 的股权。颖泰嘉和作为国内农化行业的知名企业，在精细化工中间体的研发分析方面具有明显优势；同时颖泰嘉和与国际知名化学公司形成了良好的长期合作关系。

华邦制药与颖泰嘉和同属化工行业的精细化工有机化学分支，在人员知识结构、技术基础、市场和研发方面具有共性。本次吸收合并行为完成后公司和颖泰嘉和可以充分实现人才、研发、市场渠道等资源的共享，最大限度提升公司的核心竞争力和价值。

（二）交易实施情况

华邦制药于 2009 年 9 月 10 日提出通过换股方式吸收合并颖泰嘉和 77.2563% 股权的重组方案，交易作价以 2009 年 8 月 31 日颖泰嘉和对应股东权益公允价值 84 686.21万元为依据，换股价格为董事会决议公告日前 20 个交易日均价，即 23.86元，对应发行股票 3 549.30 万股。2011 年 9 月 27 日，该重组方案经中国证监会审核通过。2011 年 12 月，华邦制药吸收合并颖泰嘉和实施完毕，并确定 2011 年 12 月 13 日为购买日（当日股票成交均价为 40.65 元）。

本次合并完成后，华邦制药将实现由医药企业向包含农药和医药两大行业的综合性精细化工企业的转变。颖泰嘉和全部资产负债并入公司后，华邦制药可以充分利用颖泰嘉和的人力资源优势、研发优势和渠道优势，最大限度实现资源共享，避免同业竞争，发挥协同效应，提高公司竞争力，对增加股东价值具有重要意义。

本次合并过程中的主要时间节点以及事项、内容见表 9-1。

① 其中李生学持有颖泰嘉和 26.03% 股权，王榕持有颖泰嘉和 6.88% 股权，于洁持有颖泰嘉和 6.88% 股权，母灿先持有颖泰嘉和 4.98% 股权，杨舰持有颖泰嘉和 4.98% 股权，李学锋持有颖泰嘉和 4.52% 股权，张永忠持有颖泰嘉和 3.58% 股权，顾建波持有颖泰嘉和 3.52% 股权，潘建明持有颖泰嘉和 3.09% 股权，王敏持有颖泰嘉和 3.06% 股权，林吉柏持有颖泰嘉和 2.54% 股权，崔湛欣持有颖泰嘉和 1.56% 股权，刘尚钟持有颖泰嘉和 1.18% 股权，王满持有颖泰嘉和 1.18% 股权，吴奎华持有颖泰嘉和 1.07% 股权，乔振持有颖泰嘉和 0.94% 股权，詹福康持有颖泰嘉和 0.74% 股权，王文军持有颖泰嘉和 0.52% 股权。

表 9-1 本次合并过程中的主要时间节点以及事项、内容

时间	事项和内容
2009 年 9 月 8 日	发布《筹划重大资产重组的停牌公告》，公司股票停牌
2009 年 9 月 29 日	第十九次董事会会议通过重组预案议案：公司拟通过换股方式吸收合并颖泰嘉和，本次换股吸收合并中的换股比例分别以市场化估值和评估价值为基础确定。公司的换股价格为审议本次吸收合并事宜的董事会（作者注：第十九次董事会会议）决议公告日前 20 个交易日公司股票的交易均价，即 23.85 元/股。颖泰嘉和的换股价格根据其整体评估值与股本总额确定，本次交易前颖泰嘉和预估值为 109 631万元，颖泰嘉和股本总额为 12 800 万元，换股价格为 8.56 元/股。公司和颖泰嘉和的换股比例为 1∶2.79，最终换股比例根据正式出具的评估报告确认数据而定。吸收合并完成后，华邦制药所持颖泰嘉和 22.7437% 的股权注销，颖泰嘉和全部资产与负债并入公司
2009 年 10 月 9 日	华邦制药对外公告董事会决议；股票复牌
2009 年 12 月 20 日	中威正信评报字〔2009〕第 1171 号评估报告，以 2009 年 8 月 31 日为基准日，颖泰嘉和按照成本法评估净资产为 91 083.94 万元，增值率为 195.83%，按照收益法评估净资产为 109 617.22 万元，增值率为 256.03%。经分析两种方法评估结果差异的主要原因是：两种评估方法考虑的角度不同，成本法是从资产的再取得途径考虑的，反映的是企业现有资产的重置价值。收益法是从企业的未来获利能力角度考虑的，反映了企业各项资产的综合获利能力。经分析，评估师认为收益法评估结果更能公允反映颖泰嘉和股东全部权益价值
2010 年 1 月 5 日	签署了《吸收合并补充协议》
2010 年 2 月 21 日	中国证监会正式受理本次吸收合并正式文件
2010 年 5 月 22 日	《关于延期向中国证监会报送换股吸收合并北京颖泰嘉和科技股份有限公司反馈意见回复的公告》
2011 年 1 月	华邦制药董事会通过了延长本次吸收合并决议有效期限的议案（因为协议的有效期为 1 年，所以必须延长有效期）
2011 年 4 月 12 日	中威正信评报字〔2011〕第 1019 号，以 2010 年 12 月 31 日为基准日，颖泰嘉和按照成本法评估净资产为 95 556.83 万元，增值率为 117.31%，按照收益法评估净资产为 114 697.18 万元，增值率为 160.84%

续表

<table>
<tr><th>时间</th><th>事项和内容</th></tr>
<tr><td>2011 年 4 月 27 日</td><td>签订《吸收合并协议补充协议（二）》，同意本次交易仍然以 2009 年 8 月 31 日为基准日评估确定的公允价值 84 686.21 万元①为作价依据。换股价格以第十八次董事会决议公告日前 20 个交易日均价，即 23.86 元/股，对应发行股票 3 549.30 万股
李生学等 18 名自然人股东出具《关于标的资产 2013 年度盈利预测及利润补偿的承诺函》</td></tr>
<tr><td>2011 年 7 月 15 日</td><td>双方签订《利润补偿补充协议（二）》约定：李生学等 18 名自然人同意，若 2011—2013 年颖泰嘉和扣除非经常性损益后归属于母公司的净利润不能实现盈利预测的 11 280.26 万元、14 629.99 万元和 18 920.00 万元，甲方将在就 2011 年、2012 年、2013 年盈利预测实现情况的专项审计报告出具后两个月内将其本次认购的股份总数按一定比例向华邦制药补偿，该部分补偿的股份由华邦制药按 1 元的价格回购</td></tr>
<tr><td>2011 年 8 月 8 日</td><td>《重庆华邦制药股份有限公司换股吸收合并北京颖泰嘉和科技股份有限公司报告书（补充 2011 年中报稿）》对本次交易设计的股票发行进行了锁定期规定：本次换股对象李生学等 18 名自然人承诺，本次交易中取得的股份自登记至其账户之日起 12 个月内不上市交易或转让</td></tr>
<tr><td>2011 年 9 月 28/30 日</td><td>中国证监会出具《关于核准重庆华邦制药股份有限公司吸收合并北京颖泰嘉和科技股份有限公司的批复》核准本次合并，证监许可〔2011〕1574 号文</td></tr>
<tr><td>2011 年 11 月 17 日</td><td>华邦制药与颖泰嘉和、颖新泰康签署《资产交割确认书》，约定本次吸收合并资产和负债的交割基准日为 2011 年 9 月 30 日，双方确认颖泰嘉和已将全部资产与负债经华邦制药指示交付给颖新泰康</td></tr>
<tr><td>2011 年 11 月 18 日</td><td>颖泰嘉和注销，其持有上虞颖泰、万全力华、颖欣化工、颖泰分析的股权已变更至颖新泰康名下，其持有的颖新泰康的股权已办理至华邦制药名下
<table>
<tr><th rowspan="2">公司名称</th><th colspan="2">原股东及出资比例</th><th colspan="2">变更后股东及出资比例</th></tr>
<tr><th>原股东</th><th>出资比例</th><th>新股东</th><th>出资比例</th></tr>
<tr><td>颖新泰康</td><td>颖泰嘉和</td><td>100%</td><td>华邦制药</td><td>100%</td></tr>
<tr><td>颖泰分析</td><td>颖泰嘉和</td><td>100%</td><td>颖新泰康</td><td>100%</td></tr>
<tr><td>上虞颖泰</td><td>颖泰嘉和</td><td>75%</td><td>颖新泰康</td><td>75%</td></tr>
<tr><td>万全力华</td><td>颖泰嘉和</td><td>58.68%</td><td>颖新泰康</td><td>58.68%</td></tr>
<tr><td>颖欣化工</td><td>颖泰嘉和</td><td>100%</td><td>颖新泰康</td><td>100%</td></tr>
</table></td></tr>
</table>

① 颖泰嘉和整体公允价值的 77.26%。

续表

时间	事项和内容
2011 年 12 月 13 日	本次合并所需新增发发行的股份在中国证券登记结算有限责任公司深圳分公司办理完毕登记手续，并于 21 日发行上市。（按照中国证监会的有关规定及自然人股东承诺，本次华邦制药向自然人股东分别发行的股份自股份发行日（华邦制药为本次吸收合并而新增的股份在中国证券登记结算有限责任公司完成登记之日）起 12 个月内不以任何方式转让。合计持有颖泰嘉和 57. 8113% 股权的主要自然人股东李生学、王榕、李学锋、于洁、母灿先、杨舰、顾建波承诺在本次交易实施完毕后的 36 个月内，不以任何方式转让其因本次交易而持有的华邦制药的股票。张永忠、潘建明、王敏、林吉柏、崔湛欣、刘尚钟、王满、吴奎华、乔振、詹福康、王文军承诺在本次交易实施完毕后的 12 个月内，不以任何方式转让其因本次交易而持有的华邦制药的股票；自前述限售期满之日起 12 个月内，减持股份比例不超过其因本次交易而获得的华邦制药股份的 30%；自前述限售期满 12 个月至 24 个月期间，减持股份比例不超过其因本次交易而获得的华邦制药股份的 30%）

合并完成后华邦制药的股权结构如图 9-3 所示。

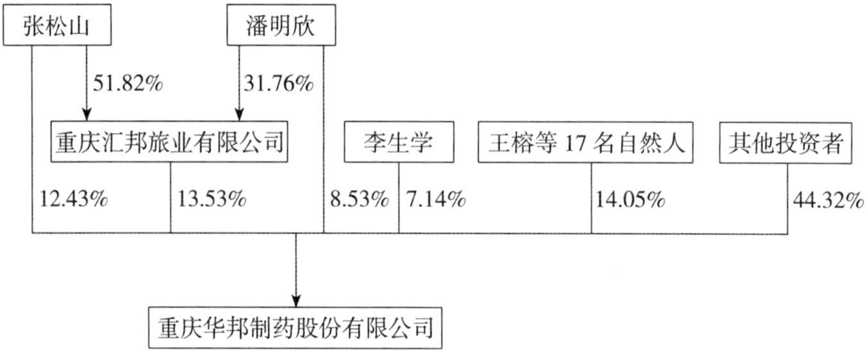

图 9-3 合并完成后华邦制药的股权结构

2011 年 12 月，标的公司颖泰嘉和全体员工已与华邦制药全资子公司颖新泰康签订劳动合同。

相关会计问题的讨论与分析

2011 年底年报预审会上，为华邦制药提供年报审计服务的审计项目负责人叶周与注册会计师小柴、小薛和小沈就本次合并案例中的会计问题进行了讨论。

一、企业并购的会计类型认定

不同的企业并购类型决定了不同的会计方法。在明确公司合并的会计处理原则前，首要问题是识别本次合并的会计类型。

小柴首先提出自己的看法："在本年度并购之前，华邦制药已经持股颖泰嘉和的 22.7437%，因此可以把这次并购看成是华邦制药发行股票购买被投资单位颖泰嘉和的少数股东权益，而后注销，成为吸收合并。"

小薛争论道："我认为本次并购是分步购买的非同一控制下控股合并的第二步，因为此前华邦制药仅持股颖泰嘉和的 22.7437%，为颖泰嘉和的第 2 大股东，没有达到对颖泰嘉和的控制；通过本次增发并购才实现对颖泰嘉和的控制。"

小沈持有不同的意见，说道："这两次购买相隔的时间长，可以认定为相互独立，不能看成分步购买，而且颖泰嘉和的法人身份注销，因此本次合并就是普通的非同一控制下的吸收合并。"

二、合并日的确定

本次交易从 2009 年 9 月 29 日华邦制药董事会通过重组预案议案到 2011 年 12 月 21 日华邦制药新增发行的股份发行上市，持续 2 年多，期间的股价一直处于变动之中。合并日的确定就是企业做账日期的确定，既是本次交易合并成本确定的基础，又是商誉计算的前提。

小柴首先发言："我认为本次合并日可以认定为 2009 年 8 月 31 日，因为评估公司以这天为基准对颖泰嘉和进行评估，后续的交易皆以此为基础，包括发行股票的数量与价格都与它挂钩。而且以此为基准可以简化核算，这样华邦制药发行股票（支付对价）的公允价值与被合并方（颖泰嘉和）的可辨认净资产的公允价值不存在差异，也不需要确认商誉。"

小薛说："合并日与资产评估日不同，应该是交易双方资产或负债的最终交割日，也是资产或负债风险最终转移的时点，所以我认为应采取谨慎性原则，以 2011 年 12 月 13 日华邦制药新增股份登记交割日为合并日。"

三、合并成本与商誉的计量

在非同一控制下的吸收合并下，合并方在购买日（合并日）根据发行股票的公允价值确定合并成本，按照被合并方的资产、负债的公允价值入账，两者的差额计入商誉。围绕着合并成本以及商誉的计量，参会人员提出了不同的看法。

小柴首先提出了自己的看法："给定本次合并实质为多次交易分步实现的非同一控制下控股合并，那么合并成本应以购买日之前华邦制药所持颖泰嘉和的股权投资的账面价值与合并日新增发行股票的公允价值之和，作为本次合并的合并成本。本次交易中，我们可以简化处理，直接以重组预案议案中公司股价作为企业的合并成本。由于公司的换股价格为审议本次吸收合并事宜的董事会（作者注：第十九次董事会会议）决议公告日前 20 个交易日公司股票的交易均价，即 23.85 元/股。颖泰嘉和的换股价格根据其整体评估值与股本总额确定，本次交易前颖泰嘉和预估值为 109 631 万元，颖泰嘉和股本总额为 12 800 万元，换股价格为 8.56 元/股。公司和颖泰嘉和的换股比例为 1 : 2.79。这样合并成本与颖泰嘉和的净资产公允价值一致，也就不产生商誉了。”

小薛说道：“发行股票的公允价值一般应以购买日公开市场价格为基础确定。本次合并的成本应按 2011 年 12 月 13 日（本次合并新增股票股权过户登记日）股票价格 40.65 元/股计算，那么合并成本为 144 279.045 万元（3 549.30×40.65），与颖泰嘉和股东权益评估值 84 686.21 万元（评估基准日 2009 年 8 月 31 日股东权益 109 617.22 万元×77.2563%（李生学等 18 名自然人股东合计持有颖泰嘉和的股权）而得）之间的差额 59 592.835 万元计入商誉。”

小沈对此表示有异议：“合并商誉的确认难点在于合并对价的股权公允价值的计量，而对于具有限售、流动性限制、带锁定期限的股票的公允价值确认和计量是国内外普遍存在的难题。相对于国外成熟的资本市场，我国特殊的制度背景加深了这一问题的解决难度。因为通常中国资本市场上的重大重组和合并事项，在合并事项的董事会公告日到购买日（通常为获得证监会审批的日期）之间存在一个审批期间，由于审批期间通常相当长（超过 1 年）①，股市的行情可能发生根本性的变化（比如从牛市转向熊市或从熊市转向牛市），进而对合并商誉的计量产生重大影响，极端情形下正商誉可能转变成负商誉或者相反。本次合并中由于从董事会就企业合并事项的决议公告日到购买日之间时间间隔较长，且在此期间公司股票价格出现较大幅度波动（从 2009 年 9 月华邦制药提出收购方案开始，至 2011 年 12 月收购真正完成，期间华邦制药的股票价格从约 23.86 元/股升至 40.65 元/股，股价接近翻倍，可参见图 9-4），而且作为本次合并对价发行的股票同时附有一定限售期和限售条件，若以购买日当天公司股票价格计算确认本次合并成本，无法合理体现其公允性。

根据证监会计字〔2007〕21 号《关于证券投资基金执行<企业会计准则>估值业务及份额净值计价有关事项的通知》，对于附有一定限售期和限售条件的股票，其公允价值可以按照估值模型计量。估值模型为 $FV = C + (P - C) \times (D1 - Dr) \div D1$，其估值模型参数的含义如下：FV 为估值日该非公开发行有明确锁定期的股票的价值，即本次换股吸收合并发行的股票的价值；C 为公司本次换股吸收合并确定的交易对价，也是本次换股吸收合并董事会决议日前后公司股票成交均价；P 为估值日在证券交易所上市交易的同一股票的市价；D1

① 同时由这一问题引发了另一相关问题，如果审批期间超过一年，那么原来的资产评估的有效期将会失效，公司将不得不重新进行评估。这也会加重商誉计量难度和不确定性。

图 9-4 华邦制药股价趋势图

为本次吸收合并董事会决议日（2009 年 9 月 11 日，假定为本次换股合并发行股票的完成日）至本次吸收合并换股发行股票限售锁定期结束期间的交易所的交易天数；Dr 为估值日剩余锁定期，即估值日至锁定期结束所含的交易所的交易天数（不含估值日当天）。”

小沈喝了口水接着说道：“因此合并成本应为 1 117 425 444.24 元，其具体计算过程见表 9-2。

表 9-2 **按估值模型确定合并成本的过程**

本次合并对价发行的限售股股数（股）	实际锁定限售期（月）	P（合并日本公司股票市价）（元/股）	C（初始成本，本次换股交易对价）（元/股）	限售期终止日	D1（天）	Dr（天）	FV（元/股）	合并成本（本次合并发行股票公允价值）（元/股）
30 132 965	36	40.65	23.86	2014.12.20	1 298	744	31.03	934 909 829.35
2 680 024	24	40.65	23.86	2013.12.20	1 052	498	32.70	87 641 828.95
2 680 011	12	40.65	23.86	2012.12.20	806	252	35.40	94 873 785.93
35 493 000								1 117 425 444.24

本次合并所产生的商誉也可得出为 819 973 157.98 元，具体计算过程见表9-3。”

表 9-3 按估值模型计算商誉过程

A	购买日前公司对颖泰嘉和股权投资账面价值	177 439 661.95 元（公司对颖泰嘉和长期股权投资 2011 年初账面价值+2011 年度该项股权按权益法确认增加价值= 145 417 835.71+32 021 826.24）
B	购买日前公司对颖泰嘉和股权投资按公允价值重新计量较原账面价值增加价值	151 522 365.43 元（328 962 027.38 − 177 439 661.95），其中，328 962 027.38 元为购买日之前持有被购买方股权按与本次发行股份新增的合并成本公允价值计算口径一致的计算方法重新计量的价值，即（1 117 425 444.24 ÷ 77.2563%）×（1−77.2563%）
C	本次吸收合并发行股份新增合并成本	1 117 425 444.24 元
D	颖新泰康合并日按公允价值调整后的归属于母公司股东的所有者权益	626 414 313.64 元
E = A+B+C−D	商誉	819 973 157.98 元

小沈的发言一讲完，立刻引起了大家的激烈争论。小薛首先就估值模型计算公式的具体应用提出异议："华邦制药如果准确地按照证监会计字〔2007〕21 号《关于证券投资基金执行〈企业会计准则〉估值业务及份额净值计价有关事项的通知》中的估值模型确定股票公允价值，那么股票的公允价值应该等于购买日的股票的市价。因为按原估值 FV = C+（P−C）×（D1−Dr）÷D1 中，C 为该非公开发行有明确锁定期的股票的初始取得成本（因权益业务导致市场价格除权时，应于除权日对其初始取得成本作相应调整）；D1 为该非公开发行有明确锁定期的股票锁定期所含的交易所的交易天数。华邦制药对 C 和 D1 的判断为：C 为公司本次换股吸收合并确定的交易对价，也是本次换股吸收合并董事会决议日前后公司股票成交均价；D1 为本次吸收合并董事会决议日（2009 年 9 月 11 日，假定为本次换股合并发行股票的完成日）至本次吸收合并换股发行股票限售锁定期结束期间的交易所的交易天数。在董事会决议日 2009 年 9 月 11 日时，股票并未增发上市，李生学等自然人并未认购股票。而且股票锁定期限为李生学等自然人取得的股份自登记至其账户之日起 12 个月内不上市交易或转让，因此股票锁定期限的计算应从购买日而不是董事会决议日开始。所以，如果准确地按照模型定义，那么根据模型计算的结果应该是 FV = P，即购买日的股价作为发行股份的公允价值。其次，估值模型 FV = C+（P−C）×（D1−Dr）÷D1 从本质上讲是一个线性平滑模型，其优势是简单、方便，但也存在一些明显的缺陷。比如：①此估值模型的原理其实是用董事会公告日至购买日公司股价的变动模拟购买日后锁定期内公司股价的变动情况，以此推算锁

定期到期时公司的股价。这显然与财务经典理论中有效市场假说 EMH 相矛盾，股价的变动应该是随机的，而不是可以预测的。②在这一模型下，不同时间或者以不同的买价购入的同一限售股权，即使剩余到期日相同，按照这一模型也会得出不同的计算结果。③此模型没有考虑时间价值，其计算的价值其实是终值而不是现值。④证监会计字〔2007〕21 号文出台的背景是新准则刚刚出台，在对公允价值运用尚未熟知的情况下，对具有锁定期股票的公允价值计量所采用的一种便利方法。在现阶段会计规范逐渐完善的情况下，本案例再次选择此方法已不适宜。⑤公允价值的采用顺序依次为：市价、同类产品的市价和估值模型，因此估值模型的采用顺序应该排在最末端，在没有市价可供选择的情况下采用。”

鉴于估值模型合并成本存在的缺陷，小薛另辟蹊径从商誉的本质出发，提出了自己对本次合并中商誉计量的看法：“由于我国确认的商誉实际上都是外购商誉，体现为被并购方的超额收益能力。在并购的情形下，商誉可以用购买方愿意为被购买方的超额收益能力多支付的金额进行度量。因此，商誉应该体现为购买方和被购买方签订协议时（董事会公告日），购买方愿意付出的超出被购买方可辨认净资产的公允价值所应享受的份额后的金额。商誉 = 发行权益的数量×董事会公告日的股价 - 购买日颖泰嘉和可辨认净资产的公允价值。”

小沈反驳道：“如果这样处理存在时间不匹配的问题。在董事会公告日合并双方没有进行实质性的交易，只是一个交易协议，相关资产和负债的收益和报酬风险并没有转移，交易的真正达成要等到购买日。因此，商誉的确认中，一方面合并成本使用董事会决议公告日前后的股价均价；另一方面被合并方可辨认净资产的公允价值却使用购买日的公允价值，因此两者不相一致，也不相匹配。”

小薛思考了一会儿，补充说道：“你说得很有道理，不过我们可以对上面的公式进行改进。考虑到时间匹配后，应考虑购买日的股价的影响。董事会公告日至购买日股价的变动应区分处理：一方面，以发行权益支付合并对价时，在双方合并协议签订后，在一个‘小窗口’内产生的股价变动，可能反映了合并的协同效应，符合商誉的定义[①]，可以计入商誉中。另一方面，之后由于市场波动产生的发行权益公允价值的波动，从理论上讲不应计入商誉中，而应计入营业外收支或者投资收益中。”

最后，小薛总结道：“我们可以结合这 3 种处理的优点而形成一个综合商誉计算方案。在购买日进行财务处理，商誉 = 发行权益的数量×董事会公告日的股价-购并日颖泰嘉和可辨认净资产的公允价值+董事会公告日后‘小窗口’内的股价变动×发行权益的数量。由于估值模型存在缺陷，我们可以采用 B-S 模型来估算购买日

---

① 准确地讲，“小窗口”内的股价波动中的一部分属于商誉，具体比例取决于双方的谈判力。

发行权益的公允价值[①]。购买日发行权益的公允价值与‘小窗口’截止日股价之间的差异应计入营业外收支或者投资收益中。”

★ 下一步的行动

审计项目负责人叶周在听了项目组成员对于并购会计类型认定，以及不同合并成本方法的计量等后，陷入了沉思。为了真实公允地反映企业的财务状况、经营成果与现金流量，应该将本次并购界定为何种类型？为了真实公允地反映华邦制药吸收合并颖泰嘉和产生的商誉，应如何确定合并成本，尤其是如何确定带有锁定期的定向发行股票的公允价值？

思考分析题

1. 从会计角度来看，华邦制药合并颖泰嘉和的合并类型认定有几种观点？不同观点对合并商誉的影响有何不同？说明你的看法以及理由。

2. 你认为本案例中企业合并的购买日是哪一天？

3. 如果你是并购后子公司颖新泰康的财务负责人，对于本次交易颖新泰康应如何进行会计处理？

4. 如果你是华邦制药的财务总监，对于本次交易华邦制药应如何进行会计处理？

5. 如果你是审计项目负责人，对于本次合并华邦制药的合并成本以及商誉的计量，请评述项目组成员观点的正确与错误之处，说明不同观点对企业的财务影响，指出不同观点的优劣之处。注意说明你的倾向性意见。

6. （可选）如果在2011年12月股票交割日，华邦制药的股价下跌到20元，作为华邦制药的财务总监，你如何把本次交易在子公司颖新泰康以及母公司华邦制药的财务报表上反映？

自备参考文献

1. 中华人民共和国财政部．企业会计准则第2号——长期股权投资.2014.

2. 中华人民共和国财政部．企业会计准则第20号——企业合并.2006.

3. 中华人民共和国财政部．企业会计准则第22号——金融工具确认和计量.2017.

4. 中华人民共和国财政部．企业会计准则第33号——合并财务报表.2014.

5. 中华人民共和国财政部．企业会计准则——应用指南［M］．北京：中国财

---

① 从资产定价理论看，具有限售和锁定期的股票的公允价值，应该等于同种的可以自由流通的股票减去流通权力的价值或者根据操作性的计量应该是锁定期结束后的股票价格，将其折现到购买日的现值。也可以通过扣减掉一项认沽权证的价值进行计量，认沽权证的价值可以参照B-S模型进行定价。

政经济出版社，2006.

6. 美国财务会计准则委员会（FASB）. 2011 年第 4 号会计准则更新——公允价值计量（议题 820）. 2011.

7. 国际会计准则理事会（IASB）. 国际财务报告准则第 13 号——公允价值计量（IFRS 13）. 2011.

8. 中国证监会. 关于证券投资基金执行《企业会计准则》估值业务及份额净值计价有关事项的通知. 证监会计字〔2007〕21 号.

9. 财政部会计司. 企业会计准则讲解 2010 [M]. 北京：人民出版社，2010.

10. 中华人民共和国财政部. 财政部关于做好执行会计准则企业 2008 年年报工作的通知. 财会函〔2008〕60 号.

11. 中华人民共和国财政部. 关于执行会计准则的上市公司和非上市企业做好 2009 年年报工作的通知. 财会〔2009〕16 号.

12. 中国证监会会计部. 上市公司执行企业会计准则案例解析 [M]. 北京：中国财政经济出版社，2012.

13. 中国证监会. 上市公司重大资产重组管理办法（证监会令〔2008〕53 号）.

14. 中国证监会. 关于规范上市公司重大资产重组若干问题的规定. 证监会公告〔2008〕14 号.

15. 中国证监会. 公开发行证券的公司信息披露问题内容与格式准则第 26 号——上市公司重大资产重组申请文件. 证监会公告〔2008〕13 号.

16. 中华人民共和国财政部. 企业会计准则解释第 4 号. 2010.

17. 中国证监会. 上市公司执行企业会计准则监管问题解答. 2011.

18. 中华人民共和国财政部. 企业会计准则第 39 号——公允价值计量. 2006.

案例 10

中国平安收购深发展：非同一控制还是同一控制企业合并

2012 年 6 月 14 日，深圳发展银行股份有限公司（以下简称深发展）向深圳证券交易所提交公告，深发展已经完成吸收合并平安银行股份有限公司（以下简称平安银行）的所有法律手续，深发展和平安银行已经正式合并为一家银行。两行合并完成后，原平安银行全部资产、负债、证照、许可、业务以及人员均由深发展依法承继，附着于其资产上的全部权利和义务亦由深发展依法享有和承担，且合并后的银行名称为“平安银行股份有限公司”。2012 年 8 月 2 日证券简称“深发展”变更为“平安银行”，证券代码 000001 不变。2012 年 8 月 24 日，变更后的平安银行发布了《关于两行吸收合并实施完成的公告》。至此，国内金融史上最大的金融并购案完美收官。

中国平安保险集团有限公司（以下简称中国平安）收购深发展经历了两个阶段。其一，2009 年 6 月至 2010 年 6 月，中国平安通过与深发展第一大股东 NEWBRIDGE 的股份认购，以及通过子公司平安寿险与深发展的股份认购等交易，增持深发展股份至 29.99%；其二，2010 年 7 月至 2011 年 7 月中国平安以其持有的平安银行 90.75% 的股份以及部分现金认购深发展发行的 1 638 336 654 股股份，认购完成后，中国平安持有深发展 52.38% 的股份，深发展成为中国平安的控股子公司。

会计师事务所董浩老师在组织注册会计师后续培训中，介绍了该案例，注册会计师小李、小张、小王、小赵、小钱与小孙讨论该案例第二阶段的相关会计问题时，发生了激烈的争论。

案例情况介绍

一、交易各方公司背景

（一）中国平安

中国平安于 1988 年 4 月 22 日在深圳市工商局注册成立，设立时的注册名称为

“深圳平安保险公司”，注册资本为4 200万元，公司性质为全民所有制企业。1992年公司更名为“中国平安保险公司”，1997年公司规范登记为股份有限公司，2003年公司名称变更为“中国平安保险（集团）股份有限公司”。2004年6月24日，中国平安H股股票在联交所上市，证券代码为2318。2007年3月1日，中国平安A股股票在上交所上市，证券代码为601318。

中国平安的经营范围为“投资金融、保险企业；监督管理控股投资企业的各种国内、国际业务；开展资金运用业务”。中国平安借助旗下主要子公司，通过多渠道分销网络，以统一的品牌向客户提供多种金融产品和服务。截至2010年12月31日，中国平安拥有超过45万名保险销售代理人，以及遍布全国的分支机构及营销服务部门，通过旗下各专业子公司共为约6 000万名客户提供了保险保障、投资理财等各项金融服务。中国平安的股权结构较为分散，不存在依其持有的股份所享有的表决权足以对中国平安股东大会的决议产生重大影响的股东，也不存在实际控制人。2008—2011年持有中国平安5%以上股份的股东名称及持股比例见表10-1。

表10-1　2008—2011年持有中国平安5%以上股份的股东名称及持股比例

序号	2008年12月31日		2009年12月31日		2010年12月31日		2011年12月31日	
	名称	持股比例（%）	名称	持股比例（%）	名称	持股比例（%）	名称	持股比例（%）
1	汇丰保险控股有限公司	8.43	汇丰保险控股有限公司	8.43	汇丰保险控股有限公司	8.10	汇丰保险控股有限公司	7.82
2	香港上海汇丰银行有限公司	8.36	香港上海汇丰银行有限公司	8.36	香港上海汇丰银行有限公司	8.03	香港上海汇丰银行有限公司	7.76
3	深圳市投资控股有限公司	7.44	深圳市投资控股有限公司	6.55	深圳市投资控股有限公司	6.30	深圳市投资控股有限公司	6.08
4	深圳市新豪时投资发展有限公司	5.30	深圳市新豪时投资发展有限公司	5.30				
5	源信行投资有限公司	5.17	源信行投资有限公司	5.17				

（二）深发展

深发展是在对深圳经济特区原6家农村信用合作社进行股份制改造的基础上设立的股份制商业银行。1987年5月10日，深圳信用银行筹备组以自由认购的形式向社会公众发行深圳信用银行普通股股票50万股，每股面值为人民币20元，社会公众实际认购股票396 894股。1987年12月22日，深发展在深圳市工商局注册成立，注册名称为“深圳发展银行”，并于1991年于深圳证券交易所上市。截至2010年12月31日，深发展按资产规模排在我国股份制商业银行第9名，深发展在全国20个城市拥有304个营业网点，其战略性经营网络集中于中国相对发达的地区如珠江三角洲、环渤海地区、长江三角洲，同时也正在发展中国中西部主要城市的网络。

深发展的主营业务经营范围包括：办理人民币存、贷、结算、汇兑业务；人民币票据承兑和贴现；各项信托业务；经监管机构批准发行或买卖人民币有价证券；外汇存款、汇款；境内境外借款；在境内境外发行或代理发行外币有价证券；贸易、非贸易结算；外币票据的承兑和贴现；外汇放款；代客买卖外汇及外币有价证券，自营外汇买卖；资信调查、咨询、见证业务；保险兼业代理业务；黄金现货买卖、黄金收购、同业黄金拆借、向企业租赁黄金、黄金项目融资，以及对居民个人开办黄金投资产品零售业务；经有关监管机构批准或允许的其他业务。

2004年12月20日至2010年5月6日，深发展第一大股东均为Newbridge Asia AIV Ⅲ, L. P.（以下简称NEWBRIDGE），持股比例为16.76%，NEWBRIDGE的所有投资和运营决策均由作为其无限合伙人的Newbridge Asia GenPar AIV III, L. P.决定，而Newbridge Asia GenPar AIV III, L. P.的投资和运营决策均由作为其无限合伙人的Tarrant Advisors, Inc.和Blum G. A., LLC（其中Blum G. A., LLC由其管理合伙人Blum Investment Partners, Inc.管理）决定。Tarrant Advisors, Inc.和Blum G. A., LLC的控制人分别为David Bonderman、James G. Coulter及Richard C. Blum先生（均为美国公民），即此3名自然人为深发展2004年12月20日至2010年5月6日的最终控制人。2008—2011年深发展前十大股东名称及持股比例见表10-2。

（三）平安银行

平安银行系由深圳市商业银行股份有限公司（以下简称深圳市商业银行）吸收合并平安银行有限责任公司变更而成的股份制商业银行。深圳市商业银行原名为“深圳城市合作商业银行”，于1995年8月在原深圳市16家城市信用合作社的基础上组建成立的股份制银行。1998年6月，“深圳城市合作商业银行”变更名称为“深圳市商业银行股份有限公司”。2006年中国平安收购深圳市商业银行的股份并对深圳市商业银行增资，增资完成后，中国平安持股比例约占深圳市商业银行总股本的89.24%。平安银行有限责任公司原名为福建亚洲银行，于1993年1月注册成立。2003年12月，平安信托收购福建亚洲银行股东中国银行所持福建亚洲银行50%的股权，福建亚洲银行中文名称正式变更为“平安银行有限责任公司”。2007

表 10-2 2008—2011 年深发展前十大股东名称及持股比例

序号	2008 年 12 月 31 日		2009 年 12 月 31 日		2010 年 12 月 31 日		2011 年 12 月 31 日	
	名称	持股比例（%）	名称	持股比例（%）	名称	持股比例（%）	名称	持股比例（%）
1	NEWBRIDGE	16.76	NEWBRIDGE	16.76	中国平安保险（集团）股份有限公司	14.96	中国平安保险（集团）股份有限公司	42.16
2	中国平安人寿保险股份有限公司——传统——普通保险产品	4.68	中国平安人寿保险股份有限公司——传统——普通保险产品	4.54	中国平安人寿保险股份有限公司——自有资金	10.89	中国平安人寿保险股份有限公司——自有资金	7.41
3	深圳中电投资股份有限公司	2.81	深圳中电投资股份有限公司	2.81	中国平安人寿保险股份有限公司——传统——普通保险产品①	4.04	中国平安人寿保险股份有限公司——传统——普通保险产品②	2.75
4	中国太平洋人寿保险股份有限公司——传统	2.64	中国人寿保险股份有限公司——分红	2.04	深圳中电投资股份有限公司	2.51	深圳中电投资股份有限公司	1.71
5	中国建设银行	1.71	融通新蓝筹证券投资基金	1.49	中国人寿保险股份有限公司——分红	1.82	中国人寿保险股份有限公司——分红	1.24
6	上海浦东发展银行	1.51	海通证券股份有限公司	1.49	海通证券股份有限公司	1.33	海通证券股份有限公司	0.93
7	海通证券股份有限公司	1.50	中国农业银行	1.42	全国社保基金	1.16	中国银行	0.80

① 截至 2010 年 12 月 31 日，中国平安保险（集团）股份有限公司对中国平安人寿保险股份有限公司的持股比例为 99.51%，表决权比例为 99.51%。

② 截至 2011 年 12 月 31 日，中国平安保险（集团）股份有限公司对中国平安人寿保险股份有限公司的持股比例为 99.51%，表决权比例为 99.51%。

续表

序号	2008年12月31日		2009年12月31日		2010年12月31日		2011年12月31日	
	名称	持股比例（%）	名称	持股比例（%）	名称	持股比例（%）	名称	持股比例（%）
8	中国工商银行	1.09	MORGAN STANLEY & CO. INTERN ATIONAL PLC	1.10	中国银行	0.99	全国社保基金	0.72
9	中国农业银行	0.96	中国工商银行	1.03	上海浦东发展银行	0.96	中国人寿保险股份有限公司——传统	0.61
10	深圳市宏业科技实业有限公司	0.88	中国人寿保险股份有限公司——传统	1.01	中国人寿保险股份有限公司——传统	0.90	中国农业银行	0.59

年6月，深圳市商业银行吸收合并平安银行有限责任公司，深圳市商业银行更名为"深圳平安银行股份有限公司"。2009年2月，"深圳平安银行股份有限公司"变更企业名称为"平安银行股份有限公司"。

平安银行的主营业务包括零售业务、公司业务、信用卡业务和资金业务，各项业务自2006年重组以来稳步发展，经营状况良好。2006年中国平安完成对深圳市商业银行的收购和注资，使该银行的资本实力获得大幅提升，发展能力显著提高，逐步确立了向零售银行、中小企业和信用卡三大战略业务转型的目标。经历了2～3年的时间，平安银行顺利完成内部重组，建立起新的管理架构体系和风险管理体制，完成系统升级，积极开展跨区经营。截至2010年末、2009年末和2008年末，平安银行资产总额分别达到2 557.74亿元、2 206.81亿元和1 459.23亿元，同比增长分别为350.93亿元、747.58亿元和43.04亿元，增幅分别为15.90%、51.23%和3.04%；发放贷款及垫款总额分别达到1 307.98亿元、1 075.62亿元和724.86亿元，分别同比增长232.36亿元、350.76亿元和105.86亿元，增幅分别达21.60%、48.39%和17.10%。

平安银行于2002年4月和2003年1月实施了第一期员工持股方案，首期共计1 155名员工合计持有平安银行79 578 000股股份；于2004年11月和2005年12月实施了第二期员工持股方案，第二期共计1 456名员工合计持有平安银行159 676 000股股份；截至2010年12月31日，平安银行自然人股东共计持有平安银行247 578 984股股份，约占平安银行总股本的2.87%。截至2010年12月31日，中国平安持有平安银行7 825 181 106股股份，约占平安银行总股本的90.75%，是平安银行的控股股东。经过中国平安对深发展的收购之后，截至2011年12月31日，中国平安对平安银行间接持股比例为47.53%，表决权比例为90.75%。

二、中国平安收购深发展的主要过程

（一）交易背景

2010 年 5 月，中国平安以向 NEWBRIDGE 定向发行 299 088 758 股 H 股作为对价，受让了 NEWBRIDGE 持有的深发展 520 414 439 股 A 股股份；2010 年 6 月，平安寿险认购了深发展非公开发行的 379 580 000 股 A 股股份。截至 2010 年 9 月，中国平安及控股子公司平安寿险合计持有深发展 1 045 322 687 股股份，约占深发展总股本的 29.99%。此外，中国平安还持有平安银行 7 825 181 106 股股份，约占平安银行总股本的 90.75%，是平安银行的控股股东。

中国银监会下发的《中国银监会关于深圳发展银行股权转让及相关股东资格的批复》（银监复〔2010〕147 号文）要求，为确保同业竞争的公平性，在中国平安上述受让 NEWBRIDGE 持有的深发展股份以及平安寿险上述认购深发展非公开发行股份完成后的 1 年内，深发展应与平安银行完成整合。

为符合中国银监会上述相关要求，深发展已分别于 2010 年 6 月 30 日和 2010 年 9 月 2 日发出了《深圳发展银行股份有限公司重大资产重组及连续停牌公告》和《深圳发展银行股份有限公司发行股份购买资产暨关联交易之重组预案》，根据前述公告内容，深发展拟发行股份购买中国平安持有的平安银行约 90.75% 的股份并募集等额于平安银行 9.25% 股份评估值的现金，该现金在扣除相关发行费用后将用于深发展后续整合平安银行，如未因后续整合事宜使用或有剩余，将用于补充深发展资本金。

（二）交易的目的

1. 满足监管要求，解决同业竞争

为避免潜在的同业竞争，满足银监复〔2010〕147 号文的要求，深发展和中国平安将严格按照相关法律法规和监管机构的规定，尽快启动深发展与平安银行的整合工作，履行必要的内部决策程序，并上报监管部门审批，争取在一年内完成深发展与平安银行的整合。通过本次交易，将彻底解决深发展和中国平安之间的潜在同业竞争问题。

2. 发挥协同效应

深发展长于贸易融资和供应链融资，平安银行致力于零售业务及对集团客户的交叉销售，通过本次交易，将有效实现两行优势互补，充分发挥协同效应。与此同时，双方在客户与网点渠道分布方面也存在互补优势。截至 2010 年 6 月 30 日，深发展在 20 个城市设有分行，平安银行在 9 个城市设有分行。在深圳、上海、广州、杭州等 4 个双方存在网点渠道重叠的城市，平安银行现有的网点渠道将进一步补充和加强深发展在上述 4 个城市的渠道密度和竞争优势。同时，平安银行在位于福建省的福州、厦门和泉州等 3 个城市的分行，将填补深发展网点渠道在福建省的空缺，进一步优化了深发展网点布局。此外，深发展 303 个营业网点主要集中在全国各地一二线城市，一二线城市为中国平安保险业务的强势区域，新增的银行、保险业务的区域交集将为协同效应提供更大的可能和更高的效率。

此外，通过本次交易，也可实现两行在 IT 系统、信用卡和 ATM 自动取款机等方面业务的资源整合。

3. 提高综合竞争力

本次交易完成后，深发展的总资产规模大幅上升，国内网络渠道布局的覆盖广度和深度亦明显加强，由此，深发展的抗风险能力和可持续发展的能力都得到显著提升。

本次交易的核心内容是中国平安将其银行业务注入深发展并成为深发展的控股股东，本次交易完成后，深发展的银行业务和网点渠道布局与中国平安强大的客户资源和多元化金融产品服务能力将形成更为有效的交叉销售能力，深发展的银行业务市场份额和盈利能力都有望得到显著提升。

通过本次交易，深发展也将更好地融入中国平安国际领先的一站式金融服务平台，实现业务的集中化管理，通过不断提升客户体验和提供更广泛的金融服务巩固自身的综合竞争力。

（三）主要交易过程

截至 2008 年 12 月 31 日，深发展总股本 3 105 433 762 股，NEWBRIDGE 作为深发展的第一大股东，持有深发展 520 414 439 股，占总股本的 16.76%。中国平安持有深发展 1 056 423 股，平安寿险持有深发展 144 271 825 股，由于平安寿险系中国平安的控股子公司，因此平安寿险持有的深发展股份亦属于中国平安拥有权益的深发展股份，中国平安合计持有深发展 145 328 248 股，占深发展总股本的 4.68%。

2009 年 6 月至 2011 年 7 月中国平安完成对深发展的收购，该收购过程主要分为两个阶段：其一，2009 年 6 月至 2010 年 6 月，中国平安通过与深发展第一大股东 NEWBRIDGE 的股份认购，以及通过子公司平安寿险与深发展的股份认购等交易，增持深发展股份至 29.99%；其二，2010 年 7 月至 2011 年 7 月中国平安以其持有的平安银行 90.75% 的股份以及部分现金认购深发展发行的 1 638 336 654 股股份，认购完成后，中国平安持有深发展 52.38% 的股份，深发展成为中国平安的控股子公司。中国平安收购深发展的具体过程见表 10-3。

表 10-3 **中国平安收购深发展的具体过程**

时间	主要事项
2009 年 6 月 12 日	平安寿险与深发展签署《股份认购协议》，平安寿险认购深发展非公开发行的不少于 3.70 亿股但不超过 5.85 亿股的股份，每股认购价格为 18.26 元人民币
2009 年 6 月 12 日	中国平安与深发展第一大股东 NEWBRIDGE 签署《股份购买协议》，受让 NEWBRIDGE 持有的深发展 520 414 439 股股份（占签署日深发展总股本的 16.76%）。NEWBRIDGE 有权按照协议的约定选择要求中国平安全部以现金人民币 11 449 117 658 元支付或者全部以中国平安新发行的 299 088 758 股 H 股支付

续表

时间	主要事项
2010 年 5 月 4 日	中国证监会核准中国平安向 NEWBRIDGE 定向增发 299 088 758 股境外上市外资股，NEWBRIDGE 以其所持有的深发展 520 414 439 股股份作为支付对价
2010 年 5 月 6 日	中国平安向 NEWBRIDGE 发行 299 088 758 股 H 股作为支付对价的相关手续办理完成
2010 年 5 月 7 日	NEWBRIDGE 将其所持有的深发展 520 414 439 股股份全部过户至中国平安名下，本次过户完成之后，中国平安及平安人寿合计持有深发展 665 742 687 股股份，约占深发展总股本的 21.44%
2010 年 6 月 11 日	深发展向中国平安子公司中国平安人寿保险股份有限公司非公开发行股票的申请，获得中国证监会发行审核委员会审核通过
2010 年 6 月 28 日	深发展收到中国证监会《关于核准深圳发展银行股份有限公司非公开发行股票的批复》（证监许可〔2010〕862 号），核准深发展向中国平安控股子公司中国平安人寿保险股份有限公司非公开发行不超过 379 580 000股新股
2010 年 6 月 30 日	中国平安和深发展同时发布《重大资产重组及连续停牌公告》，公告指出，中国平安和深发展两公司，拟筹划中国平安控股子公司平安银行股份有限公司与深圳发展银行股份有限公司两行整合的重大无先例资产重组事项，中国平安和深发展的股票自 2010 年 6 月 30 日起停牌
2010 年 7 月 3 日	深发展发布《关于非公开发行完成的提示性公告》，中国平安发布《关于深发展向平安人寿非公开发行完成的公告》，公告表明，深发展已向中国平安人寿保险股份有限公司发行 379 580 000 股股份，并于 2010 年 6 月 28 日收到平安人寿缴纳的非公开发行股份认购资金人民币 6 931 130 800元。本次非公开发行后，深发展总股本增加至 3 485 013 762股，中国平安和平安人寿合计持有 1 045 322 687 股公司股份，约占深发展非公开发行后总股本的 29.99%
2010 年 9 月 2 日	中国平安和深发展同时公布《发行股份购买资产暨关联交易之重组预案》，预案表明，深发展拟向中国平安发行股份，中国平安拟以其持有的平安银行约 90.75% 的股份以及部分现金认购深发展本次发行的股份
2011 年 1 月 18 日	深发展收到了中国银监会下发的《中国银监会关于深圳发展银行、平安银行重大交易及有关事项的批复》（银监复〔2011〕9 号），该交易获得中国银监会的批复

续表

时间	主要事项
2011 年 5 月 12 日	深发展公告称，公司发行股份购买资产暨关联交易之重大资产重组事宜获得中国证监会并购重组审核委员会审核有条件通过的公告
2011 年 6 月 28 日	深发展收到中国证监会《关于核准深圳发展银行股份有限公司向中国平安保险（集团）股份有限公司发行股份购买资产的批复》（证监许可〔2011〕1022 号），中国证监会核准了深发展向中国平安发行 1 638 336 654股股份购买其持有的平安银行 7 825 181 106 股股份（约占平安银行总股本的 90.75%）并向其募集人民币 269 005.23 万元
2011 年 6 月 28 日	中国平安收到中国证监会《关于核准中国平安保险（集团）股份有限公司公告深圳发展银行股份有限公司收购报告书并豁免其要约收购义务的批复》（证监许可〔2011〕1023 号），中国证监会核准豁免中国平安因以资产及现金认购深发展本次发行股份而增持深发展 1 638 336 654股股份导致合计控制深发展 2 683 659 341 股股份，约占深发展总股本的 52.38% 而应履行的要约收购义务。同时，中国平安还收到了《关于核准中国平安保险（集团）股份有限公司重大资产重组方案的批复》（证监许可〔2011〕1024 号）
2011 年 7 月 8 日	中国平安持有的平安银行股权 7 825 181 106 股（约占平安银行总股本的 90.75%）的股权在深圳联合产权交易所办理股权过户手续，股权持有人变更为深发展
2011 年 7 月 18 日	中国平安将 269 005.23 万元的人民币现金转账至深发展在中国银行开立的银行账户中
2011 年 7 月 20 日	中国证券登记结算有限责任公司深圳分公司出具了《证券登记确认书》，将深发展本次非公开发行的 1 638 336 654 股人民币普通股登记在中国平安名下。至此，中国平安及中国平安控股子公司中国平安人寿保险股份有限公司合计持有深发展 52.38% 的股份，成为深发展的控股股东，平安银行成为深发展的控股子公司
2011 年 7 月 27 日	安永华明会计师事务所针对《平安银行股份有限公司关于重组过渡期间损益实现情况的说明》出具了安永华明〔2011〕专字第 60803861_H01 号专项审核报告，确认平安银行在过渡期间未发生亏损，中国平安无须对深发展进行补偿。至此，中国平安收购深发展的重大资产重组工作已经完成

相关会计问题的讨论与分析

该案例涉及的主要会计问题有：其一，合并会计类型的确定；其二，合并成本及合并商誉的确定。会计师事务所董浩老师在组织注册会计师后续培训中，介绍了该案例，注册会计师小李、小张、小王、小赵、小钱与小孙讨论了该案例第二阶段的相关会计问题，并没有达成一致意见。

一、合并会计类型的确定

确定中国平安合并深发展的会计类型是进行相关会计处理的第一步，对此，注册会计师小李、小张和小王发表了意见：

注册会计师小李认为，中国平安以子公司平安银行股权来置换深发展的股权应该确定为多次交易分步实现的同一控制下企业合并。其原因在于：其一，中国平安在2009年6月12日之前持有深发展4.68%的股份，2010年6月28日持有深发展29.99%的股份，2011年6月28日持有深发展52.38%的股份，符合《企业会计准则讲解2010》中对多次交易分步实现企业合并的界定；其二，2010年6月28日中国平安已经持有深发展29.99%的股份，虽然形式上看，持股比例没有达到控股比例，但是，中国平安已经替代NEWBRIDGE成为深发展的第一大股东，符合上交所与深交所《股票上市规则》关于实际控制人的定义，因此2011年6月的并购应视为同一控制下企业合并。

注册会计师小张认为，中国平安合并深发展应确定为多次交易分步实现的非同一控制企业合并。其原因在于：虽然2010年6月中国平安银行已经成为深发展的第一大股东，但是并不是其控股股东，深发展2010年年报第38页披露“本行无控股股东，亦无实际控制人”，只是将中国平安作为持股5%以上股东进行披露，这表明在2011年6月收购之前，深发展根本不受中国平安控制，而2011年收购后，深发展才成为中国平安控股子公司，即深发展（被合并方）在合并前后并不是受同一方或相同多方共同控制，因此该交易应为多次交易分步实现的非同一控制下企业合并。

注册会计师小王认为，小李和小张的观点都不对，中国平安对深发展的收购是一揽子交易，根本不能确定为多次交易分步实现的企业合并形式。其原因在于，两者的交易并非以中国平安控股深发展为最终目的，而是以深发展进一步吸收合并平安银行，整合中国平安旗下银行优势资源为最终目的。2010年中国平安与NEWBRIDGE股份交易、平安寿险与深发展的股份交易，与2011年中国平安以其持有的平安银行90.75%的股份和269 005.23万元人民币购入的深发展1 638 336 654股符合《企业会计准则解释公告第5号》中关于“一揽子交易”的界定：（1）这些交易是同时或者在考虑了彼此影响的情况下订立的；（2）这些交易整体才能达成一项完整的商业结果；（3）一项交易的发生取决于其他至少一项交易的发生；（4）一项交易单独看是不经济的，但是和其他交易一并考虑时是经济的。

二、合并成本及商誉的确定

财政部2010年7月14日发布的《企业会计准则解释公告第4号》对多次交易分步实现非同一控制下企业合并的会计处理进行了详细说明，根据该解释公告，企业通过多次交易分步实现非同一控制下企业合并的，应当区分个别财务报表和合并财务报表进行相关会计处理：其一，在个别财务报表中，应当以购买日之前所持被购买方的股权投资的账面价值与购买日新增投资成本之和，作为该项投资的初始投资成本，购买日之前持有的被购买方的股权涉及其他综合收益的，应当在处置该项投资时将与其相关的其他综合收益转入当期投资收益；其二，在合并财务报表中，对于购买日之前持有的被购买方的股权，应当按照该股权在购买日的公允价值进行重新计量，公允价值与其账面价值的差额计入当期投资收益，购买日之前持有的被购买方的股权涉及其他综合收益的，与其相关的其他综合收益应当转为购买日所属当期投资收益，购买方应当在附注中披露其在购买日之前持有的被购买方的股权在购买日的公允价值、按照公允价值重新计量产生的相关利得或损失的金额。

中国平安确定的购买日为2011年7月18日。根据中国平安2011年合并财务报表的披露，中国平安在2011年7月18日之前持有的深发展29.99%的股份于购买日（2011年7月18日）的公允价值为人民币26 126百万元，与原账面价值的差异人民币1 952百万元确认为当期损失，该公允价值是根据独立评估师报告确定的。深发展在购买日可辨认资产公允价值为人民币867 744百万元，账面价值为人民币852 057百万元，可辨认负债公允价值为人民币817 801百万元，账面价值为人民币813 905百万元，可辨认净资产公允价值为人民币49 943百万元，账面价值为人民币38 152百万元。中国平安在购买日取得深发展可辨认净资产公允价值份额为人民币26 160百万元。中国平安对深发展合并成本确定为人民币34 784百万元，合并商誉为人民币8 624百万元，过程见表10-4。

表10-4 **中国平安收购深发展合并成本及合并商誉确认过程** 单位：百万元

序号	项目	金额
1	原持有的深发展股权于购买日的公允价值	26 126
2	以平安银行股权对深发展增资：	
	——原持有90.75%平安银行股权的账面价值	15 492
	——减：增资后实际间接持有47.53%平安银行股权的账面价值	8 115
3	对深发展的现金增资	
	——现金增资总额	2 690
	——减：增资后实际持有52.38%的现金增资部分	1 409
4	合并成本	34 784
5	中国平安取得的深发展可辨认净资产公允价值份额	26 160
6	合并商誉	8 624

对于上述合并成本和合并商誉的计算，注册会计师小赵、小钱、小孙与小张进行了讨论：

注册会计师小赵认为，既然中国平安将该项合并认定为多次交易分步实现的非同一控制下企业合并，那么根据《企业会计准则解释公告第 4 号》，合并财务报表中的合并成本应该为购买日之前持有的被购买方股权的公允价值与购买日新购入股权所支付对价的公允价值之和，即合并成本=购买日之前持有的被购买方股权的公允价值+购买日新购入股权支付对价中货币资金公允价值+购买日平安银行 90.75%股权的公允价值。非同一控制企业合并的基本计量基础为公允价值，不能使用 90.75%平安银行股权的账面价值 15 492 百万元作为合并成本的组成部分，因此在确定合并成本之前，中国平安应该先确定购买日平安银行 90.75%股权的公允价值，并在此基础上确定合并成本和合并商誉。

注册会计师小钱认为，本次合并后，深发展成为中国平安的控股子公司，也就是说，中国平安作为合并对价转让给深发展的平安银行 90.75%股权在合并后仍然留存在合并主体中，仍然受中国平安控制，从这点看，中国平安将平安银行股权的账面价值作为合并成本的组成部分似乎也有道理，但是在目前会计准则中找不到相应的解释。

注册会计师小孙认为，除了上述平安银行 90.75%股权的计价基础外，在合并成本中不应当考虑中国平安增资后实际间接持有 47.53%平安银行股权的价值和增资后实际持有深发展 52.38%股权的现金增资部分，即不应当将这两部分内容作为合并成本的减少项目。根据《企业会计准则第 20 号——企业合并》及《企业会计准则解释公告第 4 号》的规定，中国平安合并财务报表中的合并成本只包括购买日之前持有的被购买方股权的公允价值与购买日新购入股权所支付对价的公允价值两部分内容，不应有其他项目参与其中。中国平安通过深发展间接持有的 47.53%平安银行股权和直接持有 52.38%股权的现金增资部分，应该作为合并财务报表中国平安的长期股权投资和深发展的所有者权益的抵消项目，因此购买日所确定的合并成本中不应扣除合并后母公司所享有的子公司的所有者权益部分内容。

注册会计师小张总结到，由此看来，中国平安确认的合并成本远远低于按照会计准则相关规定应该确认的合并成本，从而避免了较高的合并商誉。根据《中国平安重大资产购买暨关联交易报告书》披露的信息，深发展新发行股份的总认购价格为每股认购价格（17.75 元/股）与股份认购数量（1 638 336 654 股）的乘积，共计 2 908 047.56 万元，中国平安向深发展支付的总认购价格由认购对价资产和认购对价现金两部分组成。根据安永华明会计师事务所出具的安永华明〔2010〕审字第 60803861_ B02 号审计报告，截至 2010 年 6 月 30 日，平安银行经审计的净资产值为 1 532 909.35 万元。根据中联资产评估有限公司出具的中联评报字〔2010〕第 698 号《深圳发展银行股份有限公司拟与平安银行股份有限公司整合项目资产评估报告》，平安银行股东全部权益在评估基准日（2010 年 6 月 30 日）的评估值为 2 908 047. 56 万元。根据《股份认购补充协议》，中国平安与深发展共同确认平安银行的最终定价为 2 908 047. 56 万元，认购对价资产的价值为 2 639 042. 33万元，认购对价现金为 269 005. 23 万元。根据这些信息，可以匡算出中国平安的合并成本为 5 520 647. 56 万元（2 612 600+2 639 042. 33 +269 005. 23），即 55 206 百万元，比其合并财务报表中确认的合并成本高出 20 422 百万元。同时，根据匡算的合并成本可以计算出合并商誉为 29 046 百万元，是其合并财务报表中确认的合并商誉 8 624 百万元的 3. 37 倍。

★ 下一步的行动

会计师事务所董浩老师听着学员们对中国平安合并深发展的会计类型认定、合并成本与商誉计量的争论，深感需要进一步澄清同一控制、非同一控制以及一揽子交易的概念，以便学员们能更好地理解本交易的经济实质，并确定相应的会计处理原则，来真实反映企业的财务状况、经营成果与现金流量。

思考分析题

1. 小李认为本次交易应该确定为多次交易分步实现的同一控制下企业合并，你是否认可他的观点，并说明理由。

2. 小张认为本次交易为多次交易分步实现的非同一控制企业合并，你是否认同其观点，并说明理由。

3. 小王认为本次交易为非同一控制下企业合并的一揽子交易，你是否认同其观点，并说明理由。

4. 请说明小李、小张与小王的核算方法的差异及其对中国平安个别与合并财务报表的影响。

5. 你认为中国平安合并财务报表中合并成本和商誉的确定是否符合我国相关会计准则的规定？为什么？

6. 请对小赵、小钱、小孙与小张围绕中国平安合并财务报表合并成本和商誉所发表的意见进行评价与分析。

自备参考文献

1. 中华人民共和国财政部．企业会计准则第 2 号——长期股权投资．2014.

2. 中华人民共和国财政部．企业会计准则第 20 号——企业合并．2006.

3. 中华人民共和国财政部．企业会计准则第 22 号——金融工具确认和计量．2017.

4. 中华人民共和国财政部．企业会计准则第 33 号——合并财务报表．2014.

5. 中华人民共和国财政部．企业会计准则——应用指南［M］．北京：中国财

政经济出版社，2006.

6. 财政部会计司．企业会计准则讲解 2010 [M]．北京：人民出版社，2010.

7. 中华人民共和国财政部．财政部关于做好执行会计准则企业 2008 年年报工作的通知．财会函〔2008〕60 号．

8. 中华人民共和国财政部．企业会计准则解释第 5 号．财会〔2012〕19 号．

9. 中国证券监督管理委员会会计部．上市公司执行企业会计准则案例解析 [M]．北京：中国财政经济出版社，2012.

10. 国际会计准则理事会（IASB）．国际财务报告准则第 3 号——企业合并．2011.

案例 11

世纪科技收购珠江红力：分步合并如何核算

世纪电子科技股份有限公司（以下简称世纪科技）原持有珠江红力化油器有限公司（以下简称珠江红力）32%的股权。2013年6月，世纪科技拟以人民币5 195.64万元的协议价格从股东日本株式会社东川精机制作所（以下简称日本东川）手中收购珠江红力20%的股权。此次20%股权的收购使世纪科技完成了对珠江红力的合并，成为其控股股东①。

担任世纪科技2013年年报预审工作的黎明会计师事务所审计业务部门经理王芳、项目负责人李四海、注册会计师苗青对本次交易的有关会计问题进行了讨论。

案例情况介绍

一、交易各方简介

（一）交易主体：世纪科技

世纪科技所处行业为汽车零部件制造行业，主营汽车零部件的制造、销售和研制等，主要产品包括汽车仪表系统、饰件系统、制动系统、供油系统产品，车身控制器等汽车电子系统产品。该公司于1997年7月3日挂牌上市。截至2012年末，世纪科技的股本为31 356万元，其控股股东为世纪汽车零部件（集团）有限公司，持有其65%的股份。2012年世纪科技的利润及现金流量有关数据见表11-1。

截至2013年6月30日，世纪科技持有珠江红力32%的股权，该项长期股权投资按权益法核算的账面价值为6 471.11万元。

（二）交易标的：珠江红力

珠江红力成立于1992年11月，由世纪科技、珠江南都化油器厂（以下简称珠江南都）和香港卓越工业投资有限公司（以下简称香港卓越）共同出资组建，原

---

① 为了客户保密的需要，本案例的公司名称与相关资料进行了化名处理。

表 11-1　　2012 年世纪科技的利润及现金流量有关数据　　单位：万元

项目	金额
营业利润	24 832. 12
利润总额	24 390. 41
归属于上市公司股东的净利润	16 385. 10
归属于上市公司股东的扣除非经常性损益后的净利润	16 779. 13
经营活动产生的现金流量净额	6 833. 00

注册资本为 1 200 万美元，其中世纪科技出资 480 万美元，占 40%；珠江南都出资 300 万美元，占 25%；香港卓越出资 420 万美元，占 35%。1995 年 3 月，根据市对外经济贸易委员会的批复，珠江红力引进了新的股东日本东川，并进行了增资扩股。增资后，珠江红力的注册资本变更为 2 125 万美元，其中，世纪科技出资 680 万美元，占 32%；珠江南都出资 425 万美元，占 20%；香港卓越出资 595 万美元，占 28%；日本东川出资 425 万美元，占 20%。2013 年交易前珠江红力的股权结构如图 11-1 所示。

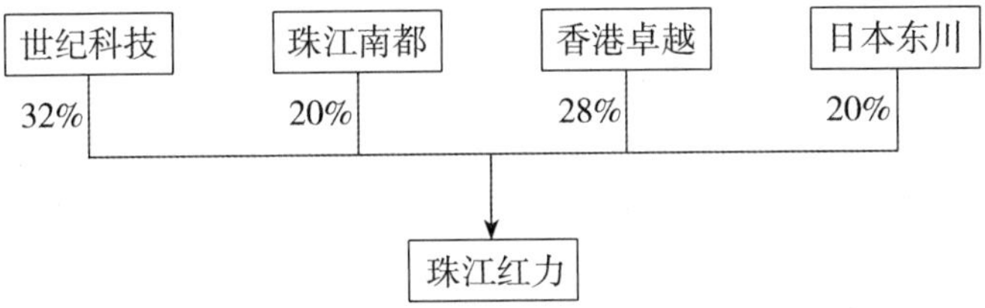

图 11-1　2013 年交易前珠江红力的股权结构

珠江红力的经营范围为生产和销售各种汽车、摩托车化油器及其他零部件。由上海立信资产评估有限公司出具的信资评报字〔2012〕第 238 号《珠江红力化油器有限公司股权转让整体资产评估报告书》显示：以 2012 年 8 月 31 日为评估基准日，珠江红力的账面净资产为人民币 21 605. 79 万元，评估值为人民币 25 978. 18 万元；本次交易前珠江红力是国内最大的摩托车化油器生产经营企业，国内摩托车化油器市场占有率为 28%；珠江红力 2009—2012 年 8 月销售收入及盈利情况见表 11-2。

表 11-2　　珠江红力 2009—2012 年 8 月销售收入及盈利情况　　单位：万元

项目	2009 年	2010 年	2011 年	2012 年 1—8 月
销售收入	36 910. 56	40 683. 98	44 267. 28	34 903. 24
净利润	2 426. 50	2 748. 14	7 818. 90	5 818. 05
销售净利率	6. 57%	6. 75%	17. 66%	16. 67%

二、世纪科技受让股权案例的背景及进程

（一）并购背景与目的

一方面，日本东川由于受到全球经济危机的影响在全球收缩投资，2012 年末

已正式向珠江红力的其他股东方提出撤资要求。另一方面，珠江红力有着良好的收益性和成长性，在国内摩托车化油器市场的占有率较高。如果能够控制珠江红力，将提升世纪科技有色铸件业务的地位和竞争力，同时可以增加其利润以及合并财务报表中的营业收入。故世纪科技拟受让日本东川所持珠江红力 20% 股权，以获得对珠江红力的控制权，将珠江红力纳入合并范围。

（二）世纪科技受让股权案例的概要

根据股权转让合同，世纪科技将从日本东川手中受让珠江红力 20% 的股权，协议价格为人民币 5 195.64 万元，合并日珠江红力的可辨认净资产公允价值为人民币 25 085.60 万元，账面净资产价值为人民币 21 605.80 万元，评估增值人民币 3 479.80万元。2013 年 6 月 19 日珠江红力办妥股东及股权变更的相关工商登记，世纪科技于 2013 年 8 月 24 日以现金一次性支付交易全部价款并代扣相关的股权税费，日本东川于 2013 年 8 月 31 日发出收款书面通知。此次受让 20% 股权后，世纪科技总共获得珠江红力 52% 的股权，实现了对珠江红力的企业合并。该项股权转让合同的其他主要条款如下：

第 1 条（本项股权的转让）

5. 在本合同第 5 条第 3 款规定的生效日后的 5 个工作日内，世纪科技应以美元现金的方式将本转让价款一次性汇到日本东川指定的银行账户。日本东川确认该汇款到账后，应立即书面通知世纪科技、珠江南都和香港卓越及珠江红力。该书面通知发出之日视为本项股权的转让完成日。

第 3 条（派遣董事的辞职）

日本东川应免去其派遣到珠江红力的董事，该董事免职于本合同第 1 条第 5 款规定的本项股权的转让完成日（即日本东川确认该汇款到账后，应立即书面通知世纪科技、珠江南都和香港卓越及珠江红力。该书面通知发出之日视为本项股权的转让完成日）生效。世纪科技、珠江南都和香港卓越及珠江红力保证责成珠江红力董事会接受日本东川派遣董事的上述辞职。

第 4 条（新合资合同、新章程的签订）

2. 新合资合同及新章程自本合同第 5 条第 3 款规定的生效日起生效。自新合资合同及新章程生效时起，日本东川在原合资合同及原章程上的全部义务免除。

第 5 条（本合同等的生效）

1. 本合同规定的本项股权的转让，以下列各项条件全部满足为前提条件。

A. 珠江红力董事会作出了本合同第 2 条规定的全部必要的决议。

B. 本合同第 1 条规定的本项股权的转让、本合同第 4 条规定的新合资合同及新章程已取得中国政府有关审批部门全部必要的批准。

2. 珠江红力应尽最大的努力使前款规定的各项条件尽早得到满足。本合同其他当事人均应尽快提供所需的一切协助。

3. 本合同规定的本项股权的转让，自本合同书以及新合资合同和新章程取得中国政府有关审批部门无条件批准之日（在本合同书中，取得该批准之日称为“生效日”）起始发生法律效力。

第 6 条（变更工商登记）

珠江红力应在本项股权的转让完成日后 14 个工作日内，就本合同规定的珠江红力股东的变更事宜，向工商部门办理完工商登记的变更手续，并将工商登记的变更文件的复印件发送给日本东川。

（三）世纪科技受让股权的进程

2013 年 1 月 13 日，世纪科技召开了第五届董事会 2013 年第一次临时会议，审议关于珠江红力 20% 股权受让的议案。

2013 年 2 月 28 日，世纪科技 2013 年第一次临时股东大会全票通过了对珠江红力 20% 股权受让的议案。

2013 年 6 月 19 日，珠江红力办妥股东及股权变更相关的工商登记。

2013 年 6 月 20 日，世纪科技发布公告称：“本次股权协议受让已完成，本公司持有珠江红力 52.00% 股权，成为珠江红力的控股股东，原股东日本东川不再持有珠江红力的股份。”

2013 年 8 月 24 日，世纪科技以现金一次性支付交易全部价款人民币 5 195.64 万元并代扣相关的股权转让税费。

2013 年 8 月 31 日，日方股东发出书面收款通知。

2013 年世纪科技完成股权收购后，珠江红力的股权结构如图 11-2 所示。

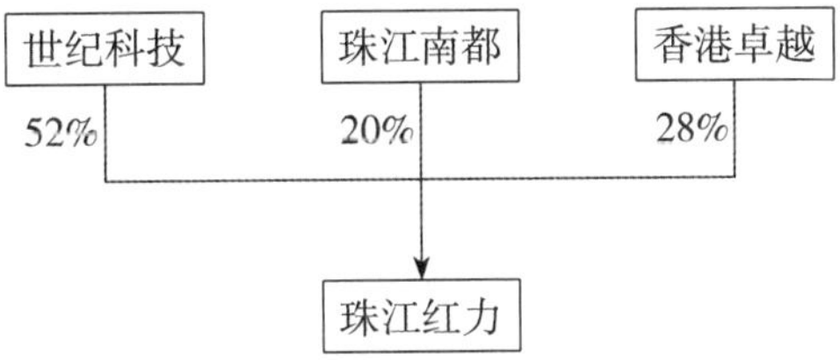

图 11-2 2013 年交易后珠江红力的股权结构

相关会计问题的讨论与分析

在对世纪科技 2013 年报进行预审时，黎明会计师事务所审计业务部门经理王芳、项目负责人李四海和注册会计师苗青对世纪科技发生于该年度的企业合并交易进行了讨论，在以下 4 个会计问题上存在意见分歧：合并日的确定、合并日对原持有被购买方股权的重新计量、合并商誉的计量以及暂时性差异和相关交易所得税会计处理。

一、合并日的确定

合并日确认的关键在于合并方何时“控制”被合并方，而世纪科技对珠江红力的合并日，关系到世纪科技2013年半年报的编制和年度报告的列报。审计业务部门经理王芳、项目负责人李四海和注册会计师苗青对于何时“控制”的把握各持己见。

项目负责人李四海说：“我觉得应当将2013年6月19日即办妥工商变更登记日作为合并日。该项股权转让合同中第6条明确规定：珠江红力应在本项股权的转让完成日后14个工作日内，就本合同规定的珠江红力股东的变更事宜，向工商部门办理完工商登记的变更手续，并将工商登记的变更文件的复印件发送给日本东川。珠江红力于2013年6月19日办妥工商变更登记，说明本次股权转让交易已经完成，将该日作为合并日是合理的。”

部门经理王芳发表意见说：“我不赞同四海的看法，我认为应当将2013年8月31日作为合并日。2013年6月19日虽然完成了相应的工商变更登记，但世纪科技受让股权的款项尚未支付，日本东川确认收款的书面通知书还未收到，对照《企业会计准则第20号——企业合并》中确定合并日的5个条件，未能同时满足，即不符合‘购买方已支付了大多数（通常应超出50%）的价格，而且有能力、有计划可以付剩下的价款’；对照股权转让合同，也不符合该合同第1条第5款的约定，该项条款明确，日本东川确认股权转让款项到账后，给世纪科技、珠江南都和香港卓越及珠江红力的收款确认书面通知发出之日视为本项股权的转让完成日。因此，世纪科技只有在收到日本东川的收款确认书面通知时，才能确认此项股权转让完成。”

注册会计师苗青说：“两者比较，我倾向于将2013年6月19日确定为合并日。办妥工商变更登记，就意味着日方股东已经退出该企业，从法律生效的角度来看，日本东川自2013年6月19日起不再参与珠江红力董事会中的所有事宜，而世纪科技取得了对珠江红力的实际控制权。从交易的动机来看，日方股东因受金融危机影响自愿撤资，世纪科技考虑到珠江红力的良好成长性自愿追加投资，双方均无可能反悔。”

二、合并日对原持有被购买方股权的重新计量

对于合并日之前持有的被购买方股权如何重新计量，是分步合并中特有的一个重要会计问题，这不仅涉及合并成本的确定，还涉及合并商誉及原持有股权调账产生收益的确认与计量问题。《企业会计准则解释第4号》规定：在非同一控制下的分步合并，合并财务报表中需要对合并日之前持有的被购买方股权，依照该股权在购买日的公允价值进行计量。但是如何重新计量，现行会计准则并没有明确规定。部门经理王芳、项目负责人李四海和注册会计师苗青都对此发表了不同的观点。

项目负责人李四海说："原 32% 股权的公允价值可以参照追加购买 20% 股权所支付的对价进行推算，由于该对价是在并购双方自愿的基础上确定的，具有公允性，即原 32% 股权的公允价值为人民币 8 313.02 万元（受让 20% 股权所付对价 5 195.64÷20% ×32%）。"

部门经理王芳则反驳道："我不同意四海的观点，因为世纪科技本次增持珠江红力 20% 股权后，就能对珠江红力实施控制，因此其所支付的对价内很可能存在控制权溢价。我认为其原持有珠江红力 32% 股权的公允价值，应当根据合并日其可辨认净资产公允价值的份额计量，这样的计算结果会使得合并成本更加接近所购买净资产份额的价值，即原 32% 股权的公允价值为人民币 8 027.39 万元（合并日珠江红力可辨认净资产公允价值 25 085.60×32%）。"

注册会计师苗青说："你们俩人的意见我都不能接受。我不明白为什么要对世纪科技原持有珠江红力 32% 的股权按照合并日的公允价值调整？这样调整，还会产生差额。如果以世纪科技持有珠江红力 32% 股权的 2013 年 6 月末账面价值人民币 6 471.11 万元计算，无论按照你们俩人提出的哪一种方法确定的公允价值调账，都会引发人民币一千几百万元收益的确认，这都是对原持有股权重新计量惹的事。原持有珠江红力 32% 的股权并没有处置，怎么能够确认处置收益呢？"

三、合并商誉的计量

商誉不可能直接计量，其作为残值计量。商誉一般是指在企业收购和兼并中收购企业所支付的价款与取得被购买企业可辨认净资产公允价值份额之间的差额。在分步交易实现的企业合并中，商誉是分次计量后加总还是在合并日一次计量比较合理呢？部门经理王芳和项目负责人李四海又讨论得很热烈。

项目负责人李四海说："一个主体分步合并另一个主体时，应以每步的成本与取得的相关可辨认净资产的公允价值份额之差来计量商誉。《〈企业会计准则第 20 号——企业合并〉应用指南》四（三）明确规定：'购买方在购买日确认的商誉（或计入损益的金额）应为每一单项交易产生的商誉（或应予确认损益的金额）之和。'"

部门经理王芳说："我认为在分步合并的情况下商誉只应在合并日一次计量。我并不觉得四海的观点在理论上有什么错误，但是以每步的成本与取得的相关可辨认净资产的公允价值之差额来计量商誉，处理成本是很高的，而且按四海的方法处理在实务中操作可能面临困难。因为它要求购买方在每次股权交易时都要确定在每一交易日获得的可辨认净资产的分配额。由于历史久远，不一定能够取得以前的股权交易有关信息。如果采取在实现合并时以被合并方净资产合并日公允价值为基础一次计量商誉的方法，即把在合并日之前所持被合并方股权在合并日重新计量的价值加上合并日支付的对价，与被合并方可辨认净资产在合并日公允价值份额的差额确认为商誉，这样处理可以简化分步合并有关商誉的计量。"

项目负责人李四海说："我还是认为，分步计量后加总确定商誉更加合理，因为其考虑了投资者（已成为母公司）持有某一特定子公司股份程度的影响。在购买日按投资者合并成本一次计量商誉，着重考虑的是达到合并的最后一次股权交易所产生的商誉，往往忽略了投资者（已成为母公司）持有某一特定子公司股份的程度。例如，对同一家公司分别在相同的时点进行初始投资和追加投资，先持有49%股权再增持2%股权，与先持有2%股权再增持49%股权相比较，如果按照王经理所说的以合并日公允价值为基础先对原持有股权重新计量，然后根据合并日合并成本一次计量商誉，前者所确认的商誉份额，很可能明显小于后者确认的商誉份额。"

四、暂时性差异和相关交易所得税处理

针对本次交易有关会计账面价值与其计税基础是否会产生差异，需要确认递延所得税负债或资产，部门经理王芳、项目负责人李四海和注册会计师苗青的意见存在分歧。

项目负责人李四海说："按照《关于企业重组业务企业所得税处理若干问题的通知》（财税〔2009〕59 号），除符合本通知规定适用特殊性税务处理规定的外，'收购方取得股权的计税基础应以公允价值为基础确定'，在本案例中，取得珠江红力 20% 股权在会计上按公允价值入账，所以其账面价值与其计税基础不存在差异，也就不需要确认递延所得税负债或资产了。"

部门经理王芳反对说："世纪科技在编制合并财务报表时，对于之前持有珠江红力的 32% 股权重新计量，将珠江红力全部资产和负债（包括世纪科技之前享有的份额）的账面价值均调整为合并日的公允价值。但计税基础只是针对纳税主体而言的，并且不会因会计上重新计量而发生改变，从而导致会计账面价值与计税基础之间产生暂时性差异，应当确认递延所得税资产或递延所得税负债。"

注册会计师苗青则认为："我认为本项交易不会产生暂时性差异，但我的理由与四海不同。因为我觉得世纪科技之前持有珠江红力的 32% 股权根本就不应当重新计量，所以也就不会与其计税基础产生差异。"

★ 下一步的行动

部门经理王芳、项目负责人李四海和注册会计师苗青有关世纪科技案例的会计问题讨论，对有些问题谁也未能说服对方，王芳让该部门负责与黎明会计师事务所技术标准部联系的注册会计师苗青，将有关问题的讨论进行梳理汇总，上报黎明会计师事务所技术标准部，请示如何处理。

思考分析题

1. 如果你是该事务所技术标准部经理，请对本次交易有关合并日确定的不同

观点进行评价，发表你的倾向性意见并说明理由。

2. 如果你是该事务所技术标准部经理，请对世纪科技合并日之前持有珠江红力的股权是否应当重新计量和如何重新计量的不同观点，发表你的倾向性意见并说明理由。

3. 如果你是该事务所技术标准部经理，请对分步实现企业合并有关合并商誉的不同计量方法进行评价，发表你的倾向性意见并说明理由。

4. 如果你是该事务所技术标准部经理，请结合财税〔2009〕59 号文，分别个别财务报表和合并财务报表两个层面，分析本案例交易是否会产生暂时性差异以及确认递延所得税资产或递延所得税负债？并说明理由。

5. （可选）结合本案例分析商誉的构成要素，你认为控制权溢价是否构成商誉的一部分？为什么？

自备参考文献

1. 中华人民共和国财政部．企业会计准则第 20 号——企业合并 . 2006.

2. 中华人民共和国财政部．企业会计准则——应用指南［M］．北京：中国财政经济出版社，2006.

3. 财政部会计司．企业会计准则讲解 2010［M］．北京：人民出版社，2010.

4. 中华人民共和国财政部．企业会计准则解释第 4 号．财会〔2010〕15 号 .

5. 中华人民共和国财政部．企业会计准则第 2 号——长期股权投资 . 2014.

6. 中华人民共和国财政部．企业会计准则第 33 号——合并财务报表 . 2014.

7. 中华人民共和国财政部、国家税务总局．关于企业重组业务企业所得税处理若干问题的通知．财税〔2009〕59 号 .

案例 12

长钢股份收购广金股份：是一揽子交易吗

长钢精密钢结构（集团）股份有限公司（以下简称长钢股份）为充分发挥钢结构行业与幕墙行业的业务、渠道等方面的协同效应，提升公司整体盈利水平和竞争能力，巩固公司在钢结构行业中的领先地位，加速实现公司钢结构建筑集成服务商的战略目标，2012 年与广金钢化幕墙工程股份有限公司（以下简称广金股份）的股东签订了股权转让协议，长钢股份收购广金股份 100% 股权，并分两个阶段实施：2012 年收购 85.50% 股权；2012 年审计报告出具后 15 个工作日内收购其余 14.50% 股权。由于广金股份是幕墙行业内的领先企业，通过此次收购，长钢股份实现强强联合，在“钢结构建筑集成服务商”的总体战略下，快速提升公司在建筑围护系统方面的承做能力[①]。

2013 年 11 月正信会计师事务所拟对长钢股份中期报告进行预审，组织部分人员对长钢股份本次并购中的会计问题进行了讨论，参加此次讨论的人员有合伙人陈平，注册会计师王凯、张正、聂江。

案例情况介绍

一、交易各方简介

（一）受让方：长钢股份

长钢股份于 1999 年经安徽省人民政府皖府股字〔1999〕第 11 号文批准，由六安手扶拖拉机厂作为主发起人，联合六安市精工齿轮总厂、安徽强力新型模具总厂、六安市龙兴工业公司、河南省商城县通用机械制造有限公司 4 家单位以发起方式设立的股份有限公司，2002 年在上海证券交易所上市，所属行业为土木工程建筑业类。

① 为了客户保密的需要，本案例的公司名称与相关资料进行了化名处理。

截至2012年12月31日，长钢股份注册资本为58 656.60万元；许可经营项目为承包境外钢结构工程和境内国际招标工程以及上述工程的勘测、咨询、设计、监理项目和项目所需的设备、材料出口，对外派遣实施上述项目所需的劳务人员；一般经营项目为生产销售轻型、高层用钢结构产品及新型墙体材料，钢结构设计、施工、安装。

长钢股份的实际控制人是金顺先生。2012年末长钢股份与实际控制人之间的产权及控制关系如图12-1所示。

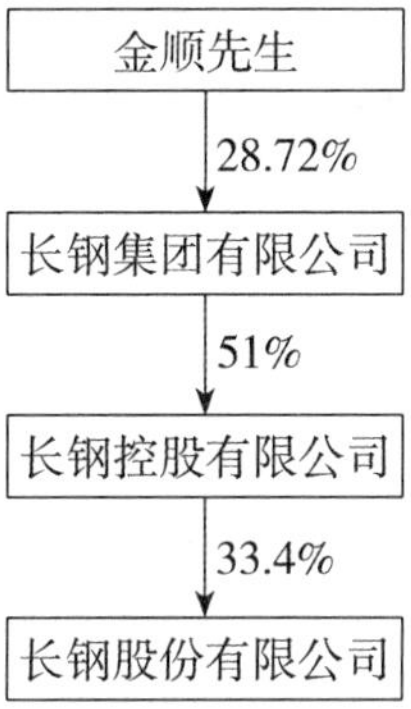

图 12-1　长钢股份与实际控制人之间的产权及控制关系

（二）转让方：绍兴县锐丰新型材料有限公司（以下简称绍兴锐丰）、浙江龙凯建筑装饰系统有限公司（以下简称龙凯装饰）、黄文

绍兴锐丰、龙凯装饰与广金股份均同受何良先生实际控制。

（三）被转让方：广金股份

广金股份成立于2005年9月，是一家专业从事幕墙行业的优秀建筑服务商，连续五年被中国建筑装饰协会评为中国建筑幕墙行业前十强。公司拥有建筑幕墙专项工程设计甲级资质、建筑幕墙工程专业承包壹级资质、金属门窗工程专业承包壹级资质及其他相关专业资质，系国家高新技术企业。

广金股份注册资本为人民币8 500万元，控股股东为绍兴锐丰，实际控制人为何良先生。广金股份2012年股权转让前的股权结构情况见表12-1。

表 12-1　**广金股份 2012 年股权转让前的股权结构情况**

股东	出资额（万元）	占注册资本比例
绍兴锐丰	6 885	81%
龙凯装饰	850	10%
黄文	765	9%
合计	8 500	100%

二、并购交易方案及实施

（一）交易方案

1. 交易定价

受让方、转让方同意以广金股份截至2010年12月31日经审计净资产为基础，同时结合广金股份2011年度至2012年度预计盈利情况，确认以人民币25 800万元作为基准交易价格。

2. 实施方案

受让方、转让方同意长钢股份受让转让方合计持有的广金股份100%的股权，整体交易分两阶段进行交割：

（1）第一阶段：

股权转让协议正式生效后，长钢股份按上述定价原则收购转让方控制的广金股份85.50%的股权，其中绍兴锐丰出让81%，黄文出让4.50%。当长钢股份支付完毕该部分股权对应转让款之70%时，即支付股权转让款金额不低于全部股权之59.85%时，转让方应积极配合长钢股份办理完毕85.50%股权的过户相关手续，并保证最晚不迟于2012年3月10日前完成上述工商变更手续。上述手续完成后，长钢股份享有85.50%相应股权对应的全部股东权益。

（2）第二阶段：

广金股份2012年度审计报告出具后15个工作日内，长钢股份分别向龙凯装饰、黄文收购广金股份10%、4.5%股权，并在相应股权款支付完毕后10日内各方相互配合完成相应股权的过户手续。

3. 交易价款支付

股权转让总价款分两期支付，具体情况如下：

（1）第一期：

股权转让协议生效之日起10个工作日内，长钢股份按基准交易价格支付第一阶段受让的85.5%股权对应转让款，即合计22 059万元。其中，支付绍兴锐丰20 898万元，支付黄文1 161万元。

（2）第二期：

广金股份2012年审计报告出具后15个工作日内，长钢股份支付第二阶段受让的14.5%股权对应价款：

①若广金股份2011年度、2012年度经审计净利润合计达到或超过6 000万元，则长钢股份按基准交易价格向转让方支付对应价款，即合计3 741万元。其中，支付龙凯装饰2 580万元，支付黄文1 161万元。

②若广金股份2011年度、2012年度经审计净利润合计低于6 000万元，则不足6 000万元部分转让方需以现金补齐差额，同时向长钢股份支付相当于差额部分金额的赔偿金。上述补偿金可直接抵扣14.5%股权对应的转让价款。

长钢股份需支付股权对应价款的计算方法（单位：万元）：3 741-（6 000-广金股份2011年度及2012年度净利润合计）×2。

（二）交易的实际实施

2012年1月17日长钢股份第四届董事会2012年度第一次临时会议审议通过了《关于收购广金钢化幕墙工程股份有限公司100%股权的议案》。

1. 第一阶段

2012年3月，长钢股份支付股权转让款22 059万元收购广金股份85.50%股权，并办妥了工商变更登记手续。根据企业会计准则的规定，确定购买日为2012年3月13日。

长钢股份以股权转让款22 059万元作为合并成本，根据购买日广金股份可辨认净资产公允价值及股权转让比例，计算本阶段股权转让形成的商誉见表12-2。

表12-2 **长钢股份第一阶段并购交易中商誉计算表** 金额单位：元

项目	金额/比例
（1）合并成本	220 590 000.00
（2）收购取得的可辨认净资产公允价值份额	
广金股份可辨认净资产公允价值	181 653 020.28
收购比例	85.50%
长钢股份取得的可辨认净资产公允价值份额	155 313 332.34
（3）商誉	65 276 667.66

本次股权转让后，长钢股份取得了广金股份的控制权，属非同一控制下企业合并，为此2012年长钢股份以85.50%的持股比例将广金股份纳入了合并财务报表的合并范围。

广金股份第一阶段交易前后股权结构变动情况见表12-3。

表12-3 **广金股份第一阶段交易前后股权结构变动情况**

股东	股权转让前		股权转让后	
	出资额（万元）	占注册资本比例	出资额（万元）	占注册资本比例
长钢股份	—	—	7 267.5	85.5%
绍兴锐丰	6 885	81%	—	—
龙凯装饰	850	10%	850	10%
黄文	765	9%	382.5	4.5%
合计	8 500	100%	8 500	100%

2. 第二阶段

2013年6月28日，长钢股份完成了对广金股份剩余14.50%股权的收购，所持广金股份股权比例由 85.50% 增加到 100%。因广金股份 2011 年度、2012 年度经审计净利润（审计报告日期 2013 年 3 月 31 日）合计达到或超过股权转让协议中规定的业绩指标，长钢股份按协议支付了股权转让款 3 741 万元。

长钢股份在编制 2013 年 1—6 月合并财务报表时，将本次交易按“购买子公司少数股权”处理，即新取得的长期股权投资与按照新增持股比例计算应享有广金股份自购买日开始持续计算的可辨认净资产份额之间的差额 5 888 503.95 元，冲减了资本公积（资本溢价或股本溢价）。

相关会计问题的讨论与分析

2013 年 6 月底，正信会计师事务所合伙人陈平组织了注册会计师王凯、张正、聂江对长钢股份本次并购重组案例是否构成一揽子交易、与业绩挂钩的补偿金如何确认和后续计量等会计问题进行了深入讨论。讨论的焦点主要集中在以下几个方面：

一、两次股权收购是否构成一揽子交易

陈平说：“长钢股份第一次收购广金股份 85.50% 的股权，第二次收购剩余 14.50% 股权。对于第二次股权收购应如何进行会计处理，取决于它是与第一次收购相互独立还是属于一揽子交易。《企业会计准则解释第 5 号》首次提出了‘一揽子交易’处理原则，并给出了判断为一揽子交易的 4 个条件。我们先讨论一下本案例是否符合这些条件，从而判断是否属于一揽子交易。”

话音刚落，王凯就抢着发言：“这明显是一揽子交易。长钢股份交易的目的是获得广金股份 100% 股权，为了达到这一商业结果，交易各方对整体交易作了统一的安排，在同一份协议中对两次股权转让的交易时间、交易方、转让方式、交易价格等作出了约定，符合一揽子交易的‘各交易同时订立’‘整体达成一项完整的商业结果’的判断条件。”

“你的分析并不全面，”张正说道，“虽然本案例两次股权转让是交易各方的统一安排，形式上似乎属于一揽子交易，但这并不应该是主要的判断标准，关键还要看两次交易是否互为前提和条件，即第一次股权转让交易是否取决于第二次股权转让交易的发生，以及两次交易的价格是否存在明显差异，从实质上加以进一步分析。本案例中，如果第二次股权转让中止交易，协议并未约定需推翻已完成的第一次交易，交易结果不可逆转，即第一次交易的发生不取决于第二次交易的发生；再从两次交易的价格来看，均是按股权转让总价 25 800 万元以及每一次转让比例确定的，即第一次转让价格 = 25 800×85.5% = 22 059（万元），第二次转让价格 = 25 800×14.5% = 3 741（万元），两次交易的定价基础并无差异，每次交易单独看都是经济的。所以说，本案例实质并不构成一揽子交易。”

聂江对张正说："我不同意。你在判断两次交易是否互为前提和条件时，仅分析了第一次交易结果是否可逆转，而没有考虑到第二次交易是否受第一次交易结果的影响。假设第一次交易因其他原因取消，我可以说第二次交易就不可能再按协议进行下去，因为长钢股份本次交易的目的是取得广金股份的控制权，使其成为长钢股份全资子公司，显然仅收购 14.5% 的股权无法达到此目的，因此应从每一次交易的角度去全面分析相互间的关系，所谓的两次交易不互为前提和条件的结论有点牵强；关于前后两次交易价格是否存在差异，我认为不应忽略股权转让协议有关业绩未能达到规定指标原股东赔偿的条款，如果广金股份 2011 年度、2012 年度经审计净利润合计未能达到协议规定的指标，广金股份原股东需赔偿长钢股份，赔偿金可直接抵扣 14.5% 股权对应的转让价款。我认为这实质上是对股权转让总价 25 800 万元的调整，而不是按业绩完成情况调整第二次的转让价格。在这种情况下判断交易是否经济，就需要将两次交易作为一个整体一并考虑。因此我判断下来，本案例构成一揽子交易。"

听了聂江的话，张正反驳道："你对两次交易互为条件的分析有一定道理，但是你在考虑单独交易是否经济时，疏忽了一个问题，就是每次交易的对象是否相同。本案例中第一次交易是与绍兴锐丰和黄文发生的，而第二次交易是与龙凯装饰和黄文发生的，两次交易的对象不完全相同。协议规定赔偿金可冲抵第二次交易的转让价款，就是说该部分价格调整损失由龙凯装饰和黄文承担，而绍兴锐丰并不承担。业绩未达标的约定实际上是对第二次交易价格的调整，而不是对转让总价的调整，也可以理解为第一次交易价格是基于历史财务数据确定的，而第二次交易价格需要结合未来经营业绩确定，因此将两次交易作为整体考虑其是否经济并不合理。"

二、是否按一揽子交易的原则处理

陈平一看气氛有点紧张，建议暂缓这一问题的讨论，并提出了另外一个问题：《企业会计准则解释第 5 号》明确"通过多次交易分步处置对子公司股权投资直至丧失控制权"构成一揽子交易的，应当将各项交易作为一项处置子公司并丧失控制权的交易进行会计处理。但是企业会计准则并未对其他一揽子交易的处理原则作出规定，如本案例中的股权收购模式，是否也应将多次交易作为一项交易处理。

张正这时情绪平静了下来，说："实务中一揽子股权交易的情形很多，但从现行会计准则中不一定能找到相应的处理规定。比如，A 公司先收购了 B 公司 30% 股权时控制权尚未转移，只构成重大影响，半年后再收购 50% 股权取得了 B 公司控制权，两次交易经判断为一揽子交易。如果视为一项交易处理，在第一次股权转让后，A 公司对于所持有的 30% 股权应采用成本法核算而不是权益法核算。但《企业会计准则解释第 4 号》在规范'通过多次交易分步实现的非同一控制下企业合并’的处理时，并未对构成一揽子交易的多次购买或多次处置股权交易作出特别规定，也就是说，无论是否为一揽子交易，原持有的股权投资都仍按现行会计准则处理，构成重大影响的仍采用权益法后续计量。这说明企业会计准则并未要求一揽子交易全部都要将各项交易合并起来作为一项交易统一处理。同样企业会计准则也未对本案例中的该类一揽子交易作出特别处理规定，因此也不应将其作为一项交易处理，而应该分别按现行会计准则核算。”

王凯说：“我不同意张正的观点。2006 年发布的企业会计准则是以原则导向为基础制定的，该类会计准则主要由若干基本原则组成，以原则导向为基础并附有较少的解释、例外的执行指南，更多地注重会计处理时经济交易或事项的实质，较少对适用范围作出限制，赋予会计人员较高职业判断和更大会计方法选择空间。《企业会计准则解释第 5 号》明确了一揽子交易的经济实质是整体构成一项交易，并提出将各项交易合并起来作为一项交易统一处理的原则，根据原则导向的特点该处理原则应具备普遍适用性。”

三、按一揽子处理原则，在第一次股权收购时是否将第二次的股权转让款确认为负债

这时聂江向王凯提出一个问题：如果判断为一揽子交易并按一揽子交易原则处理，是否在第一次收购 85.5% 股权时将第二次股权款确认为负债呢？

王凯说：“我认为不应将未发生的第二次股权转让款确认为负债，理由有两个：

（1）企业会计准则对一揽子交易的处理原则，实质上并不是要求将多项交易一次性处理，而是多次交易在发生时采用同一原则处理，比如《企业会计准则解释第 5 号》‘通过多次交易分步处置对子公司股权投资直至丧失控制权’中一揽子交易的处理规定中，要求丧失控制权前的处置损益先计入其他综合收益，也就是说，丧失控制权前的每一次股权处置发生时都要处理，而不是在丧失控制权时作为一次性处置处理。

（2）第二次股权转让交易尚未发生，长钢股份并不拥有或控制另外 14.5% 股权，根据股权转让协议，第一交易发生后长钢股份仅享有 85.5% 股权对应的股东权益，并不享有剩余 14.5% 股权相应的权益；同时剩余股权转让可能存在不确定性，尚未成为导致长钢股份经济利益流出的现时义务。因此，不符合资产和负债的定义。

我认为第一次交易只能按实际转让的 85.5% 确认为长期股权投资，并且因控制权发生转移，长钢股份应将广金股份纳入合并财务报表。第二次交易发生时再按非同一控制下企业合并的原则处理，合并财务报表中支付的 14.5% 股权转让款大于转让日取得的广金股份可辨认净资产公允价值份额的差额确认为商誉，小于则确认为当期损益。”

张正争论道："我有不同的意见。在一揽子交易情况下，长钢股份通过收购广金股份 85.5% 股权，不仅取得了广金股份的控制权，实质上还授予了原股东一项卖出 14.5% 股权的期权，对于长钢股份而言构成一项交付现金的合同义务，根据《企业会计准则第 22 号——金融工具确认和计量》，该项合同义务属于金融负债范畴，应在授予该项期权时即购买日，按第二次股权转让款的公允价值确认为负债。"

四、受让方对与业绩挂钩补偿金如何认定

陈平正准备结束本次讨论会，就听到聂江在问王凯："股权转让协议中规定，广金股份 2011 年度、2012 年度净利润合计达不到 6 000 万元时转让方需支付补偿金，这个怎么处理?"陈平一听，觉得现在或有支付的协议越来越多，有必要进行讨论。因此对大家说："就聂江刚提出的补偿金问题，请各位谈谈自己的想法。"

王凯说："我认为该部分赔偿金属于'补偿性资产'。根据《国际财务报告准则第 3 号——企业合并》（IFRS 3）的规定，企业合并中的卖方可能针对与全部或部分特定资产或负债相关的或有事项或不确定性，按合同给予购买方补偿。例如，卖方可能补偿购买方，以弥补购买方由于特定或有事项产生的负债超过特定金额而引致的损失；换言之，即卖方向购买方提供保证，保证其负债不会超过特定的金额，购买方因此获得了一项补偿性资产。在确认被补偿项目的同时，购买方应确认一项补偿性资产，而且以与被补偿项目相同的基础计量。

本案例中，如果 2011 年、2012 年广金股份经营业绩未能达到协议规定，则差额应由转让方给予补偿，符合补偿性资产的含义。由于补偿性资产是在被补偿项目确认的同时，即广金股份实际未能完成业绩指标时，长钢股份才确认一项资产，购买日并不确认，因此该赔偿款与企业合并成本无关。"

聂江说："这里是否还有另一种可能：股权收购后原股东作为被合并方的职工继续留任，购买方可能在签订股权转让协议时对原股东后续提供的服务以及报酬一并进行安排，如继续聘任原股东为高级管理人员，并按企业后续实现的业绩指标给予报酬，或后续业绩未能完成协议目标，原股东应赔偿。那么这次或有支付就属于应付职工薪酬。"

张正争论道："我认为，本案例补偿金是根据广金股份未来经营业绩确定的，而不是转让方对已存在资产或负债的或有事项提供的保证，根据《企业会计准则讲解 2010》第二十一章有关或有对价的规定，我认为属于'或有对价'。"

五、如补偿金判断为或有对价，受让方对此如何初始确认

陈平接着张正的话题问道："如果判断为或有对价，根据《企业会计准则讲解 2010》，购买方应当将合并协议约定的或有对价作为企业合并转移对价的一部分，

按照其在购买日的公允价值计入企业合并成本。具体到本案例，购买日如果长钢股份预计广金股份未来业绩无法达到协议规定，是否应按预计收回的补偿金公允价值确认为一项金融资产，同时调整企业合并成本？”

“我有不同的看法，”王凯说：“我理解或有对价按支付方式划分可以分为以下两种情况：

（1）买方根据约定目标完成情况分期支付对价；

（2）买方全额支付对价后，如未来约定事项未达到目标，卖方需按约定返还买方已支付的部分对价。

第一种情况中的或有对价，由于属于或有负债，根据《企业会计准则第13号——或有事项》的规定，在很可能（超过50%）导致经济利益流出企业的情况下，买方应按其公允价值确认为金融负债或权益，在可能性小于或等于50%的情况下不予确认。而第二种情况的或有对价，由于属于或有资产，只有在基本确定（超过95%）经济利益能够流入企业且金额能够可靠计量的情况下，才能确认为资产，因此购买日对于这种返还的或有对价一般不应确认。具体到本案例，长钢股份在第一次交易时将85.5%股权转让款全额支付，如广金股份未来业绩达不到协议约定，转让方将支付赔偿金，我认为这就属于上面讲的第二种情况，购买日长钢股份不应将因预计未来业绩不达标可能收到的赔偿金确认为资产。”

张正说：“我不同意王凯的观点。根据《企业会计准则第13号——或有事项》第三条的规定，企业合并形成的或有事项并不适用该准则。这个从IFRS 3的变化也可以看出。IFRS 3的2008年版修改了或有对价的处理原则，与2004年版相比在确认和计量方面的变化见表12-4。

表12-4　IFRS 3的2008年版与2004年版或有事项会计准则的变化

初始会计处理	2008年版	2004年版
确认	始终确认（作为所转移的对价的组成部分）	在合并合同或协议中对可能影响合并成本的未来事项作出约定的，购买日如果估计未来事项很可能发生并且对合并成本的影响金额能够可靠计量的，购买方应当将其计入合并成本
计量	购买日公允价值 （发生的可能性在确定公允价值时已经纳入考虑范围）	很可能支付的金额

修改后的IFRS 3不再要求将‘很可能发生’和‘金额能够可靠计量’作为判断或有对价是否确认的标准，而是要求无论是否发生均应将或有对价的公允价值计入企业合并成本，而发生的可能性是在确定或有对价公允价值时考虑的。之所以如此修改，是因为原处理规定忽视了在企业合并交易中购买方支付或有对价的承诺所

产生的义务，尽管购买方将支付的对价数量取决于未来事项，但如果特定的未来事项的发生是无条件的，该项义务是不会消失的。同样，如果满足特定状况，购买方也有要求返回先前支付对价的权利。在购买日没有确认这些权利和义务将不能真实反映在购买日所交换对价的经济实质。”

六、或有对价后续公允价值变动如何调整

陈平继续追问：“如果 2013 年 3 月 31 日出具的审计报告表明，广金股份 2011 年度、2012 年度净利润合计未能达到协议规定的 6 000 万元，按协议规定转让方应赔偿长钢股份补偿金。如果长钢股份将该补偿金确认为或有对价，则根据审计报告结果应如何进行后续调整？”

张正回答说：“根据《企业会计准则讲解 2010》第二十一章有关或有对价的规定，由于购买日为 2012 年 3 月 13 日，而审计报告出具的日期为 2013 年 3 月 31 日，已超过 12 个月。同时由于该或有对价属于金融工具，因此其公允价值变动应调整 2013 年当期损益或计入资本公积。”

王凯对张正说：“我觉得你对本案例 12 个月计量期间的认定有问题。我认为经审计的经营结果在 2012 年 12 月 31 日已存在或实现，而不是在审计报告出具日出现的。购买日至 2012 年 12 月 31 日并未超过 12 个月，因此补偿金应调整企业合并成本。”

聂江说：“我认为两位说的都不对。由于本案例的或有对价是基于后续业绩变化而进行的调整，我认为购买日后广金股份的实际盈利情况并不属于购买日已经存在的情况，即使该或有对价的公允价值变化发生在购买日后 12 个月内，长钢股份也不应再对原确认的企业合并成本进行调整，而是应该计入调整当期的损益。”

★ 下一步的行动

对于长钢股份本次并购中会计处理所引发的思考与讨论，陈平需要对不同会计师在一揽子交易的认定、或有支付款项的会计处理的适用原则等方面的不同观点，作出评价与回应，为中报的预审工作确定合适的原则。

思考分析题

1. 如果你是合伙人陈平，请结合是否构成一揽子交易的讨论情况，说明你的意见与理由。

2. 如果你是合伙人陈平，对于本案例是否按一揽子交易原则处理的讨论，请说明张正与王凯的意见分歧，并进行评价，说明你的意见与理由。

3. 如果你是合伙人陈平，对于本案例是否将第二次股权转让款确认为负债的讨论，请说明王凯与张正的意见分歧，并进行评价，说明你的意见与理由。

4. 如果你是合伙人陈平，请分析本案例判断为一揽子交易或非一揽子交易的会计处理差异和财务影响。

5. 如果你是合伙人陈平，对于补偿金是属于补偿性资产还是或有对价的讨论，请说明王凯与张正的意见分歧，并进行评价，说明你的意见与理由。

6. （可选）如果你是合伙人陈平，说明本案例补偿金在什么情况下才有可能确认为应付职工薪酬。（可参考 IFRS3）

7. 如果你是合伙人陈平，对于购买日是否确认预计可能收到的补偿金的讨论，请说明王凯与张正的意见分歧，并进行评价，说明你的意见与理由。

8. 如果你是合伙人陈平，对于或有对价公允价值变化的处理，请说明张正、王凯和聂江的意见分歧，并进行评价，说明你的意见与理由。

9. （可选）如何区分“补偿性资产”和“或有对价”？

10. （可选）本案例补偿金判断为或有对价并确认为一项资产，一般形成一项未来收取现金的合同权利，属于金融资产并按公允价值计量。你认为在初始确认时应该将其分类为金融资产中的哪个类别及其理由是什么？

11. （可选）如果长钢股份第一次购买 14.5% 的股权，第二次再购买 85.5% 的股权，那么其会计处理是否相同？

自备参考文献

1. 中华人民共和国财政部．企业会计准则第 2 号——长期股权投资．2014.

2. 中华人民共和国财政部．企业会计准则第 13 号——或有事项．2006.

3. 中华人民共和国财政部．企业会计准则第 20 号——企业合并．2006.

4. 中华人民共和国财政部．企业会计准则第 22 号——金融工具确认和计量．2017.

5. 中华人民共和国财政部．企业会计准则第 33 号——合并财务报表．2014.

6. 中华人民共和国财政部．企业会计准则——应用指南［M］．北京：中国财政经济出版社，2006.

7. 财政部会计司．企业会计准则讲解 2010［M］．北京：人民出版社，2010.

8. 中华人民共和国财政部．财政部关于做好执行会计准则企业 2008 年年报工作的通知．财会函〔2008〕60 号．

9. 中华人民共和国财政部．企业会计准则解释第 5 号．财会〔2012〕19 号．

10. 中国证券监督管理委员会．2010 年上市公司执行企业会计准则监管报告［R］．2011.

11. 中国证券监督管理委员会．2011 年上市公司执行企业会计准则监管报告［R］．2012.

12. 中国证券监督管理委员会．2012 年上市公司执行会计准则监管报告

[R] . 2013.

13. 中国证券监督管理委员会会计部．上市公司执行企业会计准则案例解析 [M] ．北京：中国财政经济出版社，2012.

14. 国际会计准则理事会（IASB）．国际财务报告准则第 3 号——企业合并 . 2011.

案例 13

万泰集团以股换股新设公司：附利润承诺的股权投资如何核算

山西万泰集团有限公司（以下简称“万泰集团”，报告主体）和银信投资有限公司（以下简称“银信公司”）均为山西省人民政府国有资产监督管理委员会（以下简称“山西省国资委”）下属全资子公司。

2014 年 7 月，万泰集团和银信公司共同投资设立新公司万信投资有限公司（以下简称“万信公司”）。其中，万泰集团以持有的泰河水电开发有限公司（以下简称“泰河公司”）100% 股权出资，认缴股比例为 60%；银信公司以货币出资，认缴股比例为 40%。为万泰集团提供审计服务的审计师吴桐、陈洁和江涛对该交易在万泰集团个别报表及合并报表上的会计处理进行了讨论。

案例情况介绍

一、并购交易各方情况

（一）山西万泰集团有限公司（万泰集团）

万泰集团是国有独资公司，山西省人民政府持有万泰集团 100% 股权。山西省国资委代表山西省人民政府履行出资人职责，享有出资人权利，承担出资人义务。

万泰集团注册资本为 5 亿元，经营期限自 1992 年 7 月 3 日至长期。其经营范围包括：水资源、风能项目投资；工程项目总承包、房地产开发经营（在资质证书有效期内经营）；市政、道路基础设施投资建设；上述项目相关技术、咨询服务；销售建筑材料、电器机械及器材、砼建筑预制构件；货物进出口、技术进出口（以上法律、行政法规禁止的项目除外，法律、行政法规限制的项目须取得许可后方可经营）；资产经营、管理。

（二）银信投资有限公司（银信公司）

银信公司是经山西省人民政府批准设立，由山西省国资委履行出资人职责的国有独资投资控股公司。银信公司发挥了省级融资平台作用，利用多种融资工具，为山西省重点项目提供融资服务；银信公司通过整合资源，进行资本运作，推进省属企业资产重组和处置工作，实现存量资产和资源的优化配置；银信公司通过投资参股等形式支持重点项目建设，推进了国有资本战略布局调整和产业结构优化升级。

银信公司以股权管理、融资服务、国有资本投资、资本运营和省属国有资产处置为主业，促进省属企业产权改革、国有经济布局调整和完善新型国有资产预算投资体制，借鉴国内外国有资本投融资的成功经验，拓宽融资渠道，提高国有资本运营效率，实现国有资本价值最大化。

目前，银信公司注册资本为 100 亿元，拥有控股、参股公司多家，覆盖轨道交通、电子设备、电力、咨询等多个行业。

（三）泰河水电开发有限公司（泰河公司）

泰河公司为万泰集团全资子公司，于 2003 年 12 月 16 日成立，注册资本为 2 亿元。其经营范围包括水电开发经营及水利、水电技术培训。

泰河公司主要经营泰河水电站。该水电站于 2005 年 6 月经国家发改委批准开工建设，装有 3 台 5 万千瓦立式混流式水轮发电机组，总装机容量 15 万千瓦，年均发电量 7 亿千瓦时，水库总库容 2.65 亿立方米。泰河水电站于 2007 年投产发电，当年发电量为 4.9 亿千瓦时，2008 年至 2013 年平均发电量约为 5.2 亿千瓦时。

除泰河水电站外，泰河公司还投资了两个筹建期的水电站，水电站的工程枢纽总布置及工业安全预评价已经通过审查，项目环评、水保专题、工程占地及水库淹没影响实物指标调查分解已经完成，可研报告、地质灾害及矿产压覆等专题已经完成。两个水电站已分别于 2012 年和 2013 年取得了山西省发改委批复同意开展前期工作，开始移民安置工作，正式进入了启动实施阶段。

二、并购重组过程

万泰集团拥有泰河公司 100% 的股权。截至 2014 年 6 月 30 日，万泰集团个别报表中对泰河公司长期股权投资的账面价值为 2.3 亿元，泰河公司在万泰集团合并报表中的净资产账面价值为 2.7 亿元。

2014 年 7 月 8 日，万泰集团和银信公司共同投资新设万信公司，其中万泰集团以持有的泰河公司 100% 股权经评估作价出资，评估价值为 6.04 亿元，全体股东确认的价值为 6 亿元，认缴股比例为 60%；银信公司以货币出资 4 亿元，认缴股比例为 40%。

交易前后万泰集团股权结构如图 13-1 所示。

万泰集团持有万信公司 60% 的股权，根据合资合同和章程，判断为控制。万泰集团占董事会 5 人中的 3 人，万信公司的经营运作主要由万泰集团委派人员参与。

万泰集团与银信公司的合资协议中有如下规定：

交易前：

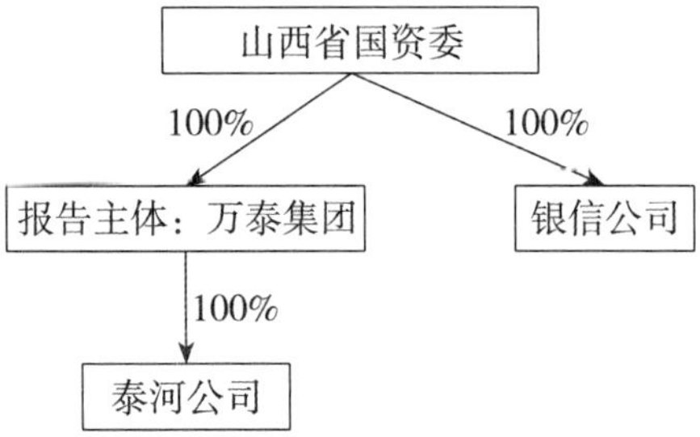

交易后：

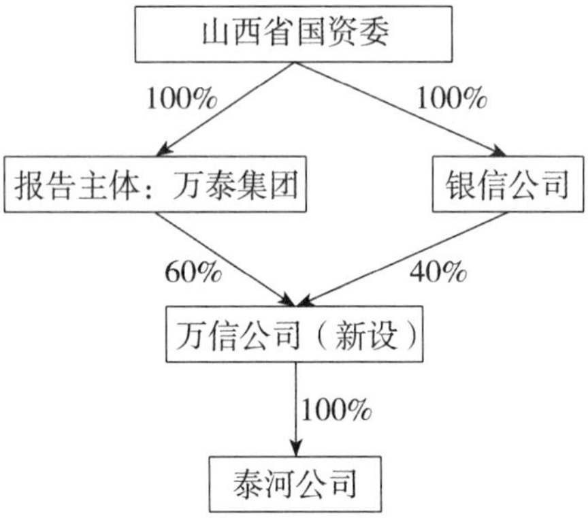

图 13-1　交易前后万泰集团股权结构

（1）双方同意继续推进尚未开发的水电站项目的投资建设。

（2）自万信公司成立之日起计 5 年，万泰集团保证银信公司从万信公司每年获取相当于万信公司实际缴付注册资本乘以约定保证收益率的到账利润分配。万信公司利润不足时，应优先分配银信公司约定的收益；若万信公司可供分配利润不足以支付银信公司约定的收益时，差额部分由万泰集团负责补足。

（3）5 年后，万泰集团和银信公司按持股比例进行利润分配。

经计算，万信公司承诺未来 5 年每年给银信公司的利润不低于 0.2 亿元，5 年保底利润的现值共计 0.76 亿元。

注：本案例假设忽略相关税费。

相关会计问题的讨论与分析

为万泰集团提供审计服务的项目组负责人徐诚召集了项目组成员审计师吴桐、陈洁和江涛对该交易在万泰集团个别报表及合并报表上的会计处理进行了激烈的讨论。

一、万泰集团新设万信公司在个别报表上的会计处理

吴桐认为，万泰集团新设万信公司在其个别报表上应作为无经济实质的非货币性资产交换进行会计处理。万泰集团以泰河公司的股权与银信公司共同设立万信公司，对万泰集团而言，相当于以泰河公司的股权换入万信公司的股权。根据《企业会计准则第 2 号——长期股权投资》，通过非货币性资产交换取得的长期股权投资，其初始投资成本应当按照《企业会计准则第 7 号——非货币性资产交换》确定。因此，对于通过非货币性资产交换而取得的长期股权投资的初始计量问题，关键是判断该交换是否具有商业实质。

本案中，交易前万泰集团控制着泰河公司，交易后万泰集团控制万信公司，因而仍间接控制着泰河公司，因此换入资产的未来现金流量在风险、时间和金额方面与换出资产都由万泰集团控制，该股权换股权的交易不具有商业实质。根据《企业会计准则第 7 号——非货币性资产交换》第六条，非货币性资产交换不具有商业实质的，应当以换出资产（长期股权投资——泰河公司）的账面价值作为换入资产（长期股权投资——万信公司）的成本，不确认损益。其会计分录如下：

借：长期股权投资——万信公司　　　　230 000 000

　贷：长期股权投资——泰河公司　　　　230 000 000

陈洁不同意吴桐的观点，认为应作为有经济实质的非货币性资产交换进行处理。本案中，在资产换出前，泰河公司是万泰集团 100% 控制的资源，万泰集团通过泰河公司的利润分配来获取现金流，其现金流产生的时间和金额都是由万泰集团 100% 控制的，风险也是全部归万泰集团 100% 承担；然而，在交换发生之后，万泰集团对于换入的非全资子公司万信公司虽然具有控制权，但其已经不是万泰集团 100% 享有的资源，风险也并非 100% 由万泰集团承担。此外，万泰集团还间接享有了银信公司投入的资源。万泰集团通过该非全资子公司的利润分配来获取现金流，其利润分配的时间和金额虽然可以由万泰集团控制，但是股利分配所得的时间、风险和金额已经与泰河公司的回报不完全一样。因此，该交易应判断为一项具有商业实质的非货币性资产交换。按照非货币性资产交换的原则，换入资产（长期股权投资——万信公司）应当按照换出资产（长期股权投资——泰河公司）的公允价值计量。换出资产的公允价值（6 亿元）与其账面价值（2.3 亿元）的差额计入当期损益。其会计分录如下：

借：长期股权投资——万信公司　　　　600 000 000

　贷：长期股权投资——泰河公司　　　　230 000 000

　　　投资收益　　　　370 000 000

吴桐听了陈洁的意见之后进行了反驳：如果按具有商业实质的非货币性资产交换进行处理，投出资产公允价值 6 亿元与其账面价值 2.3 亿元的差额应全部确认为

当期损益，但本案中万泰集团实际仅处置了泰河公司 40% 的收益，在没有丧失控制权的情况下，确认 100% 的处置收益实在无法接受。

江涛也发表了自己的意见，该交易应作为部分处置泰河公司的股权处理。该项交易是一项基于评估值的公允交易，万泰集团在泰河公司的净资产中所放弃的部分权益的公允价值应当等于所享有银信公司投入资产的份额的公允价值，相当于原先在泰河公司中所享有的权益有一部分被处置了。泰河公司 40% 股权对应的处置收益，即 40% 股权的公允价值和原账面价值之间的差额，在万泰集团个别报表层面可确认为损益。其会计分录如下：

借：长期股权投资——万信公司　　378 000 000

　贷：长期股权投资——泰河公司　　230 000 000

　　投资收益（370 000 000×40%）　　148 000 000

二、保底利润在个别报表上的会计处理

根据合资协议，自万信公司成立之日起计 5 年，万泰集团保证银信公司从万信公司每年获取相当于银信公司实际缴付注册资本乘以约定保证收益率的到账利润分配。万信公司利润不足时，应优先分配银信公司约定的收益；若万信公司可供分配利润不足以支付银信公司约定的收益，差额部分由万泰集团负责补足。

吴桐认为，这个约定属于或有事项，应按或有事项准则处理。万泰集团是否需要代万信公司支付保底利润取决于万信公司的经营业绩，仅当万信公司的净利润不足以支付保底利润时，万泰集团才代为支付差额。该条款可以视为万泰集团为万信公司的经营业绩提供了一项担保，因此按或有事项准则进行处理。由于该或有事项的履行基于万信公司未来的经营情况，该担保产生的或有负债在交易日尚不是现时义务，因此交易日不确认为负债，待之后预计负债的确认条件满足时再予以确认。

陈洁认为，该业绩担保是在股权交易合同中约定的，应与股权交易一同考虑，双方在谈判过程中已将该业绩担保作为经济对价的内在部分，其实质是交易对价的一部分，而不应单独视为母公司为子公司提供的担保。该业绩担保应作为或有对价，按企业合并准则处理。

如果站在银信公司的角度看，银信公司支付现金取得了万信公司 40% 的股权，当万信公司的税后利润不足以支付银信公司的保底利润时，由万泰集团补足。该保底利润相当于业绩补偿款，当万信公司的经营业绩低于预期时，由万泰集团进行补偿。由于业绩承诺是在投资协议中由原股东万泰集团（购买对价的接受方）作出的，后续按约定收到补偿款可视作对购买日所支付的购买对价的一项调整。相应地，对万泰集团而言，该业绩补偿款也是万泰集团处置泰河公司股权或换入万信公司股权的或有对价。

《企业会计准则》仅在企业合并中明确规定了或有对价的处理，本案的或有对

价虽不是发生在企业合并中，但可以参照企业合并中有关或有对价的相关规定进行处理。也就是说，按公允价值初始计量，分类为金融负债的或有对价在每个资产负债表日按公允价值重新计量，其变动计入当期损益。

江涛也同意作为或有对价处理，但其认为按或有事项准则处理更便于实务操作。企业合并准则虽然在非同一控制下企业合并中引入了或有对价的概念，但并未要求除此之外的其他或有对价也都按企业合并准则的有关规定进行会计处理。既然准则未明确，那么除企业合并之外以其他方式取得的长期股权投资的或有对价或处置股权的或有对价可以按照《企业会计准则第 13 号——或有事项》规定的原则进行处理。因此，万泰集团基于未来事件的结果产生的或有对价在交易日通常是不确认的，只有当这些或有事项满足预计负债的确认条件时，购买方才确认这些负债。

三、保底利润在合并报表上的会计处理

吴桐顺着个别报表的处理思路，仍坚持按或有事项准则处理。仅当万信公司的净利润不足以支付保底利润时，万泰集团才需要补足差额。万泰集团合并层面是否需要支付除正常利润分配之外的额外款项取决于万信公司的经营情况，因此按或有事项准则处理。

江涛认为，在个别报表与合并报表上的处理不一样，在合并报表上应按金融工具准则确认为一项负债。万泰集团或万信公司需保障银信公司 5 年的收益，因此在合并层面，万泰集团作为合并主体不能无条件地避免支付现金来履行合同义务，故该合同义务在合并层面符合金融负债的定义，应将不可避免交付现金的义务考虑折现之后全部确认为负债。

吴桐反对江涛的观点，认为虽然万泰集团作为一个整体需要在未来 5 年的固定时间支付固定金额的保底利润，但固定金额中有一部分属于正常的利润分配，只有超过部分才是万泰集团额外支付的款项。属于正常利润分配的部分，在交易日就作为负债确认，无法接受。

陈洁支持吴桐的说法，认为属于正常利润分配的部分，在交易日不应确认为一项负债，只有超过正常利润分配之外的部分才需要考虑是否属于万泰集团的义务。但陈洁也顺着个别报表的处理思路认为，在合并报表上也应按或有对价的原则进行处理。

对吴桐和陈洁的质疑，江涛认为，金融工具准则规定了区分主体所发生的负债和权益的原则。金融工具的分类取决于其合同的实质，而不是其法律形式。最重要的一点是，如果一个主体不能无条件地避免以交付现金或其他金融资产来履行一项合同义务，那么该合同就不是一项权益工具。因此，对于按持股比例分配的利润，虽然从形式上看属于利润分配，但其实质并不同于正常的利润分配，因为正常的利润分配并不要求每年一定要支付。合资协议中约定，未来 5 年有利润一定要分配利

润。虽然利润分配取决于盈利——一项未来不确定事项，但未来利润不能受万泰集团或银信公司的控制，只要有利润，万泰集团就不能避免此项支付，因此它符合或有结算事项的定义，是一项金融负债。因此，吴桐和陈洁都认为“正常”利润分配的部分属于权益的观点并不正确。

★ 下一步的行动

在听取完项目组成员对本次交易在万泰集团个别报表与合并报表的会计处理的不同意见后，项目组负责人徐诚陷入了沉思。他必须在一周内给项目组成员予以明确的指导，以便下一阶段的审计工作的顺利开展。

思考分析题

1. 对于新设万信公司在万泰集团个别报表上的处理意见，请指出审计师吴桐、陈洁和江涛的论述中存在一些不合理或考虑不周全的地方，并结合他们三人的意见提出你认为正确的处理方式及理由。

2. 对于新设万信公司以及泰河公司在万泰集团合并报表上的处理，审计师吴桐、陈洁和江涛没有进行讨论，你的处理意见是什么，并说明理由。

3. 假如你是万泰集团的财务经理，对于万泰集团对银信公司的保底利润承诺在个别报表上的会计处理，请针对吴桐、陈洁与江涛的意见及其理论依据，说明你的倾向性意见及理由。

4. 对于利润承诺在万泰集团个别报表上的处理，陈洁和江涛的争议主要在于是否适用企业合并准则中或有对价的处理原则。结合本案例对企业合并准则中或有对价的相关规定进行评价。（提示：企业会计准则引入或有对价的处理是源于《国际财务报告准则第 3 号》（IFRS 3）的修订，可以结合国际准则进行分析）

5. 在合并报表上，针对万泰集团对银信公司的利润承诺，你认同谁的观点？请说明理由。

6. 假如万泰集团与银信公司约定在 5 年后以 5 亿元回购万信公司 40% 的股权，在合并报表上，你认为万泰集团对该回购承诺应如何进行会计处理？

自备参考文献

1. 中华人民共和国财政部．企业会计准则第 2 号——长期股权投资 . 2014.

2. 中华人民共和国财政部．企业会计准则第 7 号——非货币性资产交换 . 2006.

3. 中华人民共和国财政部．企业会计准则第 13 号——或有事项 . 2006.

4. 中华人民共和国财政部．企业会计准则第 20 号——企业合并 . 2006.

5. 中华人民共和国财政部 . 企业会计准则第 22 号——金融工具确认和计量 . 2017.

6. 中华人民共和国财政部 . 企业会计准则第 33 号——合并财务报表 . 2014.

7. 中华人民共和国财政部 . 企业会计准则第 37 号——金融工具列报 . 2014.

中篇　特殊并购业务

案例 14

ST 长控收购浪莎内衣：同一控制合并还是反向购买

2006 年 8 月至 2007 年 5 月，浙江浪莎控股有限公司以 7 000 万元人民币受让四川长江包装控股股份有限公司（以下简称“四川长控”或“ST 长控”）34 671 228股，占 ST 长控总股本的 57.11%；ST 长控向浪莎控股非公开发行股票来获得浪莎控股持有的浙江浪莎内衣有限公司（以下简称“浪莎内衣”）100% 的股权。

2007 年 6 月中旬，作为四川长控上市公司的会计主管，伍总于四川宜宾的上市公司财务部会议室召集了公司会计人员老田、小赵与小孙讨论上述并购交易如何进行会计核算，大家就并购的性质及其财务影响发生了激烈的争论。

案例情况介绍

一、并购交易各方情况

（一）浪莎控股有限公司

浙江浪莎控股有限公司（以下简称“浪莎控股”）成立于 2005 年 4 月，注册资本 7 000 万元，主要从事实业投资、投资管理咨询。浪莎控股由翁关荣、翁荣金、翁荣弟三兄弟出资成立，其中翁关荣持有 33.33% 的股权，翁荣金持有 33.34% 的股权，翁荣弟持有 33.33% 的股权。浪莎控股在经营方针、投资计划、重大战略决策等事项上，由翁氏三兄弟协商一致决定，具体经营、投资方案、战略实施等事项由翁荣金决定。浪莎控股的股权结构如图 14-1 所示。根据浙江东方中汇会计师事务所有限公司出具的无保留意见审计报告，截至 2006 年 6 月 30 日，浪莎控股资产总额为 7 056.48 万元，净资产 7 025.04 万元；2005 年度和 2006 年1—6 月分别实现净利润 11.89 万元和 13.15 万元。

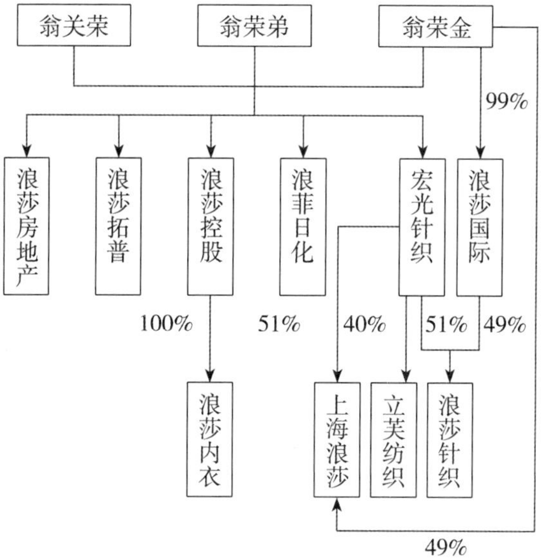

图 14-1 2006 年 8 月浪莎控股的股权结构图

作为浪莎控股的实际控制人，翁关荣、翁荣金、翁荣弟三兄弟自 20 世纪 90 年代初期开始创业，并于 1995 年 6 月成立了浪莎针织有限公司，主要从事袜子的生产与销售，是实际控制人所控制的核心企业，袜业是实际控制人在本次收购重组前主要从事的业务。其中，浪莎针织注册资本为 1 460 万美元，主营业务为各类中高档袜子的生产与销售，是中国最大的袜子生产基地之一，其“浪莎”牌袜子先后获得“中国驰名商标”“中国名牌产品”称号和产品质量免检证书，是中国当时唯一获此三项证书的袜子制造企业。

（二）浪莎内衣公司

浪莎内衣由浪莎控股独家出资设立，成立于 2006 年 7 月，注册资本为 6 600 万元，住所地为浙江省义乌市经济开发区杨村路浪莎工业园，法定代表人为翁荣弟。其主营业务为针织内衣的制造与销售，主要产品以无缝内衣为主，包括天然彩棉系列、女士内衣、女士内裤、文胸、男士内衣、男士内裤、情侣套装、美体内衣系列、保暖内衣系列、羊绒系列等产品。

近年来，中国内衣市场的年销售量均以 10% ~15% 的速度增长，2003 年中国内衣产量超过 100 亿件，销售额在 1 100 亿元以上，而无缝内衣作为一项新的技术和产品，以贴身、舒适、时尚及具有美体修形的功能等特点，已成为针织内衣发展的趋势之一，其未来发展前景非常广阔。

目前，中国的无缝内衣生产企业普遍规模较小，缺少知名品牌，也没有领军企业，在此背景下，浪莎控股的实际控制人决定依托浪莎品牌知名度，整合现有资源成立浪莎内衣公司，专门从事针织内衣的生产销售。浪莎内衣主要生产设备为从意大利无缝内衣机械生产商（意大利罗纳地集团旗下的圣东尼和胜歌）进口的无缝内衣机，价值 3 000 余万元。该无缝内衣机为世界上最先进的内衣生产设备，具有全电脑控制、自动化水平高、工艺先进、产量高、产品质量精良、穿着舒适等特点。除进口无缝内衣设备外，公司还有约 1 000 余万元的普通内衣生产设备及其他配套设备。浪莎内衣具备年产无缝内衣 300 万件，普通内衣 100 万件的生产能力。未来浪莎内衣将继续引进国际先进设备，力争使浪莎内衣成为中国最大的无缝内衣生产基地，并争取在三年内成为中国内衣第一品牌。

根据浙江东方中汇会计师事务所有限公司出具的无保留意见审计报告，截至 2006 年 10 月 31 日，浪莎内衣资产总额 10 719.45 万元，净资产 6 862.18 万元，7—10 月实现净利润 262.18 万元。根据浙江东方中汇会计师事务所有限公司出具的盈利预测审核报告，预计 2006 年 7—12 月可实现净利润 583.37 万元，2007 年 1—12 月可实现净利润 1 212.20 万元。

（三）四川长江包装控股股份有限公司

四川长江包装控股股份有限公司于 2001 年 8 月 3 日由四川长江包装纸业股份有限公司（原四川省长江造纸厂）变更而来，公司创建于 1939 年，位于四川省宜宾市马鞍石。1988 年，四川省长江造纸厂改制为四川长江包装纸业股份有限公司，并向社会公开发行股票 1 450 万元。1992 年，公司根据《股份有限公司规范意见》进行规范完善后，经批准成为“继续进行股份制试点企业”。

公司主营业务范围包括：机制纸、水泥纸袋；造纸技术攻关及咨询服务；造纸仪器修理；造纸机械安装；制浆造纸三废的综合利用；对旅游、酒店管理服务、造纸、竹浆与竹浆粕及其系列产品、纸张检测仪器、高科技（产品）开发、林业基地建设与开发等行业的投资。

公司股票于 1998 年 4 月 16 日在上海证券交易所挂牌交易（股票代码 600137）。截至 2006 年 6 月 30 日，公司总股本 60 711 288 股，流通股本 17 400 000 股，公司的第一大股东为四川省政府国有资产监督管理委员会。四川长控 2006 年 8 月 31 日的实际控制人情况如图 14-2 所示。

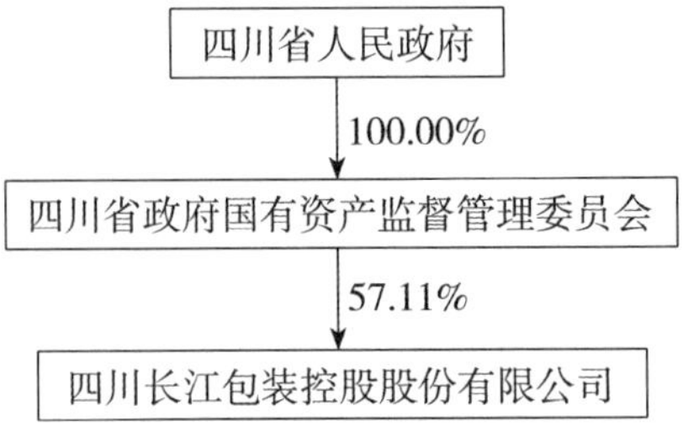

图 14-2 四川长控 2006 年 8 月 31 日的实际控制人情况

四川长控公司 2004 年、2005 年连续两年亏损，若扣除非经常性损益，公司实际已连续三年多来一直处于亏损状态（见表 14-1）。截至 2006 年 6 月 30 日，公司资产总额为 10 767.17 万元，负债总额为 96 965.35 万元，净资产为-59 198.18 万元，资产负债率为 651.47%，公司处于资不抵债状态。根据相关法规，公司由于连续两年亏损，股票被上海证券交易所列为退市风险警示（*ST）。由于公司负债总额大于资产总额，如果未能按期履行偿债义务或与债权人达成债务和解协议，债权人有权申请法院强制执行或者向法院申请破产，公司股票存在暂停或终止上市风险。

2004—2006 年，ST 长控（合并财务报表）主要财务状况见表 14-1。

表 14-1　　2004—2006 年 ST 长控（合并财务报表）主要财务状况　　单位：元

主要会计数据	2006 年	2005 年	本年比上年增减（%）	2004 年
主营业务收入	13 698 580.45	16 636 523.97	-17.66	48 036 915.34
利润总额	3 464 127.93	-74 841 362.76	104.63	-44 169 978.94
净利润	8 583 566.68	-48 466 046.62	117.72	-31 409 815.60
扣除非经常性损益的净利润	-8 923 654.45	-44 747 646.06	80.06	-27 131 778.24
每股收益	0.141	-0.798	117.67	-0.517

（四）宜宾中元造纸有限责任公司

宜宾中元造纸有限责任公司（以下简称“中元造纸”）成立于 2004 年 6 月 11 日，经营范围为：生产销售机制纸、竹浆与竹浆粕及其系列产品、水泥纸袋、纸张检测仪；造纸技术咨询服务、造纸机械安装；制浆造纸三废的综合利用。

为适应 ST 长控资产重组的需要，解决 ST 长控历史遗留问题，承接 ST 长控巨额债务，根据宜宾市人民政府《议事纪要（12）》的文件精神并经 ST 长控股东大会批准，中元造纸于 2004 年 6 月组建成立。中元造纸注册资本为 100 万元，其中 ST 长控对中元造纸出资 95 万元，占中元造纸注册资本总额的 95%，该出资为 ST 长控所拥有的经营性资产、负债以及下属子公司的股权等经评估后的资产净额；宜宾市丝绸公司对中元造纸以现金出资 5 万元，占中元造纸注册资本总额的 5%。由于环境保护、原材料短缺等因素，中元造纸的造纸业务已于 2004 年 7 月全部停止生产，当年就发生巨额亏损。

2006 年 6 月 30 日中元造纸的股权结构如图 14-3 所示。

根据经四川华信（集团）会计师事务所有限责任公司出具的审计报告，截至 2006 年 9 月 30 日，中元造纸资产总额 11 718.68 万元，负债总额 16 455.06 万元，少数股东权益-20.47 万元，净资产-4 715.91 万元。2006 年 1—9 月实现主营业务

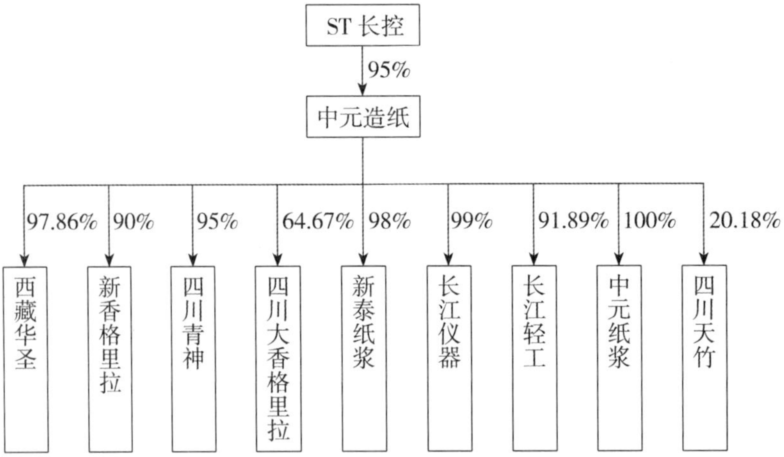

图 14-3　2006 年 6 月 30 日中元造纸的股权结构图

收入 1 099.39 万元，实现净利润-302.68 万元（以上数据均为合并会计报表数）。

二、公司并购重组过程

公司并购重组可分为三个部分。

第一部分：浙江浪莎控股购买四川省国资委持有的 ST 长控 57.11% 国有股份。

ST 长控并购重组第一阶段的交易过程见表 14-2。

表 14-2　ST 长控并购重组第一阶段的交易过程

日期	事件内容
2006 年 7 月 12 日	浙江浪莎控股有限公司召开全体股东会议，一致表决通过了收购四川省国资委持有的 ST 长控 57.11% 股份，计 34 671 288 股
2006 年 8 月 31 日	ST 长控控股股东四川省国资委授权宜宾市国有资产经营有限公司与浙江浪莎控股有限公司签署了《宜宾市国有资产经营有限公司与浙江浪莎控股有限公司关于四川长江包装控股股份有限公司股份之转让协议》及《股份转让补充协议》
2006 年 9 月 29 日	国务院国有资产监督管理委员会同意四川省政府国资委所持有的 ST 长控国家股 3 467.1288 万股转让给浙江浪莎控股有限公司
2007 年 3 月 29 日	证券登记公司确认 ST 长控原国家股股份过户登记至浙江浪莎控股有限公司

ST 长控控股股东四川省国资委授权宜宾市国有资产经营有限公司与浙江浪莎控股有限公司签署了《宜宾市国有资产经营有限公司与浙江浪莎控股有限公司关于四川长江包装控股股份有限公司股份之转让协议》及《股份转让补充协议》。根据该协议，股份转让双方一致同意，浪莎控股以总额 7 000 万元人民币作为支付对价，受让四川省国资委持有的 34 671 288 股，占总股本的 57.11%。付款安排如

下：在协议签署日之前，浪莎控股已支付 1 000 万元定金，该定金作为受让方履行本协议项下义务的担保，并在浪莎控股实际控制 ST 长控之日自动转为股份转让款；在协议生效之日起 5 个工作日内，浪莎控股需向转让方支付股份转让款 4 000 万元；余款 2 000 万元在中国证券登记结算有限责任公司上海分公司办理完成股权转让过户登记手续之日支付。

双方还在《股权转让补充协议》中就 ST 长控现有银行债务、政府债务等全部债务的处理及其相关承诺和保证等事项进行了约定。在 ST 长控上述债务以及全部资产按协议约定处理完毕的前提下，浪莎控股受让四川省国资委持有的 ST 长控全部股份。浪莎控股收购 ST 长控后，拟在未来 12 个月内，以适当方式向 ST 长控注入浙江浪莎内衣有限公司 100% 股权，并将其主营业务变更为针织内衣的制造和销售。

第二部分：ST 长控债务重组，ST 长控以 0 元价格转让公司所持宜宾中元 95% 股权。

ST 长控并购重组第二阶段的交易过程见表 14-3。

表 14-3　　ST 长控并购重组第二阶段的交易过程

日期	事件内容
2006 年 10 月 8 日	宜宾市国有资产经营有限公司、中元造纸与 ST 长控签署了《四川长江包装控股股份有限公司重组安排协议》。根据该协议，ST 长控的债务处理如下：宜宾市国有资产经营有限公司主导银行债务、政府债务、职工债务、商业债务等进行处理；政府债务、职工债务移转由中元造纸承担；在浪莎控股和宜宾市国有资产经营有限公司书面确认之日，宜宾市国有资产经营有限公司将豁免对 ST 长控的下列债权的还款义务：宜宾市国有资产经营有限公司支付给 ST 长控用于清偿债务的资金以及宜宾市国有资产经营有限公司代 ST 长控偿付的债务。宜宾市国有资产经营有限公司保证不对此行使任何形式的追索权
2007 年 2 月 8 日	中国证监会正式核准，ST 长控以 0 元价格转让公司所持宜宾中元造纸有限责任公司 95% 股权
2007 年 3 月 29 日	证券登记公司确认四川长江包装控股股份有限公司将宜宾中元造纸有限公司置出
2007 年 4 月 11 日	四川长江包装控股股份有限公司原所持宜宾中元造纸有限责任公司 95% 股权已完成转让给宜宾市国有资产经营有限公司工商股东变更登记手续

由于 ST 长控此前的资产与负债基本都集中在中元造纸，因此，本次重大资产重组完成后，ST 长控的原有资产只剩下本部的少量资产，截至 2006 年 6 月 30 日，ST 长控本部的资产为 1 561 232. 87 元，主要是往来款项 1 550 756. 62 元。另外的无形资产为“长江牌”商标。根据《股权转让协议》，ST 长控以 0 元价格转让公司所持中元造纸 95% 股权，上述资产也将剥离给宜宾市国有资产经营有限公司。

ST 长控所有的政府债务和职工债务已经依法移转由中元造纸承担，政府债务和职工债务重组已经全部完成。

第三部分：ST 长控向浪莎控股非公开发行股票来获得浪莎内衣 100% 的股权。

ST 长控并购重组第三阶段的交易过程见表 14-4。

表 14-4　　ST 长控并购重组第三阶段的交易过程

日期	事件内容
2006 年 11 月 13 日	浪莎控股与 ST 长控签订了《浙江浪莎内衣有限公司股权转让协议》。根据该协议，ST 长控向浪莎控股非公开发行股票来获得浪莎控股持有的浪莎内衣 100% 的股权。本次拟非公开发行股票的数量为浙江浪莎内衣有限公司截至 2006 年 10 月 31 日经审计的净资产值 68 621 773.62 元除以本次非公开发行股票的价格 6.79 元/股，发行 10 106 300 股
2006 年 12 月 15 日	四川长控第五届董事会第八次会议批准了公司与浪莎控股共同签署的《浙江浪莎内衣有限公司股权转让协议》
2006 年 12 月 20 日	ST 长控停牌，股价收盘价为 5.74 元/股
2006 年 12 月 27 日	四川长控 2006 年度第一次临时股东大会批准了公司与浪莎控股共同签署的《浙江浪莎内衣有限公司股权转让协议》
2007 年 2 月 8 日	中国证监会正式核准，ST 长控定向增发 10 106 300 股，以 6.79 元/股向浪莎控股购买浪莎控股持有的浙江浪莎内衣有限公司 100% 股权
2007 年 3 月 20 日	中国证监会核准公司重大资产收购暨定向发行股份方案，同意豁免浙江浪莎控股有限公司因收购/实施股权分置改革、定向发行股份而取得 4 129.5353万股普通股而应履行的要约收购义务
2007 年 3 月 29 日	证券登记公司确认四川长控原国家股股份过户登记至浙江浪莎控股有限公司，同时将宜宾中元造纸有限公司置出
2007 年 4 月 11 日	四川长控公司股权分置改革方案实施：公司总股本 60 711 288 股、流通股 17 400 000 股为基数，由非流通股股东向流通股股东共支付总额为 4 350 000股本公司股票对价，即：流通股股东每持有 10 股流通股股票将获得非流通股股东支付的 2.5 股股票对价
2007 年 4 月 13 日	ST 长控公司全面完成资产重组及股权分置改革实施等项工作，公司股票恢复上市交易，股价当日收盘价为 68.16 元/股
2007 年 4 月 24 日	ST 长控向大股东收购浙江浪莎内衣有限公司 100% 股权完成工商变更登记程序；当日 ST 长控股价收盘价为 58.43 元/股
2007 年 4 月 28 日	四川华信（集团）会计师事务所就本次发行股票收购资产之事项出具了验资报告：2007 年 3 月 29 日，浪莎内衣净资产账面价值为 73 043 265.10元，留存收益为 7 043 265.10 元

续表

日期	事件内容
2007 年 5 月 8 日	四川长控在中国证券登记结算有限责任公司上海分公司完成了本次发行股票的登记托管手续。该次股票发行后，长控公司总股本变为 70 817 588股，其中浪莎控股持有公司股本 40 815 271 股，占总股本的 57.63%。公司定向增发和购买资产实施完成，公司主营业务变更为针织内衣的制造和销售，实现了公司调整转型目标。当日 ST 长控股价收盘价为 45.21 元/股
2007 年 5 月 12 日	四川长控在控股股东浙江浪莎控股有限公司会议室召开了第六届董事会第一次会议，会议选举翁荣金为四川长江包装控股股份有限公司第六届董事会董事长，法定代表人；选举翁荣弟为第六届董事会副董事长，总经理；经总经理翁荣弟提名，董事会同意聘任吴文忠为公司副总经理，周宗琴为公司财务负责人，马中明为公司董事会秘书
2007 年 5 月 30 日	四川长控完成注册资本、住所、法定代表人、主营业务范围等工商变更登记程序，公司名称变更为四川浪莎控股股份有限公司。四川长控通过浪莎内部的资产重组，主营业务全部转向针织内衣产业，办公总部放在宜宾市，而生产基地仍留在浙江义乌

并购后浪莎控股的股权结构如图 14-4 所示。

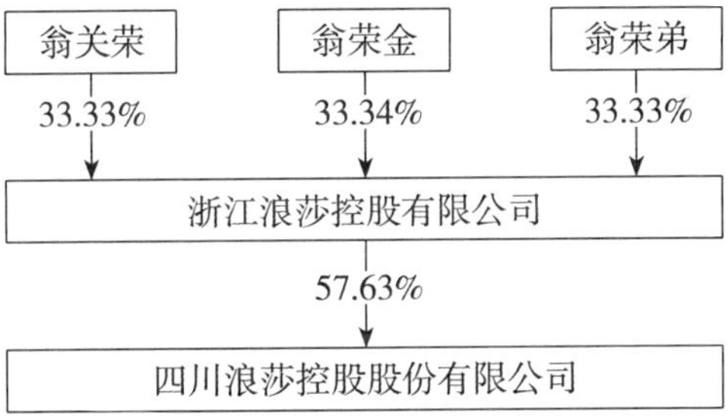

图 14-4　并购后浪莎控股的股权结构图

相关会计问题的讨论与分析

2007 年 6 月中旬，随着 2007 年上市公司中报编制日期的逼近，四川长控的会计主管伍总召集了公司的会计人员老田、小赵与小孙讨论上述并购交易的性质及其财务影响。三位会计人员就谁是购买方、并购的会计类型及其对上市公司的财务影响三个问题，发表了各自的看法。

一、谁是购买方

伍总提出了问题："我们今天需要讨论的第一个问题是'谁是购买方'。购买方的确定不仅影响到会计主体的确定及其如何选择交易的计量基础，而且影响到合并财务报表中母公司的确定。对于购买方是谁，请大家发表意见。”

小赵首先发言：“我认为，从并购后的持股情况来看，ST 长控持有浪莎内衣 100% 的股权，而浪莎内衣并未持有 ST 长控任何股权，因此购买方毫无疑问是 ST 长控。”

老田不同意小赵的看法，争论道：“虽然 ST 长控持有浪莎内衣 100% 的股权，但是浪莎内衣的资产与收入均远大于 ST 长控的规模，更重要的是，浪莎内衣的实际控制人翁氏三兄弟以及高管决定着 ST 长控的经营政策与财务政策，因此该并购在经济实质上是浪莎内衣反向购买 ST 长控，购买方应该是浪莎内衣。”

二、并购的会计类型

伍总并没有马上给上述讨论下结论，而是提出了第二个问题：“从会计计量的角度来看，企业合并可以分为同一控制下企业合并与非同一控制下企业合并。不同并购类型的判定将影响到公司会计计量基础的选择。大家认为我们上市公司定向增发权益购买浪莎内衣 100% 股权属于哪种类型的合并？”

小赵说道：“我认为，ST 长控以发行权益的方式购买了浪莎内衣 100% 的股权，属于同一控制下的企业合并。因为 2006 年 8 月 31 日，浪莎控股与宜宾市国资公司签订协议——以 7 000 万元收购 ST 长控的 57.11% 股份，并随即支付了 5 000 万元收购款；2007 年 3 月 29 日，四川长控原国家股股份过户登记至浙江浪莎控股公司，浪莎控股的 7 000 万元收购款全部付讫，这意味着浪莎控股已经控制了 ST 长控。而 ST 长控发行权益购买浪莎内衣的股权的交易发生日为 2007 年 5 月 8 日，此前 ST 长控与浪莎内衣同受浪莎控股的控制，所以 ST 长控收购浪莎内衣可以认定为同一控制下企业合并。”

老田不同意小赵的看法，争辩道：“我的看法是，ST 长控发行权益购买浪莎内衣 100% 股权属于非同一控制下的反向购买，而不是同一控制下企业合并。首先，ST 长控发行权益购买浪莎控股所持的浪莎内衣 100% 股份，与浪莎控股购买 57.11% ST 长控股权，是一揽子交易，不能因为浪莎控股购买四川长控的股权在前，四川长控购买浪莎内衣在后而认定为同一控制下企业合并；其次，即使不考虑它们是一揽子交易，浪莎控股控制四川长控的日期为 2007 年 3 月 29 日，ST 长控购买浪莎内衣股权的交易时间为 2007 年 5 月 8 日，两笔交易的时间不足 1 年，即浪莎控股对 ST 长控的控制只是暂时的，因此 ST 长控收购浪莎内衣的股权并不能认定为同一控制下企业合并；最后，结合前述对购买方的讨论，ST 长控购买浪莎内衣 100% 股权后，浪莎内衣的实际控制人翁氏三兄弟与高管反而成为 ST 长控的经营政策与财务政策的决策者，这表明 ST 长控被浪莎内衣反向购买，属于非同一控制下的反向购买。”

小孙接着发言：“我基本同意老田的看法，ST 长控购买浪莎内衣 100% 股权不能看成同一控制下企业合并，而是 ST 长控被浪莎内衣反向购买。但是我想提醒大家，ST 长控发行权益购买浪莎内衣 100% 的股权之前，已经把其所有业务打包到中元造纸公司，并把中元造纸公司股权转让给省国资委，这使得 ST 长控在本次合并之前仅持有现金、交易性金融资产等不构成业务的资产或负债，只是一个上市公司的空壳，因此，ST 长控发行权益购买浪莎内衣 100% 股权，在经济实质上是浪莎内衣买壳上市，属于不构成业务的反向购买。"

三、不同合并类型认定对 ST 长控的财务影响

伍总没有马上对合并类型认定下结论，而是进一步引导大家，说道："企业合并会计类型的不同认定必然影响到我们上市公司的财务状况，请大家考虑这三种合并类型的认定会对我们上市公司个别报表与合并报表产生哪些财务影响？"

1. 对上市公司个别报表的财务影响

小赵仍然首先发言："从个别报表来看，如果 ST 长控以发行权益的方式购买了浪莎内衣 100% 的股权，属于同一控制下的企业合并，那么根据我国会计准则，在同一控制下企业合并中，ST 长控取得浪莎内衣 100% 的股权，应当按照合并日 2007 年 3 月底浪莎内衣股东权益的账面价值计量，即 73 043 265. 10 元，其中长期股权投资与发行股份面值'股本'10 106 300 元之间的差额 62 932 965. 10 元，计入资本公积。"

老田接着说："如果 ST 长控发行权益购买浪莎内衣 100% 的股权属于非同一控制下的反向购买，那么 ST 长控取得的长期股权投资应采用发行权益性证券的公允价值 68 621 777 元（10 106 300×6. 79）计量，其中面值 10 106 300 元计入股本，而超过股本的溢价部分 58 515 477 元（10 106 300×（6. 79-1））计入资本公积。"

小孙顺着自己原来的思路，说道："如果 ST 长控发行权益购买浪莎内衣 100% 的股权属于 ST 长控被浪莎内衣买壳上市，那么浪莎内衣将顶着'ST 长控'上市公司的壳持续经营，这意味着其历史成本的计量属性不会改变，那么 ST 长控对浪莎内衣的长期股权投资应视同权益性交易来核算，采用浪莎内衣的净资产的账面价值入账，即 73 043 265. 10 元，其中长期股权投资与发行股份面值的股本10 106 300元之间的差额 62 932 965. 10 元，计入资本公积。"

伍总总结道："尽管小孙与小赵对于合并的会计类型的认定不同，但是从四川 ST 长控个别报表的会计核算来看，其财务影响是一样的。如果考虑我们上市公司的合并报表，上述对于合并类型的不同认定，是否会有不同的财务影响呢？"

2. 对上市公司合并报表的财务影响

小赵抢着说："从合并报表来看，如果把 ST 长控增发权益购买浪莎内衣的股权认定为同一控制下企业合并，那么合并后的资产负债表相当于 ST 长控（母公司）的个别报表中'长期股权投资'项目被浪莎内衣（子公司）的资产与负债的账面价值替代，ST 长控对子公司浪莎内衣 100% 的股权投资与子公司的所有者权益

项目将被完全抵销，这样合并后的资产与负债各子项目等于ST长控（母公司）与浪莎内衣（子公司）的资产与负债的账面价值之和；合并报表中所有者权益项目仅反映母公司ST长控的所有者权益，合并报表中留存收益等于ST长控（母公司）与浪莎内衣（子公司）的留存收益之和。同时，合并利润表与现金流量表均需假设合并发生在年初，把浪莎内衣（子公司）从2007年1月1日至6月30日当期的全部利润与现金流量均纳入合并报表；合并财务报表的比较信息也假设合并发生在上年度初始进行编制”。

老田不紧不慢地说道：“如果把上市公司的合并认定为非同一控制下的反向购买，那么合并报表将以浪莎内衣为母公司，假设浪莎内衣持股ST长控57.63%进行编制。在合并报表中，浪莎内衣（母公司）的合并成本为假设以发行权益的方式获取ST长控57.63%股权，应向ST长控股东发行权益性证券的公允价值计算的结果；合并成本超过ST长控（子公司）可辨认净资产公允价值的金额确认为商誉。这样并购后合并财务报表的财务影响表现为：（1）合并后资产与负债各子项目的金额等于浪莎内衣（母公司）的资产、负债账面价值与ST长控（子公司）的资产、负债公允价值之和；（2）合并财务报表中的留存收益和其他权益性余额反映的是浪莎内衣（母公司）在合并前的留存收益和其他权益余额；（3）合并财务报表中所有者权益的金额反映的是浪莎内衣（母公司）合并前发行在外的股份面值以及假定在确定该项企业合并成本过程中新发行的权益性工具的金额；（4）合并财务报表中的股本等于ST长控发行在外权益性证券的数量及种类；（5）合并财务报表的比较信息应当是基于浪莎内衣上年度的比较信息。”

小孙沿袭他原有的思路，说道：“如果把上市公司的合并认定为不构成业务的反向购买，只是浪莎内衣借‘ST长控’上市公司的‘空壳’上市，那么合并报表将以浪莎内衣为母公司，视同浪莎内衣发行权益向ST长控购买57.63%股权来进行编制。由于ST长控在合并之前只有一个空壳，即不构成业务的现金等资产与负债，其资产与负债的账面价值与公允价值将没有差异；浪莎内衣支付的对价与ST长控净资产账面价值之间的差额计入资本公积，不产生商誉与当期损益。这样并购后合并财务报表的财务影响表现为：（1）合并后资产与负债各子项目的金额等于浪莎内衣（母公司）的资产、负债账面价值与ST长控（子公司）的资产、负债账面价值之和；（2）合并财务报表中的留存收益和其他权益性余额反映的是浪莎内衣（母公司）在合并前的留存收益和其他权益余额；（3）合并财务报表中所有者权益的金额反映的是浪莎内衣（母公司）合并前发行在外的股份面值以及假定在确定该项企业合并成本过程中新发行的权益性工具的金额；（4）合并财务报表中的股本等于ST长控发行在外权益性证券的数量及种类；（5）合并财务报表的比较信息应当是基于浪莎内衣上年度的比较信息。”

★ 下一步的行动

伍总听取完公司会计人员小赵、老田与小孙对并购会计类型认定及其财务影响的不同意见，陷入了沉思。随着公司中期报告截止日期的逼近，伍总必须在一周内给上市公司的会计人员予以明确的指导，确定本次并购的会计类型，以真实公允地反映企业的财务状况、经营成果与现金流量。

思考分析题

1. 如果你是伍总，对于四川长控公司发行股份换取浪莎内衣的权益资产中购买方的确定，请总结老田与小赵的意见分歧之处并进行评价，说明你的意见与理由。

2. 如果你是伍总，对于四川长控公司发行股份换取浪莎内衣的权益资产这一交易的会计类型，请总结老田、小赵与小孙的意见分歧并进行评价，说明你的意见与理由。

3. 如果你是伍总，对于不同并购的会计类型的认定对上市公司个别报表的财务影响，请总结老田、小赵与小孙的意见分歧并进行评价，说明你的意见与理由。

4. 如果你是伍总，对于不同并购的会计类型的认定对上市公司合并报表的财务影响，请总结老田、小赵与小孙的意见分歧并进行评价，说明你的意见与理由。

5. 如果第二部分的交易没有发生，即 ST 长控没有以 0 元价格转让公司所持宜宾中元 95% 股权，对于四川长控公司发行股份换取浪莎内衣的权益资产，从会计角度看，属于哪种并购类型？

6. （可选）假设你是浪莎控股公司的会计人员，请说明浪莎控股在并购上市公司中的购买日应如何确定。

7. （可选）假设你是浪莎控股公司（集团）的会计人员，请说明公司以浪莎内衣 100% 股权来换取 ST 长控发行的股票应如何进行会计核算。

8. （可选）分析宜宾市国有资产经营有限公司在并购交易中的成本与收益，以及在交易中的作用。说明这些并购所涉及的其他利益相关者主要还有哪些，哪些人可能从并购中受益，哪些人可能从并购中受损。

自备参考文献

1. 中华人民共和国财政部．企业会计准则第 2 号——长期股权投资．2014.

2. 中华人民共和国财政部．企业会计准则第 20 号——企业合并．2006.

3. 中华人民共和国财政部．企业会计准则第 33 号——合并财务报表．2014.

4. 中华人民共和国财政部．企业会计准则——应用指南［M］．北京：中国财政经济出版社，2006.

5. 财政部会计司．企业会计准则讲解 2010［M］．北京：人民出版社，2010.

6. 财政部．关于做好执行会计准则企业 2008 年年报工作的通知．财会函〔2008〕60 号．

7. 财政部．关于执行会计准则的上市公司和非上市企业做好 2009 年年报工作的通知．财会〔2009〕16 号．

8. 财政部．关于非上市公司购买上市公司股权实现间接上市会计处理的复函．财会便〔2009〕17 号．

9. 中国证券监督管理委员会会计部．上市公司执行企业会计准则案例解析［M］．北京：中国财政经济出版社，2012.

10. ST 长控 2005 年度报告．

11. ST 长控 2006 年度报告．

12. 浪莎股份 2007 年度报告．

13. ST 长控公司．关于重大资产收购暨定向发行股票关联交易申请获中国证监会核准公告．2007.

14. ST 长控公司．关于本公司国家股股权转让进展情况公告．2007.

15. ST 长控公司．关于公司重大资产重组进展情况公告．2007.

16. ST 长控公司．重大资产收购暨定向发行股份实施结果报告及股份变动公告．2007.

附录 14-1　并购前浪莎控股财务状况

并购前浪莎控股的资产负债简表　　单位：万元

年度	2005 年	2006 年 6 月 30 日
流动资产合计	5 026. 90	3 126. 93
其中：货币资金	51. 27	2 107. 37
固定资产合计	—	3 929. 55
资产总计	5 026. 90	7 056. 48
流动负债合计	15. 01	31. 44
所有者权益合计	5 011. 89	7 025. 04
负债和所有者权益合计	5 026. 90	7 056. 48

并购前浪莎控股的利润简表　　单位：万元

年度	2005 年	2006 年 1—6 月
主营业务利润	—	—
营业利润	22. 69	22. 91
利润总额	22. 69	22. 91
净利润	11. 89	13. 15

并购前浪莎控股的现金流量简表　　单位：万元

年度	2006 年 1—6 月
经营活动产生的现金流量净额	56.10
投资活动产生的现金流量净额	—
筹资活动产生的现金流量净额	2 000
现金及现金等价物净增加额	2 056.10

附录 14-2　ST长控2006年资产负债表、利润表与现金流量表

资产负债表

2006 年 12 月 31 日

编制单位：四川长江包装控股股份有限公司　　单位：元　币种：人民币

项目	附注		合并		母公司	
	合并	母公司	期末数	期初数	期末数	期初数
流动资产：						
货币资金	六、1		3 771 785.92	3 085 778.47	2 397.87	22 291.11
短期投资						
应收票据						
应收股利						
应收利息						
应收账款	六、2	七、1	2 973 953.26	3 493 089.19		955 794.36
其他应收款	六、2	七、1	7 200 412.13	4 109 011.86	4 847 272.57	61 311 462.58
预付账款	六、3		39 965.30	257 247.92		15 707.08
应收补贴款						
存货	六、4		6 114 835.32	6 135 838.50		
待摊费用						
一年内到期的长期债权投资						
其他流动资产						
流动资产合计			20 100 951.93	17 080 965.94	4 849 670.44	62 305 255.13
长期投资：						
长期股权投资	六、5	七、2	7 470 960.63	10 748 946.61	0	0
长期债权投资						

续表

项目	附注		合并		母公司	
	合并	母公司	期末数	期初数	期末数	期初数
长期投资合计			7 470 960.63	10 748 946.61		
其中：合并价差（贷差以“-”号表示，合并报表填列）						
其中：股权投资差额（贷差以“-”号表示，合并报表填列）						
固定资产：						
固定资产原价	六、6		106 007 563.22	102 726 552.97		
减：累计折旧	六、6		70 615 874.86	65 024 684.69		
固定资产净值	六、6		35 391 688.36	37 701 868.28		
减：固定资产减值准备						
固定资产净额	六、6		35 391 688.36	37 701 868.28		
工程物质	六、7		50 907.60	80 739.31		
在建工程						
固定资产清理						
固定资产合计			35 442 595.96	37 782 607.59		
无形资产及其他资产：						
无形资产	六、8		44 869 194.88	40 217 563.18		
长期待摊费用	六、9					
其他长期资产						
无形资产及其他资产合计			44 869 194.88	40 217 563.18		
递延税项：						
递延税款借项						
资产总计			107 883 703.40	105 830 083.32	4 849 670.44	62 305 255.13
负债及股东权益：						
流动负债：						
短期借款	六、9		70 050 000.00	124 579 000.00	69 050 000.00	116 579 000.00

续表

项目	附注		合并		母公司	
	合并	母公司	期末数	期初数	期末数	期初数
应付票据						
应付账款	六、10		23 811 603.34	54 387 302.48	10 908 683.96	53 807 550.90
预收账款	六、10		1 533 455.25	4 851 840.01		1 407 700.80
应付工资			476 287.93	231 099.25		
应付福利费			2 604 526.92	3 087 310.60	1 701 992.03	1 701 992.03
应付股利						
应交税金	六、11		42 207 523.42	42 060 494.48		1 323 951.58
其他应交款	六、12		4 452 312.01	4 465 539.43		58 370.23
其他应付款	六、10		127 767 287.20	75 366 892.41	59 484 216.17	63 427 744.74
预提费用	六、13		118 037 042.17	105 126 940.44	107 625 729.91	95 879 628.18
预计负债	六、14		156 148 462.73	156 148 462.73	156 148 462.73	156 148 462.73
一年内到期的长期负债						
其他流动负债						
流动负债合计			547 088 500.97	570 304 881.83	404 919 084.80	490 334 401.19
长期负债：						
长期借款	六、15		45 570 650.00	60 197 540.80	36 770 650.00	51 397 540.80
应付债券						
长期应付款						
专项应付款						
其他长期负债						
长期负债合计			45 570 650.00	60 197 540.80	36 770 650.00	51 397 540.80
递延税项：						
递延税款贷项	六、16		15 700.44	15 700.44		
负债合计			592 674 851.41	630 518 123.07	441 689 734.80	541 731 941.99
少数股东权益（合并报表填列）			-2 626 562.48	-1 966 128.19		
所有者权益（或股东权益）：						
实收资本（或股本）	六、17		60 711 288.00	60 711 288.00	60 711 288.00	60 711 288.00
减：已归还投资						

续表

项目	附注		合并		母公司	
	合并	母公司	期末数	期初数	期末数	期初数
实收资本（或股本）净额			60 711 288.00	60 711 288.00	60 711 288.00	60 711 288.00
资本公积	六、18		89 912 048.84	52 904 105.28	89 912 048.84	52 904 105.28
盈余公积	六、19		9 859 881.64	9 859 881.64	9 859 881.64	9 859 881.64
其中：法定公益金	六、19				2 549 812.44	
减：未确认投资损失（合并报表填列）	六、21		48 343 971.23	43 309 787.02		
未分配利润	六、20		-594 303 832.78	-602 887 399.46	-597 323 282.84	-602 901 961.78
拟分配现金股利						
外币报表折算差额（合并报表填列）						
股东权益合计			-482 164 585.53	-522 721 911.56	-436 840 064.36	-479 426 686.86
负债和股东权益总计			107 883 703.40	105 830 083.32	4 849 670.44	62 305 255.13

公司法定代表人：杨盛奎　　主管会计工作负责人：张国志　　会计机构负责人：周宗琴

利润及利润分配表

2006 年 1—12 月

编制单位：四川长江包装控股股份有限公司　　单位：元　币种：人民币

项目	附注		合并		母公司	
	合并	母公司	本期数	上年同期数	本期数	上年同期数
一、主营业务收入	六、22		13 698 580.45	16 636 523.97		
减：主营业务成本	六、22		8 180 814.28	9 628 186.12		
主营业务税金及附加	六、23		178 065.06	233 784.81		
二、主营业务利润（亏损以“-”号填列）			5 339 701.11	6 774 553.04		
加：其他业务利润（亏损以“-”号填列）	六、24		-2 636 151.92	-1 659 701.68		-38 347.08
减：营业费用			1 043 092.62	1 275 845.21		13 826.98
管理费用	六、25		7 867 102.53	57 971 105.26	1 920 998.91	30 310 266.58
财务费用	六、26		9 348 729.12	19 754 667.64	8 199 564.54	17 793 843.01
三、营业利润（亏损以“-”号填列）			-15 555 375.08	-73 886 766.75	-10 120 563.45	-48 156 283.65

续表

项目	附注		合并		母公司	
	合并	母公司	本期数	上年同期数	本期数	上年同期数
加：投资收益（损失以"-"号填列）	六、27	七、3	1 721 715.21	-874 556.30	-2 970 557.61	-255 462.93
补贴收入			18 667 300.00		18 667 300.00	
营业外收入	六、28		41 725.11	195 334.31	2 500.00	
减：营业外支出	六、29		1 411 237.31	275 374.02		14 816.89
四、利润总额（亏损总额以"-"号填列）			3 464 127.93	-74 841 362.76	5 578 678.94	-48 426 563.47
减：所得税			728 702.07	122 692.55		
减：少数股东损益（合并报表填列）			-223 508.90	-1 260 512.46		
加：未确认投资损失（合并报表填列）			5 624 631.92	25 257 496.23		
五、净利润（亏损以"-"号填列）			8 583 566.68	-48 446 046.62	5 578 678.94	-48 426 563.47
加：年初未分配利润			-602 887 399.46	-554 441 352.84	-602 901 961.78	-554 475 398.31
其他转入						
六、可供分配的利润			-594 303 832.78	-602 887 399.46	-597 323 282.84	-602 901 961.78
减：提取法定盈余公积						
提取法定公益金						
提取职工奖励及福利基金（合并报表填列）						
提取储备基金						
提取企业发展基金						
利润归还投资						
七、可供股东分配的利润			-594 303 832.78	-602 887 399.46	-597 323 282.84	-602 901 961.78
减：应付优先股股利						
提取任意盈余公积						
应付普通股股利						
转作股本的普通股股利						
八、未分配利润（未弥补亏损以"-"号填列）			-594 303 832.78	-602 887 399.46	-597 323 282.84	-602 901 961.78

现金流量表

2006 年 1—12 月

编制单位：四川长江包装控股股份有限公司　　单位：元　币种：人民币

项目	附注		合并数	母公司数
	合并	母公司		
一、经营活动产生的现金流量：				
销售商品、提供劳务收到的现金			17 962 794.91	
收到的税费返还				
收到的其他与经营活动有关的现金	五、30		20 926 911.31	19 668 970.49
经营活动现金流入小计			38 889 706.22	19 668 970.49
购买商品、接受劳务支付的现金			6 992 307.07	
支付给职工以及为职工支付的现金			4 272 166.75	68 942.74
支付的各项税费			2 645 347.23	
支付的其他与经营活动有关的现金	五、31		24 055 612.83	19 622 368.41
经营活动现金流出小计			37 965 433.88	19 691 311.15
经营活动产生的现金流量净额			924 272.34	−22 340.66
二、投资活动产生的现金流量：				
收回投资所收到的现金			1 000 000.00	
其中：出售子公司收到的现金			1 000 000.00	
取得投资收益所收到的现金				
处置固定资产、无形资产和其他长期资产而收回的现金			28 454.00	2 500.00
收到的其他与投资活动有关的现金			47 017.03	
投资活动现金流入小计			1 075 471.03	2 500.00
购建固定资产、无形资产和其他长期资产所支付的现金			1 301 196.58	
投资所支付的现金				
支付的其他与投资活动有关的现金			12 486.76	
投资活动现金流出小计			1 313 683.34	
投资活动产生的现金流量净额			−238 212.31	2 500.00
三、筹资活动产生的现金流量：				
吸收投资所收到的现金				

续表

项目	附注		合并数	母公司数
	合并	母公司		
其中：子公司吸收少数股东权益性投资收到的现金				
借款所收到的现金				
收到的其他与筹资活动有关的现金				
筹资活动现金流入小计				
偿还债务所支付的现金				
分配股利、利润或偿付利息所支付的现金				
其中：支付少数股东的股利				
支付的其他与筹资活动有关的现金				
其中：子公司依法减资支付给少数股东的现金				
筹资活动现金流出小计				
筹资活动产生的现金流量净额				
四、汇率变动对现金的影响			-52.28	-52.28
五、现金及现金等价物净增加额			686 007.75	-19 892.94

案例 15

银亿房产借壳兰光科技：反向购买如何核算

已经上市的甘肃兰光科技股份有限公司（以下简称“兰光科技”）连续三年亏损，被暂停上市，先后与五位重组方擦肩而过，第六次“找婆家”，这个婆家手笔大，送的“聘礼”丰厚，兰光科技终于在2011年体面地“嫁”了出去。兰光科技向宁波银亿控股有限公司（以下简称“银亿控股”）定向发行购买其所拥有的宁波银亿房地产开发有限公司（以下简称“银亿房产”）100%股权。换股交易完成后，银亿控股拥有兰光科技近90%的股权，而兰光科技拥有银亿房产100%的股权。上述交易完成后，该上市公司主营业务由通信及相关设备制造转型为房地产开发和经营。

信达会计师事务所审计业务一部以兰光科技为案例组织反向购买的业务学习，探讨反向购买交易的特点、会计确认与计量的难点，本案例会计处理的合规性、反向购买现行会计规范的合理性，以及对相关者利益的影响等。参加此项案例分析的人员有：部门经理郑鸣、注册会计师李响、注册会计师钱途、审计员秦芬。

案例情况介绍

一、交易各方公司背景

（一）交易主体：兰光科技

兰光科技是经甘肃省人民政府甘政函〔1998〕56号文批准，以深圳兰光经济发展公司（以下简称“兰光经发”）为主发起人，联合北京科力新技术发展总公司、北京公达电子有限责任公司、上海创思科技公司和深圳大学文化科技服务有限公司四家公司共同发起设立的股份有限公司。该公司设立时的注册资本为11 100万元。2000年5月18日经中国证券监督管理委员会证监发行字〔2000〕60号文批准，向社会公众发行人民币普通股5 000万股（每股面值人民币1元），发行后注册资本变为16 100万元。

兰光科技在深圳证券交易所上市，股票代码000981，其控股股东为兰光经发，控股股东之母公司为深圳兰光电子集团有限公司，系甘肃省人民政府国有资产监督管理委员会（以下简称甘肃省国资委）全资拥有的国有独资公司，即甘肃省国资委为兰光科技的实际控制人。兰光科技与其实际控制人之间的股权投资关系如图15-1所示。

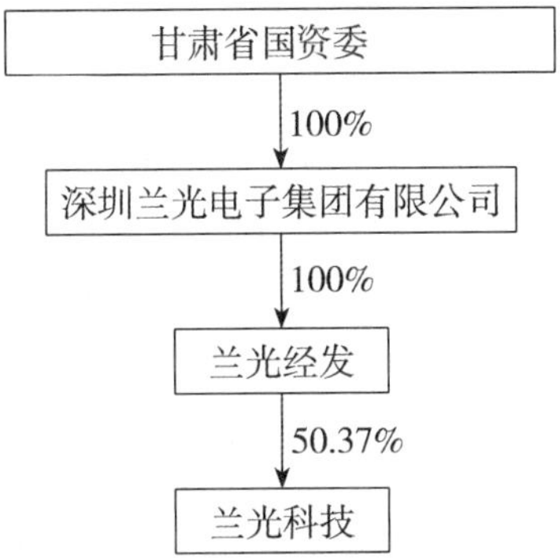

图 15-1　兰光科技与其实际控制人之间的股权投资关系

兰光科技主要的经营范围包括：电子产品及通信设备（不含卫星地面接收设施）的研究开发、生产、批发零售；咨询服务，家电维修，建筑材料、化工原料及产品（不含危险品）、五金交电（不含进口摄录像机）的批发零售；科技开发；经批准的经营自营进出口业务。

兰光科技因未按期完成股改，其股票简称于 2006 年 10 月变更为“S 兰光”；因 2006 年度财务报告被北京五联方圆会计师事务所有限公司出具了无法表示意见的审计报告，根据深圳证券交易所股票上市规则有关规定，由深圳证券交易所自 2007 年 4 月 30 日起对该公司股票实施其他特别处理，其股票简称由“S 兰光”变更为“SST 兰光”；因 2006 年、2007 年连续两个会计年度经审计的净利润为负值，由深圳证券交易所自 2008 年 4 月 17 日起对该公司股票实行退市风险警示特别处理，其股票简称由“SST 兰光”变更为“S*ST 兰光”；因 2006 年、2007 年、2008 年连续三年亏损，深交所于 2009 年 2 月 25 日作出《关于甘肃兰光科技股份有限公司股票暂停上市的决定》（深证上〔2009〕9 号），该公司股祟自 2009 年 3 月 3 日起暂停上市。

兰光科技 2008 年年末资产负债率为 76.94%；2008 年度营业收入为 3 884.14 万元，比 2007 年度减少 42.56%；净利润为-22 890.75 万元，归属于上市公司股东的每股收益为-1.40 元/股；归属于上市公司股东每股净资产为 0.59 元/股，净资产收益率为-237.07%。

（二）交易对方：银亿控股

银亿控股的注册资本为 50 000 万元，公司类型系有限责任公司（外商投资企业再投资）。银亿控股经营范围包括：实业投资；普通货物仓储；机械设备出租；普通货物装卸、搬运服务；保洁服务。银亿控股的控股股东为宁波银亿集团有限公司（以下简称“银亿集团”）。银亿集团的控股股东为银源发展有限公司（SILVER KEEN DEVELOPMENT LIMITED，以下简称“香港银源”）。香港银源的控股股东是中国香港居民熊续强。银亿控股的实际控制人是熊续强。银亿控股持有银亿房产 100% 股权。

（三）交易标的：银亿房产

银亿房产的注册资本为42 405万元，董事长为熊续强，公司类型系有限责任公司（法人独资）。公司经营范围包括：房地产开发、经营；物业管理；装饰装修；房屋出租；建筑材料及装潢材料的批发、零售。截至2010年12月31日，银亿房产的资产总额为1 256 317.54万元，负债总额为1 065 310.82万元，所有者权益为191 006.72万元。银亿房产2008年、2009年、2010年三年的净利润分别为11 034.12万元、44 588.93万元、52 541.79万元。

根据对银亿房产以2010年5月31日为基准日进行的评估，银亿房产评估后资产净值为387 599.25万元，较2009年6月30日基准日的评估净值331 552.47万元增加56 046.78万元，增值幅度为16.90%。为保护上市公司及中小股东的利益，根据《非公开发行股份购买资产协议》的约定，因此本次重组中银亿房产100%股权的作价仍以2009年6月30日评估后的资产净值确定。

银亿房产与其实际控制人之间的股权投资关系如图15-2所示。

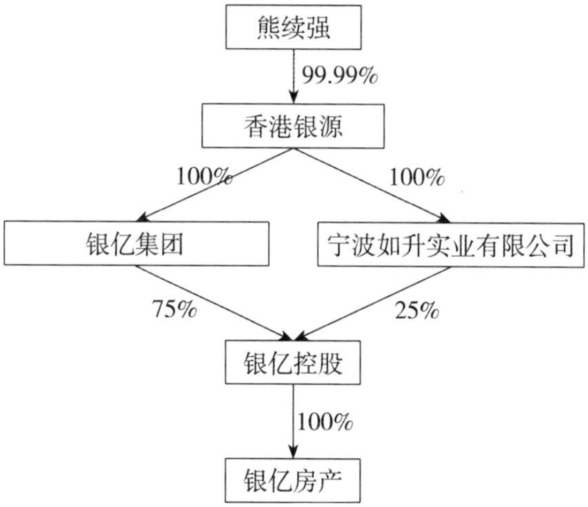

图15-2 银亿房产与其实际控制人之间的股权投资关系

二、银亿房产借壳上市及反向购买交易背景和过程

（一）交易背景

2006年以来，兰光科技由于其大股东资金占用问题一直未得到有效解决，生产经营所需的流动资金极度匮乏，不能正常归还银行贷款本息。此外，公司出口业务受国际金融危机等影响呈现大幅度滑坡，导致毛利明显下降。该公司股票因连续三年亏损已暂停上市。为摆脱经营困境，兰光科技拟通过重大资产重组，彻底解决历史遗留问题，同时通过向新的投资者定向发行股份收购其优质资产，使公司实现持续经营能力和盈利能力的根本性提升，维护全体股东的共同利益。

（二）交易过程

1. 银亿房产借壳上市的主要步骤

银亿房产通过反向购买而借兰光科技的“壳”上市，并非仅仅是发行股票的重组对价问题。由于兰光科技原大股东兰光经发和实际控制人兰光集团与兰光科技之间形成了大股东资金占用和交叉债务抵押担保，兰光科技当时还未进行股权分置改革，其控股股东的股份性质为国有法人股，因此，它的重组包括资金占用清欠、债务偿还、股权转让、股改、定向增发在内的一揽子解决方案。其主要步骤如下：

（1）解决兰光科技资金被占用问题和进行债务重组。兰光科技控股股东兰光经发和实际控制人对上市公司资金占用余额为 4.14 亿元，上述占款拟通过以下方式解决：银亿集团以现金 3.04 亿元代兰光经发、兰光集团偿还其占用兰光科技的资金；兰光经发受让银亿集团对兰光科技的 1.1 亿元债权，并以该债权抵销其对兰光科技负有的等额债务。解决兰光科技的控股股东和实际控制人对其的资金占用，是彻底释放兰光科技存量股权的基本前提。

（2）转让兰光科技的控制权。银亿控股受让兰光经发所持有兰光科技的国有法人股，从而取得对兰光科技的控制权。

（3）完成兰光科技的股权分置改革。在银亿控股成为兰光科技新的控股股东后，履行股改义务，负责实施股权分置改革。本次股改方案实施后，兰光科技原非流通股股东所持股份将变更为有限售条件的流通股。

（4）注入房地产开发与经营资产。兰光科技在股权分置改革工作完成后，向银亿控股定向增发股份，用于购买银亿控股所拥有的银亿房产 100% 股权。通过上述资产的注入，该上市公司期望具有持续稳定的盈利能力和经营能力，并通过借力于上市公司融资平台的功能，增强其在房地产行业的综合实力和市场地位。

兰光科技上述一揽子重组交易的步骤如图 15-3 所示。

2. 反向购买交易的具体进程

兰光科技因 2006 年、2007 年、2008 年连续三年亏损，根据《深圳证券交易所股票上市规则》的规定，其股票被实施暂停上市，自 2009 年 2 月 20 日起停牌，停牌日的该公司股票收盘价为 5.55 元/股。

2009 年 11 月 15 日，兰光科技控股股东兰光经发与银亿控股签署了《股份转让协议》，银亿控股拟以 20 437.2 万元价格受让兰光经发持有兰光科技的 8 110 万股股份，占兰光科技总股本 16 100 万股的 50.37%，股份转让的价格为 2.52 元/股。

2009 年 12 月 11 日，兰光科技召开 2009 年第二次临时股东大会，审议通过了《关于与宁波银亿控股有限公司签订附生效条件的〈非公开发行股份购买资产协议〉的议案》。根据《非公开发行股份购买资产协议》和天健东方出具的《审计报告》（浙天会审〔2009〕3442 号），以银亿房产评估基准日 2009 年 6 月 30 日的股东权益评估价值 331 552.47 万元，作为银亿房产 100% 股权本次交易总价；以兰光

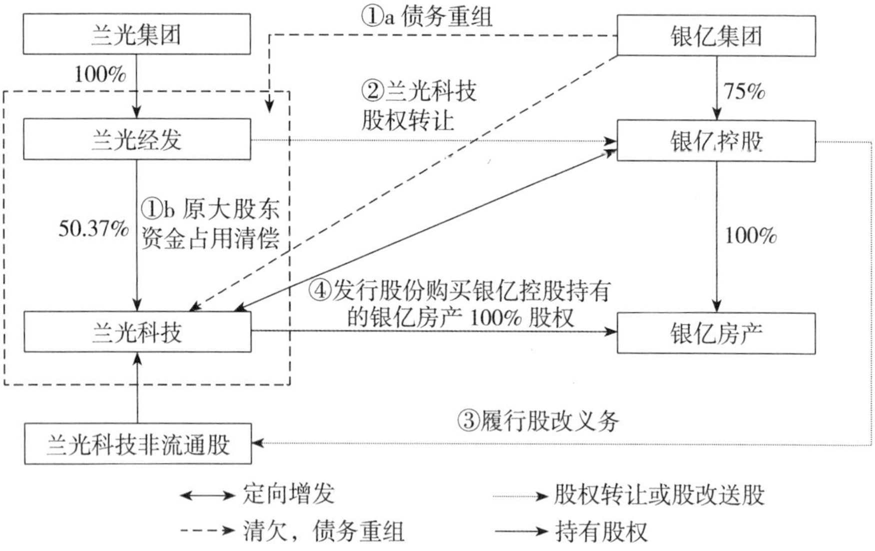

图 15-3 兰光科技发行股份购买资产暨关联交易图

科技 2009 年 2 月 20 日公司股票暂停交易公告日前 20 个交易日的均价 4.75 元/股，作为本次新增股份的发行价格；确定兰光科技拟向银亿控股定向发行 69 800.52 万股股份，作为购买银亿控股合法所持有的银亿房产 100% 股权。

2010 年 1 月 12 日，国务院国有资产监督管理委员会国资产权〔2010〕35 号文批复同意银亿控股拟收购兰光经发持有的兰光科技 8 110 万股股权。国务院国有资产监督管理委员会办公厅国资厅产权〔2011〕181 号文批复同意延长国资产权〔2010〕35 号文的有效期至 2012 年 1 月 10 日。

2010 年 3 月 22 日，兰光科技拟收购银亿控股持有的银亿房产 100% 股权的非公开发行股份购买资产方案获得中国证监会上市公司并购重组审核委员会有条件审核通过。

2011 年 5 月 11 日，兰光科技收到中国证监会《关于核准甘肃兰光科技股份有限公司向宁波银亿控股有限公司发行股份购买资产的批复》（证监许可〔2011〕680 号）文件，核准兰光科技向银亿控股发行 69 800.52 万股购买相关资产事宜。银亿控股协议收购兰光科技 8 110 万股，加上以资产认购本次发行股份而持有兰光科技 69 800.52 万股，扣除执行股改向流通股股东送出的 1 095.946 万股（8 110×1 500÷ 11 100），导致合计持有兰光科技 76 814.574 万股，约占兰光科技本次发行后总股本 85 900.52 万股（16 100+69 800.52）的 89.42%。

2011 年 5 月 20 日，公司控股股东由兰光经发变更为银亿控股，实际控制人由甘肃省国资委变更为熊续强。

2011 年 5 月 27 日，以兰光科技登记在册的流通股股数 5 000 万股为基数，非流通股股东（持有 11 100 万股）以每 10 股送 1.35135 股的相同送股比率，向方案实施股权登记日登记在册的流通股股东共支付 1 500 万股，即流通股股东每 10 股获得 3 股对价。本次股权分置改革方案实施后，兰光科技原非流通股股东所持股份将变更为有限售条件的流通股。

2011 年 5 月 30 日，兰光科技在中国证券登记结算有限责任公司深圳分公司办理了本次向银亿控股非公开发行股份 69 800.52 万股的股权登记手续，中国证券登记结算有限责任公司深圳分公司出具了证券登记确认书。截至 2011 年 5 月 31 日，兰光科技的国有股权转让、股权分置改革、非公开发行股份收购资产等重大资产重组相关工作已实施完毕，已取得银亿房产的 100% 股权，并已办妥相关工商变更登记手续。兰光科技定向发行后注册资本为 85 900.52 万元，兰光科技已就本次重组办妥注册资本工商变更登记手续。该公司股票简称由“S*ST 兰光”变更为“*ST 兰光”。

兰光科技拟收购银亿控股持有的银亿房产 100% 股权的非公开发行股份购买资产方案在 2011 年完成，并步入正常经营与运转。该公司股票获准于 2011 年 8 月 26 日在深圳证券交易所恢复上市交易，股票简称变更为“ST 兰光”。2012 年 4 月 12 日，该公司股票简称又变更为“银亿股份”。至此，一个深陷经营困局的 S*ST 公司转变成为一个资产比较优良的上市公司，经营范围由通信及相关设备制造转型为房地产开发和经营，具体包括：房地产开发、经营，商品房销售；物业管理，装饰装修；房屋租赁；园林绿化；建筑材料及装潢材料的批发、零售、项目投资、兴办实业等。兰光科技发行股份购买资产暨关联交易完成后的股权结构如图 15-4 所示。

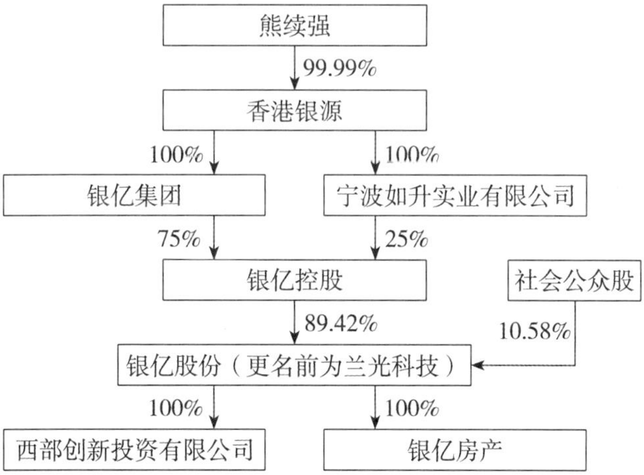

图 15-4 兰光科技发行股份购买资产暨关联交易完成后的股权结构

注：因兰光科技股权分置改革时，其非流通股股东西安通盛科技有限责任公司无法取得联系，由兰光科技控股股东银亿控股代为支付股权分置改革代价，代为支付的股份为 12.1622 万股。如果考虑这一因素，银亿控股实际持有兰光科技的股份占该公司总股份的工商登记股权比例为 89.41%。如果不考虑股权分置改革时银亿控股代西安通盛科技有限责任公司支付的股改对价，本次重组完成后银亿控股将持有兰光科技的股份占其总股份的 89.42%，为便于前后衔接，本案例有关计算分析均以此为据。

相关会计问题的讨论与分析

一、谁是会计上的购买方

反向购买，顾名思义，与一般的企业合并相比，总是有其相反之处。注册会计师李响、钱途和审计员秦芬对谁是该项交易会计上的购买方发表了各自的意见。

注册会计师李响认为，在主要通过交换权益实现的企业合并中，购买方往往就是发行自身权益工具的主体。在一些被称为“反向购买”的企业合并中，发行权益工具的主体合并后生产经营与财务决策被参与合并的另一方所控制，因此，虽然发行权益性证券的一方为法律上的母公司，但在会计上为被购买方。本案例中的合并交易是通过兰光科技向银亿房产原股东定向发行自身普通股股份用以交换银亿房产原股东持有的银亿房产股权来实现的。交易完成后，银亿房产原股东银亿控股持有兰光科技 89.42% 的股权，兰光科技持有银亿房产 100% 的股权。兰光科技为法律上的母公司，因为它发行了权益；银亿房产为法律上的子公司，因为它的权益被购买。但从会计角度看，通过权益互换，兰光科技被银亿房产股东银亿控股所控制，为会计上的被购买方，而作为权益互换的另一方，银亿房产就成为会计上的购买方。

审计员秦芬认为，在本案例的反向购买交易中，会计上的购买方是银亿控股而非银亿房产。因为是银亿房产的控股股东银亿控股购买了兰光科技的大多数股份，控制了兰光科技，银亿房产始终处于被控制地位，因此它不是会计上的购买方。

二、会计上被购买方是否构成业务

在反向购买交易中，会计上被购买方是否构成业务，会影响会计处理方法采用购买法还是按权益性交易处理。以下是审计员秦芬与注册会计师李响对兰光科技是否构成业务的部分讨论。

审计员秦芬认为，兰光科技连续几年亏损，不能为投资者提供股利和其他经济利益的回报，不符合业务的定义。作出上述判断的依据是“财政部关于执行会计准则的上市公司和非上市企业做好 2009 年年报工作的通知（财会〔2009〕16 号）”关于业务的定义：业务是指企业内部某些生产经营活动或资产、负债的组合，该组合具有投入、加工处理过程和产出能力，能够独立计算其成本费用或所产生的收入等，可以为投资者等提供股利、更低的成本或其他经济利益等形式的回报。

注册会计师李响认为，在财会〔2009〕16 号文件中关于业务还有一段话：“有关资产或资产、负债的组合具备了投入和加工处理过程两个要素即可认为构成一项业务。”《国际财务报告准则第 3 号——企业合并》附录二直接提供了业务的定义：

业务是由投入和作用于能够创造产出的投入的过程构成的。尽管业务通常都会有产出，但是产出并不作为一组集合构成业务的标准。兰光科技母公司在开始进行此项重组的2009年以及上一年，营业收入均超过千万元，兰光科技留有构成投入和过程的生产经营活动和相关资产、负债的组合，符合构成业务的条件，故不能因此将发生亏损和因亏损而无法向股东分配股利作为判断不构成业务的依据。

审计员秦芬提出质疑：兰光科技的经营已陷入困境，持续经营能力都存在严重问题了，还算构成业务吗？

三、会计上购买方的合并成本如何计量

在反向购买交易中购买方合并成本的计量，直接关系到合并商誉的计量。对本案例中银亿房产反向购买的合并成本计量，注册会计师李响与部门经理郑鸣存在两种不同观点。

注册会计师李响认为，反向购买相关会计规范为：反向购买中，法律上子公司（会计上购买方）的企业合并成本是指其如果以发行权益性证券的方式为获取在合并后报告主体的控制权，应向法律上母公司（会计上被购买方）的股东发行的权益性证券数量与权益性证券的公允价值计算的结果。在本案例中，法律上子公司（会计上购买方）银亿房产非上市公司，在反向购买交易中仅仅是假定发行权益性证券以获取在合并后报告主体的相应股权比例，而法律上母公司（会计上被购买方）兰光科技系上市公司，是作为收购银亿房产股权的对价——权益性证券的实际发行方，其权益性证券在活跃市场有公开报价，当然应以兰光科技股票的公开报价作为其公允价值，因此，合并成本应为89 355万元。他演示了计算过程。

$$\text{按被购买方兰光科技（上市公司）购买日收盘价计算的企业合并成本} = \text{换取的兰光科技股份数} \times \text{兰光科技购买日收盘价（2009年2月19日停牌时）}$$

$$= 16\ 100 \times 5.55$$

$$= 89\ 355\text{（万元）}$$

部门经理郑鸣认为，在本案例中，购买日为2011年5月31日，而兰光科技的停牌时间为2009年2月19日，两者时间相隔较长，2009年2月19日的收盘价5.55元/股可能难以反映其在购买日的公允价值。购买方的权益性证券在购买日不存在可靠公开报价的，应参照购买方的公允价值和被购买方的公允价值两者之中有更为明显证据支持的作为基础，确定假定应发行权益性证券的公允价值。虽然银亿房产非上市公司，在购买日不存在可靠公开报价，但存在经第三方确认的评估价值。本案例以银亿房产2009年6月30日经评估的可辨认资产、负债为基础，考虑评估增值因素，对其购买日的财务报表进行调整，以此推算购买日可辨认资产、负债的公允价值，确定其合并成本为63 604.97万元，故案例公司对合并成本的计量方法并没有违反现行会计规范。

注册会计师李响认为，如果要说购买方的公允价值和被购买方的公允价值两者

之中有更为明显证据支持的话，被购买方兰光科技是上市公司，其在市场上的股价总要更加客观一些吧。

四、对被购买方留有少量业务是否确认商誉

案例分析又延伸到对反向购买交易下会计上被购买方留有少量业务而确认巨额商誉的问题，并且发生了争论。

注册会计师李响认为，非上市公司以所持有的对子公司投资等资产为对价取得上市公司的控制权，构成反向购买的，交易发生时，如果上市公司未持有任何资产负债或仅持有现金、交易性金融资产等不构成业务的资产或负债的，应当按照权益性交易的原则进行处理，在编制合并财务报表时不能因此而确认商誉或当期损益；如果上市公司保留的资产、负债构成业务的，企业合并成本与取得的上市公司可辨认净资产公允价值份额的差额应当确认为商誉或计入当期损益。是否构成业务，取决于是否具有构成业务必备的投入和过程要素，而不是看业务的数量多少。

注册会计师钱途认为，可以将借壳上市划分为取得上市地位的购买壳资源和购买上市公司保留业务两种行为，将借壳方的合并成本在壳资源和购入的业务之间进行分摊。对于购买壳资源，按权益性交易处理，不确认商誉；对于购买业务，按购买法进行处理，确认商誉。

五、反向购买交易下的财务报告主体是谁

在一般情况下，对于编制合并财务报表的母公司而言，其个别财务报表与合并财务报表的报告主体是一致的，均为该母公司。但是，在反向购买交易中，个别财务报表与合并财务报表的报告主体不一致。注册会计师李响和审计员秦芬又对反向购买交易下财务报表的报告主体展开了争论，发表了不同意见。

审计员秦芬认为：都说个别财务报表是编制合并财务报表的基础，但在反向购买交易下，个别财务报表的报告主体是法律上母公司，合并财务报表的报告主体是法律上子公司，编制合并财务报表必须“另起炉灶”，这对于财务报表的编制者而言，感觉非常别扭；两套报表各行其是，缺乏必要的关联度，合并财务报表并非同时披露的个别财务报表的延伸，对于阅读财务报表的投资者而言，也感到难以理解。因此，我认为本案例的反向购买交易完成后，应对外公布以会计上购买方银亿房产为报告主体的合并财务报表和个别财务报表，至于会计上被购买方兰光科技编制的个别财务报表，可以不对外公布。

注册会计师李响不同意这种看法。理由之一，反向购买交易的会计处理原则仅适用于合并财务报表。合并财务报表的编制需要考虑合并后形成的会计主体，在反向购买交易中，就应当以基于反向购买假设而认定的会计上购买方为报告主体。而个别财务报表的编制必须服从法律主体，即以发行权益的法律上母公司为报告主体。理由之二，在我国现行《公司法》的法律框架下，上市公司的利润分配受到

法律主体的限制，目前均以母公司个别财务报表的未分配利润作为分配的基础，作为法律上母公司的兰光科技个别财务报表怎能不对外公布？投资者有了解利润分配基础的知情权。

六、合并财务报表中股本与个别财务报表中股本有差异合理吗

反向购买交易完成后，合并财务报表中的权益性工具金额反映法律上子公司合并前的股份面值以及假定在确定该项企业合并成本过程中新发行的权益性工具的金额，而法律上母公司个别财务报表中权益性工具金额则反映其实际发行在外的股份面值。

本案例中交易完成当期有关股本和股份的披露见表 15-1。

表 15-1　　上市公司个别报表与合并报表的股本情况

项目	期初数	本期增加	本期减少	期末数
合并财务报表股本（万元）	42 405	5 015. 839	—	47 420. 839
合并财务报表股份总数（万股）	16 100	69 800. 52	—	85 900. 52
母公司个别财务报表股本（万元）	16 100	69 800. 52	—	85 900. 52

对于这一特殊现象，注册会计师李响与部门经理郑鸣各持己见。

部门经理郑鸣对合并财务报表的股本数与母公司个别财务报表的股本数两者大相径庭的现象表示质疑。

注册会计师李响认为，与一般的非同一控制下企业合并相比，反向购买下合并财务报表所披露的股本有其特殊性，它的股本列报是基于会计上假定反向购买的模拟数；而母公司个别财务报表中列报的股本为实际发行在外且经工商登记注册的普通股数量。这种特殊性基于从会计与法律的不同角度看待同一项交易，分别代表了不同的主体和内涵。

在本案例中，兰光科技本次向银亿房产控股股东银亿控股定向发行股份 69 800. 52万股加上银亿控股履行《股份转让协议》和股权分置改革方案后的 7 014. 054万股后，占合并后兰光科技股份 85 900. 52 万股的比例为 89. 4227%（（69 800. 52+7 014. 054）÷85 900. 52×100%），兰光科技其他股东的股份占合并后发行在外股份的比例为 10. 58%。合并后主体在合并资产负债表中列报的股本期末数是 47 420. 839 万元，包括购买方银亿房产合并前股本 42 405 万元，以及假定银亿房产新增股本在合并后主体享有同样的股权比例（10. 58%），则银亿房产应当新增股本 5 015. 839 万元（42 405÷89. 4227% −42 405）。与此同时披露的母公司个别财务报表中股本期末数是 85 900. 52 万元（兰光科技此前发行在外的股本 16 100万元与为购买银亿控股持有的银亿房产 100% 股权增发 69 800. 52 万元股本之和）。

部门经理郑鸣认为，按反向购买现行会计规范进行处理，将会造成母公司个别

财务报表的股本与合并财务报表的股本存在永久性差异，也不便于报表使用者理解。在目前无法改变母公司个别财务报表报告主体的前提下，比较合理的方法是以法律上母公司发行股份后的股本作为合并财务报表的股本，即合并财务报表中的权益性工具金额反映法律上母公司合并前发行在外的股份面值以及本次定向发行的权益性工具金额之和。

七、案例公司每股收益的计算正确吗

每股收益直接关系到对股东的投资回报，对于 2011 年案例公司合并利润表中每股收益的计算，审计员秦芬、注册会计师钱途和李响展开了激烈的争论。

审计员秦芬认为，案例公司 2011 年合并财务报表中每股基本收益的计算有误，怎么会只有 0.79 元/股？既然是合并财务报表所披露的每股收益，当然应该按照合并财务报表中的利润和股本计算。该年合并利润表中归属于母公司所有者的净利润达 62 925.44 万元，合并资产负债表中列报的股本年初数为 42 405.00 万股，年末数为 47 420.839 万股，该反向购买交易在 5 月份完成，我通过加权平均计算得出的反向购买当年每股基本收益为 1.39 元/股。

注册会计师钱途不同意秦芬的观点，但也不赞成案例公司计算每股收益的思路。他认为，每股收益是对股东而言的投资回报，计算每股收益的分母应当是报告期实际发行在外的普通股加权平均数而非按会计假定换算的模拟数，这样才能与股东手中持有的股份口径一致。反向购买当期实际发行在外的普通股加权平均数包括两部分：一是自报告期期初至购买日发行在外的普通股数量；二是自购买日至报告期期末发行在外的普通股数量。在计算自报告期期初至购买日发行在外的普通股数量时，应当根据法律上母公司购买日之前发行在外的普通股数量计算，而案例公司却采用法律上母公司向法律上子公司股东发行的普通股数量。在本案例中，兰光科技购买日发行股份前的普通股数量为 16 100.00 万股（1—5 月），实际发行在外的普通股数量为 85 900.52 万股（6—12 月），我计算得出的反向购买当年每股基本收益为 1.11 元/股。

注册会计师李响认为，案例公司计算的每股基本收益 0.79 元/股没有错。合并财务报表中的每股收益计算，应该以实际发行在外的普通股股份数为基础，而非模拟发行的股本数。但必须注意的是：合并财务报表的报告主体是法律上子公司（会计上的购买方），故应站在银亿房产的角度计算当期实际发行在外的普通股加权平均数。计算自报告期期初至购买日发行在外的普通股数量时，要采用法律上母公司向法律上子公司股东发行的普通股数量（换股数量），即法律上子公司原有股份相当于发行在外的同一标的证券的普通股股数。

八、本案例的反向购买交易中谁是最大的赢家

本案例的反向购买交易，涉及银亿控股的实际控制人熊续强、兰光科技的原股

东、兰光科技的流通股股东等多方的利益，注册会计师钱途、李响与审计员秦芬对谁是最大的赢家有不同看法。

审计员秦芬认为，持有兰光科技股票的流通股股东是最大赢家。俗话说：要想吃一个鸡生的蛋，首先要让这个母鸡存活。本案例的反向购买交易使濒临退市的兰光科技起死回生，有望正常经营和在资本市场再融资，对持有该公司股票的股东而言是利好；股改，又使全体流通股股东每 10 股获得 3 股对价；重组成功后股价提升，还可让投资者取得较高的回报；而注入资产的控股股东对未来业绩的承诺更为流通股股东的利益提供了有效保护。银亿控股在反向购买交易中注入的资产是银亿房产的 100% 股权，其在与兰光科技签署的协议中对银亿房产未来的经营业绩作出了承诺：归属母公司的 2010 年、2011 年、2012 年的净利润分别不低于 5.08 亿元（对应重组后每股收益 0.59 元/股，按总股本 8.59 亿股计）、6.13 亿元（对应重组后每股收益 0.71 元/股，按总股本 8.59 亿股计）、6.84 亿元（对应重组后每股收益 0.80 元/股，按总股本 8.59 亿股计），若届时业绩不达标，银亿控股同意将通过由上市公司以 1.00 元/股的价格回购其所持有的一定数量上市公司股份的方式予以补偿。这一业绩承诺对重组后的股价给予了有力的支撑。所以，我认为兰光科技的流通股股东是本次交易的最大赢家。

注册会计师钱途认为，在本案例的反向购买交易中，银亿控股的实际控制人熊续强才是最大赢家，此次重组交易完成后，熊续强旗下的银亿控股合计持有兰光科技的股份比例将达到 89.42%，成为兰光科技的控股股东。银亿控股拟注入的资产原本是计划 IPO 上市的，但因为 IPO 上市排队时间过长，所以最终选择了通过反向购买实现借壳上市的方式，大大缩短了上市的时间。

审计员秦芬提出了不同意见。银亿控股的实际控制人熊续强可是付出了很大代价的，有券商评价说，在一般上市公司股改与重组中所有能遇到的问题，都能在兰光科技这里遇到。为解决这些问题并取得对兰光科技的存量股权，银亿控股的投入高达 7.7 亿元（含替上市公司负债承担的担保），再加上股改送股在内，折算成购入股价已高达每股 10 多元。

注册会计师李响提醒大家，你们不要忘记兰光科技的原大股东，熊续强控制的银亿集团、银亿控股又是为它清偿占用兰光科技的数亿元资金，又是替它履行股改义务，并且从它手中受让兰光科技的国有法人股，兰光科技的原大股东扔掉的是烂包袱，还收到了 2 亿多元现金。如果说重组后的银亿股份（更名前为兰光科技）发展趋势尚有不确定性的话，兰光科技的原大股东解套获益倒是实实在在的。

注册会计师钱途说：我算一笔账给你们看，熊续强通过银亿控股持有兰光科技的 7.68 亿股股份，按 40 倍[①]左右的平均市盈率、银亿控股重组时承诺的 2011 年的每股收益 0.71 元/股计算，熊续强的这项资产市值高达 218 亿元。你说到底谁是该

---

① 范彪．近 8 个月创业板首发市盈率 40 倍 渐回理性［N］．证券时报，2012-02-22.

项交易的最大赢家呢？

★ 下一步的行动

信达会计师事务所的技术标准部、教育培训部认为审计业务一部的反向购买专题讨论很有启发性，决定在事务所业务经理层面组织反向购买交易的案例讨论，对涉及反向购买交易的判断、报告主体的确定、合并成本的计量、商誉的确认、股本的列报和每股收益的计算等问题的不同观点进行深入分析和研究，提升将相关会计准则及理论应用于反向购买复杂经济业务的实践创新能力。

思考分析题

1. 李响与秦芬关于谁是购买方的意见分歧在哪里？请进行评价，说明你的观点及依据。

2. 本案例的反向购买交易中，会计上的被购买方兰光科技是否构成业务？为什么？

3. 关于本案例会计上购买方银亿房产的合并成本计量，李响与郑鸣的意见分歧在哪里？说明你的意见及理由，分析不同计量方法的利弊及适用性。

4. 反向购买交易下若会计上被购买方留有少量业务是否确认商誉？怎样确认商誉？对此李响和钱途之间有何争议？请对有关方法的利弊进行评价。

5. 在本案例的反向购买交易中，关于个别财务报表与合并财务报表的报告主体是否应当一致，秦芬与李响有何不同看法，你如何看待？

6. 在银亿股份合并资产负债表中列报的股本金额与个别财务报表中列报的股本金额有差异，对此李响与郑鸣各持己见，请说出你的看法，试分析该项差异的形成原因及其影响。

7. 秦芬、钱途与李响关于银亿股份反向购买交易完成当年合并利润表中每股收益计算所发生的争论，分歧在哪里？你认为应当如何计算？请说明理由。

8. 你认为本案例的反向购买交易中谁是最大的赢家？请说明理由。

9. （可选）在本案例的反向购买交易中，是否应当确认少数股东权益？为什么？

10. （可选）结合本案例及其他上市公司相关案例，分析壳公司对反向购买交易完成之后的利润分配有何影响。

自备参考文献

1. 中华人民共和国财政部．企业会计准则第 2 号——长期股权投资．2014.
2. 中华人民共和国财政部．企业会计准则第 20 号——企业合并．2006.
3. 中华人民共和国财政部．企业会计准则第 33 号——合并财务报表．2014.

4. 中华人民共和国财政部．企业会计准则——应用指南［M］．北京：中国财政经济出版社，2006.

5. 财政部会计司．关于做好执行会计准则企业 2008 年年报工作的通知．财会函〔2008〕60 号．

6. 财政部会计司．关于非上市公司购买上市公司股权实现间接上市会计处理的复函．财会便〔2009〕17 号．

7. 财政部会计司．关于执行会计准则的上市公司和非上市企业做好 2009 年年报工作的通知．财会〔2009〕16 号．

8. 财政部会计司．企业会计准则讲解 2010［M］．北京：人民出版社，2010.

9. 国际会计准则理事会．国际财务报告准则第 3 号——企业合并 .2012.

10. 中国证监会．证监会公告〔2011〕41 号．

案例 16

中科电收购江苏天策：构成业务吗

中国科电股份有限公司（以下简称“中科电”）原主营业务为通信及相关设备制造业。2013 年 10 月，中科电发布并购重组公告：中科电公司以非公开发行的股份作为对价，购买 17 名交易方合计持有的江苏天策能源股份有限公司（以下简称“江苏天策”）100% 股份并募集配套资金。交易完成后，原江苏天策股东拥有中科电近 67% 的股权，而中科电拥有江苏天策 100% 股权。

为中科电提供财务报告审计服务的会计师事务所审计业务三十部，审计项目负责人王武、注册会计师刘英和江苏天策财务经理马萍对中科电增发收购江苏天策的有关会计问题展开了讨论，各方未达成一致意见。

案例情况介绍

一、交易各方简介

（一）交易主体：中科电（报告主体）

中科电成立于 1984 年 12 月 31 日，前身为原国家科学技术委员会、国家计划委员会兴办的全民（外驻）企业，注册资本为 1 000 万元人民币。1993 年 11 月，深圳市人民政府办公厅批准中科电改组为股份有限公司。1993 年 11 月，深圳市证券管理办公室出具批复，同意中科电本次发行人民币普通股 81 040 000 股，每股面值 1.00 元。1994 年 4 月，中科电股票在深圳证券交易所挂牌交易。

经配售新股、派送红股后，中科电股本增至 11 588.72 万股，股权分置改革实施完毕后，公司的总股份由 115 887 200 股增加至 150 006 560 股。2012 年 5 月，法院下达民事裁定书，批准中科电重整计划，中科电申请增加注册资本人民币 38 947 147元，由资本公积金转增股本，变更后注册资本为人民币 188 953 707 元。根据重组计划，上述增资股份除用于支付部分共益债务及对预计债权提存外，其余全部用于清偿公司普通债权，全部划转至中科电破产企业财产处置专用账户。2012 年 11 月，中科电在中国证券登记结算有限责任公司办理了上述转增股份的变更登记手续。

公司主营业务是通信及相关设备制造业，主要开发、生产和销售数字移动电话机，受经营环境及公司财务状况影响，近三年公司主营业务已处于停产状态。

由于2004年8月以来国家进行宏观调控，银根缩紧，公司资金链受到严重影响，2005年4月公司资金链断裂，生产经营活动停止。为摆脱困境，中科电曾采取多种措施挽救公司，恢复公司持续经营能力，并与金融债权人共同推进债务重组和资产重组，但因种种原因未能成功。

2010年12月，由于公司不能偿还到期债务，且资不抵债，公司债权人向法院申请对其进行重整。2011年10月，法院作出裁定对公司进行重整；2012年5月，法院下达民事裁定书，批准《中国科电股份有限公司重整计划》并终止重整程序；2013年7月，法院下达民事裁定书，裁定公司重整计划执行完毕。破产重整期间，中科电的日常经营基本以保全资产和闲置物业出租为主。重整计划执行完毕后，中科电已无生产经营活动。

截至2013年9月30日，中科电前十大股东持股情况见表16-1。原控股股东所持上市公司全部股份用于上市公司破产重整和其自身破产清算，原第二大股东所持上市公司全部股份用于上市公司和其自身破产重整，股份让渡完成后，原第一和第二大股东不再持有公司股份。

表16-1　　2013年9月30日中科电前十大股东持股情况

序号	机构名称	持股数量（股）	持股比例（%）
1	中国信达资产管理股份有限公司	15 524 978	8.22
2	中国东方资产管理公司	10 297 471	5.45
3	周逸诚	9 197 271	4.87
4	穆筱旭	7 820 368	4.14
5	陈剑	7 534 800	3.99
6	上海浦东发展银行股份有限公司深圳分行	4 890 753	2.59
7	深圳市海王生物工程股份有限公司	4 606 028	2.44
8	中国科健股份有限公司破产企业财产处置专用账户	4 546 941	2.41
9	孙志玲	4 396 201	2.33
10	上海浦东发展银行广州分行	4 338 041	2.30
总计		73 152 852	38.74

由于中国信达是作为上市公司及原第一和第二大股东的债权人，因受偿股份成为上市公司第一大股东，但其并不实际参与上市公司的经营或管理，也不参与上市公司重大事项的决策，故本次股权变动后，上市公司不再有实际控制人。

（二）交易标的：江苏天策100%股权

江苏天策成立于2006年12月20日。并购发生前，江苏天策的注册资本为237 501 233.00元，公司类型为股份有限公司，经营范围为垃圾焚烧发电。截至2013年9月30日，江苏天策的资产总额为197 971.24万元，负债总额为

111 549.69万元，所有者权益为 86 421.54 万元。2011 年、2012 年以及 2013 年 1—9月的净利润分别为 4 953.19 万元、6 045.02 万元和 5 808.88 万元。

本次并购前，江苏天策前 10 大股东持股情况见表 16-2。

表 16-2　　2013 年 9 月 30 日江苏天策前 10 大股东持股情况

序号	股东姓名	出资额（人民币元）	持股数（股）	出资比例
1	严圣军	27 603 571.00	27 603 571	11.622%
2	南通乾创	82 812 500.00	82 812 500	34.868%
3	平安创新	55 208 929.00	55 208 929	23.246%
4	南通坤德	23 660 714.00	23 660 714	9.962%
5	上海复新	11 494 253.00	11 494 253	4.840%
6	万丰锦源	2 873 563.00	2 873 563	1.210%
7	上海裕复	4 500 000.00	4 500 000	1.895%
8	太海联江阴	4 310 345.00	4 310 345	1.815%
9	江阴闽海	7 183 908.00	7 183 908	3.025%
10	成都创业	2 873 563.00	2 873 563	1.210%

严圣军直接持有江苏天策 11.622% 的股份，同时与其配偶茅洪菊通过南通乾创和南通坤德间接控制江苏天策 44.830% 的股份。严圣军与茅洪菊夫妻合计持有江苏天策 56.452% 的股份，为江苏天策实际控制人。

二、主要交易过程

（一）交易背景与目的

1. 中科电破产重整已执行完毕，亟须通过重组获得优质资产

中科电原主营业务为通信及相关设备制造业。2010 年 12 月 31 日，由于公司不能偿还到期债务，且资不抵债，公司债权人向深圳中院申请对本公司进行重整。2011 年 10 月 17 日，深圳中院作出〔2011〕深中法民七重整字第 1-2 号《民事裁定书》，裁定自 2011 年 10 月 17 日起对本公司进行重整，并指定北京市金杜（深圳）律师事务所、深圳市正源清算事务有限公司为本公司管理人；2012 年 5 月 18 日，深圳中院作出〔2011〕深中法民七重整字第 1-4 号《民事裁定书》，批准《中科电重整计划》并终止重整程序；2013 年 7 月 18 日，深圳中院作出〔2011〕深中法民七重整字第 1-67 号《民事裁定书》，裁定公司重整计划执行完毕。重整计划执行完毕后，公司已无实质业务，需要注入优质资产以恢复中科电的持续经营能力。通过本次重大资产重组，中科电将获取优质资产，转型进入国家产业政策支持

的垃圾焚烧发电领域，恢复并增强上市公司持续经营能力。

2. 产业政策鼓励垃圾焚烧发电行业发展

2012 年 4 月 26 日，国务院办公厅下发了《国务院办公厅关于印发“十二五”全国城镇生活垃圾无害化处理设施建设规划的通知》，将“处理城市生活垃圾，实现无害化、减量化和资源化”作为政府必须解决的重大问题。经过多年的发展，我国的城市垃圾焚烧发电行业整体技术水平和行业收入规模有了较大程度的提高，但与世界发达国家相比，在焚烧总量等方面存在较大的差距。在政府和全社会把环境保护提上重要议事日程的背景下，城市生活垃圾焚烧发电行业将迎来一个高速发展的时期。

3. 江苏天策根据战略发展的需要，拟借助资本市场谋求进一步发展

本次置入资产为江苏天策 100% 股权。江苏天策主营业务是以 BOO 及 BOT 方式投资、建设和运营城市生活垃圾焚烧发电项目，研发、生产、销售垃圾焚烧发电及环保成套设备。随着中国政府对环境治理及可再生能源发展的日益重视，中国城市生活垃圾焚烧发电行业处于快速增长期。江苏天策通过启东、如东、海安、连江垃圾焚烧发电项目的投资、建设及运营，积累了技术、人才、管理和经验储备，需要利用资本平台，抓住行业发展的有利时机，拓宽融资渠道，提高核心竞争力，加快业务发展，实现公司战略发展目标。

4. 本次交易目的旨在通过发行股份购买资产并募集配套资金的方式实现上市公司主营业务的转型

通过业务转型，从根本上改善公司的经营状况，提高公司的资产质量，增强公司的持续盈利能力和长期发展潜力，提升公司价值和股东回报，以维护上市公司和股东利益为原则。

本次交易前，上市公司已完成破产重组，无经营业务。本次交易完成后，上市公司将拥有江苏天策 100% 的股权，主营业务将变更为以 BOO 及 BOT 方式投资、建设和运营城市生活垃圾焚烧发电项目，研发、生产、销售垃圾焚烧发电及环保成套设备等，公司资产质量改善，持续经营能力将大幅提升，充分保障中小股东的利益。

（二）交易标的及其定价依据、交易价格

本次发行股份购买资产的交易标的为江苏天策 100% 股权。

根据评估机构出具的评估报告书，以 2013 年 9 月 30 为基准日，采用收益法评估结果作为最终评估结论，本次交易标的资产江苏天策 100% 股权在评估基准日的评估值为 181 100.00 万元。根据《发行股份购买资产协议》的约定，经交易各方按照公平、公允的原则协商确定，江苏天策 100% 股权作价 180 000.00 万元。

根据中国证监会的相关规定，发行股份购买资产采用收益法、假设开发法等基于未来收益预期对拟购买资产进行评估并作为定价参考依据的，交易对方应当与上市公司就相关资产实际盈利数不足利润预测数的情况签订明确可行的补偿协议。

严圣军、南通乾创和南通坤德与上市公司分别于 2013 年 9 月 9 日和 2013 年 11 月 21 日签署了《盈利预测补偿协议》和《盈利预测补偿协议之补充协议》，协议对本次交易涉及的盈利承诺及补偿安排如下：

1. 补偿期限及业绩承诺

根据协议约定，补偿期限为本次重组完成当年及其后两个会计年度（即 2014 年、2015 年、2016 年，若本次重组未能在 2014 年 12 月 31 日前完成，则前述期间将往后顺延）。

双方约定，补偿期内净利润预测数根据评估报告所列明的净利润确定，具体见表 16-3。

表 16-3　**并购后 3 年交易标的净利润预测数**　单位：万元

年度	2014 年	2015 年	2016 年
净利润预测数	13 665. 57	17 556. 58	22 583. 81

2. 补偿安排

若置入资产在补偿期扣除非经常性损益后的实际净利润数不足净利润预测数，严圣军、南通乾创和南通坤德将以股份回购方式补偿实际净利润数不足净利润预测数的差额，将其获得的认购股份按照下列公式计算股份回购数，该部分股份将由上市公司以 1 元总价回购并予以注销。应回购的补偿股份数量按照如下公式计算：

$$\text{补偿期内每年应补偿股份的数量}=(\text{截至当期期末累积净利润预测数}-\text{截至当期期末累积实际净利润数})\times\text{江苏天策全体股东认购股份总数}\div\text{补偿期限内各年的净利润预测数总和}-\text{已补偿股份数量}$$

若严圣军、南通乾创和南通坤德根据上述公式测算的股份回购数超过其认购股份总数，则严圣军、南通乾创和南通坤德同意就超出部分由其以现金方式补偿。当年应补偿现金数量按以下公式计算：

$$\text{补偿期内每年应补偿的现金数}=(\text{截至当期期末累积净利润预测数}-\text{截至当期期末累积实际净利润数})\times\text{江苏天策 100\% 股份交易作价}\div\text{补偿期限内各年的净利润预测数总和}-\text{乙方已补偿股份数}\times\text{股份发行价格}-\text{已补偿现金数}$$

上述盈利预测补偿安排中的净利润数均以置入资产扣除非经常性损益后的利润数确定。

3. 对本次重组完成当年业绩承诺的特殊约定

除实际净利润数不足净利润预测数的差额补偿义务外，置入资产和上市公司在本次重组实施当年的净利润不低于 17 050. 00 万元，如本次重组完成当年置入资产或上市公司的实际净利润数不足 17 050. 00 万元，乙方承诺另以现金形式对当年净利润低于 17 050. 00 万元的差额部分予以补足。

上述现金补偿金额按以下公式一与公式二计算值的孰高者确定：

公式一：

$$\text{现金补偿金额} = 17\ 050.00\ \text{万元} - \text{置入资产本次重组实施当年实际净利润与当年净利润预测数孰高者}$$

公式二：

$$\text{现金补偿金额} = 17\ 050.00\ \text{万元} - \text{上市公司在本次重组实施当年实际净利润与置入资产当年净利润预测数孰高者}$$

（三）发行股票种类和面值

本次发行股票种类为境内上市人民币普通股（A 股），每股面值为人民币 1.00 元。

（四）发行对象、发行价格与发行数量

本次交易包括发行股份购买资产和募集配套资金两部分内容。其中，募集配套资金以发行股份购买资产为前提条件，但募集配套资金成功与否并不影响发行股份购买资产的实施。

1. 发行股份购买资产

发行股份购买资产的发行对象为持有江苏天策 100% 股份的 17 名股东。

根据中国证监会 2008 年 11 月 8 日发布的《关于破产重整上市公司重大资产重组股份发行定价的补充规定》，“上市公司破产重整，涉及公司重大资产重组拟发行股份购买资产的，其发行股份价格由相关各方协商确定后，提交股东大会作出决议，决议须经出席会议的股东所持表决权的 2/3 以上通过，且经出席会议的社会公众股东所持表决权的 2/3 以上通过。关联股东应当回避表决”。

根据上述规定及中科电的破产重整情况，在兼顾各方利益的基础上，确定本次中科电向江苏天策 17 名股东发行股份购买资产的发行价格为 4.76 元/股。

上述交易价格及定价方式符合《上市公司重大资产重组管理办法》及相关法律法规的规定。破产重整完成后，中科电已无任何经营业务，不具备持续经营能力，中科电 2013 年 9 月经审计的财务报表显示的归属于母公司所有者权益为 431.46 万元，每股净资产为 0.02 元/股，因此，本次发行价格 4.76 元/股远高于中科电内在价值。

若本次交易完成前，上市公司发生派发股利、送红股、转增股本、增发新股或配股等除息、除权变动事项，发行价格将相应进行调整，发行股数也随之进行调整，董事会将提请股东大会授权董事会根据实际情况与独立财务顾问（保荐人）协商确定最终发行价格与发行股数。

按照交易各方协商确定的拟发行股份购买资产的价格 180 000 万元和中科电本次发行股份价格 4.76 元/股计算，本次向交易对方共计发行 378 151 252 股，本次发行股份数量占发行后中科电总股本的比例为 66.68%。

本次应发行股份数量按以下公式计算：

$$\text{向各交易对方发行股份的数量}=\text{交易标的价格}\times\text{各交易对方在江苏天策的持股比例}\div\text{本次发行股份价格（4.76 元/股）}$$

本次发行股份购买资产的发行股份总量=向各交易对方发行股份数量之和

发行股数根据上述公式计算取整数确定，出现小数的只舍不入。

2. 募集配套资金

发行股份募集配套资金的发行对象为不超过 10 名（含 10 名）符合条件的特定对象，包括证券投资基金、保险机构投资者、信托投资公司、财务公司、证券公司、合格境外机构投资者、自然人及其他符合法定条件的合格投资者。

为提高本次重组绩效，增强重组完成后上市公司的持续经营能力，上市公司拟通过询价方式向不超过 10 名（含 10 名）符合条件的特定对象非公开发行股份募集配套资金。本次注入资产交易价格为 180 000.00 万元，以募集配套资金的上限 60 000.00 万元计算，交易总额为 240 000.00 万元，本次募集资金总额不超过 60 000.00万元，未超过本次交易总额的 25%，所募资金将用于江苏天策在建及拟建项目的建设和运营。

本次非公开发行股份募集配套资金，拟采用询价方式进行，募集配套资金部分与购买资产部分分别定价，为两次发行。上市公司将在取得发行核准批文后，按照《上市公司证券发行管理办法》《非公开发行实施细则》的规定以询价方式确定发行价格和发行对象。

本次募集配套资金的发行定价基准日为上市公司审议通过本次重组方案的股东大会决议公告日，即公司 2013 年第二次临时股东大会决议公告日。本次发行价格不低于定价基准日前 20 个交易日上市公司股票交易均价的 90%，最终发行价格将在取得核准批文后，由上市公司董事会根据股东大会的授权，依据发行对象申购报价的情况，按照价格优先的原则及相关规定合理确定发行对象、发行价格和发行股数。

（五）期间损益归属

自评估基准日至标的资产交割日期间为过渡期。过渡期内，江苏天策产生的盈利归上市公司享有，产生的亏损由实际控制人向上市公司以现金方式补足。上述期间损益将根据具有证券业务资格的会计师事务所审计后的结果确定。

（六）滚存利润的安排

在本次发行股份购买资产之股票发行完成后，上市公司于本次发行之前的滚存未分配利润由本次发行后的新老股东按发行后的持股比例共同享有。

（七）定向增发交易完成后，配套募集资金前股权结构

本次交易于 2014 年 4 月 2 日通过中国证监会上市公司并购重组委员会工作会议审核，发行股份购买资产并募集配套资金获无条件通过。

2014 年 5 月 5 日，公司收到中国证监会《关于核准中国科电股份有限公司向严圣军等发行股份购买资产并募集配套资金的批复》；2014 年 5 月 12 日，中科电

与江苏天策全体 17 名股东签署了资产交割协议，根据重组协议及资产交割协议，江苏天策全体 17 名股东将江苏天策 100% 股权工商变更登记至上市公司名下之日为资产交割日即 2014 年 5 月 12 日，并对注入资产交割的具体情况、期间损益等作出安排。

定向增发后配套募资前江苏天策的股权结构如图 16-1 所示。

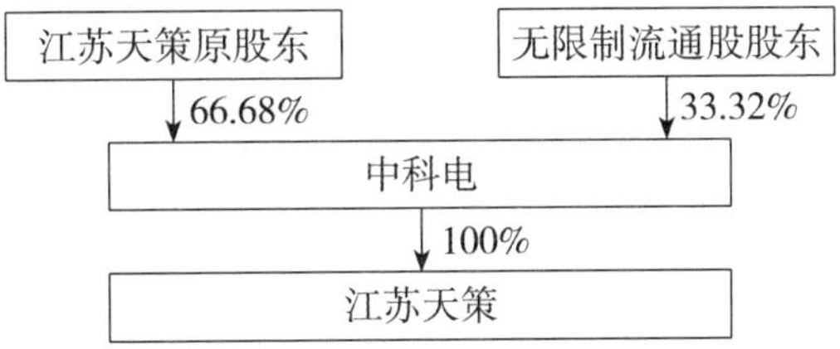

图 16-1　定向增发后配套募资前江苏天策的股权结构

2014 年 8 月 29 日，公司向 2 位投资者分别发送了“发行股份购买资产并募集配套资金暨关联交易缴款通知书”，立信会计师事务所于 2014 年 9 月 4 日出具《验资报告》，验证公司本次非公开发行股份 52 173 912 股，股票面值为人民币 1 元/股，溢价发行，发行价为 11.50 元/股，共计募集资金人民币 599 999 988.00 元，扣除保荐承销费、中介费、信息披露费等，实际筹集资金为人民币 551 186 105.75 元，其中股本 52 173 912.00 元，资本公积 499 012 193.75 元。经本次发行后，公司变更后的累计股本为人民币 619 278 871.00 元。

本次发行新增股份于 2014 年 9 月 10 日在中国证券登记结算有限责任公司深圳分公司办理完登记托管相关事宜。本次发行新增股份为有限售条件的流通股，上市日为 2014 年 9 月 25 日，自上市之日起 12 个月后经公司申请可以上市流通。

相关会计问题的讨论与分析

审计项目负责人王武、注册会计师刘英和江苏天策财务经理马萍对以江苏天策借壳中科电的有关会计问题展开了讨论。

一、本次交易是否构成业务

本次交易是否构成业务涉及合并后商誉的会计处理，对未来主体的报表有巨大的影响。

江苏天策财务经理马萍认为，本次交易为构成业务的反向购买。因为公司保留了部分其他应收款、固定资产、应交税费等资产和负债，且存在房屋出租、出售收入，以及股权处置收益（见表 16-4、表 16-5），所以本次重组为构成业务的反向购买。

表 16-4 **中科电并购前简要报表（1）**

资产	2013 年 9 月 30 日	2012 年 12 月 31 日
流动资产		
货币资金	867 978.89	821 180.56
其他应收款	36 716.40	39 254.92
其他流动资产	1 650 000.00	171 729 397.98
流动资产合计	2 554 695.29	172 589 833.46
长期股权投资		95 964 068.00
投资性房地产		34 430 298.29
固定资产	7 680.96	4 556.81
无形资产		4 914 190.13
非流动资产合计	7 680.96	135 313 113.23
资产总计	2 562 376.25	307 902 946.69
负债和股东权益	2013 年 9 月 30 日	2012 年 12 月 31 日
流动负债		
短期借款		491 208 063.98
应付账款		331 146 154.74
预收款项		12 662 363.84
应付职工薪酬	96 500.00	1 644 390.65
应交税费（注）	-1 857 217.34	-2 059 150.83
应付利息		336 541 298.42
其他应付款	8 494.00	401 575 810.16
一年内到期的非流动负债		50 000 000.00
流动负债合计	-1 752 223.34	1 622 718 930.96
预计负债		543 174 458.07
非流动负债合计		543 174 458.07
负债合计	-1 752 223.34	2 165 893 389.03
股东权益		
股本	188 953 707.00	188 953 707.00
资本公积	776 203 818.97	47 285 415.22
盈余公积	17 033 842.85	17 033 842.85
未分配利润	-977 876 769.23	-2 111 263 407.41
股东权益合计	4 314 599.59	-1 857 990 442.34
负债和股东权益总计	2 562 376.25	307 902 946.69

注：负数系上市公司原已认证尚未抵扣的进项税，由于无足够的销项税额产生，因此形成留抵税额。

表 16-5 中科电并购前简要报表 (2)

项目	2013 年 1—9 月	2012 年 1—9 月
一、营业总收入	40 922 834.90	94 540 998.03
减：营业成本	36 239 763.15	23 487 744.45
营业税金及附加	88 775.15	208 787.20
管理费用	7 465 740.51	16 349 146.45
财务费用	-144 725.67	-2 189 420.87
资产减值损失	12 289.29	1 302 405.74
投资收益（损失以"-"号填列）	2.00	22 460 032.85
其中：对联营企业和合营企业的投资收益		23 493 758.20
二、营业利润（亏损以"-"号填列）	-2 739 005.53	77 842 367.91
加：营业外收入	1 136 127 327.97	163 280.05
减：营业外支出	1 684.26	186 596 345.11
其中：非流动资产处置损失	1 684.26	
三、利润总额（亏损总额以"-"号填列）	1 133 386 638.18	-108 590 697.15
减：所得税费用		
四、净利润（净亏损以"-"号填列）	1 133 386 638.18	-108 590 697.15
五、其他综合收益		
六、综合收益总额	1 133 386 638.18	-108 590 697.15

审计项目负责人王武认为，本次交易不构成业务。由于本次重组时，上市公司仅持有货币资金、应付职工薪酬等不构成业务的资产或负债，因此本次重大资产重组为不构成业务的反向购买。根据中科电公布的年报披露信息，中科电自 2009 年以来有 21 272.29 万元的巨额债务一直没有偿还，产生的诉讼事项也尚未终结，生产经营规模严重萎缩。2010 年至 2011 年，中科电没有开展经营活动，营业收入均为出租土地、厂房所赚取的租金，用以支付中科电日常开销。2012 年，中科电营业收入大幅增长，其中少量的主营业务收入 33.71 万元因处置存货手机套件所得，剩余的款项系中科电启动破产重组程序，进行财产拍卖转让和房屋出租所致，中科电拍卖持有的房产、土地使用权以及股权获得的 9 555.76 万元用以弥补巨额亏损。2013 年，中科电没有实质的生产活动，4 092.28 万元的营业收入由转让厂房、赚取的房屋租金组成。2013 年 7 月，中科电重整计划执行完毕，中科电只剩下货币资金 1 027.79 万元，固定资产 0.97 万元，以及归属于其他应收款的 15.49 万元房屋出租押金。除此之外，中科电仍有-97 900 万元的净亏损未弥补，短期内还无法向股东提供股利或其他经济利益等形式的回报，所以中科电现保留的相关资产不满

足构成业务的条件。

二、发行价格是否合理

本次中科电向江苏天策 17 名股东发行股份购买资产的发行价格为 4.76 元/股，发行价格是否合理往往对并购重组交易的各利益相关方影响巨大，也是监管机构与社会公众关注的焦点问题。

注册会计师刘英认为，中科电本次发行股份购买资产的董事会决议公告日前 20 个交易日公司股票交易均价为 10.98 元/股，虽然可以各方协商，但确定的交易价格仅 4.76 元/股，差距 6.22 元/股，按发行 378 151 252 股计算，金额为 23.52 亿元，因此上述双方约定的价格显然偏低，侵害了上市公司的利益。

财务经理马萍认为，公司经历破产重整，且停牌时间较长，通常的发行定价方法对公司不适用，应采取各方协商定价，寻求公允价值。

项目负责人王武认为，选取江苏天策同行业 A 股上市公司作为对比，本次交易作价对应的市盈率为 22.08 倍，市净率为 2.08 倍，均低于可比上市公司的平均静态市盈率 39.26 倍和市净率 5.66 倍，2014 年预测市盈率 13.28 倍也低于行业平均市盈率 26.60 倍。市盈率越低，中科电为江苏天策每一元净利润支付的价格越低，投入的购买成本越少；市净率越低，中科电为江苏天策每一元净资产支付的价格越低，投资风险越小。根据 4.76 元/股计算的市盈率和市净率体现了中科电股票具有投资价值和发展潜力，4.76 元/股的发行价格较为合理。

三、合并成本如何计算

计算合并成本时，有按江苏天策的公允价值和按中科电的公允价值这两种选择作为计算合并成本的计量基础。

财务经理马萍认为，应按照购买方江苏天策的公允价值确定，该价格更为公允，符合准则相关规定。

注册会计师刘英认为，应按照合并日被购买方中科电的公允价值确定，该价格有市场参考价，公允价值易于取得。按董事会决议公告日前 20 个交易日股票交易均价 10.98 元/股作为公允价值，用中科电向江苏天策发行股份的数量与公允价值计算得出的合并成本为 415 210.07 万元（37 815.13×10.98），合并成本 41.52 亿元。

项目负责人王武认为，江苏天策全体股东在合并前拥有江苏天策全部股权，但是合并后江苏天策全体老股东的持股比例减少了 33.32%。倘若江苏天策发行股份购买中科电，并且合并后主体仍享有相同的股权比例，那么江苏天策应向中科电发行的权益性证券数量为 11 867.9380 万股（23 750.12÷66.68% −23 750.12），再以法律上子公司江苏天策的资产评估价值 180 000 万元作为依据，计算得出公允价值为 7.58 元/股（180 000÷23 750.12），最终企业合并成本是发行股份数量与公允价值计算的结果 89 958.97 万元（11 867.94×7.58），合并成本不到 9 亿元。

假定江苏天策借壳中科电是构成业务的反向购买，那么两种不同方法确定的合并成本可能导致巨额的合并商誉差异。在合并后每年年末对巨额商誉进行的减值测试可能会使得上市公司的业绩受到重大不利影响，公司净利润下降甚至会面临巨额亏损，这与双方的交易目的背道而驰。

四、每股收益如何计算

对于在反向购买当期，法律上的子公司增资是否影响每股收益的计算，各方有着不同的意见。

财务经理马萍认为，不影响每股收益的计算。根据准则计算每股收益涉及的股份数均和法律上母公司相关，因此法律上的子公司江苏天策上述期间发生股本变动，对每股收益计算无影响，无须考虑其变动情况。

注册会计师刘英认为，影响每股收益的计算。如果法律上子公司发行的普通股股数自反向购买发生期间的期初至购买日之间内发生了变动，计算每股收益时应适当考虑其影响进行调整。

上述期间江苏天策股本如果发生变化，则购买日江苏天策的股本与中科电发行的股份之间的换股比例与期初的比例将会不一致，应根据购买日的换股比例调整中科电向江苏天策股东发行的普通股数量，并区分股本变化前后加权计算。假设江苏天策反向购买当期的 4 月份发生增资，则发生反向购买当期，自当期期初至购买日发行在外普通股数量见表 16-6。

表 16-6　上市公司期初至购买日发行在外普通股数量情况

中科电发行股份	378 151 252.00	A
江苏天策购买日股本	237 501 233.00	B
换股比例	1.5922	C＝A/B
江苏天策自反向购买发生期间的期初至购买日之间增资	48 215 519.00	D
江苏天策增资前股本（反向购买发生期间的期初）	189 285 714.00	E＝B−D

注：2013 年归属于中科电所有者净利润为 76 105 917.33 万元。

五、中介机构费用如何处理

借壳上市过程中，聘请的财务顾问、评估机构、会计师以及律师等中介机构费用，是计入当期损益还是冲减中科电发行股份形成的溢价呢？

本次发行股份购买资产并配套募集资金交易完成后，公司支付保荐承销费、中介费、信息披露费等共计 4 900 万元，其中保荐承销费 3 900 万元，会计师、律师、评估等中介费 700 万元，信息披露费等 300 万元。

财务经理马萍认为，根据《企业会计准则解释第 4 号》：非同一控制下的企业合并中，购买方为企业合并发生的审计、法律服务、评估咨询等中介费用以及其他相关管理费用，应当于发生时计入当期损益。

项目负责人王武认为，根据《上市公司执行企业会计准则监管问题解答》（2010年第一期）：上市公司为发行权益性证券发生的承销费、保荐费、上网发行费、招股说明书印刷费、申报会计师费、律师费、评估费等与发行权益性证券直接相关的新增外部费用，应自所发行权益性证券的发行收入中扣减，在权益性证券发行有溢价的情况下，自溢价收入中扣除。

在实务中，某些购买方采用发行自身权益工具（如股票）或债务工具（如债券）作为购买对价的支付方式，但对于在此类情况下，如何区分哪些属于应当于发生时费用化的"购买方为企业合并发生的中介费用和其他相关管理费用"，哪些属于应当计入作为合并对价所发行的权益性证券或债务性证券的初始确认金额的"交易费用"，《企业会计准则解释第4号》第一条并未作出进一步的说明。

★ 下一步的行动

经过审计项目组负责人王武、注册会计师刘英和江苏天策财务经理马萍的讨论，谁也未能说服对方，各方未达成一致意见，项目组负责人王武将有关问题讨论进行了梳理汇总，上报事务所审计部经理，请示如何处理。

思考分析题

1. 如果你是该审计业务部经理，请对本次交易是否构成业务发表你的倾向性意见并说明理由。

2. 如果你是该审计业务部经理，请对发行价格是否合理发表你的倾向性意见并说明理由。

3. 如果你是该审计业务部经理，请对合并成本如何计算发表意见并说明你的观点。

4. 如果你是该审计业务部经理，请对反向购买当前法律上的子公司增资是否影响每股收益的计算发表意见，试计算上市公司当期的每股收益，谈谈你的观点并说明理由。

5. 如果你是该审计业务部经理，请对借壳上市过程中发生的中介机构费用计入当期损益还是冲减发行股份形成的溢价发表意见，谈谈你的观点并说明理由。

6. （可选）中科电进行破产重整，通过原股东让渡其所持股份用于清偿公司债务和支付公益债务，让渡价格按停牌前20个交易日均价计算，溢价计入资本公积7.29亿元；同时，以货币资产等清偿债务，获取11.3亿元债务重组收益计入营业外收入。上述两项收益共计18.59亿元，是否当期需缴纳企业所得税呢？

自备参考文献

1. 中国证券监督管理委员会．关于修改上市公司重大资产重组与配套融资相关规定的决定．2011.

2. 中国证券监督管理委员会．关于在借壳上市审核中严格执行首次公开发行股票上市标准的通知．2013.

3. 财政部．财政部关于做好执行会计准则企业 2008 年年报工作的通知．财会函〔2008〕60 号．

4. 财政部会计司．关于非上市公司购买上市公司股权实现间接上市会计处理的复函．财会便〔2009〕17 号．

5. 财政部．关于执行企业会计准则的上市公司和非上市企业做好 2010 年年报工作的通知．2010.

6. 财政部．关于做好执行企业会计准则的企业 2011 年年报监管工作的通知．2011.

7. 财政部．关于执行会计准则的上市公司和非上市企业做好 2009 年年报工作的通知．2009.

案例 17

ST 东源兼并金科集团：是反向购买吗

2011 年 5—8 月期间，重庆东源产业发展股份有限公司（简称“ST 东源”）以向重庆市金科实业（集团）有限公司（以下简称“金科集团”）全体股东新增股份的方式吸收合并金科集团。本次吸收合并完成后，金科集团的法人资格予以注销，其全部资产、债务、业务以及人员将由上市公司 ST 东源承继，ST 东源承接金科集团相关经营资质。新增股份的发行价格为定价基准日（即重庆东源第七届董事会 2009 年第二次会议）前 20 个交易日公司 A 股股票交易均价 5.18 元/股，发行数量为 90 849.8204 万股。本次吸收合并前，金科投资持有上市公司总股本的 13.42%，为上市公司第二大股东。本次吸收合并完成后，金科投资将持有重庆东源总股本的 21.82%，成为重庆东源第一大股东，收购人金科投资、黄红云、陶虹遐及其他收购一致行动人合计持有的股份占重庆东源总股本的 58.78%。

2011 年年底，上市公司金科股份（原 ST 东源）的会计主管罗亮召集公司会计人员李欣、吴来、谭金对本次合并所涉及的主要会计问题进行了讨论，会计人员在合并的会计类型以及账务处理上产生了激烈的争论。

案例情况介绍

一、并购交易各方情况

（一）重庆东源产业发展股份有限公司

ST 东源原名是重庆钢铁公司第四钢铁厂。第四钢铁厂经重庆钢铁公司组建，成为重庆东源钢业股份有限公司，于 1987 年 3 月登记注册。1996 年 11 月，经中国证监会证监发字〔1996〕323 号文件批准，公司社会公众股 6 700 万股在深交所上市交易，股票代码 000656。经过多次股权变动，2007 年 8 月 4 日 ST 东源的有限售条件的流通股中有 68 568 498 股被奇峰集团和宏信置业通过联手合作取得。奇峰集团和宏信置业两家公司各持股份的一半，各自持有 ST 东源总股本的 13.71%，并于 2007 年 9 月 13 日过户。

通过签订股份转让协议，奇峰集团和宏信置业两家公司将其各自持有的 ST 东源股份转让给金科投资，于 2009 年 4 月 7 日完成过户。经过这次股份转让后，ST

东源的第一大股东为重庆渝富，持有 ST 东源 18.03% 的股份；第二大股东为金科投资，持有 ST 东源 13.42% 的股份。ST 东源以房地产的开发和物业管理为主要经营范围，并以机械加工、销售建筑与装饰材料等为辅。截止到 2011 年 4 月，ST 东源的股权结构如图 17-1、图 17-2 所示。

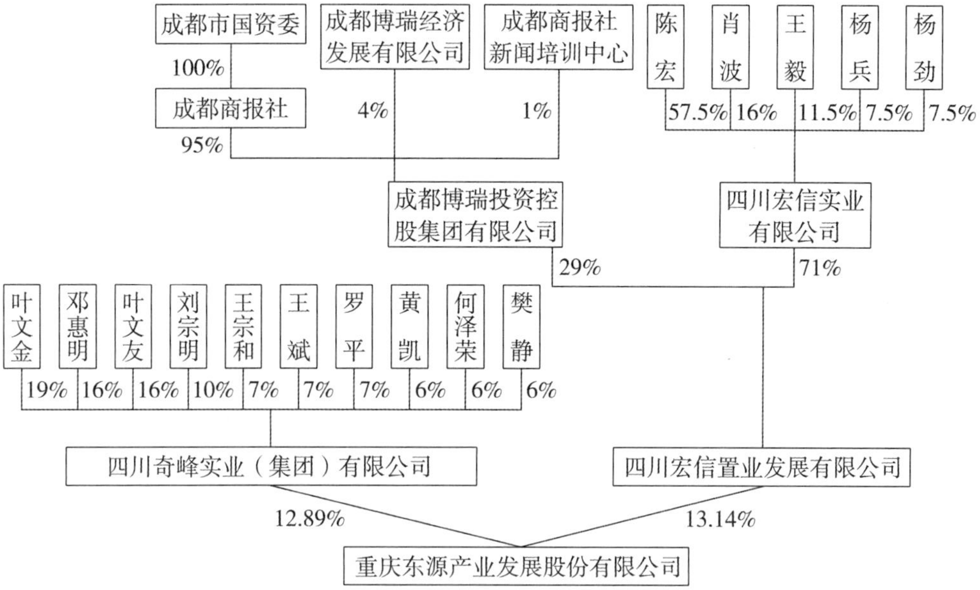

图 17-1　2009 年 3 月前 ST 东源股权结构图

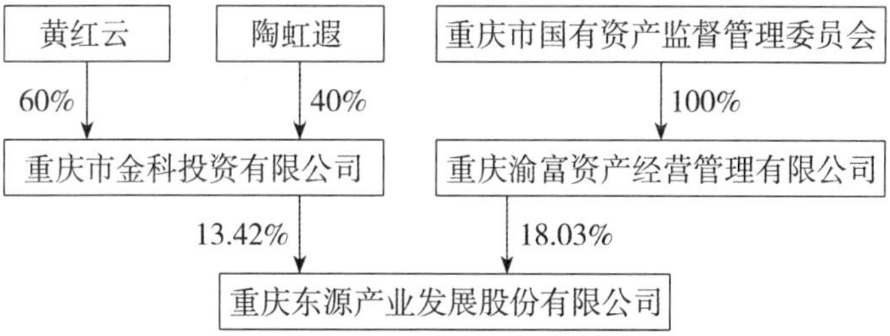

图 17-2　2011 年 4 月 ST 东源股权结构图

由于 2004 年与 2005 年两年的连续亏损，重庆东源在 2006 年 5 月 9 日被进行*ST特别处理，2007 年 6 月 7 日开始撤销*ST，实施 ST 特别处理。ST 东源 2007 年到 2009 年虽然一直盈利，但是 2007 年和 2008 年扣除公司发生的与生产经营活动没有直接关系的各项收入与支出后，净利润却为负数。根据 ST 东源 2009 年 1 季度报告（未经审计）、2010 年年度报告、2011 年半年度财务报告（未经审计），吸收合并前的资产构成见表 17-1。

1. 其他流动资产

2009 年其他流动资产系公司持有的重庆国有企业环保动迁项目集合资金信托产品，已于 2010 年 9 月 13 日到期。

表 17-1　　吸收合并前 ST 东源的资产负债表　　单位：万元

项目	2011 年 6 月 30 日	2010 年 12 月 31 日	2009 年 12 月 31 日	2009 年 3 月 31 日
货币资金	24 187.17	22 696.35	21 814.64	3 500.81
预付款项		400.46	0.57	
其他应收款	0.18		1 329.48	6 452.28
其他流动资产			11 274.34	
流动资产合计	24 187.35	23 096.81	34 419.04	9 953.09
持有至到期投资				11 466.63
长期股权投资	7 118.50	7 118.50	7 118.50	20 244.97
投资性房地产	437.14	451.44	615.78	647.49
固定资产	1 061.05	1 141.68	1 781.86	1 788.88
递延所得税资产		245.70	600.72	190.83
其他非流动资产	15 000.00	15 000.00		
非流动资产合计	23 616.69	23 957.32	10 116.86	34 338.79
资产总计	47 804.04	47 054.13	44 535.90	44 291.88

2. 持有至到期投资

2009 年 3 月持有至到期投资系持有的重庆国有企业环保动迁项目集合资金信托产品，2009 年末已转入其他流动资产。

3. 长期股权投资

（1）2009 年 3 月底公司持有渝展实业 18.75% 股权（成本法核算），账面价值 13 126.47 万元，后经公司 2009 年第三次临时股东大会审议，公司将渝展实业 18.75% 股权转让给渝富公司，转让价格 13 499.17 万元。

（2）ST 东源原持有银海租赁 30% 股权，因具有重大影响而采用权益法核算。2009 年 2 月，银海租赁召开股东会，审议通过《关于增加公司注册资本的议案》，注册资本由 18 000 万元增资至 30 000 万元。ST 东源放弃本次增资。银海租赁增资扩股后，ST 东源持有股权比例下降为 18%，不再派驻董事，对其不具有重大影响。ST 东源以 2009 年 2 月末长期股权投资账面价值 7 118.50 万元为基础，对银海租赁的后续核算由权益法转换为成本法。

4. 投资性房地产

（1）2009 年年底，投资性房地产系重庆市渝中区新华路筷子街片区“泛华大厦”房产，已于 2010 年转让给泛华建设集团有限公司，转让价格为 2 000 万元。

（2）2010 年公司将成都尚品所属房产由自用转作对外出租，截至 2011 年 6 月

30 日，该投资性房地产账面价值 437.14 万元。

5. 固定资产

ST 东源 2009 年至 2011 年 6 月固定资产情况见表 17-2。其中，2009 年年底房屋建筑物包括天王星商务大厦（原值 909.17 万元）、成都尚品房产（原值 601.54 万元），2010 年公司将成都尚品所属房产由自用转作对外出租，转为投资性房地产核算。

表 17-2　　ST 东源 2009 年至 2011 年 6 月固定资产情况　　单位：万元

项目	2011 年 6 月 30 日	2010 年 12 月 31 日	2009 年 12 月 31 日
固定资产账面净值合计	1 061.05	1 141.68	1 781.86
房屋及建筑物	779.60	801.19	1 324.43
运输设备	139.36	166.95	222.12
办公管理设备	142.10	173.54	235.31

6. 其他非流动资产

2010 年 12 月，ST 东源与中国民生银行重庆南坪支行签订委托贷款合同，通过其向重庆九龙园高新产业有限公司（以下简称重庆九龙园）提供流动资金委托贷款 15 000 万元，期限 18 个月，年利率 9%。重庆九龙园提供市场评估总价值为 30 215.03万元的商业用房和土地使用权用于抵押担保。

ST 东源 2009 年至 2011 年 6 月利润表情况见表 17-3。

表 17-3　　ST 东源 2009 年至 2011 年 6 月利润表　　单位：万元

项目	2011 年 1—6 月	2010 年度	2009 年度
营业收入	44.98	66.28	72.34
减：营业成本	35.90	20.03	42.28
营业税金及附加	2.58	7.87	17.03
管理费用	306.32	738.19	919.85
财务费用	-166.29	-586.33	-66.98
资产减值损失	-982.78	-1 443.89	1 685.27
加：投资收益	644.73	563.08	4 036.58
营业利润	1 494.00	1 893.50	1 511.46
加：营业外收入		1 277.74	3.49
减：营业外支出			126.49
利润总额	1 494.00	3 171.25	1 388.46
减：所得税费用	374.63	786.40	-274.28
净利润	1 119.37	2 384.85	1 662.74
其中：归属于母公司所有者的净利润	1 119.37	2 384.85	1 662.74

其中，营业收入系物业租赁收入，2010 年营业外收入系固定资产处置利得，投资收益见表 17-4。

表 17-4　ST 东源 2009 年至 2011 年 6 月投资收益情况　单位：万元

项目	2011 年 1—6 月	2010 年度	2009 年度
成本法核算的长期股权投资收益——渝展实业			2 804.97
处置长期股权投资产生的投资收益——渝展实业			372.70
权益法核算的长期股权投资收益——银海租赁			1.98
集合资金信托期间取得的收益		563.08	856.93
委托贷款取得的收益	644.73		
合计	644.73	563.08	4 036.58

（二）重庆市金科实业（集团）有限公司

金科集团成立于 1998 年 5 月 21 日，注册资本为 13 948.7835 万元，法定代表人为黄红云，该集团主要经营房地产的开发和物业管理。截止到 2011 年 4 月，金科投资持有金科集团 24.55% 的股权，而在金科投资的股东中，黄红云持有 60% 的股权，陶虹遐持有 40% 的股权，黄红云、陶虹遐实际控制着金科投资。在金科集团股权结构中，黄红云与陶虹遐直接持有的股权共计 33.55%。因此，金科集团的实际控制人为黄红云、陶虹遐夫妇。截止到 2011 年 4 月，金科集团股权结构如图 17-3 所示。

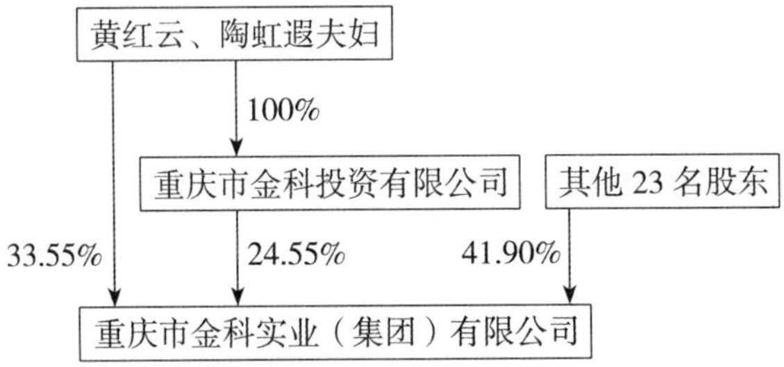

图 17-3　2009 年金科集团股权结构图

根据京都天华出具的京都天华审字〔2011〕第 0008 号《审计报告》，2008 年（末）、2009 年（末）以及 2010 年 10 月（末）金科集团总资产（合并报表）分别为 94.19 亿元、137.15 亿元、253.31 亿元，归属于母公司股东的净利润分别为 5.11 亿元、5.64 亿元与 3.78 亿元。

二、ST 东源吸收合并金科集团的主要过程

（一）交易背景与目的

ST 东源 2004 年、2005 年连续 2 年亏损，2006 年 5 月 9 日被深交所实行退市风

险警示特别处理，2007 年 6 月 7 日起撤销退市风险警示并实施其他特别处理。ST 东源近 7 年来一直没有明晰的主业，是一家持股型公司；近 3 年虽保持盈利状态，但其中有 2 年扣除非经常性损益后的净利润仍为负数。ST 东源目前的状况是主营业务仍然薄弱，盈利能力和业务成长空间非常有限，不足以支撑该公司的持续稳定发展。

黄红云、陶虹遐夫妇作为金科集团的实际控制人，拟与金科投资及其他收购一致行动人一起以其拥有的金科集团权益认购 ST 东源新增股份，实现金科集团的整体上市，为金科集团的发展注入新的活力。同时，通过 ST 东源新增股份吸收合并金科集团，完成 ST 东源的重组，彻底改变其目前的经营困境，保护上市公司股东利益。

（二）交易概要

本次收购是因 ST 东源拟新增股份吸收合并金科集团，包括金科投资、黄红云、陶虹遐在内的金科集团全体股东同意以所持金科集团的股权折换认购上市公司新增股份，而事实上引致的金科集团的股东对上市公司的收购事项。

根据重庆东源与金科集团及其全体股东签订的附生效条件的《新增股份吸收合并协议》，上市公司拟向金科集团全体股东新增股份的方式吸收合并金科集团，金科集团全体股东以其所持金科集团 100% 的权益折为上市公司股份，成为上市公司股东。本次吸收合并完成后，上市公司仍存续，金科集团的法人资格将予以注销，其全部资产、债务、业务以及人员将由上市公司承继或承接，上市公司将申请承接金科集团相关经营资质。本次新增股份的定价基准日为重庆东源关于本次交易的首次董事会会议（即重庆东源第七届董事会 2009 年第二次会议）决议公告日。发行价格为不低于定价基准日前 20 个交易日公司 A 股股票交易均价 5.18 元/股（定价基准日前 20 个交易日公司股票交易总额/定价基准日前 20 个交易日公司股票交易总量）。本次发行数量为 90 849.8204 万股。在本次发行定价基准日至发行日期间，若公司发生派发股利、送红股、转增股本、配股等除息除权行为，本次发行价格亦将作相应调整，发行股数也随之进行调整。本次吸收合并前，上市公司的总股本为 25 004.1847 万股，金科投资持有上市公司 3 356.4314 万股股份，占上市公司总股本的 13.42%，为上市公司第二大股东。本次吸收合并完成后，在不考虑公司股东行使现金选择权的情况下，上市公司因吸收合并而新增股份 90 849.8204 万股，金科投资将持有重庆东源 25 283.5355 万股股份，占吸收合并后重庆东源总股本的 21.82%，成为重庆东源第一大股东，收购人金科投资、黄红云、陶虹遐及其他收购一致行动人黄斯诗、黄一峰、王小琴、王天碧、黄星顺、黄晴、黄净、陶建合计持有的股份占重庆东源总股本的 58.78%。

并购后 ST 东源公司股权结构如图 17-4 所示。

（三）交易价格及定价依据

本次新增股份的定价基准日为 ST 东源关于本次交易的首次董事会会议（即 ST 东源第七届董事会 2009 年第二次会议）决议公告日，新增股份价格为定价基准日前 20 个交易日 ST 东源股票交易均价，其计算方式为：

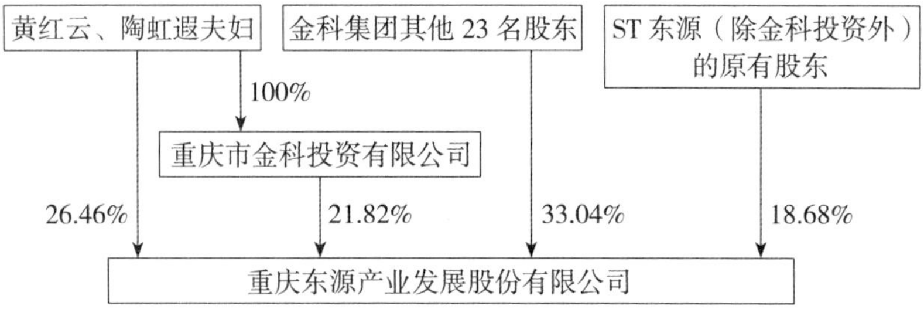

图 17-4　吸收合并后的 ST 东源公司股权结构图

定价基准日前 20 个交易日 ST 东源股票交易均价 = 定价基准日前 20 个交易日 ST 东源股票交易总额 ÷ 定价基准日前 20 个交易日 ST 东源股票交易总量

本次新增股份的价格为 5.18 元/股。定价基准日至新增股份发行完成日期间，ST 东源如发生派发股利、送红股、公积金转增股本、增发新股或配股等除权除息事项，则新增股份的发行价格将进行相应除权除息处理，具体调整方式以 ST 东源股东大会决议内容为准。

本次合并基准日为 2009 年 4 月 30 日。根据本次交易评估机构重庆华康出具的《资产评估报书》（重康评报字〔2009〕第 31 号），本次评估所采用的评估方法为资产基础法和收益法，并选择采用资产基础法的结论，作为甲方拟新增股份吸收合并乙方所涉及的乙方全部股东权益的评估值。截至合并基准日，乙方的全部股东权益的评估价值为人民币 473 206.68 万元，协议各方同意以该评估值作为乙方全部股东权益在本次交易中的交易价格。

根据重庆华康资产评估土地房地产估价有限责任公司《资产评估补充报告书》（重康评报字〔2010〕第 5 号），截至合并基准日乙方的全部股东权益的评估价值由人民币 473 206.68 万元调减为人民币 470 602.07 万元，调减评估值 2 604.61 万元。丙方（金科集团的股东）以其拥有的乙方（金科集团）权益折为甲方股份由 91 352.6409 万股调减为 90 849.8204 万股，调减股份数为 502.8205 万股。该调减评估值全部由重庆市金科投资有限公司（以下简称"金科投资"）承担，本次交易丙方中金科投资新增股份由 22 429.9246 万股调减为 21 927.1041 万股。

截至 2010 年 10 月 31 日，金科集团经审计的归属于母公司所有者权益为 338 290.03万元，金科集团经评估的归属于母公司所有者权益为 852 595.95 万元，评估值较审计值增加 514 305.92 万元，评估增值率为 152.03%。

（四）过渡期的损益安排

金科集团于合并基准日（2009 年 4 月 30 日）起至金科集团因本次合并注销工商登记之日止期间发生的任何损益，在扣除金科集团实施《吸收合并协议书》所应承担的税费及其他成本开支、费用后的剩余部分，均由完成吸收合并后的存续公司享有或承担。

（五）本次发行前公司滚存未分配利润的享有

本次发行前公司的滚存未分配利润由本次发行后公司的新老股东共享。

（六）合同附带的任何形式的保留条款、补充协议和前置条件

1. 协议各方确认，由于资产评估机构采取收益现值法（包含了基于未来收益预期的估值方法）对金科集团全部股东权益进行评估，因此金科投资、黄红云、陶虹遐应与甲方签订盈利预测补偿协议

若在本次交易实施完毕后 3 年内金科集团全体股东持有的金科集团 100% 权益的实际盈利数不足《资产评估报告书》中利润预测数的，则金科投资、黄红云、陶虹遐应当就金科集团全部股东权益的实际盈利数不足《资产评估报告书》中利润预测数的部分对 ST 东源进行现金补偿，具体补偿协议由 ST 东源、金科投资、黄红云及陶虹遐另行签订。

2. 金科投资、黄红云及陶虹遐另承诺

若 ST 东源本次合并完成后的当年及其后两个会计年度中某一年度的实际盈利数不足《资产评估报告书》中金科集团全部股东权益在同一年度的利润预测数的，金科投资、黄红云、陶虹遐将就实际盈利数不足利润预测数的部分对 ST 东源进行现金补偿，具体补偿协议由 ST 东源、金科投资、黄红云及陶虹遐另行签订。

（七）交易对方向上市公司推荐董事或者高级管理人员的情况

经公司与公司第二大股东金科投资协商，金科投资拟提名 6 名董事，其中包括 2 名独立董事；提名 2 名监事。该提名尚需获得公司股东大会的批准，其中独立董事任职资格和独立性尚需获得深交所的无异议认可。

（八）主要交易过程

ST 东源并购交易过程见表 17-5。

表 17-5　　**ST 东源并购交易过程**

日期	事件内容
2009 年 5 月 6 日	金科集团召开了临时董事会会议，同意新增股份吸收合并金科集团的相关事项
2009 年 5 月 16 日	金科集团召开了临时股东会会议，同意新增股份吸收合并金科集团的相关事项
2009 年 6 月 3 日	ST 东源与金科集团及其全体股东签订了附条件生效的《重庆东源产业发展股份有限公司新增股份吸收合并重庆市金科（实业）集团有限公司暨关联交易框架协议》。ST 东源召开了第七届董事会 2009 年第二次会议，审议并通过了 ST 东源本次新增股份吸收合并金科集团的相关议案
2009 年 6 月 26 日	金科集团召开了临时董事会会议，审议并通过了《关于重庆东源产业发展股份有限公司新增股份吸收合并重庆市金科实业（集团）有限公司的议案》，并同意签订《重庆东源产业发展股份有限公司新增股份吸收合并重庆市金科实业（集团）有限公司暨关联交易协议》（以下简称“新增股份吸收合并协议”）

续表

日期	事件内容
2009 年 7 月 6 日	金科集团召开了临时股东会，审议并通过了《关于重庆东源产业发展股份有限公司新增股份吸收合并重庆市金科实业（集团）有限公司的议案》，授权金科集团董事会处理本次重庆东源新增股份吸收合并金科集团的相关事宜，并同意签订《新增股份吸收合并协议》
2009 年 7 月 13 日	ST 东源召开了第七届董事会 2009 年第三次会议，审议并通过了《关于 ST 东源产业发展股份有限公司新增股份吸收合并重庆市金科实业（集团）有限公司的议案》及其他相关议案，并同意签订《新增股份吸收合并协议》
2009 年 7 月 29 日	ST 东源召开了 2009 年第一次临时股东大会，审议并通过了《关于重庆东源产业发展股份有限公司新增股份吸收合并重庆市金科实业（集团）有限公司的议案》及其他相关议案，且同意金科投资、黄红云、陶虹遐、黄一峰、王小琴、黄斯诗、黄星顺、王天碧、黄晴、黄净、陶建向中国证监会申请豁免因本次交易触发的要约收购义务，并授权 ST 东源董事会处理本次 ST 东源新增股份吸收合并金科集团的相关事宜
2009 年 11 月 30 日	本次收购所涉及 ST 东源产业发展股份有限公司新增股份吸收合并重庆市金科实业（集团）有限公司暨关联交易事项经中国证监会 ST 东源并购重组审核委员会审核，并获得有条件审核通过
2010 年 1 月 15 日	金科投资临时股东会审议通过了《关于调减金科集团以其拥有的金科集团权益折为重庆东源产业发展股份有限公司股本的议案》、《关于调减金科投资新增持有重庆东源股本的议案》及《关于签订〈重庆东源产业发展股份有限公司新增股份吸收合并重庆市金科实业（集团）有限公司暨关联交易补充协议〉的议案》
2010 年 1 月 15 日	金科集团召开了临时董事会会议，审议并通过了《关于调减金科集团全体股东以其拥有的金科集团权益折为重庆东源产业发展股份有限公司股本数量的议案》、《关于调减金科投资新增持有重庆东源股本数量的议案》、《关于签订〈重庆东源产业发展股份有限公司新增股份吸收合并重庆市金科实业（集团）有限公司暨关联交易补充协议〉的议案》
2010 年 1 月 15 日	ST 东源召开董事会 2010 年第一次会议审议并通过了《关于确认及同意调减金科集团以其拥有的金科集团权益折为公司股份数量的议案》、《关于调减公司本次新增股份吸收合并金科集团方案的新增股份数量的议案》、《关于签订〈重庆东源产业发展股份有限公司新增股份吸收合并重庆市金科实业（集团）有限公司暨关联交易补充协议〉的议案》
2010 年 7 月 6 日	金科集团召开临时股东会审议通过关于本次重大资产重组方案决议有效期延期一年及延长授权董事会全权办理本次重大资产重组相关事宜期限的议案

续表

日期	事件内容
2010 年 7 月 13 日	ST 东源第七届董事会 2010 年第四次会议审议通过了关于本次重大资产重组方案决议有效期延期一年及提请股东大会延长授权董事会全权办理本次重大资产重组相关事宜期限的议案
2010 年 7 月 29 日	ST 东源召开了 2010 年第二次临时股东大会审议通过关于本次重大资产重组方案决议有效期延期一年及延长授权董事会全权办理本次重大资产重组相关事宜期限的议案
2011 年 2 月 16 日	金科集团召开临时股东会审议通过了关于继续推进 ST 东源拟新增股份吸收合并金科集团的议案
2011 年 5 月 27 日	ST 东源收到中国证监会（证监许可〔2011〕799 号）《关于核准重庆东源产业发展股份有限公司吸收合并重庆市金科实业（集团）有限公司的批复》文件
2011 年 6 月 30 日	经公司 2011 年第一次临时股东大会审议批准，公司名称由“重庆东源产业发展股份有限公司”变更为“金科地产集团股份有限公司”
2011 年 7 月 29 日	ST 东源与金科集团签署《交割确认书》，约定本次吸收合并所涉资产与负债的交割完成日为 2011 年 7 月 29 日
2011 年 8 月 22 日	原金科集团注销
2011 年 8 月 23 日	公司本次新增股份 908 498 204 股在深圳证券交易所上市，经深交所核准，公司股票交易撤销其他特别处理，证券简称由“ST 东源”变更为“金科股份”

相关会计问题的讨论与分析

2011 年年底，上市公司金科股份（原 ST 东源）的会计主管罗亮召集公司会计人员李欣、吴来、谭金对本次合并所涉及的主要会计问题进行了讨论，会计人员在合并的会计类型以及账务处理上的意见没有达成一致。

一、合并的会计类型

根据企业会计准则，企业合并可分为同一控制下合并与非同一控制下合并。对于 ST 东源增发股票吸收合并金科集团，原金科集团的法人身份注销问题，首先需要确定本次合并的会计类型。

李欣认为，这次合并属于非同一控制下企业合并。主并方是 ST 东源，被合并方是金科集团，因为金科集团的法人身份注销。根据企业会计准则，参与合并的各方在合并前后不受同一方或相同的多方最终控制的，为非同一控制下的企业合并。

在本次交易之前，金科集团的控制人为黄红云夫妇，仅持有 ST 东源 13.42% 的股份，为第二大股东，没有达到控制的标准。在本次交易之后，黄红云夫妇持有的金科投资及其一致行动人持有金科股份（原 ST 东源）58.78%，才达成控制。

吴来认为，不能仅根据股东持股比例来判断公司是否达成控制。本次新增股份吸收合并前，金科投资持有公司 33 564 314 股有限售条件流通股，为公司第二大股东，黄红云、陶虹遐分别持有金科投资 60%、40% 的股权，黄红云、陶虹遐夫妇为公司的实际控制人。根据 ST 东源公司与金科投资的协议，无论并购前后，金科投资提名 6 名董事（其中包括 2 名独立董事）、2 名监事，占据董事会成员中的 2/3（6/9）。目前，公司董事会由 9 名董事（含 3 名独立董事）组成，其中 6 名非独立董事中有 5 名董事由金科投资提名推荐，占公司董事会成员中非独立董事的 2/3 以上（参见表 17-6 与表 17-7）。

表 17-6　　2010 年（合并前）董事任职情况

姓名	ST 东源	金科集团
黄红云	董事长	董事长
宗书声	副董事长	副总经理
傅孝文	董事、总经理	董事
罗利成	董事	常务副总经理
张子春	董事	无
乔昌志	董事	无
陈兴述	独立董事	无
刘斌	独立董事	无
黄兴旺	独立董事	无

表 17-7　　吸收合并后董事任职情况

姓名	金科股份（合并后 ST 东源改名）	原金科集团
黄红云	董事会主席、总裁	董事长、总裁
蒋思海	董事会副主席	董事、副总经理、总经理
罗利成	董事会副主席	副总经理、常务副总经理
何立为	董事	总经理特别助理、副总裁
宗书声	董事	副总裁
李宇航	董事	董事
陈兴述	独立董事	无
刘斌	独立董事	无
袁小彬	独立董事	无

本次新增股份吸收合并完成后，黄红云、陶虹遐及金科投资合计持有公司的股份比例达到 48.28%，黄红云、陶虹遐夫妇仍为公司的实际控制人。这意味着金科投资在并购前后都实际控制着 ST 东源，因此我认为这是一次同一控制下的企业合并。

谭金认为，本次交易的实质是黄红云夫妇控制的金科投资将资产（金科集团）注入上市公司，应与2009年首次收购交易结合起来考虑。2009年4月黄红云夫妇受让ST东源大股东奇峰集团和宏信置业的股份与本次资产重组同时进行，只是因为证监会审批资产重组交易的时间较长，导致两次交易看上去相互独立，实际上这两次交易可以看成一揽子交易。这样，黄红云夫妇控制的金科投资分两步购买ST东源的股份，也就是现在的金科股份。因此从法律形式上来看，本次交易是ST东源吸收合并金科集团，但经济实质是金科集团（或金科投资）反向购买ST东源，因为主导存续公司的主要经营活动与财务活动的决策者是金科集团（或金科投资）的股东及其指派的高管人员。并购前后ST东源资产与负债以及利润情况分别见表17-8、表17-9与表17-10，ST东源资产仅占吸并后资产的1.7%；ST东源2010年收入仅占吸并后企业收入的0.011%，这意味着原ST东源的资产与负债不构成业务，因此本次并购可以看成不构成业务的反向购买。

表 17-8 **并购前后 ST 东源资产情况** 单位：万元

项目	吸收合并前		吸收合并后	
	金额	比重	金额	比重
货币资金	22 696.35	48.23%	543 429.32	19.62%
交易性金融资产		0.00%	469.04	0.02%
应收票据		0.00%	40.00	0.00%
应收账款		0.00%	12 336.52	0.45%
预付款项		0.00%	37 103.12	1.34%
其他应收款	400.46	0.85%	117 456.59	4.24%
存货		0.00%	1 881 777.25	67.93%
其他流动资产		0.00%	86 006.25	3.10%
流动资产合计	23 096.81	49.09%	2 678 618.09	96.70%
持有至到期投资		0.00%	—	0.00%
长期股权投资	7 118.50	15.13%	11 017.88	0.40%
投资性房地产	451.44	0.96%	31 336.94	1.13%
固定资产	1 141.68	2.43%	15 082.47	0.54%
在建工程		0.00%	863.94%	0.03%
无形资产		0.00%	1 655.84	0.06%
商誉		0.00%	10 275.69	0.37%
长期待摊费用		0.00%	656.80	0.02%
递延所得税资产	245.70	0.52%	5 572.59	0.20%
其他非流动资产	15 000.00	31.88%	15 000.00	0.54%
非流动资产合计	23 957.32	50.91%	91 462.16	3.30%
资产总计	47 054.13	100.00%	2 770.080.25	100.00%

表 17-9　　**并购前后 ST 东源负债情况**　　单位：万元

项目	吸收合并前		吸收合并后	
	金额	比重	金额	比重
短期借款		0.00%	86 000.00	4.12%
应付票据		0.00%	593.44	0.03%
应付账款		0.00%	138 214.05	6.63%
预收款项	19.48	2.51%	1 093 068.70	52.43%
应付职工薪酬	29.37	3.78%	568.61	0.03%
应交税费	580.23	74.64%	25 128.88	1.21%
应付股利		0.00%	2 391.27	0.11%
其他应付款	148.25	19.07%	39 246.94	1.88%
一年内到期的非流动负债		0.00%	33 480.00	1.61%
流动负债合计	777.33	100.00%	1 418 691.89	68.05%
非流动负债：		0.00%		0.00%
长期借款		0.00%	659 530.00	31.63%
预计负债		0.00%	—	0.00%
递延所得税负债		0.00%	6 684.93	0.32%
其他非流动负债		0.00%	—	0.00%
非流动负债合计	—	0.00%	666 214.93	31.95%
负债合计	777.33	100.00%	2 084 906.82	100.00%

表 17-10　　**并购前后 ST 东源盈利情况**　　单位：万元

项目	2010 年度			2009 年度		
	吸收合并前	吸收合并后	变动率	吸收合并前	吸收合并后	变动率
营业收入	66.28	567 188.45	855 590.96%	72.34	437 395.28	604 561.83%
利润总额	3 171.25	98 814.54	3 015.95%	1 388.46	71 944.85	5 081.62%
净利润	2 384.85	82 287.01	3 350.10%	1 662.74	65 649.07	3 848.25%
归属于母公司所有者的净利润	2 384.85	82 823.59	3 372.91%	1 662.74	58 088.94	3 393.57%
每股收益（元/股）	0.095	0.715	649.54%	0.066	0.501	654.00%
净资产收益率	5.15%	12.09%	134.56%	3.79%	22.23%	486.79%

注：吸收合并前为 ST 东源的审计报表，吸收合并后为以经京都天华经审计的 ST 东源和金科集团 2009 年度和 2010 年度审计报告为基础编制的备考报表。

二、合并的账务处理

对于合并的会计类型的认定，李欣、吴来、谭金各持己见，对于合并的账务处理的意见也大相径庭。

李欣认为，本次合并属于非同一控制下的企业合并，因此 ST 东源的合并成本为发行的权益的公允价值，取得的被合并方金科集团的资产与负债采用公允价值计量，前者大于后者的差额计入商誉。

吴来认为，本次合并属于同一控制下的企业合并，因此 ST 东源的合并成本为发行的权益的账面价值，取得的被合并方金科集团的资产与负债采用原账面价值计量，两者之间的差额计入资本公积。

谭金认为，本次合并属于不构成业务的反向购买，因此 ST 东源应采用权益性交易的会计处理原则，以（法律上被合并方）会计上的合并方金科集团为会计主体，视同金科集团发行权益反向吸收合并 ST 东源的所有资产与负债，被合并方 ST 东源的所有资产与负债以账面价值计量，与发行权益的账面价值之间差额计入资本公积。

★ 下一步的行动

会计主管罗亮听完公司会计人员李欣、吴来、谭金对并购会计类型认定及其账务处理的不同意见，陷入了沉思。随着公司年度报告截止日期的逼近，罗亮必须尽快给上市公司的会计人员予以明确的指导，确定本次并购的会计类型与会计处理原则，以真实公允地反映企业的财务状况、经营成果与现金流量。

思考分析题

1. 如果你是会计主管罗亮，对于 ST 东源兼并金科集团的会计类型的认定，请总结李欣、吴来、谭金的意见分歧并进行评价，说明你的意见与理由。

2. 如果你是会计主管罗亮，对于 ST 东源兼并金科集团的会计账务处理，请总结李欣、吴来、谭金的意见分歧并进行评价，说明你的意见与理由。

3. 如果你是会计主管罗亮，请说明本次并购的会计类型的不同认定及其账务处理对上市公司报表的财务影响，说明你的倾向性意见与理由。

4. 如果你是金科集团大股东金科投资的会计人员，请说明对于本次交易应如何进行会计处理。

5. （可选）如果你是金科集团大股东金科投资的会计人员，请说明对于本次交易应如何进行税务处理。

6. （可选）这次并购所涉及的利益相关者主要有哪些？哪些人可能从并购中受益？哪些人可能从并购中受损？请说明理由。

自备参考文献

1. 中华人民共和国财政部．企业会计准则第 2 号——长期股权投资．2014.

2. 中华人民共和国财政部．企业会计准则第 20 号——企业合并．2006.

3. 中华人民共和国财政部．企业会计准则第 33 号——合并财务报表．2014.

4. 中华人民共和国财政部．企业会计准则——应用指南［M］．北京：中国财政经济出版社，2006.

5. 财政部会计司．企业会计准则讲解 2010［M］．北京：人民出版社，2010.

6. 财政部．财政部关于做好执行会计准则企业 2008 年年报工作的通知．财会函〔2008〕60 号．

7. 财政部．关于执行会计准则的上市公司和非上市企业做好 2009 年年报工作的通知．财会〔2009〕16 号．

8. 财政部．关于非上市公司购买上市公司股权实现间接上市会计处理的复函．财会便〔2009〕17 号．

9. 中国证券监督管理委员会会计部．上市公司执行企业会计准则案例解析［M］．北京：中国财政经济出版社，2012.

10. ST 东源产业发展股份有限公司年度报告（2009 年、2010 年、2011 年）．

11. ST 东源．新增股份吸收合并重庆市金科实业（集团）有限公司暨关联交易报告书（修订稿）．

案例 18

欧朗电器购买资产：是业务合并吗

2011 年，民营企业欧朗电器有限公司（以下简称“欧朗电器”）旗下全资子公司南通欧朗电器有限公司（以下简称“南通欧朗”）、上海欧朗理发剪制造有限公司（以下简称“上海欧朗理发剪”）以现金购买福建欧朗电器有限公司（以下简称“福建欧朗”）、上海欧朗电吹风有限公司（以下简称“上海欧朗电吹风”）、上海欧朗理发剪收购梁州欧朗生活电器有限公司（以下简称“梁州欧朗”）部分经营性资产，收购后福建欧朗和梁州欧朗不再从事相关业务，并拟进行清算注销。

2012 年 1 月，在欧朗电器 2011 年度财务报告审计过程中，立信会计师事务所审计项目组合伙人王亮、注册会计师李强和张琳就欧朗电器 2011 年中发生的上述资产收购事项是否构成业务合并以及相应会计处理、财务报表的编制方法的问题进行了讨论。

案例情况介绍

一、交易各方公司简介

（一）控股股东简介

欧朗电器有限公司于 2008 年 6 月由吴智晖和沈娟分别出资 500 万元经上海市工商行政管理局批准设立。公司成立时注册资本为 1 000 万元。

2009 年 2 月 1 日，公司原股东吴智晖、沈娟分别将所持有的公司 50% 的股权作价 500 万元转让给欧朗集团有限公司（以下简称欧朗集团）。

2010 年欧朗集团以货币 2 000 万元增资，公司注册资本变更为 3 000 万元。

2011 年 3 月 23 日，公司原股东欧朗集团与上海欧朗投资有限公司（以下简称欧朗投资，由吴智晖绝对控股）及吴智晖签署股权转让协议，协议约定欧朗集团将持有欧朗电器 100% 的股权以转让基准日 2011 年 2 月 28 日的评估净资产价值为参考并作价转让给欧朗投资和吴智晖，其中欧朗投资占 90% 股权，吴智晖占 10% 股权。

截至 2011 年 12 月 31 日，公司注册资本为 3 000 万元，法定代表人为吴智晖，经营范围为：理发剪及配件，家用电器及配件，金属制品的研发、制造、加工；理发剪及配件、家用电器及配件、金属制品、针纺织品、服装鞋帽、日用百货、文具用品、体育用品、批发零售。

截至2011年12月31日，欧朗电器主要财务指标见表18-1。

表18-1 欧朗电器主要财务指标 单位：万元

项目	2011年12月31日/2011年	2010年12月31日/2010年	2009年12月31日/2009年
总资产	36 005.96	22 684.65	17 324.62
总负债	22 211.10	14 615.44	11 589.17
所有者权益	13 794.86	8 069.21	5 735.46
营业收入	113 652.90	80 112.22	48 985.35
利润总额	14 422.90	7 250.63	4 615.55
净利润	10 610.59	5 418.74	3 448.81

本次业务重组前股权投资关系如图18-1所示。

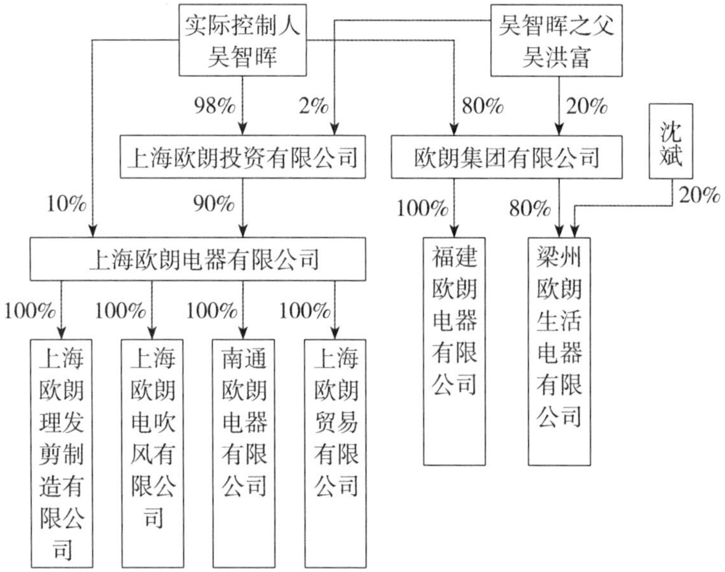

图18-1 业务重组前股权投资关系

（二）合并方简介

1. 上海欧朗理发剪制造有限公司

上海欧朗理发剪制造有限公司系由欧朗电器于2010年7月出资设立的有限公司。截至2011年12月31日，公司注册资本为1 000万元，股东持股情况为欧朗电器独资。公司经营范围为：理发剪及配件、家用电器及配件、金属制品的研发、制造、加工；理发剪及配件、家用电器及配件、金属制品、批发零售。

截至2011年12月31日，上海欧朗理发剪主要财务指标见表18-2。

表 18-2 上海欧朗理发剪主要财务指标 单位：万元

项目	2011 年 12 月 31 日/2011 年	2010 年 12 月 31 日/2010 年
总资产	4 551.96	1 740.38
总负债	3 952.31	1 085.40
所有者权益	599.65	654.98
营业收入	7 998.85	959.39
利润总额	-73.71	-152.34
净利润	-55.32	-114.25

2. 上海欧朗电吹风有限公司

上海欧朗电吹风有限公司于2010 年7 月由欧朗电器出资设立。截至2011 年12 月31 日，股东持股情况为欧朗电器出资1 000 万元，持股比例100%。公司经营范围为：电吹风及配件、家用电器及配件、金属制品的研发、制造、加工；电吹风及配件、家用电器及配件、金属制品、批发零售。

截至2011 年12 月31 日，上海欧朗电吹风主要财务指标见表18-3。

表 18-3 上海欧朗电吹风主要财务指标 单位：万元

项目	2011 年 12 月 31 日/2011 年	2010 年 12 月 31 日/2010 年
总资产	2 263.18	1 339.02
总负债	1 712.20	719.18
所有者权益	550.98	619.84
营业收入	4 567.05	441.85
利润总额	-275.72	-199.19
净利润	-68.86	-49.80

3. 南通欧朗电器有限公司

南通欧朗电器有限公司是由欧朗电器于2011 年9 月出资5000 万元设立的有限公司。截至2011 年12 月31 日，股东持股情况为欧朗电器持股100%。公司经营范围为：理发剪及配件、金属制品研发、制造、加工。

截至2011 年12 月31 日，南通欧朗主要财务指标见表18-4。

表 18-4 南通欧朗主要财务指标 单位：万元

项目	2011 年 12 月 31 日/2011 年
总资产	5 322.56
总负债	1 542.31
所有者权益	3 780.26
营业收入	900.52
利润总额	-87.85
净利润	-65.89

（三）被合并方简介

1. 福建欧朗电器有限公司

福建欧朗电器有限公司于 2002 年 7 月，由自然人吴智晖、吴洪富共同出资 1 000万元设立。

2007 年 1 月，公司原股东吴智晖将所持有公司 80% 的股权、公司原股东吴洪富将所持有公司 20% 的股权转让给欧朗集团，同时由欧朗集团以货币资金 2 000 万元增资。公司经营范围为：研究、开发、制造、加工、销售理发剪及配件、家用电器及配件、其他日用金属制品及配件；货物进出口。

截至 2011 年 12 月 31 日，福建欧朗主要财务指标见表 18-5。

表 18-5 福建欧朗主要财务指标 单位：万元

项目	2011 年 12 月 31 日/2011 年	2010 年 12 月 31 日/2010 年	2009 年 12 月 31 日/2009 年
总资产	5 341.29	9 028.90	8 345.54
总负债	1 900.07	5 162.05	5 346.03
所有者权益	3 441.22	3 866.85	2 999.51
营业收入	19 392.11	20 155.17	17 733.26
利润总额	922.03	1 676.31	1 298.59
净利润	690.93	1 240.62	973.25

2. 梁州欧朗生活电器有限公司

梁州欧朗生活电器有限公司系由欧朗集团和沈斌于 2007 年 1 月共同出资设立的有限公司。公司注册资本为 200 万元，股东持股情况为欧朗集团持股 160 万元，沈斌持股 40 万元。公司经营范围为：研发、设计、制造、销售家用美容、保健、清洁卫生、通风、制冷用电器具及其他家用电力器具及配件。

截至 2011 年 12 月 31 日，梁州欧朗主要财务指标见表 18-6。

表 18-6 梁州欧朗主要财务指标 单位：万元

项目	2011 年 12 月 31 日/2011 年	2010 年 12 月 31 日/2010 年	2009 年 12 月 31 日/2009 年
总资产	1 238.48	1 303.88	982.79
总负债	811.92	841.38	761.65
所有者权益	426.55	462.50	221.15
营业收入	5 573.12	4 840.68	3 751.54
利润总额	304.46	392.21	212.18
净利润	227.93	293.20	157.64

二、交易方案及实施

（一）重组的背景及原因

福建欧朗和梁州欧朗原系吴智晖通过欧朗集团控制的公司，位于福建省梁州市，其中福建欧朗主要从事电动理发剪及其配件的生产，梁州欧朗主要从事电吹风及其配件的生产。业务合并以前，福建欧朗和梁州欧朗是欧朗电器的生产基地，其产品主要销售给欧朗电器，然后由欧朗电器统一对外销售。

为充分利用上海及长三角地区强大的市场、人才、政策等优势，自 2006 年起，公司实际控制人启动了个人护理电器业务由梁州向长三角地区转移的战略性规划。2008 年 6 月，欧朗电器在上海注册成立；2009 年，公司管理总部由梁州迁至上海；自 2010 年下半年起，公司将产品生产陆续转移至在上海和江苏南通投资建立的生产基地。

2011 年下半年，为了更好地发挥规模经济效应，增强业务独立性，消除同业竞争，公司实际控制人决定对福建欧朗、梁州欧朗的经营性资产通过欧朗电器子公司进行收购和整合。本次收购后，实际控制人的个人护理电器业务完成由福建梁州至长三角地区的战略性转移，福建欧朗、梁州欧朗不再从事相关业务，后续将进行清算、注销。

（二）业务重组的基本内容

本次资产重组由上海欧朗理发剪、南通欧朗、上海欧朗电吹风收购梁州欧朗、福建欧朗部分经营性资产，主要收购内容见表 18-7。

表 18-7　　主要收购内容　　单位：万元

被收购方	资产类别	账面值	评估值	交易价格	具体内容
福建欧朗	存货	852.88	997.87	997.83	线路板、包装盒等原材料；刀架、充电器等半成品
	设备	655.30	695.25	678.53	电脑、数控切割机、空调等机器设备
	小计	1 508.18	1 693.12	1 676.36	—
梁州欧朗	存货	31.20	36.51	36.51	微电机、负离子发生器等原材料；手柄、机身等半成品
	设备	197.93	223.09	209.99	电脑、稳压器等机器设备
	小计	229.13	259.60	246.50	—
合计		1 737.31	1 952.72	1 922.86	

（三）资产重组的具体过程和履行的程序

（1）收购福建欧朗经营性资产

2011 年 12 月 1 日，欧朗集团作出股东书面决定，同意南通欧朗、上海欧朗理发剪收购福建欧朗部分经营性资产，福建欧朗拟转让的部分存货和机器设备的资产账面值为1 508.18万元，评估值为1 693.12万元，收购价格以福建欧朗截至2011年11月30日经评估的经营性资产为参考，由各方协商决定。同时，福建欧朗生产基地主要经营和生产管理团队加入南通欧朗和上海欧朗理发剪，原有主要原材料供应商继续向南通欧朗、上海欧朗理发剪提供原材料，所生产产品销售对象主要还是欧朗电器。

2011年12月16日，福建欧朗分别与南通欧朗和上海欧朗理发剪签订资产转让协议，约定转让部分存货和机器设备。其中：南通欧朗支付价款1 398.60万元（固定资产669.18万元，存货729.42万元），上海欧朗理发剪支付价款277.76万元（固定资产9.35万元，存货268.41万元）。

2011年12月19日，福建欧朗与南通欧朗和上海欧朗理发剪分别签署协议，约定由南通欧朗和上海欧朗理发剪分别承担福建欧朗截至2011年11月30日已销售但未过免费保修期的部分产品的售后维修义务，福建欧朗将因此形成的预计负债205.17万元和137.43万元分别支付给南通欧朗和上海欧朗理发剪。

2011年12月26日，福建欧朗分别与南通欧朗和上海欧朗理发剪签署《资产交割书》，对资产的交割进行了确认。

2011年12月28日，福建欧朗分别收到南通欧朗和上海欧朗理发剪支付的全部资产转让价款，并向南通欧朗和上海欧朗理发剪分别支付了预计负债转让价款。

（2）收购梁州欧朗经营性资产

2011年12月1日，梁州欧朗股东会作出决议，同意上海欧朗电吹风收购梁州欧朗部分经营性资产，梁州欧朗拟转让的部分存货和机器设备的资产账面值为229.13万元，评估值为259.6万元，收购价格以梁州欧朗截至2011年12月15日经评估的经营性资产为参考，由各方协商决定。同时，梁州欧朗生产基地主要经营和生产管理团队加入上海欧朗电吹风，原有主要原材料供应商继续向上海欧朗电吹风提供原材料，所生产产品销售对象主要还是欧朗电器。

2011年12月21日，梁州欧朗与上海欧朗电吹风签订资产转让协议，约定转让部分存货和机器设备，上海欧朗电吹风支付价款共246.5万元（固定资产209.99万元，存货36.51万元）。

2011年12月26日，梁州欧朗与上海欧朗电吹风签署协议，约定由上海欧朗电吹风承担梁州欧朗截至2011年11月30日已销售但未过免费保修期的部分产品的售后维修义务，梁州欧朗将因此形成的预计负债33.81万元支付给上海欧朗电吹风。

同日，梁州欧朗与上海欧朗电吹风签署《资产交割书》，对资产的交割进行了确认。

2011年12月28日，梁州欧朗收到上海欧朗电吹风支付的全部资产转让价款；2011年12月29日，梁州欧朗向上海欧朗电吹风支付了预计负债转让价款。

（四）业务重组对公司的影响

欧朗电器全资子公司收购福建欧朗和梁州欧朗经营性资产的合并日为 2011 年 12 月 28 日。合并前一年（2010 年），被收购方和欧朗电器的相关财务数据对比情况见表 18-8。

表 18-8 被收购方和欧朗电器的相关财务数据对比表 金额单位：万元

科目	2010 年		2010 年 12 月 31 日
	营业收入	利润总额	资产总额
福建欧朗	20 155.17	1 676.31	9 028.90
梁州欧朗	4 840.68	392.21	1 303.88
合计数（1）	24 995.85	2 068.52	10 332.78
欧朗电器（2）	80 112.22	7 250.63	22 684.65
（1）/（2）	31.20%	28.53%	45.55%

注：上表中统计数据未扣除关联交易。由于福建欧朗、梁州欧朗的产品基本上都销售给欧朗电器，扣除关联交易后，其营业收入和利润总额接近零。

本次重组增强了公司的独立性，公司实际控制人旗下与个人护理电器业务相关的资产全部进入公司，公司的产供销体系更加完整。

本次重组后，公司实际控制人的相关业务完成从福建梁州到长三角地区的战略性转移。公司的产品生产集中至上海和江苏南通生产基地，公司规模经济优势更加显著，盈利能力将进一步增强。

相关会计问题的讨论与分析

一、收购部分资产是否属于业务合并

在欧朗电器 2011 年年报审计业务讨论会上，李强首先对欧朗电器下属子公司收购福建欧朗、梁州欧朗是否属于业务合并进行质疑。

李强发言：欧朗电器下属子公司仅仅收购福建欧朗、梁州欧朗的部分经营性资产以及承继了未过免费保修期的部分产品的售后维修义务，该部分资产局限于存货、固定资产等实物资产，分别占 2010 年年末福建欧朗、梁州欧朗未被重组时资产总额的 16.70%、17.57%，占比不大。企业会计准则规定的业务是指企业内部某些生产经营活动或资产的组合，该组合一般具有投入、加工处理过程和产出能力，能够独立计算其成本费用或所产生的收入，但不构成独立法人资格的部分。福建欧朗、梁州欧朗相关的债权、债务也没有纳入合并范围，采购体系也没有纳入合并范围，因此不属于一个完整的独立的业务合并。

合伙人王亮持有不同意见：我不同意李强的意见，我认为从业务实质分析判

断，与个人护理电器生产相关的产、供、销体系在母公司统一协调安排下，均已经转移至购买方，被收购的资产与负债具有独立投入、加工生产与产出能力，能够独立计算成本费用和收入，属于一项同一控制下的业务合并。理由如下：转移的这些资产均是主要生产性设备、器具以及部分生产需要的原材料、半成品等存货，未收购部分是无法转移的生产经营厂房、异地使用不方便的车辆、使用期限较长的各种办公设备等可替代资产以及无法转移的税务负债等；还有部分相关应收、应付债权、债务由于结算时间短、结算的便利性，无须转移到合并方。资产出售方以及购买方的销售对象均为母公司欧朗电器，所有工厂（包括欧朗电器直接投资的子公司和欧朗电器 OEM 工厂）的采购供应商由欧朗电器母公司层面统一安排，原有原材料供应商继续向南通欧朗、上海欧朗理发剪、上海欧朗电吹风提供原材料，所以供应体系与销售体系都随之转移。由于地域关系，除一般生产工人需要重新招聘并培训外，原福建欧朗、梁州欧朗主要业务管理骨干均转移至资产购买方。由于主要生产设备、主要生产经营管理人员以及后续保证正常经营的产供销体系均随资产、负债的转移而转移，实质上构成了完整的业务的转移，因此形式上的资产购买业务实质为业务合并，考虑到资产的购买方与出售方同受欧朗电器的控制，因此本次交易构成同一控制下业务合并的实质性条件。

二、哪些资产和负债纳入前期可比合并财务报表

在收购部分资产的情况下，如果构成同一控制下的业务合并，那么业务合并是否需要将被合并方与该业务相关的所有资产和负债均纳入前期可比合并财务报表？

接下来讨论的问题非常具体。在收购部分资产的情况下，如何编制可比合并财务报表？没有纳入收购范围的债权、债务是否要纳入可比合并财务报表？

张琳对于此项讨论非常踊跃，抢先发言：同一控制下业务合并是参照同一控制下企业合并处理，既然实质交易内容仅是收购部分资产，那么按照“视同合并后的报告主体从开始就是一个整体”的原则处理，未纳入收购范围的资产、负债均不应纳入可比合并财务报表。

李强对此持有不同意见：听了王亮刚才对于此项业务合并背景、业务转移内容的完整介绍，以及未纳入收购范围的资产负债构成情况分析，我认为既然其实质是业务完整转移，已经构成同一控制下业务合并，不应该将因为考虑资产转移不便性、考虑结算便利性等原因未收购的资产负债不纳入可比合并财务报表范围。同一控制下业务合并的可比合并财务报表编制的目的是为了业务自始至终就是一个整体的财务报表的可比性，当然不能够将实质转移的业务、形式上没有转移的其他经营性资产负债（如债权、债务、应付税款、应付职工薪酬等）丢弃于可比合并财务报表范围之外。所以，在编制可比合并财务报表时只需要将原福建欧朗、梁州欧朗资产负债表、利润表中与所转移业务无关的余额、发生额进行剥离即可，无须考虑与收购资产的对应性。

三、少数股东权益和损益问题

对梁州欧朗的业务合并是否需要考虑梁州欧朗 20% 少数股东权益和损益？

张琳的意见：对于同一控制下的业务合并比照同一控制下的企业合并处理，同一控制下的企业合并编制可比财务报表时所采用的合并股权比例均参考现有股权结构进行模拟编制，所以无须考虑梁州欧朗 20% 少数股东权益和损益。

李强对此提出了自己的观点：我认为张琳的观点是不对的，同一控制下企业合并，也是假设现有股权结构在现有的股权收购一开始即存在，假设上海欧朗理发剪、上海欧朗电吹风现在是收购梁州欧朗股权，那么对于 20% 股权收购也属于收购少数股东股权，不属于同一控制下企业合并规范范畴，所以编制可比合并财务报表时，20% 股权仍旧属于少数股东股权和损益，需要单独考虑。

四、相关资产的会计处理和相应税务处理是否存在差异问题

上海欧朗理发剪、上海欧朗电吹风、南通欧朗收购相关经营性资产若形成同一控制下业务合并，在资产购买方个别财务报表中，相关资产的会计处理和相应税务处理是否存在差异？

李强的意见：企业会计准则中未规定构成同一控制下业务合并中购买资产的会计处理方式。从个别财务报表看，该购买资产的行为系按照公允价格达成，与一般购买资产无本质差异，与是否构成业务合并没有关联。因此，个别报表中资产入账价值应按协议约定交易价格和实际支付款项确认，所购资产账面价值和计税基础一致，不存在差异。

王亮对此提出了自己的观点：我认为李强的观点是不对的，企业会计准则对同一控制下企业合并规定了会计处理的原则，同一控制下业务合并是参照执行的，构成同一控制下业务合并的购买资产也应以出让方账面价值作为资产购买初始成本，实际交易价格与出让方账面价值的差额应调整股本溢价，股本溢价不足冲减的，冲减留存收益。因此，购买方个别财务报表中购买的资产按照出让方账面价值记账，而按照税法规定，资产的计税基础应以实际公允交易价格为准，两者差异需要在存货对外销售和资产折旧时调整当期应纳税所得额。

思考分析题

1. 在收购部分资产的情况下，如何判断是否构成业务合并？对于李强和王亮的不同意见，你如何看待？请说明理由。

2. 在收购部分资产的情况下，如果构成同一控制下业务合并，那么业务合并是否需要将被合并方与该业务相关的所有资产和负债纳入可比合并财务报表？

3. 对梁州欧朗的业务合并是否需要考虑梁州欧朗 20% 少数股东权益和损益？

张琳和王亮的分歧在哪里？请说明你的观点。

4. 若案例中收购部分资产构成同一控制下业务合并，在资产购买方个别财务报表中，相关资产的会计处理和相应税务处理是否存在差异？请说明你的观点和理由。

5. 请说明是否构成业务合并的不同认定对企业财务报表的影响。

6. （可选）请评述资产出售方（福建欧朗与梁州欧朗）在本次交易中的纳税筹划空间。

自备参考文献

1. 中华人民共和国财政部．企业会计准则第 2 号——长期股权投资 . 2014.

2. 中华人民共和国财政部．企业会计准则第 20 号——企业合并 . 2006.

3. 中华人民共和国财政部．企业会计准则第 33 号——合并财务报表 . 2014.

4. 中华人民共和国财政部．企业会计准则——应用指南［M］．北京：中国财政经济出版社，2006.

5. 财政部会计司．企业会计准则讲解 2010［M］．北京：人民出版社，2010.

6. 中华人民共和国国务院．中华人民共和国企业所得税法实施条例 . 2007.

案例 19

上海祥润受托经营沪江金润：是无支付对价的合并吗

2012 年 1 月，上海祥润新型建材股份有限公司（以下简称“上海祥润”）接受沪江金润混凝土有限公司（以下简称“沪江金润”）的股东江海、李金、王睿的委托经营沪江金润，并按协议获得报酬和承担风险。

上海祥润与沪江金润之间不存在基于股权投资的母子公司关系，上海祥润是否藉此控制了沪江金润？能否将沪江金润纳入其合并财务报表范围？上海祥润内部存在意见分歧。随着经济效益的显现，该经营模式可能会被上海祥润管理层推广，因此该公司对此十分重视。2012 年 2 月，财务部经理高雄召集了公司的会计人员夏萍、张顺、刘军、田盛，并邀请了为上海祥润提供审计服务的华审会计师事务所业务部门经理康健、审计项目负责人黎理和该公司审计报告签字注册会计师金民就该事项的主要会计问题进行讨论与沟通。

案例情况介绍

一、交易各方情况

本次交易涉及受托方上海祥润、委托方江海、李金、王睿以及被托管方沪江金润，各方之间的关系如图 19-1 所示。

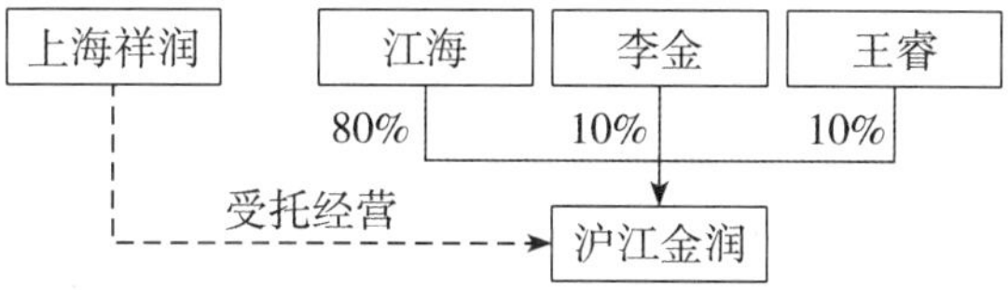

图 19-1　交易各方关系图

（一）受托方：上海祥润

上海祥润为上市公司，主要从事商品混凝土、混凝土制品、建筑材料等产品的生产与销售业务，属于非金属矿物制品业。

上海祥润前身为上海祥润混凝土配送有限公司，成立于2002年4月。2008年8月，上海祥润混凝土配送有限公司全体股东签署《上海祥润新型建材股份有限公司之发起人协议书》，同意以截至2008年6月30日经上海东方大明会计师事务所有限责任公司审计的净资产为基准，整体变更设立上海祥润新型建材股份有限公司。2009年，上海祥润进行了增资扩股，增资完成后公司注册资本和实收资本均为1亿元。2010年，经证监会核准，上海祥润首次公开发行人民币普通股股票3 400万股，发行完成后公司注册资本和实收资本均为1.34亿元。上海祥润由实际控制人直接持股，实际控制人为李丽、马琳、李奕，分别持股21.75%、20.11%、10.06%。

（二）委托方：江海、李金、王睿

1. 江海

自然人江海，男，汉族，1969年6月20日出生，河南郑州人。江海为本次被托管方沪江金润的股东之一，货币出资800万元，占注册资本的80%。与上海祥润不存在关联关系。

2. 李金

自然人李金，男，汉族，1971年4月4日出生，河南郑州人。李金为本次被托管方沪江金润的股东之一，货币出资100万元，占注册资本的10%。与上海祥润不存在关联关系。

3. 王睿

自然人王睿，男，汉族，1969年7月21日出生，河南郑州人。王睿为本次被托管方沪江金润的股东之一，货币出资100万元，占注册资本的10%。与上海祥润不存在关联关系。

（三）被托管方：沪江金润

沪江金润主要从事混凝土生产与销售业务，注册资本为1 000万元。由自然人江海出资800万元，占注册资本的80%；李金出资100万元，占注册资本的10%；王睿出资100万元，占注册资本的10%。

根据华审会计师事务所的尽职调查报告，2011年1—10月沪江金润实现营业收入约为9 141.89万元收入，营业利润约为728.08万元，净利润约为558.82万元。

华审会计师事务所综合沪江金润的历史产量、历史盈利水平和未来上海祥润的投入情况，预计沪江金润2012年度实现营业收入约为10 000万元收入，营业利润约为1 300万元，净利润约为975万元。

二、交易背景与目的

一方面，上海祥润从事混凝土生产与销售多年，在行业中拥有管理优势和人才优势。为尝试将管理优势和人才优势转化为经济效益，缓解宏观调控政策对公司支柱产品的负面影响，上海祥润拟通过受托经营原主要竞争对手之一沪江金润，整合当地现有商品混凝土市场主体，提升公司商品混凝土产品的市场占有率，增加混凝土产品对公司盈利的贡献率，稳定公司整体的盈利能力。

另一方面，沪江金润的股东江海、李金、王睿等自然人没有从事混凝土生产与销售的丰富经验，在 2012 年国家宏观调控政策延续、固定资产投资增速放缓、建筑行业和建筑材料行业受到冲击的情况下，拟将沪江金润委托拥有专业管理人员、核心技术人员以及销售人员的上海祥润经营与管理，以规避经营风险和实现投入资本的持续保值增值。

基于上述原因，江海、李金、王睿拟将沪江金润交由上海祥润托管，由上海祥润对沪江金润的生产经营进行规范化运作，实现双方共赢的经济效益。

三、委托经营协议概述

2012 年 1 月 13 日，上海祥润召开第二届董事会第六次会议，审议并通过了《关于受托经营沪江金润混凝土有限公司的议案》，同意公司与江海、李金、王睿签署《委托经营协议》，受托管理沪江金润。2012 年 1 月 15 日，上海祥润和江海、李金、王睿在三亚签订《委托经营协议》，约定合同期内由上海祥润受托经营沪江金润。《委托经营协议》的部分条款如下：

（一）关于委托经营期限

5.1　乙方（指上海祥润，下文同）的委托经营期限为十年。期限届满后，如甲方（指江海、李金、王睿，下文同）继续委托经营，乙方具有经营优先权。在运营期限内，未经乙方同意，甲方不得自行或委托任何第三方或以其他任何形式运营沪江金润。

（二）关于甲方的权利和义务

6.4　沪江金润经营权委托给乙方之前的债权、债务由甲方享有或承担。

9.1.1　甲方按照本协议约定的方式，享有固定收益权。

9.1.2　甲方委托乙方经营沪江金润，并为乙方的委托运行提供一切法律允许的便利和条件。

9.1.3　甲方应按照本协议约定的授权范围给予乙方充分的支持和经营管理决定权。

9.1.6　甲方承诺乙方接管后，由乙方与沪江金润留用人员根据使用情况续签劳动合同，不留用的由甲方负责安排，并负责解决由此产生的纠纷。

（三）关于乙方的权利和义务

6.5　委托经营期间，乙方应确保产生的债务不能侵害甲方现有资产，因委托经营而产生的全部的债权债务由其自行享有或承担。

7.1.1　乙方有权在沪江金润经依法核定的经营范围内，对沪江金润经营方针、政策及发展规划进行修改和调整，决定沪江金润的业务发展方向和具体经营的产品类型、品项、规格。

7.1.2　乙方有权决定沪江金润的采购、生产、销售等经营事项，对外开展业务，签订和履行合同。

7.1.3　乙方有权委派和任免及调整沪江金润的高级管理人员。

7.1.4　乙方有权调整沪江金润的内部机构设置、部门职责及人员聘用、保险缴纳、工资福利待遇等重大事项。

7.1.5　在国家相关法律法规许可范围内，乙方有权决定沪江金润财务会计、税款缴纳等重大事项。

7.1.6　乙方有权制订沪江金润在正常生产经营活动中所需资金的融资（包括银行贷款和其他渠道、其他方式的融资）计划。

7.1.7　乙方有权决定沪江金润经营管理中授权范围内的其他一切事项，但是未经甲方事先书面同意，不得对沪江金润设施设置抵押权或其他权利负担；未经甲方书面同意，乙方不得对沪江金润的地上建筑物进行改造。

9.2.4　乙方以沪江金润名义独立经营，其经营权不受甲方干涉。

（四）关于设施、设备维护、更新改造和更换

14.1　设施、设备的运行维护和大修。

乙方在委托经营过程中，有权根据本协议的约定，负责沪江金润设施、设备的维护、大修，保证沪江金润设施、设备处于良好运行状态。

14.2　设施、设备的更新改造。

为提供符合本协议约定的服务，在不危及公共利益、公共安全的情况下，对已不能正常提供本协议约定服务的设施设备，乙方有义务及时进行更新改造。

14.3　设施、设备的报废。

14.3.1　沪江金润设施、设备因自然磨损或者强制报废期限届满而不能继续使用的，乙方享有更换的权利。

14.3.2　乙方维修原设施、设备并更换相关部件，无须告知甲方，仅需在《设施资产清单》中作出相关备注说明。

14.3.3　如乙方将已经到达有效使用年限的原相关设施、设备报废处置时，需由甲方书面同意确认，并在《设施资产清单》中做相应删减。乙方在托管期限届满进行移交财产时，除报经甲方删减的以外，表中消失的财产，乙方应按账面价值给予甲方赔偿。

14.3.4　乙方购置新的设施、设备，无须告知甲方，且该设施、设备归乙方所有。

（五）关于委托经营期间的收益分配

15.1　委托经营期间，乙方确保甲方每年从乙方获取固定收益450万元，并归甲方所有，沪江金润托管期实现的收益超额部分作为委托经营期间的受托管理费由乙方享有，若发生经营亏损，则乙方仍需向甲方支付该450万元，同时承担全部经营亏损。

15.2.1 委托经营期间，除本协议另有约定外，乙方应保证甲方每年从乙方获取净利润分配 450 万元（大写肆佰伍拾万元整，不含税），乙方应向甲方提供完税凭证，保证甲方该收益不再承担纳税义务。

15.2.2 利润支付方式。乙方应保证每两年向甲方支付一次利润，每次支付 900 万元。乙方向甲方预付前两年的利润；后八年，乙方应保证于前一个两年届满前一个月之内，乙方向甲方预付接下来两年的利润。

15.3.1 委托经营期间，乙方每年应收取的受托管理费计算方法如下：

当沪江金润当年实现的扣除折旧和托管费前的利润（简称“扣除前利润”）大于 450 万元时，乙方当年应收取的受托管理费=扣除前利润-450 万元-被托管公司应缴纳的企业所得税。

当沪江金润当年实现的扣除前利润等于 450 万元时，乙方当年应收取的受托管理费为零，也不需要支付补偿金。

当沪江金润当年实现的扣除前利润小于 450 万元或亏损时，乙方当年应收取的受托管理费为零，同时还需要支付补偿金给甲方，补足甲方的固定收益 450 万元。

（六）关于托管期间甲方股权的变更

16.1 委托经营期间，若甲方拟转让股权，乙方享有优先购买甲方拟转让股权的权利。

16.2 委托经营期间，若甲方拟转让股权，甲方应当保证股权受让方认可和遵守本协议，否则，乙方拥有选择继续履行本委托经营协议或终止本委托经营协议并要求甲方赔偿的权利。

相关会计问题的讨论与分析

上市公司财务部经理高雄召集了财务部会计人员夏萍、张顺、刘军、田盛，并邀请了事务所业务部门经理康健、项目负责人黎理和该公司审计报告签字注册会计师金民就该交易的会计问题进行了讨论。高雄首先介绍了上海祥润上述交易的背景，讨论主要围绕以下问题展开。

一、经济实质如何认定

在明确上市公司（承租方）的账务处理之前，首要的问题是经济实质的认定。

夏萍发表意见：本次交易属于租赁，不过与租赁固定资产不同的是，本次租赁的标的是企业经营权，由于企业经营权的使用期限原则上可以是无限期，而本次租赁的期限为 10 年，因此只能认定为经营租赁，其会计处理适用于《企业会计准则第 21 号——租赁》。

张顺反驳道：从委托方的公司营业执照上看，企业经营权剩余期限只有 10 年，本次租赁期也是10年，租赁期占租赁标的剩余使用期限的全部，因此应该认定为融资租赁。由于租赁标的是企业经营特许权，没有实物形态，因此，可以视同融资租赁无形资产。

刘军发言：承租方不仅掌握委托方品牌的运营，也承担所有有形资产，包括设施、设备的维护、更新改造和更换，这意味着承担着这些有形资产的风险与报酬，因此可以看成相互关联的一揽子资产的融资租赁。

田盛说道：我不同意对该项交易按照租赁业务进行处理。委托经营协议赋予上海祥润对沪江金润拥有的权力，包括在沪江金润依法经营范围内的业务经营决策权、发展规划调整权。高管人员委派权、工资福利待遇调整权、设施及设备更新改造权、财务会计决策权、正常生产经营活动所需资金的融资计划权等，远远超出承租人的权利（对租赁资产的使用权），使得上海祥润在受托经营期间具有沪江金润相关经营与财务活动的决策权，因此这实际上是一笔长期股权投资。

二、该交易如何进行账务处理

夏萍发言：我坚持认为这次交易属于经营租赁。因此，根据租赁会计准则，我们（上市公司）应该把每年支付的租金计入当期损益，即计入管理费用。

张顺发言：我认为这次交易属于融资租赁无形资产——特许权。在初始确认时，借方记“无形资产”，金额按照未来需要支付的10年租金的现值计量。

刘军认为：这次交易属于一揽子资产的融资租赁。在初始确认时，借方按照类别记入“××资产”，总金额按照未来需要支付的10年租金的现值计量，各项资产的金额按照该资产的公允价值占总资产公允价值的比例进行分摊。

田盛发表意见：这次交易的实质是取得企业经营决策权的长期股权投资，借方应记入“长期股权投资”。然而，对于是否应该把受托经营的沪江金润资产与负债纳入合并报表，如何确定长期股权投资的入账价值，我目前还没有想好，正想请教事务所的专家。

三、沪江金润是否纳入合并报表

如果把本次受托经营的协议看成是长期股权投资，那么根据对被投资单位的影响程度，“该笔投资属于何种类别”就至关重要了，直接影响到其初始计量与后续计量以及是否编制合并报表。“沪江金润是否纳入上海祥润的合并财务报表范围”这一问题的关键在于上海祥润受托经营沪江金润是否取得了对其的控制权。

注册会计师金民说：我认为上海祥润只是沪江金润股东的代理人。上海祥润与沪江金润没有股权投资关系，上海祥润仅仅是受托管理沪江金润，并未持有沪江金润的股份，其收取的只是受托管理的报酬，而非沪江金润的利润分配所得，所以上海祥润并未实际控制沪江金润，不应把沪江金润纳入合并报表。

财务部经理高雄反驳道：我认为该交易符合仅依据合同达成合并的条件，上海祥润通过协议安排取得了对沪江金润的控制权。根据《委托经营协议》，上海祥润在受托经营期间，其经营管理权限几乎涵盖了沪江金润相关活动决策权的全部内容。按照该项协议约定，上海祥润以沪江金润名义独立经营，其经营权不受沪江金润股东干涉。委托经营期间被托管企业沪江金润实现的收益超过支付给委托方固定收益的部分全部归上海祥润所有；如发生经营亏损，上海祥润仍需向委托方支付固定收益，同时承担全部经营亏损。这说明上海祥润几乎承担了全部的经营风险和享有扣除委托方固定收益后剩余的所有可变收益。由此判断上海祥润可以控制沪江金润，合并财务报表范围应以控制为基础确定，所以上海祥润应将沪江金润纳入合并范围。

审计业务部门经理康健认为：上海祥润取得的对沪江金润的权利是受到限制的。根据《委托经营协议》，上海祥润若要处置原相关设备，均需经委托方同意，这说明上海祥润并未取得资产处置权，即托管协议赋予上海祥润的经营管理权限并未涵盖“控制”的全部内容，不是按自身意愿占有、使用、处置的完整权利。而且，《委托经营协议》约定的 10 年期满，上海祥润需将沪江金润的资产全部移交给委托人。所以，上海祥润并未实际控制沪江金润，不应把沪江金润纳入合并报表。

审计项目负责人黎理发表意见：虽然根据《委托经营协议》的约定，上海祥润将已经达到有效使用年限的原相关设施、设备报废处置时，需由委托人（本案例中沪江金润的投资人）书面同意确认，并在《设施资产清单》中做相应删减。但该协议还约定：上海祥润在委托经营过程中，有权利根据该协议的约定，负责沪江金润设施、设备的维护、大修；在不危及公共利益、公共安全的情况下，对已不能正常提供本协议约定服务的设施、设备，有义务及时进行更新改造；沪江金润设施、设备因自然磨损或者强制报废期限届满而不能继续使用的，上海祥润享有更换的权利；上海祥润维修原设施、设备并更换相关部件，无须告知委托人。可见，《委托经营协议》上述关于设备处置的条款属于对委托方江海、李金、王睿的保护性条款。委托人拥有的上述权利仅为了保护其利益和知情权，并未赋予委托人对相关活动的决策权。仅享有保护性权利的委托人在委托经营期间不拥有对被投资方的控制权，而上海祥润几乎拥有对沪江金润的资产按自身意愿占有、使用、处置的实质性权利。所以，在本案例中，上海祥润因受托经营沪江金润而取得了对其的控制权，应在受托经营期间将其纳入合并范围。

四、交易的支付对价如何计量

交易的支付对价直接决定了资产或费用的入账价值。

审计项目负责人黎理说：高雄，你说上海祥润受托经营沪江金润属于无转移对价实现的合并，我怎么觉得此项交易存在对价呢？

财务部经理高雄认为：上海祥润与江海、李金、王睿仅签订了《委托经营协议》，并未支付任何对价。

审计项目负责人黎理提出了反对意见：上海祥润已经承诺未来无论沪江金润盈利还是亏损，每年均需支付450万元的固定收益，这可以视为取得沪江金润控制权的对价，应当将未来10年需支付的固定收益折现，作为上海祥润取得对沪江金润控制权的对价。

财务部经理高雄说：按照黎理的观点势必需要在合并日确认一项负债，一方面向江海、李金、王睿支付的固定收益，在沪江金润有足够收益的情况下，实质上属于沪江金润收益的分配，并非由上海祥润直接支付；另一方面该支付义务是受托经营期间每年分别产生的，并非合并日的现时义务，在合并日就确认为一项负债不符合负债的定义。

五、合并报表中被合并方资产、负债入账价值如何计量

如果上海祥润将沪江金润纳入合并范围，还衍生出一系列相关问题。虽然审计项目负责人黎理和财务部经理高雄都认为上海祥润应当将沪江金润纳入合并范围，但对于沪江金润资产、负债是按照合并日账面价值还是公允价值纳入上海祥润合并财务报表，他们的观点大相径庭。

审计项目负责人黎理说：我认为应将沪江金润资产、负债按照合并日的公允价值纳入合并范围。上海祥润与江海、李金、王睿不存在关联关系，不受同一方或相同多方控制，因此该交易不属于同一控制下企业合并，应作为非同一控制下企业合并进行会计处理。而且，该项交易实质上是存在对价的，应按照被购买方资产、负债在合并日的公允价值入账。

财务部经理高雄说：我不赞同，上海祥润通过受托经营方式控制沪江金润，但这毕竟与普通的企业合并不同，其一，上海祥润受托经营沪江金润属于无转移对价实现的合并，既然上海祥润未支付对价，就不应该将沪江金润的资产、负债按照公允价值入账；其二，受托经营期满上海祥润需将沪江金润的资产、负债移交给委托方，不享有资产、负债的处置收益，若按照公允价值入账毫无意义。

六、合并报表中受托经营前权益如何列报

对于沪江金润受托经营前净资产在上海祥润合并财务报表中的列报问题，财务部经理高雄和审计项目负责人也有不同看法。

审计项目负责人黎理说：沪江金润受托经营前的净资产归委托方所有，因此，在上海祥润合并财务报表层面应作为少数股东权益列报。

注册会计师金民表示：委托方合计拥有沪江金润100%股权，明明是拥有全部股权的股东，而非少数股东，却将其拥有的净资产作为少数股东权益列报容易引起误解。

财务部经理高雄提出：沪江金润受托经营前的净资产虽然归委托方所有，但是

在受托经营期间上海祥润承担着该净资产所有权上几乎所有的风险和报酬，所以，在受托经营期间的上海祥润合并财务报表中作为归属于母公司所有者权益列报较为合理。

审计业务部门经理康健发表意见：假如认定上海祥润拥有对沪江金润的控制权，我认为受托方上海祥润对于受托经营前净资产不拥有所有权，协议到期需归还委托方，其在编制合并财务报表时，应当作为负债列报。

七、合并报表中支付委托方固定收益如何列报

如果上海祥润将沪江金润纳入合并财务报表，还有一个无法回避的问题是支付给委托方的固定收益如何列报，是计入费用还是列作少数股东损益。

财务部经理高雄认为：委托方按约定每年获取的固定收益可视为沪江金润实现的净利润中归属于少数股东的部分，在上海祥润合并财务报表层面应作为少数股东损益列报，兑付时作为向其进行的利润分配列报。

审计项目负责人黎理表示异议：我不同意作为少数股东损益列报。按高雄的意见列报，如果沪江金润发生亏损，会导致下列现象，即归属于母公司的净利润为负数，但少数股东损益却仍为450万元，投资者可能很难理解和接受。该固定收益不应当视为对委托方的利润分配，从上海祥润的角度来说，每年支付的固定收益，其实质属于受托经营沪江金润获得各期可变收益而付出的代价，所以在上海祥润合并财务报表中作为期间费用列报更合理。

★ 下一步的行动

此次沟通各方均表明了不同的观点，还提出了一些问题，财务部经理高雄表示，虽然上市公司第一季度财报不需要会计师事务所审计，但是上海祥润还是希望能够尽量进行较为规范的处理，由于对这些问题未达成一致意见，他们会对此次讨论进行整理和研究，但也希望审计业务部门能向华审会计师事务所的技术标准部咨询，过一段时间公司和华审会计师事务所再就这些问题进行进一步的探讨，以确定最后的会计处理原则。

思考分析题

1. 对于上海祥润受托经营沪江金润的经济实质如何认定以及如何进行账务处理，请评价夏萍、张顺、刘军、田盛的相关观点，指出其正确与不当之处，说明你的倾向性意见。

2. 请说明夏萍、张顺、刘军、田盛指出的不同账务处理方式对上市公司财务报表的不同影响。如果你是上市公司的财务总监，你的倾向性意见是什么？

3. 对于沪江金润是否纳入合并报表，请评价讨论各方的主要观点，发表你的意见，并说明理由。

4. 对于上海祥润受托经营沪江金润交易的支付对价如何计量？请评价讨论各方的主要观点，发表你的意见，并说明理由。

5. 对于合并报表中沪江金润资产、负债入账价值如何计量，请评价讨论各方的主要观点，发表你的意见，并说明理由。

6. 对于沪江金润受托经营前净资产在上海祥润合并财务报表中的列报问题，请评价讨论各方的主要观点，发表你的意见，并说明理由。

7. （可选）对于支付给委托方的固定收益的列报问题，请发表你的意见，并说明理由。

自备参考文献

1. 中华人民共和国财政部．企业会计准则第 2 号——长期股权投资 . 2014.

2. 中华人民共和国财政部．企业会计准则第 20 号——企业合并 . 2006.

3. 中华人民共和国财政部．企业会计准则第 33 号——合并财务报表 . 2014.

4. 中华人民共和国财政部．企业会计准则——应用指南［M］．北京：中国财政经济出版社，2006.

5. 财政部会计司．企业会计准则讲解 2010［M］．北京：人民出版社，2010.

6. 财政部会计司．财政部关于执行企业会计准则的上市公司和非上市企业做好 2010 年年报工作的通知．财会〔2010〕25 号 .

7. 中国证券监督管理委员会会计部．中国证券监督管理委员会公告〔2011〕41 号 .

下篇　企业重组业务

案例 20

精良印包兼并原子公司：同一控制合并还是公司清算

上海精良印刷包装机械有限公司（以下简称精良印包）拥有两家子公司——上海精达机械有限公司（以下简称精达机械）和上海精美印刷机械有限公司（以下简称精美印刷），2011 年，精良印包将其中一家子公司——精美印刷的法人资格注销，使其变为了分公司。

从子公司变成了分公司，经营业务照旧，公司员工不变，仍然受原来的母公司控制，但是，从会计和审计的角度是如何看待这个问题的呢？精良印包为上市公司，该上市公司的审计委员会、财务部门在与审计机构——中信会计师事务所进行 2011 年年报审前沟通时，就精良印包的全资子公司精美印刷注销变为分公司的经济实质及其会计问题进行了激烈的讨论。参加讨论的人员有：审计委员会主任、独立董事张三；精美印刷财务部经理李四；会计师事务所审计项目经理王五和注册会计师马六。

案例情况介绍

一、交易各方简介

（一）母公司：精良印包

精良印包为上市公司，其主要经营范围为：各类印刷、包装机械设备及备品配件的生产、销售，印刷包装机械原辅材料，仪器仪表销售，自营和代理各类商品及技术的进出口业务。该公司注册资本为 557 000 000 元。精良印包 2011 年未经审计的净利润为 19 553 450 元，精良印包拥有两家子公司，其中：对精达机械长期股权投资的账面价值为 25 600 000 元，对精美印刷的长期股权投资账面价值为 195 250 000元。

（二）控股子公司：精达机械

精达机械是精良印包持有其 80% 股权的控股子公司，其主要经营范围为：生产切纸机械、印刷包装机械产品、锥形双螺杆塑料挤出机、短面生产线及相关零部件，销售自产产品。该公司注册资本为 32 000 000 元。

（三）全资子公司：精美印刷

精美印刷是精良印包的全资子公司，其主要经营范围为：印刷包装机械及相关机电产品生产、维修、销售；有色黑色铸件热处理加工；在印刷包装机械领域从事技术咨询、技术开发。该公司注册资本为 170 000 000 元。

精良印包的全资子公司精美印刷系自非关联方受让所得，所控制的子公司精达机械系于 2010 年之前投资新设成立，投资者投入资本即为注册资本。截至 2010 年 12 月 31 日，精良印包持有精达机械、精美印刷的表决权股份分别为 80%、100%，对它们均拥有控制权，精良印包的股权投资关系见图 20-1。

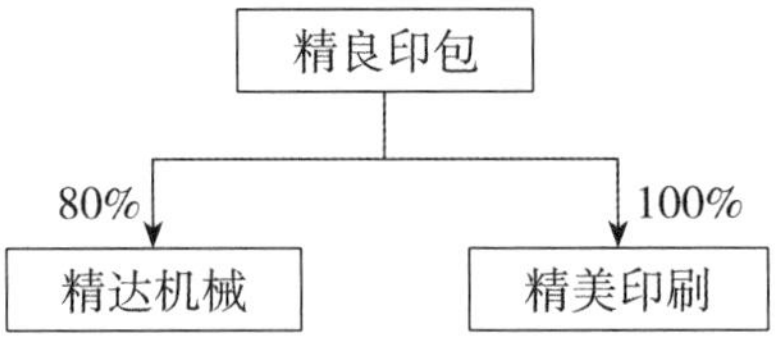

图 20-1　截至 2010 年 12 月 31 日精良印包的股权投资关系

二、子公司变为分公司的背景及过程

（一）子公司变为分公司的背景

精良印包注销全资子公司精美印刷，使其成为分公司，主要基于以下原因：

1. 有利于集聚精良印包资源促进规模化生产

精美印刷注销法人资格，从子公司变为分公司，直接纳入精良印包，将便于资源的集聚和管理，有利于完善有关印刷机械制造基地的建设，促进印刷机械产品的规模化生产，有利于精良印包产业链的技术研发、制造、销售和财务的整合，提升整体竞争力。

2. 有利于减少精良印包整体的纳税支出

精美印刷纳入精良印包，由精良印包作为一个纳税主体结算所得税，可以适当减少集团整体的所得税税负。

（二）子公司变为分公司的过程

（1）2011 年 10 月 16 日，精良印包的母公司股东大会决议通过注销原全资子公司精美印刷法人资格的决定。

（2）2011 年 12 月 25 日，精美印刷工商登记及税务登记均完成注销手续。

（3）2011 年 12 月 28 日，完成劳动关系及相关账户变更。

（4）2011 年 12 月 31 日，完成房地产转移登记。

截至 2011 年 12 月 31 日，精良印包仍然持有 80% 精达机械的表决权股份，对其拥有控制权，但精美印刷变为精良印包的分公司，由精良印包承接精美印刷的所有资产和负债，并接受其全部人员。精良印包的股权投资关系见图 20-2。

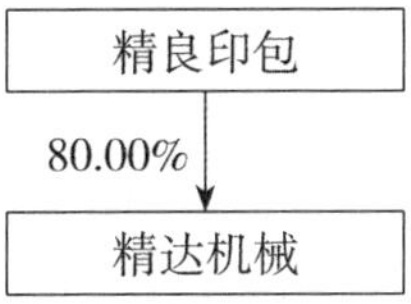

图 20-2　截至 2011 年 12 月 31 日精良印包的股权投资关系

三、相关资料

（一）精良印包收购精美印刷股权的记录

精良印包收购精美印刷股权登记簿见表 20-1。

表 20-1　　精良印包收购精美印刷股权登记簿　　单位：元

购买日：2008 年 1 月 5 日　　购买价：19 525 万元　　本次交易后累计持股：100%

项目	本次购买的股权比例	购买日账面价值	购买日公允价值	公允价值与账面价值的差额	剩余使用年限	合并后折旧起讫期	公允价值增值调整折旧额
被投资方——精美印刷	100%						
流动资产		341 749 420	341 749 420				
非流动资产		154 610 800	160 610 800				
其中：无形资产——土地使用权		15 000 000	21 000 000	6 000 000	20	2008.1—2027.12	300 000（年）
资产总计		496 360 220	502 360 220				
流动负债		318 593 720	318 593 720				
非流动负债		0	0				
负债总计		318 593 720	318 593 720				
股本		170 000 000	170 000 000				
资本公积		1 219 500	7 219 500	6 000 000			
盈余公积		654 700	654 700				
未分配利润		5 892 300	5 892 300				
股东权益总计		177 766 500	183 766 500				
负债和股东权益总计		496 360 220	502 360 220				

（二）精美印刷的资产负债表

精美印刷 2011 年 12 月 31 日资产负债表（未经审计）见表 20-2。

表 20-2 **精美印刷 2011 年 12 月 31 日资产负债表** 单位：元

资产	期末数	年初数	负债和股东权益	期末数	年初数
流动资产：			流动负债：		
货币资金	35 843 300	29 498 400	短期借款	95 000 000	120 000 000
交易性金融资产	0	0	应付票据	8 300 000	12 000 000
应收票据	79 271 700	90 189 500	应付账款	124 641 490	123 466 890
应收账款	33 989 500	46 453 400	预收款项	6 078 900	8 119 700
预付款项	2 183 000	910 100	应付职工薪酬	6 202 700	7 386 000
应收利息	0	0	应交税费	1 622 200	1 079 800
应收股利	0	0	应付利息	0	0
其他应收款	17 987 400	18 434 400	应付股利	0	0
存货	189 446 300	190 107 000	其他应付款	47 953 200	33 007 600
一年内到期的非流动资产	0	0	一年内到期的非流动负债	0	0
其他流动资产	0	0	其他流动负债	0	0
流动资产合计	358 721 200	375 592 800	流动负债合计	289 798 490	305 059 990
非流动资产：			非流动负债：		
可供出售金融资产	11 704 000	12 004 000	长期借款	0	0
持有至到期投资	0	0	应付债券	0	0
长期应收款	0	0	长期应付款	0	0
长期股权投资	0	0	专项应付款	0	0
投资性房地产	0	0	预计负债	0	0
固定资产	107 691 300	125 878 000	递延所得税负债	45 000	75 000
在建工程	0	0	其他非流动负债	0	0
工程物资	0	0	非流动负债合计	45 000	75 000
固定资产清理	0	0	负债合计	289 843 490	305 134 990
无形资产	9 028 500	9 787 300	股东权益：		
开发支出	0	0	股本	170 000 000	170 000 000
商誉	0	0	资本公积	419 500	719 500
长期待摊费用	0	0	减：库存股	0	0
递延所得税资产	0	0	盈余公积	8 289 200	8 289 200
其他非流动资产	0	0	未分配利润	18 592 810	39 118 410
非流动资产合计	128 423 800	147 669 300	股东权益合计	197 301 510	218 127 110
资产总计	487 145 000	523 262 100	负债和股东权益总计	487 145 000	523 262 100

注：精美印刷 2011 年 12 月 31 日资本公积 419 500 元中资本溢价为 1 219 500 元，其他综合收益为-800 000元。

（三）精美印刷的利润表

精美印刷 2011 年度的利润表（未经审计）见表 20-3。

表 20-3 **精美印刷 2011 年度利润表** 单位：元

项　目	本期金额	上期金额
一、营业收入	282 995 010	421 779 800
减：营业成本	217 868 110	337 976 970
营业税金及附加	364 760	1 574 100
销售费用	51 772 240	67 404 100
管理费用	30 479 900	36 885 000
财务费用	5 968 000	4 535 900
资产减值损失	-1 154 000	7 395 800
加：公允价值变动收益（损失以“-”号填列）	0	0
投资收益（损失以“-”号填列）	0	0
其中：对联营企业和合营企业的投资收益	0	0
二、营业利润（亏损以“-”号填列）	-22 304 000	-33 992 070
加：营业外收入	1 778 400	1 973 205
减：营业外支出	0	30 000
其中：非流动资产处置损失	0	0
三、利润总额（亏损总额以“-”号填列）	-20 525 600	-32 048 865
减：所得税费用		
四、净利润（净亏损以“-”号填列）	-20 525 600	-32 048 865
五、其他综合收益	-300 000	-250 000
六、综合收益总额	-20 825 600	-32 298 865
七、每股收益		
（一）基本每股收益		
（二）稀释每股收益		

相关会计问题的讨论与分析

以下是该上市公司的审计委员会、财务部门与会计师事务所进行 2011 年年报审前沟通时的部分讨论发言。

一、子公司变为分公司的经济实质是什么?

子公司注销变为分公司，这一事项的性质认定直接关系到母公司接受被注销子公司的资产计量、损益确认等重要会计问题。

注册会计师马六说：我认为这一事项的实质是以长期股权投资换回经营性净资产，属于一项不具有商业实质的非货币性资产交换，经营业务及人员均不变，换入资产与换出资产的未来现金流量在风险、时间和金额方面没有明显不同。

审计项目经理王五认为：此事项并没有对有关资产和负债进行交易，不属于非货币性资产交换。由于子公司精美印刷在注销成为分公司的前后均受精良印包的控制，因此，该事项的实质是同一控制下的吸收合并。

独立董事张三发表意见：精美印刷注销法人资格从子公司变为分公司，确实不属于非货币性资产交换，但也不存在控制权转移的问题，不属于企业合并。该事项可以视同收回对子公司的股权投资或者子公司解散清算，所接受的资产和负债可以视为投资成本的收回及清算损益。

二、在母公司个别财务报表中对所接受精美印刷的资产和负债如何计量

接下来主要围绕精美印刷的资产和负债如何回到母公司精良印包账上的问题进行沟通与讨论。

审计项目经理王五认为：在母公司精良印包个别财务报表中，对于所接受精美印刷的资产和负债，应当按照同一控制下的吸收合并进行会计处理，根据《企业会计准则讲解 2010》第二十一章“企业合并”的规定，合并方对同一控制下吸收合并中取得的资产、负债应当按照相关资产、负债在被合并方的原账面价值入账，因此，本案中精良印包个别财务报表中应当按照精美印刷个别财务报表中资产和负债的账面价值入账。精美印刷的资产和负债仍然处于精良印包的控制之下，精良印包所控制的经济资源未发生变化，不应当改变其计量基础。

独立董事张三认为：我还是坚持从清算的角度来解决会计计量问题。母公司精良印包个别财务报表中接受精美印刷的资产、负债，应当按照精美印刷注销时的公允价值计量。

财务部经理李四提出了一个新的观点：我认为在实务中可以采用“下推”的简化方法处理，即母公司精良印包接受精美印刷的资产、负债时，将其在合并财务报表中以当初购买日公允价值持续计算的结果，“下推”到精良印包的个别财务报表中，这样可使精良印包在没有其他子公司无须编制合并财务报表的情况下，保持相同的计量基础。

三、当初合并日确认的商誉在子公司变为分公司后是否要转销

精良印包当初合并精美印刷时在合并财务报表中确认了商誉，现在精美印刷的

法人资格注销了，该项商誉是转销还是继续保留？如果继续保留，是在个别财务报表中列报还是在合并财务报表中披露？

审计项目经理王五认为：子公司注销变为分公司既然是同一控制下的吸收合并，那就不能确认商誉，因此，原先确认的商誉应当转销。

独立董事张三说：我仍然坚持我前面表述的观点，子公司注销变为分公司的事项不属于企业合并。我认为商誉的存在主要与资产组和业务相关，形成商誉的因素并未因为子公司变为分公司而发生改变，故商誉不应当转销。

注册会计师马六反驳道：原先确认的商誉应当转销。子公司的法律主体已经不复存在，应当终止确认相关商誉，并作为吸收合并当期的投资损失处理。

四、子公司精美印刷注销变为分公司时能否确认损益

子公司变为分公司时是否能确认损益？这是公司管理层、担任年报审计的注册会计师都非常关心的问题。

审计项目经理王五说：子公司精美印刷只是注销变为分公司，并非实际处置，无论在个别财务报表中还是在合并财务报表中均不能确认损益。精良印包在个别财务报表中，对于取得注销子公司的净资产入账价值与相关长期股权投资账面价值之间的差额，应比照同一控制下的企业合并进行处理，直接转入所有者权益，即调整资本公积（资本溢价或股本溢价），资本公积（资本溢价或股本溢价）的余额不足冲减的，冲减盈余公积和未分配利润。

独立董事张三说：我不能同意王五不确认损益的观点。在个别财务报表中，母公司取得该子公司的资产、负债实质上为母公司相关股权的收回，即对子公司的清算，应当确认有关清算损益。虽说计入当期损益和计入资本公积最终都增加所有者权益，但对投资者分配利润而言，影响是有显著不同的。

财务部经理李四很激动地插话：如果子公司注销变为分公司不能确认损益，会导致非常不合理的结果，即以前年度的未分配利润都变成了资本公积，股东再也无法从中分利，作为其投资方的母公司，应享有的权益得不到保障。即使我们赶在合并前将该子公司的利润分掉，但盈余公积还是无法分配啊。

注册会计师马六发言：我对你们三人的观点都不能接受，我认为可以参照长期股权投资由成本法改按权益法时在个别财务报表中的处理方法，即精良印包对精美印刷以前年度的损益调整未分配利润和盈余公积；否则，容易被有些企业利用子公司与分公司的转换来调节个别财务报表的利润。

五、子公司精美印刷注销变为分公司是否会产生暂时性差异

在子公司注销变为分公司时，所接受原有子公司资产、负债的计税基础是否改变？是否会产生暂时性差异？是否应确认相关的递延所得税影响？这涉及所得税会计的确认与计量问题。

审计项目经理王五：有关资产、负债计税基础的认定主要取决于是否符合财政部财税（2009）59号文“关于企业重组业务企业所得税处理若干问题的通知”中规定的特殊性税务处理条件。根据我的了解，基于子公司变为分公司不会因此而改变其控制方、经营业务和经营人员的事实，税务上将其与同一控制且不需要支付对价的企业合并同样对待，即根据财政部财税（2009）59号文第六条有关特殊性税务处理的规定，企业对于所接受原有子公司资产和负债的计税基础，可以选择以其原有计税基础确定。精良印包选择了以原有计税基础确定，而该公司对于所接受的精美印刷的资产、负债在会计上以账面价值入账，与其计税基础是一致的，不会产生暂时性差异，无须确认递延所得税影响。

财务部经理李四：精良印包在税务上选择了按原有计税基础确定，而在会计上对于所接受的精美印刷的资产、负债按公允价值入账，与其计税基础不一致。精美印刷当初被收购合并时，无形资产（土地使用权）的公允价值（入账价值）大于其计税基础，导致按当初购买时公允价值持续计算的结果仍然大于其计税基础，从而产生应纳税暂时性差异，需要确认递延所得税负债。

六、精良印包对于精美印刷资产负债表中的商誉（如果有）应如何处理

在讨论中有人提及：如果精美印刷的资产负债表中“商誉”项目有余额，系该公司在被精良印包控股合并之前吸收合并其他公司形成的商誉，则在精美印刷注销法人资格时应当如何处理？对此存在以下三种观点：

观点之一，先进行减值测试，如果未减值，平移至精良印包的个别财务报表中。

观点之二，重新计量该项商誉的价值。

观点之三，予以转销，因其已经包含在精良印包当初非同一控制下合并精美印刷所确认的商誉之中了。

★ 下一步的行动

在审计委员会与会计师事务所关于年报审前第一次沟通后，审计委员会主任、独立董事张三对各方意见进行了汇总整理，组织大家继续讨论，对于精美印刷从子公司变为分公司有关会计问题的不同观点进行深入分析，以确定精良印包的会计处理与财务报表是否需要调整。

思考分析题

1. 对张三、王五与马六关于子公司变为分公司的经济实质的争论，你赞同谁的观点？请说明理由。

2. 在精良印包个别财务报表中，对接受精美印刷的资产和负债如何计量，张三、王五与马六分别提出了不同方法，结合《企业会计准则解释第7号》，请予以

分析和评价。

3. 精美印刷注销法人资格成为分公司后，当初精良印包收购精美印刷时在合并财务报表中确认的商誉，是否需要转销，请说明你的观点及依据。

4. 请根据本案例所提供资料，分别按照王五与李四关于资产计量和损益确认的观点，计算精良印包接受精美印刷资产、负债对个别财务报表的影响。对张三、李四、王五与马六关于注销子公司变为分公司时能否确认损益的讨论，结合《企业会计准则解释第 7 号》，阐明你的看法及理由。

5. 请对李四与王五关于子公司变为分公司是否会产生暂时性差异的讨论进行评价或发表意见。

6. （可选）如果精美印刷在注销法人资格前的资产负债表中“商誉”项目有余额，系该公司在被精良印包控股合并之前吸收合并其他公司形成的商誉，则精良印包接受精美印刷的净资产时应如何处理该项商誉？

自备参考文献

1. 中华人民共和国财政部．企业会计准则第 2 号——长期股权投资 . 2014.

2. 中华人民共和国财政部．企业会计准则第 20 号——企业合并 . 2006.

3. 中华人民共和国财政部．企业会计准则第 33 号——合并财务报表 . 2014.

4. 中华人民共和国财政部．企业会计准则——应用指南［M］．北京：中国财政经济出版社，2006.

5. 财政部会计司．企业会计准则讲解 2010［M］．北京：人民出版社，2010.

6. 财政部会计司．企业会计准则解释第 5 号．财会〔2012〕19 号 .

7. 中华人民共和国财政部．企业会计准则解释第 6 号．财会〔2014〕1 号 .

8. 中华人民共和国财政部．企业会计准则解释第 7 号．财会〔2015〕19 号 .

案例 21

银河股份股权转让：丧失控制权后的股权如何计量

2011 年 2 月 15 日，银河股份有限公司（以下简称“银河股份”）发布资产出售公告，称将其持有的子公司龙洲房地产开发有限公司（以下简称“龙洲房产”）的 31% 股权转让给盛宏股份有限公司（以下简称“盛宏股份”），转让总价 78 891.9万元，股权转让后银河股份仍持有龙洲房产 20% 股权，派有董事会成员参与龙洲房产的经营和决策，实施重大影响。

2012 年初，久远会计师事务所接受委托开始对银河股份 2011 年度财务报告进行审计。2012 年 1 月 10 日，在银河股份公司会议室举行的审前沟通会上，年报主审刘誉、注册会计师方永与公司财务经理章辉及总账会计杨光就转让龙洲房产 31% 股权引发的会计问题展开讨论，其中关于银河股份持有龙洲房产剩余股权的计量、剩余股权的公允价值认定及其对所得税的影响、原未实现内部交易在 2011 年合并财务报表中列报等的合理性与规范性方面存在分歧。

案例情况介绍

一、股权转让交易各方公司背景

（一）股权转让方：银河股份

银河股份（股票代码：6005××）创立于 2 000 年 1 月，注册资本人民币 5 000 万元。至 2004 年 6 月该公司变更为上海银河股份（集团）有限公司后，又于 2008 年 6 月在上海证券交易所借壳上市，更名为银河股份有限公司。截至 2010 年末，银河股份股份总额 51 900 万股，其中 80%（41 520 万股）为境内非国有法人持有的限售股，20%（10 380 万股）为无限售条件的人民币流通股，资产总额为 215 570万元；公司注册地址为上海市闵行区三浦路 1206 号 C1-1205 室；法定代表人为严国良；经营范围包括房地产开发经营、房屋土地建设、房屋出售、房屋租赁、园林绿化、实业投资、投资管理（上述经营范围涉及许可经营凭许可证经营）。

（1）公司经营与财务概况。银河股份的房地产开发以大众住宅为核心，2010 年竣工的“融城·尚湖景”项目位于上海松江区，开发面积 76 580 平方米，竣工面积 75 950 平方米，截至 2010 年末共销售 16 750 平方米，取得销售收入 49 860 万元。银河股份适用所得税税率为 25%，近 3 年部分财务指标见表 21-1。

表 21-1　　2008—2010 年银河股份部分财务指标

项　目	2008 年末/年度	2009 年末/年度	2010 年末/年度
长期股权投资（万元）	27 845	78 845	83 167
资产负债率	65.7%	69.2%	74.6%
经营活动产生的现金流量净额(万元)	-3.31	-6 559.06	-920.48

（2）子公司概况。银河股份原对外投资的子公司包括：龙洲房产、兴洲房地产开发有限公司（以下简称“兴洲房产”）和绿洲园林景观工程有限公司（以下简称“绿洲园林”），子公司部分信息见表 21-2。

表 21-2　　2010 年末银河股份子公司部分信息　　单位：万元

子公司名称	业务性质	注册资本	总资产	净资产	适用所得税税率	银河股份持股比例
龙洲房产	房地产开发经营、物业管理、室内装修等	100 000	205 367	98 657	25%	51%
兴洲房产	房地产开发经营	26 100	78 100	34 500	25%	90%
绿洲园林	园林景观建设	2 150	4 610	3 240	25%	70%

（3）集团内部交易概况。集团内部交易即为银河股份承接子公司房地产开发中的配套绿化工程，所提供的绿化劳务毛利率一般为 40%。2010 年度内部交易未实现损益已在 2010 年的合并财务报表中作相关抵销，此外，其他年度均未发生任何内部交易。

（二）股权受让方：盛宏股份

盛宏股份是一家以房地产开发经营、房屋租赁、物业管理为第一主业，同时从事实业投资、投资管理、投资咨询、商务咨询、企业形象策划，以及电子商务（不得从事增值电信、金融业务）、计算机软硬件、系统集成领域内的技术开发、技术转让、技术咨询、技术服务等多元化经营的企业。

该公司成立于 2005 年 3 月，注册资本人民币 80 000 万元；截至 2010 年末，资产总额为 315 570 万元；公司地址为上海市长宁区广厦南路 167 号 2 幢 78 室，法定代表人为洪毅。该公司的房地产开发与物业管理业务一般选择在华东地区的大中型城市，商用物业包括城市地标性写字楼、体验式购物中心、国际级标准展馆、超五星酒店等。

盛宏股份原持有龙洲房产 49% 股份，股权转让交易后增至 80%，成为龙洲房产的控股股东。

（三）股权转让标的：龙洲房产

龙洲房产是一家以住宅商品房的开发与销售为主的企业。

该公司成立于 2009 年 6 月，注册地址为上海市静安区华航路 210 号 602 室，法定代表人为潘江，注册资本 100 000 万元，由银河股份和盛宏股份以货币资金出资共同设立，分别占股权的 51% 和 49%，银河股份为控股股东。该公司成立以来，其房地产开发项目及其开发情况如下：

（1）杭州上城区 B16-29 街区开发项目。该项目净用地面积 7.425 万平方米，平均容积率 2.8，计容积率建筑面积 20.83 万平方米，项目的主体结构工程已经完工，进入建筑装饰施工阶段，配套绿化工程也在同步施工中，累计开发成本已达 94 100 万元。

（2）杭州萧山区余家湾街道第 25 号地块项目。该项目位于萧山新区板块，公司支付地价款 36 650 万元获得面积为 8.54 万平方米（折合为 128.10 亩）的国有土地使用权，土地用途为商住用地，商业用地期限 40 年，住宅用地期限 70 年，容积率 1.5～2.5，绿地率≥30%。该项目尚处于前期开发阶段。

转让龙洲房产 31% 股权前，龙洲房产股权结构及银河股份股权投资关系如图 21-1 所示。

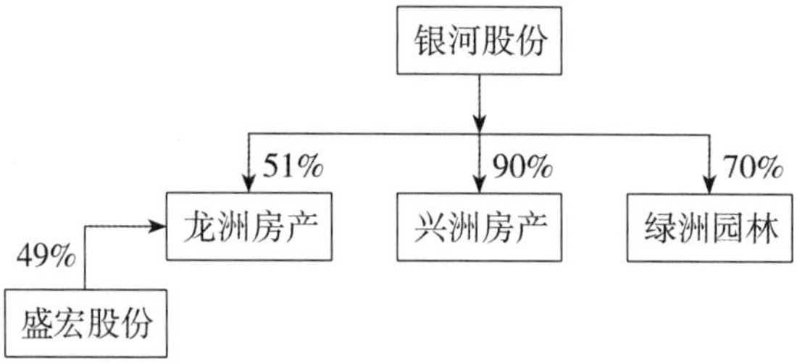

图 21-1　股权转让前龙洲房产股权结构及银河股份股权投资关系

转让龙洲房产 31% 股权后，银河股份持有龙洲房产股权比例减至 20%，新控股股东盛宏股份持股比例增至 80%。股权转让后龙洲房产股权结构及银河股份股权投资关系如图 21-2 所示。

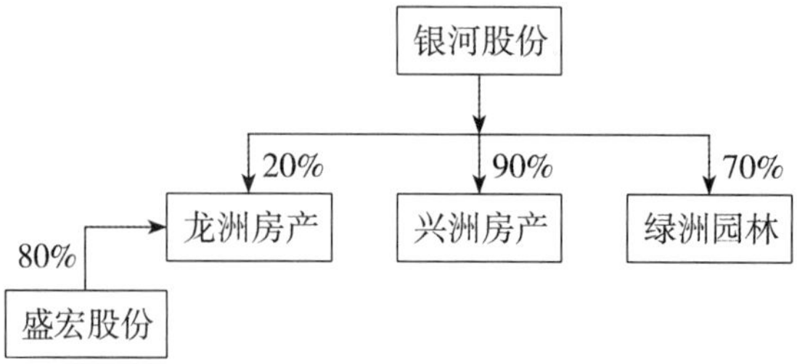

图 21-2　股权转让后龙洲房产股权结构及银河股份股权投资关系

龙洲房产在其股权被转让前、后的净资产变动情况见表 21-3。

表 21-3　龙洲房产各年净资产变动情况　单位：万元

所属期间	实现净利润	利润分配	其他变动	期末净资产
2009 年度	-408.4	0	0	99 591.6
2010 年度	-934.6	0	0	98 657.0
2011 年 1—3 月	-182.0	0	0	98 475.0
2011 年度	-727.0	0	0	97 930.0

2010 年 11 月，龙洲房产 B16-29 街区开发项目接受了银河股份提供的绿化劳务，交易金额共计 4 995 万元全部结清，并已计入该项目的开发成本；其他会计年度均没有与银河股份及其他子公司发生任何内部交易。

二、股权转让交易背景及过程

（一）股权转让交易背景

为了抑制过快上涨的房价，国家连续出台了一系列的宏观调控政策，从土地供应、银行信贷、机构监管和产业政策等各方面对房地产行业的发展逐步进行规范。其中信贷紧缩对企业的影响最为直接，导致企业资金压力增大，后续开发项目资金短缺现象普遍存在，房地产开发业务的发展规模和速度都受到较大影响。作为房地产开发企业的银河股份也未能幸免，同样受到宏观调控的影响。

银根紧收使银河股份的现金流较为紧张。出售龙洲房产股权，公司对外投资"有进有退、有收有放"，重新合理配置企业资源，将股权转让款用于更具有投资价值的土地储备和其他房地产项目的后续开发，以及作为非房地产业务的投资准备资金等，这不仅可以有效缓解当时资金短缺的状况，而且退出的资金更利于调整使用方向，用于符合公司发展战略目标的一些项目上，为公司未来获取更充裕的现金流做好铺垫。

（二）股权转让交易及进程

银河股份向盛宏股份转让股权交易经过了签订转让协议、报经股东大会审议通过、股权交割、收取交易款等主要环节，具体进程如下：

（1）2011 年 1 月 10 日，银河股份与盛宏股份经多次协商后签署了《龙洲房地产开发有限公司股权转让协议》，相关议案已经银河股份第四届董事会第七次会议审议并获得通过。该股权转让协议自银河股份股东大会批准之日起生效。

（2）2011 年 2 月 15 日，银河股份发布资产出售公告，主要内容包括交易标的基本情况、交易合同的主要内容及定价情况、出售资产的原因和本次交易对银河股份的影响情况等。

（3）2011 年 3 月 21 日，银河股份召开 2011 年第三次临时股东大会，审议了《关于公司出售龙洲房地产开发有限公司 31% 股权的议案》，到会股东所持表决权

100%同意此项议案，建信律师事务所为本次股东大会的召集、召开程序、出席现场会议人员资格、召集人资格、表决程序和表决结果等的合法有效出具了法律意见书。

（4）2011年3月28日，银河股份已将标的股权及权益登记至盛宏股份名下，完成股权变更工商登记手续并取得变更后的龙洲房产新《营业执照》。

（5）2011年3月30日，银河股份收到盛宏股份一次性支付的股权转让款78 891.9万元。

至此，产权转让交易及相关手续全部办妥。

相关会计问题的讨论与分析

一、持有龙洲房产的剩余股权在合并财务报表中是否需要重新计量

银河股份此次转让龙洲房产的31%股权后，丧失了对其的控制权，剩余20%股权在合并财务报表中是否要重新计量，是本次年报审计需要沟通和解决的重大问题，财务经理章辉和年报主审会计师刘誉对此有不同意见。

财务经理章辉认为：对龙洲房产剩余20%股权在合并财务报表中应当作为原先股权投资中的部分延续，以初始投资时的公允价值为基础持续计量。剩余20%股权既然没有处置，就不能确认公允价值变动的收益；否则，不符合谨慎性原则。

主审会计师刘誉说：剩余20%股权在合并财务报表中应当按丧失控制权时的公允价值重新计量。处置子公司部分股权而丧失控制权，属于重大经济事项，在合并财务报表中，应视同原有子公司处置并取得一项新的股权投资进行处理和列报。对于剩余股权，视同新购资产，应当按照其在丧失控制权日的公允价值进行重新计量。处置股权取得的对价与剩余股权公允价值之和，减去按原持股比例计算应享有原有子公司自购买日开始持续计算的净资产份额后的差额，计入丧失控制权当期的投资收益。

总账会计杨光插话：龙洲房产的公允价值升值主要系近年来其拥有的房地产市价大幅度上涨，重新计量的收益会很大，公司今年盈利情况不错，我们不想再确认剩余股权重新计量的收益，等以后这20%股权处置时再确认吧。

主审会计师刘誉说：这不是公司利润够不够的问题，而是要考虑会计处理的合规性和合理性问题。《企业会计准则解释第4号》的第4问答已经对此作了比较明确的规定，如果我们在发生此项交易的当年不按规定处理，这部分公允价值升值的收益以后处置时也不能在合并财务报表中确认为当期利润，只能作为会计差错更正了。

二、剩余股权的公允价值如何计量

对于剩余 20% 股权的公允价值如何认定，直接影响合并财务报表中资产和收益的计量。以下是财务经理章辉和注册会计师方永的部分讨论。

财务经理章辉认为：剩余股权如果重新计量的话，最简单的方法就是根据盛宏股份受让龙洲房产 31% 股权的交易价 78 891.9 万元推算出剩余股权的公允价值。在本案例中，剩余 20% 股权的公允价值应当为 50 898 万元，它基于资本市场股权交易的公允价值。

注册会计师方永说：对于银河股份持有龙洲房产的剩余 20% 股权，在合并财务报表中应以龙洲房产股权转让项目的股东部分权益价值评估报告所确定的 20% 股权评估值，作为其在丧失控制权日的公允价值进行重新计量。之所以不宜采用处置龙洲房产 31% 股权的交易价格换算确定，是因为原持有的股权是含控制权的，而持有剩余股权时已经丧失了控制权，对被投资单位的影响不同，很可能会影响股权的公允价值。章经理，请公司聘请第三方对龙洲房产的 20% 股权进行价值评估。

三、剩余 20% 股权重新计量对所得税有何影响

接下来讨论的话题是：剩余 20% 股权重新计量的升值如果确认收益，对于纳税和所得税会计处理是否会产生影响？会计确认与税务确认是否有区别？

总账会计杨光说：我之前就不同意确认重新计量的收益。如果确认了，非但没有现金流入，反而要我们当即拿出真金白银去缴纳所得税，这太不合理了。

注册会计师方永发言：杨光，你误解了，收益的会计确认与纳税义务的确认是不同的。剩余 20% 股权重新计量的收益，是在合并财务报表中确认的，而非在个别财务报表中确认。就银河股份的纳税主体而言，不存在马上缴纳所得税的问题。

财务经理章辉马上接过话题：方老师说得对，现在不需要缴纳所得税。等以后处置剩余 20% 股权时，我们再进行所得税的会计处理吧。

主审会计师刘誉提醒道：章经理，不是那么简单，剩余 20% 股权在合并财务报表中重新计量，虽然现在不需要为此纳税，但需要确认相应的未来纳税义务。

总账会计杨光问：哎，这是怎么一回事啊？

四、与龙洲房产有关的内部交易在丧失对其控制权后如何处理

处置龙洲房产部分股权并丧失对其控制权后，银河股份之前向龙洲房产提供的一项绿化劳务作为未实现的内部交易，在合并财务报表中应当如何处理，总账会计杨光、财务经理章辉和主审会计师刘誉对此存在不同观点。

总账会计杨光提醒大家：银河股份 2010 年向龙洲房产提供绿化劳务，因龙洲房产的项目尚处于开发阶段，故在合并财务报表中作为未实现的内部交易损益抵销。银河股份处置龙洲房产的部分股权后丧失对其控制权，龙洲房产不再纳入合并

财务报表范围，原内部交易未实现收益应视为100%实现，本期根据个别财务报表编制合并财务报表时，应当将其从年初未分配利润全部转为本期的营业毛利，即抵减营业成本反映该项内部交易的实现。

财务经理章辉说：我不认为原内部交易未实现收益已经100%实现。我们不是还持有龙洲房产20%股权吗？对20%股权投资我们采用权益法进行核算，这部分股权对应的内部交易收益中的份额应在合并财务报表中抵销，只有我们未持有的那80%股权对应的收益才是已经实现的收益。杨光，我们只能按未实现损益的80%抵减营业成本。否则人家还以为我们想调节利润了。

主审会计师刘誉说：我也认为只实现了80%的内部交易收益。上述内部交易未实现损益实质上是通过股权处置的途径实现的，故应转入当期合并财务报表的“投资收益”项目，同时反方向同金额抵销对年初未分配利润的影响。原确认的与龙洲房产存货相关的递延所得税影响也应随之部分转销。

思考分析题

1. 对于银河股份转让子公司龙洲房产31%的股权，在银河股份的个别报表中应如何进行会计核算？

2. 章辉和刘誉关于剩余20%股权在合并财务报表中是否需要重新计量的意见分歧在哪里？请进行评价，说明你的观点及依据。

3. 章辉与方永关于剩余股权的公允价值如何计量的意见分歧在哪里？请进行评价，说明你的意见及理由。如果该公司根据注册会计师方永的建议对20%剩余股权进行了评估，确定的评估价是47 250万元，请在不考虑其他因素的情况下分析不同计量方法对投资收益的影响，并分析重新计量对未来处置剩余20%股权时的损益影响。

4. 试分析剩余20%股权重新计量的所得税影响。

5. （可选）对于丧失控制权后原先有关的未实现内部交易损益在合并财务报表中如何列报的争论，你持哪一观点？并说明理由。

6. （可选）如果银河股份转让子公司龙洲房产41%的股权，那么银河股份的个别报表应如何进行会计核算？

7. （可选）对于盛宏股份购买31%的龙洲房产股份，盛宏股份的个别报表应如何核算？

8. （可选）在盛宏股份购买31%的龙洲房产股份后，盛宏股份的2011年年末合并报表中应如何抵销其长期股权投资与投资收益部分（按照全年的投资收益还是并购后的投资收益抵销），期初的比较报表应按什么原则编制？

自备参考文献

1. 中华人民共和国财政部．企业会计准则第 2 号——长期股权投资．2014.

2. 中华人民共和国财政部．企业会计准则第 33 号——合并财务报表．2014.

3. 中华人民共和国财政部．企业会计准则——应用指南［M］．北京：中国财政经济出版社，2014.

4. 财政部会计司．企业会计准则讲解 2010［M］．北京：人民出版社，2010.

5. 财政部会计司．企业会计准则解释第 4 号．财会〔2010〕15 号．

6. 国际会计准则理事会．国际财务报告准则第 10 号——合并财务报表．2011.

案例 22

广钢股份股权换电炉：具有商业实质吗

2009 年 3 月 10 日，广州钢铁股份有限公司（以下简称“广钢股份”）发布了《资产置换暨关联交易报告书》，广钢股份将持有的账面价值 3 690.44 万元的广州贸易公司 90% 股权作价 4 102.46 万元，与控股股东广钢集团电炉资产（评估价值 4 023 万元）进行互换，差额部分（79.46 万元）由广钢集团以现金补足。

在年度财务报告的预审中，上市公司财务总监张新、会计主管赵敏以及审计师陈运围绕着本次交易的会计处理进行了讨论，就应该如何确认换入资产的账面价值以及相关损益存在着分歧。

案例情况介绍

一、广钢股份公司简介

广州钢铁股份有限公司于 1993 年 6 月 21 日由广州钢铁有限公司改组设立。广钢股份公司于 1993 年 12 月 6 日取得企业法人营业执照，于 1994 年 1 月 1 日起按股份制运作。1996 年 2 月 28 日，广钢股份公司发行社会公众股 A 股 4 313.7 万股，每股发行价 3.60 元，发行的股票于 1996 年 3 月 28 日在上海证券交易所挂牌交易。股票代码为 600894。广钢股份公司上市后总股本为 40 000 万股，为中外合资股份有限公司（上市），属大型钢铁工业企业。

广钢股份公司经营范围为生产、加工、销售冶金产品、焦碳化工产品、各种气体、炉料和有关原材料、机械设备、备件、生产工具、公司的深加工产品，以及有关技术咨询服务，并经营汽车运输。公司主要产品为各种圆钢、高拉力螺纹钢、中低压锅炉用无缝钢管、结构用无缝钢管、高纯氧、高纯氮、高纯氩等。

2008 年的金融危机使钢铁行业的业绩急剧下降，广钢股份也不例外，2008 年亏损 9.66 亿元，每股亏损 1.27 元。2009 年度，广钢股份公司实现净利润 3 706.58 万元，成功实现扭亏为盈。2009 年实现营业收入 60.73 亿元，同比减少 18.74%，实现每股收益 0.049 元。

2006—2010 年广钢股份的基本财务状况见表 22-1。

表 22-1　　2006—2010 年广钢股份的基本财务状况　　单位：万元

年份	2006 年	2007 年	2008 年	2009 年	2010 年
营业收入	508 331	593 179	747 400	607 303	651 043
净利润	2 274	3 708	(96 808)	3 706	(9 789)
扣除非经常性损益的净利润	402	1 948	(97 297)	2 944	(16 980)
ROE	1.43%	2.5%	(92.9%)	6.44%	(2.02%)
ROA	2.8%	3.2%	(19.3%)	4.26%	(2.24%)
资产负债率	67.8%	65.65%	86.66%	85.91%	88.9%

注：() 内数字为负数。

二、广钢股份资产重组交易情况

(一) 资产重组暨关联交易概述

为进一步整合钢铁主业资产，完善公司生产体系，发挥集约化经营管理的优势，经与广钢集团协商，公司拟将控股子公司——广州广钢集团贸易有限公司(下称“贸易公司”)90%权益，与广钢集团拥有的60吨电炉生产设备资产（下称“60t 电炉”）进行置换。

(1) 置出资产：贸易公司90%的权益。该公司注册资本为人民币 1 250 万元，其中公司和广钢集团出资比例分别为90%和10%。根据广州中职信资产评估有限公司出具的《资产评估报告书》（职信评报字〔2009〕第15002号)，贸易公司在评估基准日 2008 年 12 月 31 日的评估价值为 4 558.29 万元。公司拥有 90%的权益，折算为 4 102.46 万元。广州贸易股份有限公司历年净利润见表 22-2。

表 22-2　　广州贸易股份有限公司历年净利润　　单位：万元

年份	2004	2005	2006	2007	2008
净利润	718.31	386.10	212.94	271.94	400.04

(2) 置入资产：60 吨电炉设备资产，位于公司生产基地范围内。该资产包括电炉炼钢生产设备及配套设施。根据广州中职信资产评估有限公司出具的《广州钢铁企业集团有限公司 60 吨电弧炉生产线设备资产评估报告书》（职信评报字〔2009〕第15001号)，60 吨电炉资产在评估基准日 2008 年 12 月 31 日的评估价值为 4 023 万元。

(二) 资产收购方：广钢集团

本次资产收购的出售方为广州钢铁企业集团有限公司（简称广钢集团)，广钢集团的经营范围为授权范围内国有资产经营管理，包括：金属冶炼、轧制及压延加工。批发零售贸易（除专营专控商品)。金属及原辅材料特性测试。仓储（除危险品)。汽车货运。信息咨询及劳务中介服务。本集团公司成员企业自产产品及相关技术的出口业务。进口企业生产、科研所需的原辅材料、机械设备、仪器仪表、零配件及相关技术。承包境外冶金行业工程及境内国际招标工程；上述境外工程所需的设备、材料出口；对外派遣实施上述境外工程所需的劳务人员。

广钢集团前身是1958年建成投产的广州钢铁厂。经过50多年的发展，逐步发展成为年综合生产能力达400万吨钢，以钢铁冶金为主，工业、贸易、科技、金融多业并举，跨所有制、跨行业、跨地区、跨国发展的大型企业集团。广钢集团公司是全国520户重点企业之一，广东省重点扶持发展的50户最大工业企业之一，广州市首批产业结构调整、资产重组和国有资产授权经营的5大工业板块（集团）之一。

截至2007年12月31日，广钢集团的总资产为2 427 003.80万元，净资产为381 006.34万元；实现主营业务收入2 283 644.10万元，净利润为38 342.62万元（经审计）。

广钢股份与广钢集团之间存在的股权及控制关系如下：截至2008年12月31日，广钢集团与金钧有限公司共计持有广钢股份的股份数量为292 364 974股，占广钢股份总股本的38.35%，是广钢股份的第一大股东，与广钢股份之间存在实际控制关系。

（三）本次交易的内容

本次换入广钢股份公司的资产是60吨电炉设备，主要包括：电炉炉体、炉盖、炉盖旋转装置、倾动平台、直流电炉变压器、电抗器、高压控制设备、自动控制设备、液压站、助熔系统、炉底冷却风机等，年炼钢能力为40万吨。根据广州中职信资产评估有限公司出具的《广州钢铁企业集团有限公司60吨电弧炉生产线设备资产评估报告书》（职信评报字〔2009〕第15001号），60吨电炉资产在评估基准日2008年12月31日的评估价值为4 023万元。

本次换出的资产是贸易公司90%的权益。贸易公司注册资本为1 250万元，经营范围是：销售金属材料（不含贵金属）、建筑材料、矿产品、五金、交电、化工产品（不含化学危险品）、交通运输设备（附小轿车）、其他物资；冶金技术服务；专业咨询。2008年12月31日，贸易公司的账面总资产为22 121.54万元，负债总额为17 633.01万元，净资产为4 488.53万元。根据广州中职信资产评估有限公司出具的《资产评估报告书》（职信评报字〔2009〕第15002号），贸易公司在评估基准日2008年12月31日的评估价值为4 558.29万元。

（四）关联交易合同的主要内容及定价政策

（1）交易价格及定价依据

根据《资产置换协议》，本次资产置换以广州中职信资产评估有限公司确认的评估价值为作价标准，其中贸易公司在评估基准日2008年12月31日的评估价值为4 558.29万元，公司拥有90%的权益，折算为4 102.46万元；60吨电炉资产在评估基准日2008年12月31日的评估价值为4 023万元。

（2）支付方式

经过双方商定，以 2008 年 12 月 31 日作为评估基准日，按照评估价值为作价依据，公司将贸易公司 90% 股权（评估价值 4 102.46 万元）与广钢集团 60 吨电炉资产（评估价值 4 023 万元）进行互换，差额部分（79.46 万元）由广钢集团以现金补齐。

（五）与本次资产收购有关的其他安排

（1）本次资产置换后，广钢集团在白鹤洞主要钢铁生产设施都纳入公司，广钢股份公司不再继续租赁 60 吨电炉设备，有利于生产的指挥协调。

（2）人员安排：根据“人员随资产走”的原则，本次资产置换后，电炉厂的员工并入广钢股份公司，贸易公司的员工将归入广钢集团编制。

（3）资金安排：本次资产置换的资产差额 79.46 万元，由广钢集团以其自有资金补足。

（六）本次资产置换交易对公司的影响

本次交易拟将广钢集团下属的 60 吨电炉设备资产与公司拥有的贸易公司 90% 的权益进行互换，一方面能够使钢铁业上下游生产系统实现协调匹配，实现钢铁主业的一体化经营，发挥资源的协同效应，从而降低关联交易，另一方面能够扩大广钢股份的规模，消除同业竞争，完善公司的产品结构。其主要有以下几个方面的影响：

（1）有利于实现钢铁生产工艺流程的完整。

本次资产置换完成后，广钢股份在拥有转炉炼钢设施的基础上，将增加电炉炼钢生产设备，有利于公司对钢铁生产的集中统一管理，从而提升广钢股份的盈利能力和未来的可持续发展能力。

（2）有利于做大钢铁主业，保持广钢股份强劲发展后劲。

（3）减少关联交易，增强企业自主经营能力和长期抗风险能力。

（4）发挥生产经营的协同效应，提高公司业绩，回报股东。

（七）与本次资产收购及关联交易有关的其他重大事项

1. 有关本次收购后同业竞争的承诺

本次资产置换完成后，广钢集团内的非上市主要钢铁业务进入了广钢股份，广钢集团不会与公司产生同业竞争。

2. 收购完成后现有关联交易的处理

本次收购完成后，公司将不再租赁广钢集团的电炉设备资产，关联交易将消失，公司将与广钢集团签署新的《关联交易框架协议》，并按照新的模式进行运作。

3. 有关人员、资产、财务、机构和业务分开的说明

本次收购前，广钢股份已经建立了健全的公司法人治理结构，在人员、资产、财务、机构及业务上完全独立于控股股东广钢集团。本次资产置换完成后，由广钢

股份与相关在岗员工按照有关规定重新签订劳动合同。公司将根据有关法律、法规以及国家政策的规定，进一步规范运作，切实保证公司的独立性。

（八）公司董事会及独立董事对本次资产置换的意见

1. 公司董事会对本次资产置换的意见

2009 年 3 月 9 日，公司第五届董事会第十七次会议审议通过了《关于以贸易公司股权置换 60 吨电炉资产的议案》。4 名关联董事在就本议案进行表决时依法履行了回避表决的义务，4 名独立董事就该关联交易发表了独立意见。

该议案同意票 8 票，反对票 0 票，弃权票 0 票，全票通过。

2. 独立董事对本次资产置换的意见

广钢股份公司于 2009 年 3 月 9 日召开了第五届董事会第十七次会议。独立董事根据《关于在上市公司建立独立董事制度的指导意见》、《上海证券交易所股票上市规则》和《广州钢铁股份有限公司章程》的有关规定对《关于以贸易公司股权置换 60 吨电炉资产的议案》进行了审议，听取了公司董事会有关人员、管理层及其他有关人员的汇报后，分析了广钢股份公司面临的情况，经充分讨论后，均对本次资产置换发表了独立意见。独立董事意见认为：

（1）广钢股份公司董事会的召集召开程序、表决程序及方式符合《中华人民共和国公司法》、公司章程以及相关规范性文件的规定。在审议本次资产置换议案时，关联董事均按照规定回避表决，履行了法定程序，体现了公平、公正的原则。

（2）本次重大资产置换所涉及的资产均由广州中职信资产评估有限公司出具《资产评估报告书》确认，并以评估值作为定价依据；本次资产置换属于关联交易，经审核，未发现违反有关法律、法规的情况，也无损害公司其他股东特别是中小股东和非关联股东的利益的行为。

（3）本次资产置换有利于广钢股份公司理顺生产组织结构，有利于广钢股份公司的长远发展。因此，我们同意通过《关于以贸易公司股权置换 60 吨电炉资产的议案》。

三、上市公司会计处理概要

广钢股份把这次非货币性资产交换完成日确定为 2009 年 3 月 31 日，交换完成日换出资产的账面价值为 3 690.44 万元，换出资产的公允价值为 4 102.46 万元，换入资产以公允价值（资产评估价值）4 023 万元入账，广钢股份在本次非货币性资产交换的交易中确认的损益为 412.02 万元。

四、其他背景资料

（一）2009 年广钢股份第一季度盈利状况

广钢股份 2009 年第一季度报告盈利状况见表 22-3。

表 22-3　广钢股份 2009 年第一季度报告盈利状况　单位：万元

项目		2009 年 1—3 月份
营业总收入		136 969.16
营业总成本		137 311.61
其中：投资收益	非货币性资产交换取得的投资收益	412.02
	其他投资收益	207.34
营业利润		276.91
非货币性资产交换取得的投资收益对营业利润的贡献率		148.8%
净利润		242.92

（二）广钢股份大股东减持

广钢股份 2009 年 5 月 6 日公告，从 2008 年 12 月 22 日到 2009 年 5 月 5 日，广州钢铁企业集团有限公司通过上海证券交易所累计出售本公司股票 7 961 686 股，占本公司总股本的 1.04%；金钧有限公司从 2009 年 2 月 17 日至 5 月 5 日累计出售本公司股票 13 245 790 股，占本公司总股本的 1.74%。

本次减持后，广州钢铁企业集团有限公司仍持有本公司股票 291 164 974 股，占本公司总股本的 38.19%；金钧有限公司持有 197 163 217 股，占公司总股本的 25.86%。

（三）我国非货币性资产交换的相关会计规范

1. 非货币性资产交换的概念

根据我国《企业会计准则第 7 号——非货币性资产交换》，货币性资产是指企业持有的货币资金和将以固定或可确定的金额收取的资产，包括现金、银行存款、应收账款和应收票据以及准备持有至到期的投资等。

非货币性资产是指货币性资产以外的资产。相比之下，该类资产的实质特征是将来能为企业带来的经济利益的金额是不固定的或不可确定的。其通常包括存货、长期股权投资、投资性房地产、固定资产、在建工程、工程物资、无形资产等。

显然，货币性资产与非货币性资产最根本的区别在于资产在将来给企业带来的经济利益是否具有不确定性或不固定性。根据资产的属性对于这两者进行划分有着重要的意义，这将确定非货币性资产具体准则的适用范围。

非货币性资产交换，是指交易双方主要以存货、固定资产、无形资产和长期股权投资等非货币性资产进行的交换。在非货币性资产交换下，交易的都是非货币性资产，有时非货币性资产交换也会涉及少量的货币性资产，但是货币性资产占交易总金额的比例较低。认定涉及少量货币性资产的交换为非货币性资产交换，通常以补价占整个交换金额的比例是否低于 25% 作为参考比例。也就是说，支付的货币性资产占换入资产公允价值（或占换出资产的公允价值与支付的货币性资产之和）

的比例，或者收到的货币性资产占换出资产的公允价值（或占换入资产公允价值和收到的货币性资产之和）的比例低于25%的，视为非货币性资产交换；高于25%（含25%）的，视为货币性资产交换，适用相关准则的规定。

2. 我国非货币性资产交换准则的变迁

从1999年有关非货币性资产交换的准则的制定，到2001年的修订版，再是2006年的修订版，其主要是在发布名称，规范范围，对非货币性资产的确认与计量以及披露方面存在着较大的差异（见表22-4）。

表22-4 **有关非货币性资产交换新旧准则之间的差异**

<table>
<tr><th>项目</th><th>旧准则（1999）</th><th>修订版（2001）</th><th>新准则（2006）</th></tr>
<tr><td>发布时间</td><td>1999年6月28日</td><td>2001年1月18日</td><td>2006年2月15日</td></tr>
<tr><td>准则名称</td><td colspan="2">《企业会计准则——非货币性交易》</td><td>《企业会计准则第7号——非货币性资产交换》</td></tr>
<tr><td>规范范围</td><td colspan="2">非货币性交易</td><td>非货币性资产交换</td></tr>
<tr><td rowspan="2">确认与计量</td><td>同类非货币性交易采用账面价值法</td><td rowspan="2">以换出资产的账面价值，加上应支付的相关税费，作为换入资产的入账价值</td><td>同时满足“该项交换具有商业实质”和“换入或换出资产的公允价值能够可靠计量”两个条件，以公允价值和应支付的相关税费作为换入资产的成本，差额计入当期损益</td></tr>
<tr><td>不同类非货币性交易采用公允价值法</td><td>未能同时满足上述两个条件，以换出资产的账面价值和应支付的相关税费作为换入资产的成本，不确认损益</td></tr>
<tr><td>披露</td><td>1. 非货币性交易的类型
2. 非货币性交易涉及的金额
3. 非货币性交易的计价基础以及实现的损益</td><td>换入、换出资产的类别及其金额</td><td>1. 换入、换出资产的类别
2. 换入资产成本的确认方式
3. 换入、换出资产的公允价值及换出资产的账面价值</td></tr>
</table>

1999年颁布的准则中关于待售资产和非待售资产的区别，企业很难掌握具体标准进行准确的判断，而且由于当时市场关于资产“公允价值”的定价机制不成熟，部分上市公司利用对换入资产公允价值的随意确定来进行利润操纵，造成了极坏影响。因此，财政部于2001年1月18日对《企业会计准则——非货币性交易》准则进行了修订，取消了公允价值的运用，其出发点是为了提高会计信息的可靠性，防止上市公司利用公允价值进行利润操纵。2001年版的非货币性资产交易准则的出台，使非货币性交易的会计处理更加简单、明确，从而更具可操作性，会计信息的可靠性也有所保障，然而因其未能反映非货币性资产交易的实质，由此产生的会计信息的相关性和公允性却受到了质疑。而且，2001年版的准则与国际会计准则和美国会计准则的做法相去甚远，使之难以取得国际社会的认同。

出于为提高会计信息质量的相关性与可比性，实现与国际会计准则的趋同，促进资本市场健康稳定发展，维护国民经济秩序和社会公众利益的目的，财政部再次修订的非货币性资产交换准则，恢复了公允价值计量。在现实中，非货币性资产的账面价值与市场价值相背离的现象是非常普遍的。以可靠的公允价值作为换入资产的入账价值能更加准确地反映资产的实际价值，为企业信息使用者的决策提供了有用的财务信息。同时，我国监管层在制定新准则时运用了谨慎性原则，将非货币性资产交换区分为具备商业实质和不具备商业实质两类，针对不同业务实质和表现采取不同的会计处理方法。

相关会计问题的讨论与分析

对于本次资产重组交易的会计核算，上市公司财务总监张新、会计主管赵敏以及审计师陈运进行了讨论。

会计主管赵敏说道："我们公司本次资产重组以股权换固定资产属于非货币性资产交换。根据我国非货币性资产交换的会计准则，应以换入资产的公允价值和应支付的相关税费作为换入资产的成本，换出资产的账面价值与公允价值之间的差额计入当期损益。本次非货币性资产交换中，换出资产的账面价值为 3 690.44 万元，换出资产的公允价值为 4 102.46 万元，换入资产以公允价值（资产评估价值）4 023万元入账，我们在本次非货币性资产交换的交易中确认损益为 412.02 万元。"

审计师陈运提出了异议："根据非货币性资产交换准则的规定，只有同时满足'该项交换具有商业实质'和'换入或换出资产的公允价值能够可靠计量'两个条件，才可以采用公允价值计量，否则以换出资产的账面价值和应支付的相关税费作为换入资产的成本，不确认损益。同时新准则明确指出，在确定非货币性资产交换是否具有商业实质时，企业应当关注交易各方之间是否存在关联方关系。关联方关系的存在可能导致发生的非货币性资产交换不具有商业实质。你们这次资产重组是与大股东之间的关联交易，不具有商业实质，因此不能采用公允价值计量。"

财务总监张新反驳道："准则并没有明确说明交易中关联方关系的存在就一定不具有商业实质。准则规定非货币性资产交换满足两个条件之一的才具有商业性质，（1）换入、换出资产的未来现金流在风险、时间和金额方面有显著不同。（2）换入、换出资产预计未来的现金流现值不同，且其差额与换入、换出资产的公允价值相比是重大的。"

张新停顿了一下，接着说："广钢股份换入资产为固定资产（电炉设备），而换出资产为长期股权投资（广钢贸易），对于未来现金流量时间方面，固定资产是有固定使用寿命的，而长期股权投资的使用时间是不确定的，因此它们存在显著差异。对于未来现金流量风险方面，固定资产为内部投资，而长期股权投资为外部投资，外部投资的风险要高于内部投资，因此两者也存在显著差异。因此，这次资产重组应判断为具有商业实质，采用公允价值计量。”

审计师陈运犹豫了一会，说道：“这个问题比较复杂，我需要向我们的技术标准部请教一下，再来决定。”

思考分析题

1. 广钢股份公司对本次资产重组（非货币性资产交换）可采取哪些会计核算方法？

2. 结合案例说明，不同资产重组（非货币性资产交换）会计核算方法对广钢股份公司以及广钢集团有何财务影响？

3. 作为会计师事务所技术标准部的负责人，请评述上市公司财务总监张新、会计主管赵敏以及审计师陈运对本次资产重组会计处理的不同观点，说明其合理与不足之处，陈述你的倾向性意见。

4. 结合案例说明，广钢股份公司资产重组的可能动机。

5. 结合案例说明，非货币性资产交换准则变迁对企业盈余管理的影响。

6. 结合案例说明，企业资产重组（非货币性资产交换）对利益相关者的影响，为什么本次交易需要关联董事在董事会表决中予以回避，并且要求独立董事出具意见？

7. （可选）如果你是广钢集团会计人员，对于本次资产重组的交易如何在个别报表与合并报表中反映？

自备参考文献

1. 中华人民共和国财政部．企业会计准则第 7 号——非货币性资产交换．2014.

2. 中华人民共和国财政部．企业会计准则第 20 号——企业合并．2014.

3. 中华人民共和国财政部．企业会计准则第 33 号——合并财务报表．2006.

4. 中华人民共和国财政部．企业会计准则——应用指南［M］．北京：中国财政经济出版社，2006.

5. 财政部会计司．企业会计准则讲解 2010［M］．北京：人民出版社，2010.

案例23

宝硕股份债务重组：破产重整下收益何时确认

河北宝硕股份有限公司（以下简称“宝硕股份”）因债务危机于2007年1月25日被保定市中级人民法院（以下简称“保定中院”）裁定进入破产程序；2008年1月3日，经宝硕股份申请，保定中院裁定其进入破产重整程序；2008年2月5日，宝硕股份公司的《重整计划草案》获法院批准，重整计划的执行期限为3年。

根据重整计划，宝硕股份股东让渡的部分股份将由重组方有条件受让，在对原有债务进行重组的同时，还将实施资产重组以获新生，最终新希望化工投资有限公司（新希望集团有限公司全资子公司，以下简称“新希望化工”）获取宝硕股份29.85%的股份，成为重组方。按照重整计划确定的经营方案，重组方新希望化工承诺向宝硕股份注入资产，同时提供资金支持，并对宝硕股份依重整计划所须偿还的债务提供担保，以保障宝硕股份能按期偿还债务，保证公司具有持续经营能力。然而宝硕股份在新希望化工的支持下按期偿还了第一期债务后，由于种种原因，宝硕股份未按重整计划的要求偿还2009年2月5日到期的第二期债务（总额约2.4亿元）、2009年8月5日到期的第三期债务（总额约2.5亿元）。同时重整计划确定的公司第四期债务约2.4亿元也已于2010年2月5日到期。

2011年4月20日，鉴于宝硕股份部分破产重整债务到期未付，为支持和帮助公司完成重整计划，控股股东新希望化工公告承诺对宝硕股份已到期的尚未履行的重整债务提供保证担保，并与有关重整计划的债权人签订了《债务和解协议》，确认新的债权债务关系。2011年6月24日，保定中院作出〔2007〕保破字第014-21号《民事裁定书》，确认宝硕股份重整计划执行完毕。为此，宝硕股份2011年年报确认债务重组收益2 289 626 115.78元。

2011年年底，对宝硕股份进行审计的会计师事务所项目负责人叶涛在年报预审会上召集了审计人员老李、小徐与老张对该事项的会计处理进行了讨论，审计人员就债务重组收益是否应该确认并没有达成一致意见。

案例情况介绍

一、公司概况

河北宝硕股份有限公司（以下简称“宝硕股份”）系1998年经河北省人民政府股份制领导小组办公室冀股办〔1998〕第24号文批准，由河北宝硕集团有限公司（以下简称“宝硕集团”）独家发起并以募集设立方式设立。1998年7月21日，经河北省工商行政管理局核准注册成立，1998年9月18日宝硕股份股票在上海证券交易所挂牌交易，股票代码为600155，主营业务为氯碱、木糖、木糖醇、地膜、合成材料等的生产销售。

其中，宝硕股份控股股东宝硕集团持有其75%的股份。

由于大股东占用资金、巨额债务和对外违规担保等原因，导致宝硕股份2005年和2006年连续两年亏损，2007年2月16日上海证券交易所对宝硕股份股票交易实行退市风险警示特别处理（＊ST）。2007年宝硕股份虽然通过非经营性损益实现了公司盈利，但是公司的资产负债状况及经营业绩并没有从根本上得到改善。从2008年初开始走上破产重整的道路。宝硕股份破产重整前后前五大股东情况见表23-1、表23-2。

表23-1　　宝硕股份破产重整前的前五大股东情况

股东名称	股本数量（万股）	占总股本的比例（%）
河北宝硕集团有限公司	14 850.00	36.00
金华雅苑房地产有限公司	2 200.00	5.33
中润经济发展有限责任公司	1 554.66	3.77
中国信达资产管理公司	1 272.33	3.08
传化集团有限公司	708.35	1.72

表23-2　　宝硕股份破产重整后的前五大股东情况

股东名称	股本数量（万股）	占总股本的比例（%）
新希望化工投资有限公司	12 313.10	29.85
河北宝硕股份有限公司（破产企业财产处置专户）	2 685.71	6.51
河北宝硕集团有限公司	2 536.88	6.15
金华雅苑房地产有限公司	1 350.60	3.27
中润经济发展有限责任公司	963.40	2.34

二、重组过程

2006 年 10 月初，宝硕股份大股东宝硕集团及其附属企业占用上市公司（含下属分、子公司）资金 5.35 亿元；向沧州化工股份有限公司（600722.SH）、陕西东盛科技有限公司（600711.SH）及其关联企业等提供 18.07 亿元巨额担保；另外还有 24 亿元的长、中期债务。由于宝硕集团自身债务庞大，以及为＊ST 宝硕多笔逾期贷款提供了担保，其资产先后遭到多家债权银行的查封、轮封。

2007 年 1 月 5 日，宝硕集团被保定信托投资公司申请破产；2007 年 1 月 10 日保定中院受理了保定信托投资公司的申请；2007 年 1 月 25 日＊ST 宝硕债权人保定天威保变电气股份有限公司向保定中院申请公司破产还债，保定中院依法受理了公司破产还债一案。

在破产案审理过程中，2007 年 1 月 28 日，＊ST 宝硕以其氯碱及部分管材、薄膜产业仍能维持生产经营、PVC 树脂与烧碱产品有较大的发展空间、企业重生有良好基础等理由申请重整。

保定中院经审理认为＊ST 宝硕作为保定市的大型企业和上市公司，通过重整可以实现企业重生，实现对股民利益、职工利益、债权人利益和企业自身利益的全面保护。2007 年 5 月 31 日保定中院民事裁定宝硕集团破产。2007 年 12 月 28 日，公司向保定中院提出破产重整申请，经法院审查后裁定予以受理

2008 年 1 月 2 日，宝硕股份股票停牌，开始筹划破产重整事宜。

2008 年 1 月 3 日，保定中院裁定宝硕股份破产重整，公司进入破产重整程序。2008 年 1 月 25 日和 26 日，公司在河北省保定中院大审判厅分别召开债权人会议。1 月 28 日破产管理人向法院提交了＊ST 宝硕批准的破产重整计划草案申请，2 月 5 日该申请被批准。保定中院以“〔2007〕保破字第 014-4 号”《民事裁定书》批准了公司《重整计划草案》，破产重整计划开始执行，执行期限为 3 年，分 6 期偿还全部债务。同时宝硕股份控股股东宝硕集团被保定中院裁定破产清算，宝硕股份需要引入战略重组方。

（一）重整计划的核心内容

宝硕股份拟在部分清偿原有债务的基础上，由公司股东让渡部分股份，经重组方提供资产注入、资金担保等支持而获得新生。其主要内容见表 23-3。

1. 债务重组

债权总额约 50 亿元，其中，优先债权、职工债权和税款债权以及部分普通债权（10 万元以下）等共约 2.41 亿元全额清偿；其他普通债权（10 万元以上）约 47.83 亿元按 13% 的比例用现金偿还（共约 6.22 亿元）。

按照上述重整方案，宝硕股份实际应以现金偿还破产重整债务 98 359.36 万元，同时按债权比例相应分得股东让渡的股票（每 100 元约分得 0.8 股），由破产管理人将流通股股东让渡的 40 295 784 股股票分配给普通债权组债权人，剩余部分不再清偿。

表 23-3　　宝硕股份债务重组内容

债权组清偿方案	优先债权	职工债权	税款债权	普通债权（10 万元以下）	普通债权（10 万元以上）
债权总额（亿元）	1.46	0.46	0.34	0.15	47.83
现金清偿比例	100%	100%	100%	100%	13%
现金清偿额（亿元）	1.46	0.46	0.34	0.15	6.22
现金清偿时间和方式	三年分六期清偿完毕，每六个月清偿一次，每次清偿六分之一	重整计划裁定之日起六个月内清偿完毕	按国家有关规定在重整计划执行期满前清偿完毕	重整计划裁定批准之日起六个月内一次性清偿完毕	分三年清偿完毕，每年为一期，每期偿还三分之一，具体时间为每年年末
其他清偿方式	无	无	无	无	受让流通股股份
未清偿部分安排	—	—	—	—	豁免

2. 股权调整

在法院批准的＊ST 宝硕重整计划方案中将全体股东所持股权向债权人进行无条件让渡。具体比例是：持股数量在 1 万股以下（含 1 万股）部分，让渡比例为 10%；1 万股以上 5 万股以下（含 5 万股）部分，让渡比例为 20%；5 万股以上 300 万股以下（含 300 万股）部分，让渡比例为 30%；300 万股以上部分，让渡比例为 40%；公司第一大股东宝硕集团对于＊ST 宝硕陷入困境负有较大责任，让渡比例为 75%。所有股东按持股数量让渡的股票，共计约 1.7 亿股，其中 4 029.58 万股按债权比例向债权人进行分配，11 914.25 万股由重组方有条件受让，731.07 万股由破产管理人变现清偿其他公司债务。此外，还对重组方提出了明确的注资要求以及有利于企业今后持续发展的相关要求。

3. 经营方案

重组方需由破产管理人确认，作为受让限售流通股股东让渡股份的条件，重组方须承诺注入资产和提供资金支持，并对重整债务提供担保，另需协助宝硕股份实施技改和提高产能。

（二）重整计划的执行情况

2008 年 2 月 25 日上午，在河北大众拍卖有限责任公司拍卖厅，宝硕集团持有的＊ST 宝硕 45130937 股股票拍卖如期举行。经过 8 个轮次的竞价，最终新希望化工投资有限公司以 2 350 万元的最高应价取得了买受权，成为宝硕股份新的第一大股东。根据拍卖规则约定，拍卖成交后买受人缴纳的拍卖保证金转为履约保证金，由破产管理人根据买受人作为＊ST 宝硕的新股东对重组经营的践诺情况予以分期管理。

新希望化工成立于 2006 年 9 月，主要的经营范围是研究、开发、销售化工产品（不含危险品），为新希望集团化工板块专业化投资管控平台，是新希望集团全资子公司。公司立足于新希望集团的品牌、资金、资源优势，致力于打造国内一流水平的化工与矿产资源投资与发展的产业控股集团。

新希望化工的实际控制人是刘永好，目前其持有新希望集团的股份比例为62.34%。新希望集团的其他股东为刘畅、李巍，其持股比例分别为36.35%、1.31%。其中李巍为刘永好的配偶，刘畅为刘永好的女儿。新希望化工与其控股股东、实际控制人之间的产权控制关系如图 23-1 所示。

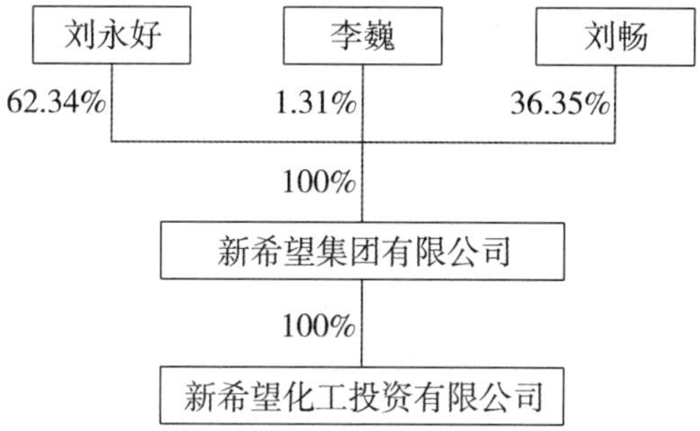

图 23-1　新希望化工股权结构图

2008 年 6 月 30 日，宝硕股份召开第三届董事会第二十六次会议，审议通过了《关于向特定对象发行股份购买资产预案的议案》等相关议案，拟根据重整计划实施重大资产重组方案。

2008 年 7 月 2 日，＊ST 宝硕公布了重大资产重组方案，拟在原有债权债务、股权、资产等重组的基础上，向特定对象发行不超过 1.5 亿股股票，购买新希望化工全资公司成都华融化工有限公司 100% 的股权及甘肃新川化工有限公司的 100% 股权。而这两家公司旨在保障宝硕股份具有持续经营能力。

2008 年 7 月 31 日，新希望化工取得＊ST 宝硕占总股本 29.85% 的股权，替代宝硕集团正式成为＊ST 宝硕第一大股东。当日，＊ST 宝硕发布公告称“为执行公司重整计划，保定市中级人民法院裁定将宝硕集团让渡的公司股份中 7 800 万股股权划转至新希望化工名下”。

新希望承诺：向宝硕股份注入资产，同时提供资金支持，并对宝硕股份依重整计划所须偿还的债务提供担保，以保障宝硕股份能按期偿还债务，保证公司具有持续经营能力。

在重组宝硕股份的过程中，新希望集团下属全资子公司新希望化工为重组宝硕股份主体，通过提升管理和优质资产的注入。新希望化工宣称，要将宝硕股份打造成国内领先的以氯碱化工和塑料加工为主业的大型优质上市公司。

但事情并没有进展得如想象般顺利，由于当时在申请办理环保核查工作中遇到障碍，没有获得环境保护主管部门对公司的审查意见，且短期内无法解决，经综合考虑，公司于 2008 年 9 月 18 日发布公告，＊ST 宝硕董事会决定放弃定向增发及该次重大资产重组。巨额债务缠身的＊ST宝硕可谓岌岌可危，重组前景仍然迷雾重重。

＊ST宝硕2008年、2009年已连续两年亏损，若公司2010年继续亏损，根据《上海证券交易所股票上市规则》的相关规定，公司股票2011年将面临暂停上市的风险。然而由于经营情况未能改善，资金极度紧张，融资又无门道，且公司以自身资产融资的工作目前还没有完成，相关工作正在积极努力进行中，故公司未能按期足额清偿债务。公司在2009年和2010年年报中相继披露，除了第一期债务是由大股东新希望化工出面以委托信用社贷款的方式于2008年8月5日按照重整计划的相关规定让公司得以融资完成了清偿工作外，＊ST宝硕未按重整计划的要求偿还2009年2月5日到期的第二期债务（总额约2.4亿元）、2009年8月5日到期的第三期债务（总额约2.5亿元），重整计划确定的公司第四期债务约2.4亿元也已于2010年2月5日到期。

宝硕股份于2010年7月26日在接到大股东“关于筹划公司重大资产重组事项的通知”后，宝硕股份股票已按相关规定停牌，并于2010年7月27日披露了《公司重大事项停牌公告》。

截至2010年12月31日，宝硕股份尚余684 993 754.52元重整债务，主要债权人系银行，宝硕股份在与相关债权人协商清偿方案，尚未签署相关书面协议，该部分破产重整债务已经逾期。基于此，大股东新希望化工于2011年2月16日致函公司，承诺“支持宝硕股份与相关债权人达成债务解决方案，包括以提供信用支持等方式，以期化解宝硕股份由于未能按期执行重整计划可能面临的破产清算的风险”。

2011年4月20日，鉴于宝硕股份部分破产重整债务到期未付，为支持和帮助公司完成重整计划，控股股东新希望化工公告承诺：对宝硕股份已到期的尚未履行的重整债务提供保证担保。

宝硕股份在重整计划执行期间与有关重整计划的债权人签订了《债务和解协议》或延期偿债协议（其中包括部分债权人单方向宝硕股份出具的同意延期偿还债务的文件），就该等新协议所对应的重整债务达成了新的清偿安排。其中部分新协议由宝硕股份控股股东新希望化工投资有限公司或控股股东之母公司新希望集团有限公司作为担保人。

2011年6月，宝硕股份破产管理人向保定中院提交了《监督报告》，提请保定中院裁定确认重整计划执行完毕。2011年6月24日，保定中院作出〔2007〕保破字第014-21号《民事裁定书》，保定中院经审查认为“在管理人的监督下，债务人宝硕股份在重整计划执行期间，已清偿部分重整债务，就尚未清偿的部分债务，债务人与债权人另行达成债务和解协议，并提供有效担保，即债务人与债权人建立了新的债权债务关系，可视为债务人已经按照重整计划履约，重整计划执行完毕，管理人对重整计划执行的监督工作全部结束。申请人的请求符合法律规定，裁定如下：一、确认宝硕股份公司重整计划执行完毕，按照重整计划减免的债务，债务人不再承担清偿责任；二、宝硕股份公司破产管理人的监督职责依法终止；三、因未依法申报债权而未被列入重整计划清偿范围的债权人，自本裁定生效之日起，可以按照重整计划规定的同类债权的清偿条件行使权利。本裁定为终审裁定。”

2011 年 12 月 22 日，保定中院出具《证明》：自 2011 年 6 月 24 日我院作出〔2007〕保破字第 014-21 号《民事裁定书》以来，截至目前，我院未收到任何对河北宝硕股份有限公司提出的破产申请，无针对该公司的破产案件。

至此，宝硕股份重整计划全部执行完毕。

三、宝硕股份年报会计处理概要

宝硕股份 2011 年年报确认债务重组收益 2 289 626 115.78 元。

按照公司破产重整方案，公司应在 3 年内清偿完毕破产债务，其中普通债权分 3 期，优先债权分 6 期，破产债务到期日为 2011 年 2 月 5 日。公司将破产债务（不含对外担保形成的债务）挂账长期应付款，实际支付时进行抵减，重整完成时确认债务重组收益。

宝硕股份 2011 年度资产负债表中披露的长期应付款及一年内到期的非流动负债（长期应付款）项目金额分别见表 23-4、表 23-5。

表 23-4　**长期应付款项目**　单位：元

项目	年末数	年初数
破产债务账面金额	373 431 860.63	2 582 464 160.01
减：一年内到期的长期应付款	208 673 029.12	2 582 464 160.01
合计	164 758 831.51	0.00

表 23-5　**一年内到期的非流动负债（长期应付款）项目**　单位：元

项目	年末数	年初数
破产债务账面金额	208 673 029.12	2 582 464 160.01
其中：应支付破产债务金额	208 673 029.12	356 190 502.47
破产重整豁免金额		2 226 273 657.54
合计	208 673 029.12	2 582 464 160.01

（1）长期应付款项目

截至 2011 年 12 月 31 日，宝硕股份尚需偿付的优先债权及普通债权合计为 37 343.19万元，其中，1 年内到期的债务金额为 20 867.31 万元，1 年以上到期的债务金额为 16 475.88 万元。

表 23-4 中的长期应付款 164 758 831.51 元系根据与债权人达成的新和解协议，宝硕股份应在 1 年以后（2013 年 1 月 1 日以后）分期清偿的展期破产债务（包含

因对外提供担保而形成的破产重整债务）。

（2）一年内到期的非流动负债（长期应付款）项目

宝硕股份2011年度利润表中披露的债务重组收益的确认内容如下：

本年确认债务重组收益2 289 626 115.78元，其中，按法院重整裁定豁免债务2 226 273 657.54元，重整期间按新和解协议再次豁免债务39 952 405.65元（再次豁免的重整债务均已偿清），优先债权重整期间的利息豁免7 353 985.46元，管理人划转原限售流通股股东（非控股股东）无偿让渡股票的变现款15 966 325.26元，氯碱分公司本年新发生的债权人（非破产重整债权人）豁免债务79 741.87元。

相关会计问题的讨论与分析

2011年年底，对宝硕股份进行审计的会计师事务所项目负责人叶涛在年报预审会上召集了审计人员老李、小徐与老张对该事项的会计处理进行了讨论，审计人员就宝硕股份债务重组收益是否应该确认发生了激烈的争论。

一、破产重整交易是否属于《债务重组》准则规范的债务重组

老李认为，*ST宝硕的破产重整就是债务重组，适用于《企业会计准则第12号——债务重组》（以下简称《债务重组》准则）。因为根据《债务重组》准则规定："债务重组是指在债务人发生财务困难的情况下，债权人按照与债务人达成的协议或者法院的裁定作出让步的事项。"债务重组的方式有四种：一是以资产清偿债务；二是债务转为资本；三是修改其他债务条件；四是以上三种方式的组合。*ST宝硕重整计划是在法院主持下由债务人与债权人就债权调整方案和债务受偿方案达成协议，规定在一定期限内，债务人按一定方式全部或部分偿清债务，同时债权人一般会对债务人的债务作出豁免（让步），其重整计划的核心内容就是在部分清偿原有债务的基础上，由公司股东让渡部分股份，经重组方提供资产注入、资金担保等支持而获得新生。同时参考2008年5月23日新希望化工投资有限公司出具的《关于河北宝硕股份有限公司之重组方案》，可判断*ST宝硕破产重整是一种典型的组合方式债务重组。况且自《中华人民共和国企业破产法》（以下简称《破产法》）实施以来，上市公司破产重整债务重组通常可以通过人民法院强制判决对债务人进行法律约束并对债权人进行保护。因此，根据《债务重组》准则，一旦法院批准重整计划的执行，就可以确认债务重组收益。

小徐认为，《债务重组》准则适用的前提是企业处于正常经营或持续经营的情形，而目前宝硕股份处于破产重整中，远非正常经营，持续经营的前提已经不存在了，因此不是一般的持续经营下的债务重组，不能适用于《债务重组》准则。因为按照重整计划确定的经营方案，宝硕股份股东让渡的部分股份必须是由重组方有条件受让，这样重组方新希望化工才会承诺向宝硕股份注入资产，同时提供资金支

持，并对宝硕股份依重整计划所须偿还的债务提供担保，以保障宝硕股份能按期偿还债务，保证公司具有持续经营能力，所以股份受让是进行债务重组的条件。同时根据《破产法》的规定，只有在债务人履行重整计划规定的偿债义务后，债权人才根据重整计划豁免其剩余债务。如果债务人在重整期间不能执行或者不执行重整计划，经破产管理人或者利害关系人申请，人民法院应当裁定终止重整计划的执行，并宣告债务人破产，则债权人在重整计划中所作的债权调整承诺也随之失效。所以经法院批准的债务豁免其实质是有条件豁免，在破产重整过程中，不能简单地认为法院裁定批准了重整计划，被豁免的债务就符合了终止确认的条件，因为有关债务重组协议的执行过程和结果都存在较大的不确定性。

二、破产重整下债务重组收益如何确认与计量

老李认为，宝硕股份 2011 年债务重组的会计处理没有问题。因为破产重整仍适用于《债务重组》准则，根据《债务重组》准则规定债务重组的确认时点是在满足金融负债终止确认条件之后，而在债权人和债务人签订协议后，即可认为新的债务替代了旧的债务，这时可以确认债务重组收益。宝硕股份重整计划执行完毕已经法院裁定，即可确认债务重组收益。

小徐认为，宝硕股份的会计处理不能接受，不应该在 2011 年确认债务重组收益，而应该在重整协议履行完毕（重整债务清偿后）后确认债务重组收益。破产重整实质上属于一种特殊的非持续经营下的债务重组。一方面，重整计划中涉及的债务（应付账款、应付利息、银行借款等）均属于金融负债，可以参考的会计规范除了《债务重组》准则外，还应当符合《企业会计准则第 22 号——金融工具确认和计量》的要求。其中《企业会计准则第 22 号——金融工具确认和计量》第二十六条就规定："金融负债的现实义务全部或部分已经解除的，才能终止确认该金融负债或其一部分。"同时《上市公司执行企业会计准则监管问题解答》（2009 年第 2 期）中也规定："由于涉及破产重整的债务重组协议执行过程及结果存在重大不确定性，因此，上市公司通常应在破产重整协议履行完毕后确认债务重组收益，除非有确凿证据表明上述重大不确定性已经消除。"而由于种种原因，宝硕股份未按重整计划的要求偿还到期的第二期、第三期和第四期债务，重大不确定性并未消除。另一方面，根据《破产法》的规定，一旦重整计划实施完毕，按照重整计划减免的债务，自重整计划执行完毕时起，债务人将不再承担清偿责任。此外，在破产重整过程中，有关债务重组协议的执行过程和结果都存在着较大的不确定性，比如重整计划规定的分期偿债期限一般较长，债务人分批按期偿还，在履行重整计划期间，债务人偿债义务尚未解除。而且大多数经法院批准的债务豁免都是有条件豁免。宝硕股份大股东提供的担保承诺并不意味着重整协议履行完毕，所以应该在重整协议真正履行完毕即重整债务清偿后确认债务重组收益才是一种较为稳妥的方法，也符合会计的谨慎性原则。

老张认为，宝硕股份在重整计划的履约能力存在重大不确定性的情况下，直接确认债务重组收益是不谨慎的做法。如果在重整过程中债务人不能完全执行重整计划、履行相关债务清偿协议，甚至重整失败，就会存在一定风险，会引起原来确认的债务重组收益的转回，难以保证重整过程中有关会计信息的可靠性。这样，＊ST宝硕就出现过在2008年第三季度季报中确认20亿元债务重组收益、后经中国证监会叫停，并在2008年年报中又将该收益冲回的处理。如果出现债务人不能执行或者不执行重整计划的情况，按照《破产法》有关规定，债权人因执行重整计划所受的清偿仍然有效，债权未受清偿的部分作为破产债权。就是说，即使重整计划被通过，由于债务人的违约，旧债务仍不能免除。企业会计准则讲解（2010）中又提到债务重组不适用于《企业会计准则第22号——金融工具确认和计量》中规定的债务人与债权人之间签订协议以承担新金融负债方式替换现存金融负债，且新金融负债与现存金融负债的合同条款实质上不同的，应当终止确认现存金融负债，并同时确认新金融负债的情形。所以，在这个时点确认债务重组收益显然不合适。

老张侧过头，看了看小徐说："按照小徐的说法，破产重整协议履行完毕，债务得以清偿，说明不确定因素已经消除，此时确认债务重组收益无异议，这是一种最为稳妥的债务重组收益确认方法。但这种方法所存在的问题是违背了权责发生制，降低了会计信息的有用性。"

老张最后提出了自己的看法："在本案例中，针对尚未清偿的债务，2011年4月20日，宝硕股份的大股东提供了相应的承诺，对公司已到期的尚未履行的重整债务提供保证担保，并与有关重整计划的债权人签订了《债务和解协议》，确认了新的债权债务关系，同时2011年6月24日，保定中院作出（2007）保破字第014-21号《民事裁定书》，终审裁定宝硕股份重整计划执行完毕。而且，根据我国《破产法》第九十四条规定，按照重整计划减免的债务，自重整计划执行完毕时起，债务人不再承担清偿责任，即法律已确认债务人被免除了旧债务。在这种情况下，可以认为破产重整协议履行的重大不确定性已消除，确认债务重组收益符合会计准则的规定。"

★ 下一步的行动

项目负责人叶涛听着审计人员老李、小徐与老张的激烈辩论，陷入了沉思。随着年报审计工作截止日的临近，叶涛必须就破产重整下债务重组收益如何确认与计量给审计人员明确的指导，以便年报审计工作的顺利推进。

思考分析题

1. 如果你是项目负责人叶涛，根据案例资料，对于破产重整下的债务重组是否适用于《债务重组》准则，请评价老李与小徐观点中的正确与不当之处，说明你的看法。

2. 如果你是项目负责人叶涛，对于破产重整下债务重组收益如何确认与计量，请评价老李、小徐与老张观点中的正确与不当之处。

3. 如果你是项目负责人叶涛，对于宝硕股份 2011 年年末确认债务重组收益，你是否认可，请说明理由。

4. 如果本案例中 2011 年度发生并开始实施的破产重整计划，法院未作出判决，而在资产负债表日后的 2012 年 1 月完成重整计划并由法院裁定重整计划实施完毕，是否可以作为资产负债表日后调整事项？

5. 如果本案例中大股东新希望化工代偿了宝硕股份的部分债务 2 亿元，同时保留对宝硕股份 1 亿元的债务追索权，那么宝硕股份应该如何进行会计处理？

自备参考文献

1. 全国人民代表大会常务委员会．中华人民共和国企业破产法．2006.

2. 中华人民共和国财政部．企业会计准则第 12 号——债务重组．2006.

3. 中华人民共和国财政部．企业会计准则第 22 号——金融工具确认和计量．2017.

4. 中国证券监督管理委员会关于印发《上市公司执行企业会计准则监管问题解答》．2009 年第 2 期．

5. 河北宝硕股份有限公司重组方案公告（编号：临 2008-044），2008 年 5 月 23 日．

6. 河北宝硕股份有限公司关于收到河北省保定市中级人民法院对公司破产重整计划相关裁定的公告（编号：临 2011-019），2011 年 6 月 27 日．

7. 河北宝硕股份有限公司关于债务偿还情况的公告（编号：临 2011-020），2011 年 6 月 28 日．

8. 河北宝硕股份有限公司 2008 年年度报告．2009.

9. 河北宝硕股份有限公司 2011 年年度报告．2012.

10. 中华人民共和国财政部．关于做好执行企业会计准则企业 2008 年年报工作的通知．财会函〔2008〕60 号．

附录1

企业会计准则第2号
——长期股权投资（2006年2月）

企业会计准则第2号——长期股权投资

财政部　财会〔2006〕3号附件2　2006年2月15日

第一章　总则

第一条　为了规范长期股权投资的确认、计量和相关信息的披露，根据《企业会计准则——基本准则》，制定本准则。

第二条　下列各项适用其他相关会计准则：

（一）外币长期股权投资的折算，适用《企业会计准则第19号——外币折算》。

（二）本准则未予规范的长期股权投资，适用《企业会计准则第22号——金融工具确认和计量》。

第二章　初始计量

第三条　企业合并形成的长期股权投资，应当按照下列规定确定其初始投资成本：

（一）同一控制下的企业合并，合并方以支付现金、转让非现金资产或承担债务方式作为合并对价的，应当在合并日按照取得被合并方所有者权益账面价值的份额作为长期股权投资的初始投资成本。长期股权投资初始投资成本与支付的现金、转让的非现金资产以及所承担债务账面价值之间的差额，应当调整资本公积；资本公积不足冲减的，调整留存收益。

合并方以发行权益性证券作为合并对价的，应当在合并日按照取得被合并方所有者权益账面价值的份额作为长期股权投资的初始投资成本。按照发行股份的面值总额作为股本，长期股权投资初始投资成本与所发行股份面值总额之间的差额，应当调整资本公积；资本公积不足冲减的，调整留存收益。

（二）非同一控制下的企业合并，购买方在购买日应当按照《企业会计准则第20号——企业合并》确定的合并成本作为长期股权投资的初始投资成本。

第四条 除企业合并形成的长期股权投资以外，其他方式取得的长期股权投资，应当按照下列规定确定其初始投资成本：

（一）以支付现金取得的长期股权投资，应当按照实际支付的购买价款作为初始投资成本。初始投资成本包括与取得长期股权投资直接相关的费用、税金及其他必要支出。

（二）以发行权益性证券取得的长期股权投资，应当按照发行权益性证券的公允价值作为初始投资成本。

（三）投资者投入的长期股权投资，应当按照投资合同或协议约定的价值作为初始投资成本，但合同或协议约定价值不公允的除外。

（四）通过非货币性资产交换取得的长期股权投资，其初始投资成本应当按照《企业会计准则第7号——非货币性资产交换》确定。

（五）通过债务重组取得的长期股权投资，其初始投资成本应当按照《企业会计准则第12号——债务重组》确定。

第三章 后续计量

第五条 下列长期股权投资应当按照本准则第七条规定，采用成本法核算：

（一）投资企业能够对被投资单位实施控制的长期股权投资。

控制，是指有权决定一个企业的财务和经营政策，并能据以从该企业的经营活动中获取利益。投资企业能够对被投资单位实施控制的，被投资单位为其子公司，投资企业应当将子公司纳入合并财务报表的合并范围。

投资企业对子公司的长期股权投资，应当采用本准则规定的成本法核算，编制合并财务报表时按照权益法进行调整。

（二）投资企业对被投资单位不具有共同控制或重大影响，并且在活跃市场中没有报价、公允价值不能可靠计量的长期股权投资。

共同控制，是指按照合同约定对某项经济活动所共有的控制，仅在与该项经济活动相关的重要财务和经营决策需要分享控制权的投资方一致同意时存在。投资企业与其他方对被投资单位实施共同控制的，被投资单位为其合营企业。

重大影响，是指对一个企业的财务和经营政策有参与决策的权力，但并不能够控制或者与其他方一起共同控制这些政策的制定。投资企业能够对被投资单位施加重大影响的，被投资单位为其联营企业。

第六条 在确定能否对被投资单位实施控制或施加重大影响时，应当考虑投资企业和其他方持有的被投资单位当期可转换公司债券、当期可执行认股权证等潜在表决权因素。

第七条 采用成本法核算的长期股权投资应当按照初始投资成本计价。追加或收回投资应当调整长期股权投资的成本。被投资单位宣告分派的现金股利或利润，确认为当期投资收益。投资企业确认投资收益，仅限于被投资单位接受投资后产生的累积净利润的分配额，所获得的利润或现金股利超过上述数额的部分作为初始投资成本的收回。

第八条　投资企业对被投资单位具有共同控制或重大影响的长期股权投资，应当按照本准则第九条至第十三条规定，采用权益法核算。

第九条　长期股权投资的初始投资成本大于投资时应享有被投资单位可辨认净资产公允价值份额的，不调整长期股权投资的初始投资成本；长期股权投资的初始投资成本小于投资时应享有被投资单位可辨认净资产公允价值份额的，其差额应当计入当期损益，同时调整长期股权投资的成本。

被投资单位可辨认净资产的公允价值，应当比照《企业会计准则第 20 号——企业合并》的有关规定确定。

第十条　投资企业取得长期股权投资后，应当按照应享有或应分担的被投资单位实现的净损益的份额，确认投资损益并调整长期股权投资的账面价值。投资企业按照被投资单位宣告分派的利润或现金股利计算应分得的部分，相应减少长期股权投资的账面价值。

第十一条　投资企业确认被投资单位发生的净亏损，应当以长期股权投资的账面价值以及其他实质上构成对被投资单位净投资的长期权益减记至零为限，投资企业负有承担额外损失义务的除外。

被投资单位以后实现净利润的，投资企业在其收益分享额弥补未确认的亏损分担额后，恢复确认收益分享额。

第十二条　投资企业在确认应享有被投资单位净损益的份额时，应当以取得投资时被投资单位各项可辨认资产等的公允价值为基础，对被投资单位的净利润进行调整后确认。

被投资单位采用的会计政策及会计期间与投资企业不一致的，应当按照投资企业的会计政策及会计期间对被投资单位的财务报表进行调整，并据以确认投资损益。

第十三条　投资企业对于被投资单位除净损益以外所有者权益的其他变动，应当调整长期股权投资的账面价值并计入所有者权益。

第十四条　投资企业因减少投资等原因对被投资单位不再具有共同控制或重大影响的，并且在活跃市场中没有报价、公允价值不能可靠计量的长期股权投资，应当改按成本法核算，并以权益法下长期股权投资的账面价值作为按照成本法核算的初始投资成本。

因追加投资等原因能够对被投资单位实施共同控制或重大影响但不构成控制的，应当改按权益法核算，并以成本法下长期股权投资的账面价值或按照《企业会计准则第 22 号——金融工具确认和计量》确定的投资账面价值作为按照权益法核算的初始投资成本。

第十五条　按照本准则规定的成本法核算的、在活跃市场中没有报价、公允价值不能可靠计量的长期股权投资，其减值应当按照《企业会计准则第22号——金融工具确认和计量》处理；其他按照本准则核算的长期股权投资，其减值应当按照《企业会计准则第8号——资产减值》处理。

第十六条　处置长期股权投资，其账面价值与实际取得价款的差额，应当计入当期损益。采用权益法核算的长期股权投资，因被投资单位除净损益以外所有者权益的其他变动而计入所有者权益的，处置该项投资时应当将原计入所有者权益的部分按相应比例转入当期损益。

第四章　披露

第十七条　投资企业应当在附注中披露与长期股权投资有关的下列信息：

（一）子公司、合营企业和联营企业清单，包括企业名称、注册地、业务性质、投资企业的持股比例和表决权比例。

（二）合营企业和联营企业当期的主要财务信息，包括资产、负债、收入、费用等合计金额。

（三）被投资单位向投资企业转移资金的能力受到严格限制的情况。

（四）当期及累计未确认的投资损失金额。

（五）与对子公司、合营企业及联营企业投资相关的或有负债。

附录2

企业会计准则第7号——非货币性资产交换（2006年2月）

企业会计准则第7号——非货币性资产交换

财政部　财会〔2006〕3号附件7　2006年2月15日

第一章　总则

第一条　为了规范非货币性资产交换的确认、计量和相关信息的披露，根据《企业会计准则——基本准则》，制定本准则。

第二条　非货币性资产交换，是指交易双方主要以存货、固定资产、无形资产和长期股权投资等非货币性资产进行的交换。该交换不涉及或只涉及少量的货币性资产（即补价）。

货币性资产，是指企业持有的货币资金和将以固定或可确定的金额收取的资产，包括现金、银行存款、应收账款和应收票据以及准备持有至到期的债券投资等。

非货币性资产，是指货币性资产以外的资产。

第二章　确认和计量

第三条　非货币性资产交换同时满足下列条件的，应当以公允价值和应支付的相关税费作为换入资产的成本，公允价值与换出资产账面价值的差额计入当期损益：

（一）该项交换具有商业实质；

（二）换入资产或换出资产的公允价值能够可靠地计量。

换入资产和换出资产公允价值均能够可靠计量的，应当以换出资产的公允价值作为确定换入资产成本的基础，但有确凿证据表明换入资产的公允价值更加可靠的除外。

第四条　满足下列条件之一的非货币性资产交换具有商业实质：

（一）换入资产的未来现金流量在风险、时间和金额方面与换出资产显著不同。

（二）换入资产与换出资产的预计未来现金流量现值不同，且其差额与换入资产和换出资产的公允价值相比是重大的。

第五条　在确定非货币性资产交换是否具有商业实质时，企业应当关注交易各方之间是否存在关联方关系。关联方关系的存在可能导致发生的非货币性资产交换不具有商业实质。

第六条　未同时满足本准则第三条规定条件的非货币性资产交换，应当以换出资产的账面价值和应支付的相关税费作为换入资产的成本，不确认损益。

第七条　企业在按照公允价值和应支付的相关税费作为换入资产成本的情况下，发生补价的，应当分别下列情况处理：

（一）支付补价的，换入资产成本与换出资产账面价值加支付的补价、应支付的相关税费之和的差额，应当计入当期损益。

（二）收到补价的，换入资产成本加收到的补价之和与换出资产账面价值加应支付的相关税费之和的差额，应当计入当期损益。

第八条　企业在按照换出资产的账面价值和应支付的相关税费作为换入资产成本的情况下，发生补价的，应当分别下列情况处理：

（一）支付补价的，应当以换出资产的账面价值，加上支付的补价和应支付的相关税费，作为换入资产的成本，不确认损益。

（二）收到补价的，应当以换出资产的账面价值，减去收到的补价并加上应支付的相关税费，作为换入资产的成本，不确认损益。

第九条　非货币性资产交换同时换入多项资产的，在确定各项换入资产的成本时，应当分别下列情况处理：

（一）非货币性资产交换具有商业实质，且换入资产的公允价值能够可靠计量的，应当按照换入各项资产的公允价值占换入资产公允价值总额的比例，对换入资产的成本总额进行分配，确定各项换入资产的成本。

（二）非货币性资产交换不具有商业实质，或者虽具有商业实质但换入资产的公允价值不能可靠计量的，应当按照换入各项资产的原账面价值占换入资产原账面价值总额的比例，对换入资产的成本总额进行分配，确定各项换入资产的成本。

第三章　披露

第十条　企业应当在附注中披露与非货币性资产交换有关的下列信息：

（一）换入资产、换出资产的类别。

（二）换入资产成本的确定方式。

（三）换入资产、换出资产的公允价值以及换出资产的账面价值。

（四）非货币性资产交换确认的损益。

附录3

企业会计准则第20号——企业合并（2006年2月）

企业会计准则第20号——企业合并

财政部　财会〔2006〕3号附件20　2006年2月15日

第一章　总则

第一条　为了规范企业合并的确认、计量和相关信息的披露，根据《企业会计准则——基本准则》，制定本准则。

第二条　企业合并，是指将两个或者两个以上单独的企业合并形成一个报告主体的交易或事项。

企业合并分为同一控制下的企业合并和非同一控制下的企业合并。

第三条　涉及业务的合并比照本准则规定处理。

第四条　本准则不涉及下列企业合并：

（一）两方或者两方以上形成合营企业的企业合并。

（二）仅通过合同而不是所有权份额将两个或者两个以上单独的企业合并形成一个报告主体的企业合并。

第二章　同一控制下的企业合并

第五条　参与合并的企业在合并前后均受同一方或相同的多方最终控制且该控制并非暂时性的，为同一控制下的企业合并。

同一控制下的企业合并，在合并日取得对其他参与合并企业控制权的一方为合并方，参与合并的其他企业为被合并方。

合并日，是指合并方实际取得对被合并方控制权的日期。

第六条　合并方在企业合并中取得的资产和负债，应当按照合并日在被合并方的账面价值计量。合并方取得的净资产账面价值与支付的合并对价账面价值（或发行股份面值总额）的差额，应当调整资本公积；资本公积不足冲减的，调整留存收益。

第七条　同一控制下的企业合并中，被合并方采用的会计政策与合并方不一致的，合并方在合并日应当按照本企业会计政策对被合并方的财务报表相关项目进行调整，在此基础上按照本准则规定确认。

第八条　合并方为进行企业合并发生的各项直接相关费用，包括为进行企业合并而支付的审计费用、评估费用、法律服务费用等，应当于发生时计入当期损益。

为企业合并发行的债券或承担其他债务支付的手续费、佣金等，应当计入所发行债券及其他债务的初始计量金额。企业合并中发行权益性证券发生的手续费、佣金等费用，应当抵减权益性证券溢价收入，溢价收入不足冲减的，冲减留存收益。

第九条　企业合并形成母子公司关系的，母公司应当编制合并日的合并资产负债表、合并利润表和合并现金流量表。

合并资产负债表中被合并方的各项资产、负债，应当按其账面价值计量。因被合并方采用的会计政策与合并方不一致，按照本准则规定进行调整的，应当以调整后的账面价值计量。

合并利润表应当包括参与合并各方自合并当期期初至合并日所发生的收入、费用和利润。被合并方在合并前实现的净利润，应当在合并利润表中单列项目反映。

合并现金流量表应当包括参与合并各方自合并当期期初至合并日的现金流量。

编制合并财务报表时，参与合并各方的内部交易等，应当按照《企业会计准则第 33 号——合并财务报表》处理。

第三章　非同一控制下的企业合并

第十条　参与合并的各方在合并前后不受同一方或相同的多方最终控制的，为非同一控制下的企业合并。

非同一控制下的企业合并，在购买日取得对其他参与合并企业控制权的一方为购买方，参与合并的其他企业为被购买方。

购买日，是指购买方实际取得对被购买方控制权的日期。

第十一条　购买方应当区别下列情况确定合并成本：

（一）一次交换交易实现的企业合并，合并成本为购买方在购买日为取得对被购买方的控制权而付出的资产、发生或承担的负债以及发行的权益性证券的公允价值。

（二）通过多次交换交易分步实现的企业合并，合并成本为每一单项交易成本之和。

（三）购买方为进行企业合并发生的各项直接相关费用也应当计入企业合并

成本。

（四）在合并合同或协议中对可能影响合并成本的未来事项作出约定的，购买日如果估计未来事项很可能发生并且对合并成本的影响金额能够可靠计量的，购买方应当将其计入合并成本。

第十二条　购买方在购买日对作为企业合并对价付出的资产、发生或承担的负债应当按照公允价值计量，公允价值与其账面价值的差额，计入当期损益。

第十三条　购买方在购买日应当对合并成本进行分配，按照本准则第十四条的规定确认所取得的被购买方各项可辨认资产、负债及或有负债。

（一）购买方对合并成本大于合并中取得的被购买方可辨认净资产公允价值份额的差额，应当确认为商誉。

初始确认后的商誉，应当以其成本扣除累计减值准备后的金额计量。商誉的减值应当按照《企业会计准则第 8 号——资产减值》处理。

（二）购买方对合并成本小于合并中取得的被购买方可辨认净资产公允价值份额的差额，应当按照下列规定处理：

1. 对取得的被购买方各项可辨认资产、负债及或有负债的公允价值以及合并成本的计量进行复核；

2. 经复核后合并成本仍小于合并中取得的被购买方可辨认净资产公允价值份额的，其差额应当计入当期损益。

第十四条　被购买方可辨认净资产公允价值，是指合并中取得的被购买方可辨认资产的公允价值减去负债及或有负债公允价值后的余额。被购买方各项可辨认资产、负债及或有负债，符合下列条件的，应当单独予以确认：

（一）合并中取得的被购买方除无形资产以外的其他各项资产（不仅限于被购买方原已确认的资产），其所带来的经济利益很可能流入企业且公允价值能够可靠地计量的，应当单独予以确认并按照公允价值计量。

合并中取得的无形资产，其公允价值能够可靠地计量的，应当单独确认为无形资产并按照公允价值计量。

（二）合并中取得的被购买方除或有负债以外的其他各项负债，履行有关的义务很可能导致经济利益流出企业且公允价值能够可靠地计量的，应当单独予以确认并按照公允价值计量。

（三）合并中取得的被购买方或有负债，其公允价值能够可靠地计量的，应当单独确认为负债并按照公允价值计量。或有负债在初始确认后，应当按照下列两者孰高进行后续计量：

1. 按照《企业会计准则第 13 号——或有事项》应予确认的金额；

2. 初始确认金额减去按照《企业会计准则第 14 号——收入》的原则确认的累计摊销额后的余额。

第十五条　企业合并形成母子公司关系的，母公司应当设置备查簿，记录企业合并中取得的子公司各项可辨认资产、负债及或有负债等在购买日的公允价值。编制合并财务报表时，应当以购买日确定的各项可辨认资产、负债及或有负债的公允价值为基础对子公司的财务报表进行调整。

第十六条　企业合并发生当期的期末，因合并中取得的各项可辨认资产、负债及或有负债的公允价值或企业合并成本只能暂时确定的，购买方应当以所确定的暂时价值为基础对企业合并进行确认和计量。

购买日后12个月内对确认的暂时价值进行调整的，视为在购买日确认和计量。

第十七条　企业合并形成母子公司关系的，母公司应当编制购买日的合并资产负债表，因企业合并取得的被购买方各项可辨认资产、负债及或有负债应当以公允价值列示。母公司的合并成本与取得的子公司可辨认净资产公允价值份额的差额，以按照本准则规定处理的结果列示。

第四章　披露

第十八条　企业合并发生当期的期末，合并方应当在附注中披露与同一控制下企业合并有关的下列信息：

（一）参与合并企业的基本情况。

（二）属于同一控制下企业合并的判断依据。

（三）合并日的确定依据。

（四）以支付现金、转让非现金资产以及承担债务作为合并对价的，所支付对价在合并日的账面价值；以发行权益性证券作为合并对价的，合并中发行权益性证券的数量及定价原则，以及参与合并各方交换有表决权股份的比例。

（五）被合并方的资产、负债在上一会计期间资产负债表日及合并日的账面价值；被合并方自合并当期期初至合并日的收入、净利润、现金流量等情况。

（六）合并合同或协议约定将承担被合并方或有负债的情况。

（七）被合并方采用的会计政策与合并方不一致所作调整情况的说明。

（八）合并后已处置或准备处置被合并方资产、负债的账面价值、处置价格等。

第十九条　企业合并发生当期的期末，购买方应当在附注中披露与非同一控制下企业合并有关的下列信息：

（一）参与合并企业的基本情况。

（二）购买日的确定依据。

（三）合并成本的构成及其账面价值、公允价值及公允价值的确定方法。

（四）被购买方各项可辨认资产、负债在上一会计期间资产负债表日及购买日的账面价值和公允价值。

（五）合并合同或协议约定将承担被购买方或有负债的情况。

（六）被购买方自购买日起至报告期期末的收入、净利润和现金流量等情况。

（七）商誉的金额及其确定方法。

（八）因合并成本小于合并中取得的被购买方可辨认净资产公允价值的份额计入当期损益的金额。

（九）合并后已处置或准备处置被购买方资产、负债的账面价值、处置价格等。

附录 4

企业会计准则第 33 号——合并财务报表（2006 年 2 月）

企业会计准则第 33 号——合并财务报表

财政部　财会〔2006〕3 号附件 33　2006 年 2 月 15 日

第一章　总则

第一条　为了规范合并财务报表的编制和列报，根据《企业会计准则——基本准则》，制定本准则。

第二条　合并财务报表，是指反映母公司和其全部子公司形成的企业集团整体财务状况、经营成果和现金流量的财务报表。

母公司，是指有一个或一个以上子公司的企业（或主体，下同）。

子公司，是指被母公司控制的企业。

第三条　合并财务报表至少应当包括下列组成部分：

（一）合并资产负债表；

（二）合并利润表；

（三）合并现金流量表；

（四）合并所有者权益（或股东权益，下同）变动表；

（五）附注。

第四条　母公司应当编制合并财务报表。

第五条　外币财务报表折算，适用《企业会计准则第 19 号——外币折算》和《企业会计准则第 31 号——现金流量表》。

第二章　合并范围

第六条　合并财务报表的合并范围应当以控制为基础予以确定。

控制，是指一个企业能够决定另一个企业的财务和经营政策，并能据以从另一个企业的经营活动中获取利益的权力。

第七条 母公司直接或通过子公司间接拥有被投资单位半数以上的表决权，表明母公司能够控制被投资单位，应当将该被投资单位认定为子公司，纳入合并财务报表的合并范围。但是，有证据表明母公司不能控制被投资单位的除外。

第八条 母公司拥有被投资单位半数或以下的表决权，满足下列条件之一的，视为母公司能够控制被投资单位，应当将该被投资单位认定为子公司，纳入合并财务报表的合并范围。但是，有证据表明母公司不能控制被投资单位的除外：

（一）通过与被投资单位其他投资者之间的协议，拥有被投资单位半数以上的表决权。

（二）根据公司章程或协议，有权决定被投资单位的财务和经营政策。

（三）有权任免被投资单位的董事会或类似机构的多数成员。

（四）在被投资单位的董事会或类似机构占多数表决权。

第九条 在确定能否控制被投资单位时，应当考虑企业和其他企业持有的被投资单位的当期可转换的可转换公司债券、当期可执行的认股权证等潜在表决权因素。

第十条 母公司应当将其全部子公司纳入合并财务报表的合并范围。

第三章 合并程序

第十一条 合并财务报表应当以母公司和其子公司的财务报表为基础，根据其他有关资料，按照权益法调整对子公司的长期股权投资后，由母公司编制。

第十二条 母公司应当统一子公司所采用的会计政策，使子公司采用的会计政策与母公司保持一致。

子公司所采用的会计政策与母公司不一致的，应当按照母公司的会计政策对子公司财务报表进行必要的调整；或者要求子公司按照母公司的会计政策另行编报财务报表。

第十三条 母公司应当统一子公司的会计期间，使子公司的会计期间与母公司保持一致。

子公司的会计期间与母公司不一致的，应当按照母公司的会计期间对子公司财务报表进行调整；或者要求子公司按照母公司的会计期间另行编报财务报表。

第十四条 在编制合并财务报表时，子公司除了应当向母公司提供财务报表外，还应当向母公司提供下列有关资料：

（一）采用的与母公司不一致的会计政策及其影响金额；

（二）与母公司不一致的会计期间的说明；

（三）与母公司、其他子公司之间发生的所有内部交易的相关资料；

（四）所有者权益变动的有关资料；

（五）编制合并财务报表所需要的其他资料。

第一节 合并资产负债表

第十五条 合并资产负债表应当以母公司和子公司的资产负债表为基础，在抵销母公司与子公司、子公司相互之间发生的内部交易对合并资产负债表的影响后，由母公司合并编制。

（一）母公司对子公司的长期股权投资与母公司在子公司所有者权益中所享有的份额应当相互抵销，同时抵销相应的长期股权投资减值准备。

在购买日，母公司对子公司的长期股权投资与母公司在子公司所有者权益中所享有的份额的差额，应当在商誉项目列示。商誉发生减值的，应当按照经减值测试后的金额列示。

各子公司之间的长期股权投资以及子公司对母公司的长期股权投资，应当比照上述规定，将长期股权投资与其对应的子公司或母公司所有者权益中所享有的份额相互抵销。

（二）母公司与子公司、子公司相互之间的债权与债务项目应当相互抵销，同时抵销应收款项的坏账准备和债券投资的减值准备。

母公司与子公司、子公司相互之间的债券投资与应付债券相互抵销后，产生的差额应当计入投资收益项目。

（三）母公司与子公司、子公司相互之间销售商品（或提供劳务，下同）或其他方式形成的存货、固定资产、工程物资、在建工程、无形资产等所包含的未实现内部销售损益应当抵销。

对存货、固定资产、工程物资、在建工程和无形资产等计提的跌价准备或减值准备与未实现内部销售损益相关的部分应当抵销。

（四）母公司与子公司、子公司相互之间发生的其他内部交易对合并资产负债表的影响应当抵销。

第十六条 子公司所有者权益中不属于母公司的份额，应当作为少数股东权益，在合并资产负债表中所有者权益项目下以“少数股东权益”项目列示。

第十七条 母公司在报告期内因同一控制下企业合并增加的子公司，编制合并资产负债表时，应当调整合并资产负债表的期初数。

因非同一控制下企业合并增加的子公司，编制合并资产负债表时，不应当调整合并资产负债表的期初数。

第十八条 母公司在报告期内处置子公司，编制合并资产负债表时，不应当调整合并资产负债表的期初数。

第二节 合并利润表

第十九条 合并利润表应当以母公司和子公司的利润表为基础，在抵销母公司与子公司、子公司相互之间发生的内部交易对合并利润表的影响后，由母公司合并编制。

（一）母公司与子公司、子公司相互之间销售商品所产生的营业收入和营业成本应当抵销。

母公司与子公司、子公司相互之间销售商品，期末全部实现对外销售的，应当将购买方的营业成本与销售方的营业收入相互抵销。

母公司与子公司、子公司相互之间销售商品，期末未实现对外销售而形成存货、固定资产、工程物资、在建工程、无形资产等资产的，在抵销销售商品的营业成本和营业收入的同时，应当将各项资产所包含的未实现内部销售损益予以抵销。

（二）在对母公司与子公司、子公司相互之间销售商品形成的固定资产或无形资产所包含的未实现内部销售损益进行抵销的同时，也应当对固定资产的折旧额或无形资产的摊销额与未实现内部销售损益相关的部分进行抵销。

（三）母公司与子公司、子公司相互之间持有对方债券所产生的投资收益，应当与其相对应的发行方利息费用相互抵销。

（四）母公司对子公司、子公司相互之间持有对方长期股权投资的投资收益应当抵销。

（五）母公司与子公司、子公司相互之间发生的其他内部交易对合并利润表的影响应当抵销。

第二十条　子公司当期净损益中属于少数股东权益的份额，应当在合并利润表中净利润项目下以“少数股东损益”项目列示。

第二十一条　子公司少数股东分担的当期亏损超过了少数股东在该子公司期初所有者权益中所享有的份额，其余额应当分别下列情况进行处理：

（一）公司章程或协议规定少数股东有义务承担，并且少数股东有能力予以弥补的，该项余额应当冲减少数股东权益；

（二）公司章程或协议未规定少数股东有义务承担的，该项余额应当冲减母公司的所有者权益。该子公司以后期间实现的利润，在弥补了由母公司所有者权益所承担的属于少数股东的损失之前，应当全部归属于母公司的所有者权益。

第二十二条　母公司在报告期内因同一控制下企业合并增加的子公司，应当将该子公司合并当期期初至报告期末的收入、费用、利润纳入合并利润表。

因非同一控制下企业合并增加的子公司，应当将该子公司购买日至报告期末的收入、费用、利润纳入合并利润表。

第二十三条　母公司在报告期内处置子公司，应当将该子公司期初至处置日的收入、费用、利润纳入合并利润表。

第三节　合并现金流量表

第二十四条　合并现金流量表应当以母公司和子公司的现金流量表为基础，在抵销母公司与子公司、子公司相互之间发生的内部交易对合并现金流量表的影响后，由母公司合并编制。

本准则提及现金时，除非同时提及现金等价物，均包括现金和现金等价物。

第二十五条　编制合并现金流量表应当符合下列要求：

（一）母公司与子公司、子公司相互之间当期以现金投资或收购股权增加的投资所产生的现金流量应当抵销。

（二）母公司与子公司、子公司相互之间当期取得投资收益收到的现金，应当与分配股利、利润或偿付利息支付的现金相互抵销。

（三）母公司与子公司、子公司相互之间以现金结算债权与债务所产生的现金流量应当抵销。

（四）母公司与子公司、子公司相互之间当期销售商品所产生的现金流量应当抵销。

（五）母公司与子公司、子公司相互之间处置固定资产、无形资产和其他长期资产收回的现金净额，应当与购建固定资产、无形资产和其他长期资产支付的现金相互抵销。

（六）母公司与子公司、子公司相互之间当期发生的其他内部交易所产生的现金流量应当抵销。

第二十六条　合并现金流量表补充资料可以根据合并资产负债表和合并利润表进行编制。

第二十七条　母公司在报告期内因同一控制下企业合并增加的子公司，应当将该子公司合并当期期初至报告期末的现金流量纳入合并现金流量表。

因非同一控制下企业合并增加的子公司，应当将该子公司购买日至报告期末的现金流量纳入合并现金流量表。

第二十八条　母公司在报告期内处置子公司，应当将该子公司期初至处置日的现金流量纳入合并现金流量表。

第四节　合并所有者权益变动表

第二十九条　合并所有者权益变动表应当以母公司和子公司的所有者权益变动表为基础，在抵销母公司与子公司、子公司相互之间发生的内部交易对合并所有者权益变动表的影响后，由母公司合并编制。

（一）母公司对子公司的长期股权投资应当与母公司在子公司所有者权益中所享有的份额相互抵销。

各子公司之间的长期股权投资以及子公司对母公司的长期股权投资，应当比照上述规定，将长期股权投资与其对应的子公司或母公司所有者权益中所享有的份额相互抵销。

（二）母公司对子公司、子公司相互之间持有对方长期股权投资的投资收益应当抵销。

（三）母公司与子公司、子公司相互之间发生的其他内部交易对所有者权益变动的影响应当抵销。

合并所有者权益变动表也可以根据合并资产负债表和合并利润表进行编制。

第三十条　有少数股东的，应当在合并所有者权益变动表中增加“少数股东权益”栏目，反映少数股东权益变动的情况。

第四章　披露

第三十一条　企业应当在附注中披露下列信息：

（一）子公司的清单，包括企业名称、注册地、业务性质、母公司的持股比例和表决权比例。

（二）母公司直接或通过子公司间接拥有被投资单位表决权不足半数但能对其形成控制的原因。

（三）母公司直接或通过其他子公司间接拥有被投资单位半数以上的表决权但未能对其形成控制的原因。

（四）子公司所采用的与母公司不一致的会计政策，编制合并财务报表的处理方法及其影响。

（五）子公司与母公司不一致的会计期间，编制合并财务报表的处理方法及其影响。

（六）本期增加子公司，按照《企业会计准则第 20 号——企业合并》的规定进行披露。

（七）本期不再纳入合并范围的原子公司，说明原子公司的名称、注册地、业务性质、母公司的持股比例和表决权比例，本期不再成为子公司的原因，其在处置日和上一会计期间资产负债表日资产、负债和所有者权益的金额以及本期期初至处置日的收入、费用和利润的金额。

（八）子公司向母公司转移资金的能力受到严格限制的情况。

（九）需要在附注中说明的其他事项。

附录5

企业会计准则第2号——长期股权投资（2014年3月）

企业会计准则第2号——长期股权投资

财政部　财会〔2014〕14号　2014年3月13日

第一章　总则

第一条　为了规范长期股权投资的确认、计量，根据《企业会计准则——基本准则》，制定本准则。

第二条　本准则所称长期股权投资，是指投资方对被投资单位实施控制、重大影响的权益性投资，以及对其合营企业的权益性投资。

在确定能否对被投资单位实施控制时，投资方应当按照《企业会计准则第33号——合并财务报表》的有关规定进行判断。投资方能够对被投资单位实施控制的，被投资单位为其子公司。投资方属于《企业会计准则第33号——合并财务报表》规定的投资性主体且子公司不纳入合并财务报表的情况除外。

重大影响，是指投资方对被投资单位的财务和经营政策有参与决策的权力，但并不能够控制或者与其他方一起共同控制这些政策的制定。在确定能否对被投资单位施加重大影响时，应当考虑投资方和其他方持有的被投资单位当期可转换公司债券、当期可执行认股权证等潜在表决权因素。投资方能够对被投资单位施加重大影响的，被投资单位为其联营企业。

在确定被投资单位是否为合营企业时，应当按照《企业会计准则第40号——合营安排》的有关规定进行判断。

第三条　下列各项适用其他相关会计准则：

（一）外币长期股权投资的折算，适用《企业会计准则第19号——外币折算》。

（二）风险投资机构、共同基金以及类似主体持有的、在初始确认时按照《企业会计准则第22号——金融工具确认和计量》的规定以公允价值计量且其变动计入当期损益的金融资产，投资性主体对不纳入合并财务报表的子公司的权益性投资，以及本准则未予规范的其他权益性投资，适用《企业会计准则第 22 号——金融工具确认和计量》。

第四条 长期股权投资的披露，适用《企业会计准则第 41 号——在其他主体中权益的披露》。

第二章 初始计量

第五条 企业合并形成的长期股权投资，应当按照下列规定确定其初始投资成本：

（一）同一控制下的企业合并，合并方以支付现金、转让非现金资产或承担债务方式作为合并对价的，应当在合并日按照被合并方所有者权益在最终控制方合并财务报表中的账面价值的份额作为长期股权投资的初始投资成本。长期股权投资初始投资成本与支付的现金、转让的非现金资产以及所承担债务账面价值之间的差额，应当调整资本公积；资本公积不足冲减的，调整留存收益。

合并方以发行权益性证券作为合并对价的，应当在合并日按照被合并方所有者权益在最终控制方合并财务报表中的账面价值的份额作为长期股权投资的初始投资成本。按照发行股份的面值总额作为股本，长期股权投资初始投资成本与所发行股份面值总额之间的差额，应当调整资本公积；资本公积不足冲减的，调整留存收益。

（二）非同一控制下的企业合并，购买方在购买日应当按照《企业会计准则第 20 号——企业合并》的有关规定确定的合并成本作为长期股权投资的初始投资成本。

合并方或购买方为企业合并发生的审计、法律服务、评估咨询等中介费用以及其他相关管理费用，应当于发生时计入当期损益。

第六条 除企业合并形成的长期股权投资以外，其他方式取得的长期股权投资，应当按照下列规定确定其初始投资成本：

（一）以支付现金取得的长期股权投资，应当按照实际支付的购买价款作为初始投资成本。初始投资成本包括与取得长期股权投资直接相关的费用、税金及其他必要支出。

（二）以发行权益性证券取得的长期股权投资，应当按照发行权益性证券的公允价值作为初始投资成本。与发行权益性证券直接相关的费用，应当按照《企业会计准则第 37 号——金融工具列报》的有关规定确定。

（三）通过非货币性资产交换取得的长期股权投资，其初始投资成本应当按照《企业会计准则第 7 号——非货币性资产交换》的有关规定确定。

（四）通过债务重组取得的长期股权投资，其初始投资成本应当按照《企业会计准则第 12 号——债务重组》的有关规定确定。

第三章 后续计量

第七条 投资方能够对被投资单位实施控制的长期股权投资应当采用成本法核算。

第八条 采用成本法核算的长期股权投资应当按照初始投资成本计价。追加或收回投资应当调整长期股权投资的成本。被投资单位宣告分派的现金股利或利润，应当确认为当期投资收益。

第九条 投资方对联营企业和合营企业的长期股权投资，应当按照本准则第十条至第十三条规定，采用权益法核算。

投资方对联营企业的权益性投资，其中一部分通过风险投资机构、共同基金、信托公司或包括投连险基金在内的类似主体间接持有的，无论以上主体是否对这部分投资具有重大影响，投资方都可以按照《企业会计准则第22号——金融工具确认和计量》的有关规定，对间接持有的该部分投资选择以公允价值计量且其变动计入损益，并对其余部分采用权益法核算。

第十条 长期股权投资的初始投资成本大于投资时应享有被投资单位可辨认净资产公允价值份额的，不调整长期股权投资的初始投资成本；长期股权投资的初始投资成本小于投资时应享有被投资单位可辨认净资产公允价值份额的，其差额应当计入当期损益，同时调整长期股权投资的成本。

被投资单位可辨认净资产的公允价值，应当比照《企业会计准则第20号——企业合并》的有关规定确定。

第十一条 投资方取得长期股权投资后，应当按照应享有或应分担的被投资单位实现的净损益和其他综合收益的份额，分别确认投资收益和其他综合收益，同时调整长期股权投资的账面价值；投资方按照被投资单位宣告分派的利润或现金股利计算应享有的部分，相应减少长期股权投资的账面价值；投资方对于被投资单位除净损益、其他综合收益和利润分配以外所有者权益的其他变动，应当调整长期股权投资的账面价值并计入所有者权益。

投资方在确认应享有被投资单位净损益的份额时，应当以取得投资时被投资单位可辨认净资产的公允价值为基础，对被投资单位的净利润进行调整后确认。

被投资单位采用的会计政策及会计期间与投资方不一致的，应当按照投资方的会计政策及会计期间对被投资单位的财务报表进行调整，并据以确认投资收益和其他综合收益等。

第十二条 投资方确认被投资单位发生的净亏损，应当以长期股权投资的账面价值以及其他实质上构成对被投资单位净投资的长期权益减记至零为限，投资方负有承担额外损失义务的除外。

被投资单位以后实现净利润的，投资方在其收益分享额弥补未确认的亏损分担额后，恢复确认收益分享额。

第十三条　投资方计算确认应享有或应分担被投资单位的净损益时，与联营企业、合营企业之间发生的未实现内部交易损益按照应享有的比例计算归属于投资方的部分，应当予以抵销，在此基础上确认投资收益。

投资方与被投资单位发生的未实现内部交易损失，按照《企业会计准则第8号——资产减值》等的有关规定属于资产减值损失的，应当全额确认。

第十四条　投资方因追加投资等原因能够对被投资单位施加重大影响或实施共同控制但不构成控制的，应当按照《企业会计准则第22号——金融工具确认和计量》确定的原持有的股权投资的公允价值加上新增投资成本之和，作为改按权益法核算的初始投资成本。原持有的股权投资分类为可供出售金融资产的，其公允价值与账面价值之间的差额，以及原计入其他综合收益的累计公允价值变动应当转入改按权益法核算的当期损益。

投资方因追加投资等原因能够对非同一控制下的被投资单位实施控制的，在编制个别财务报表时，应当按照原持有的股权投资账面价值加上新增投资成本之和，作为改按成本法核算的初始投资成本。购买日之前持有的股权投资因采用权益法核算而确认的其他综合收益，应当在处置该项投资时采用与被投资单位直接处置相关资产或负债相同的基础进行会计处理。购买日之前持有的股权投资按照《企业会计准则第22号——金融工具确认和计量》的有关规定进行会计处理的，原计入其他综合收益的累计公允价值变动应当在改按成本法核算时转入当期损益。在编制合并财务报表时，应当按照《企业会计准则第33号——合并财务报表》的有关规定进行会计处理。

第十五条　投资方因处置部分股权投资等原因丧失了对被投资单位的共同控制或重大影响的，处置后的剩余股权应当改按《企业会计准则第22号——金融工具确认和计量》核算，其在丧失共同控制或重大影响之日的公允价值与账面价值之间的差额计入当期损益。原股权投资因采用权益法核算而确认的其他综合收益，应当在终止采用权益法核算时采用与被投资单位直接处置相关资产或负债相同的基础进行会计处理。

投资方因处置部分权益性投资等原因丧失了对被投资单位的控制的，在编制个别财务报表时，处置后的剩余股权能够对被投资单位实施共同控制或施加重大影响的，应当改按权益法核算，并对该剩余股权视同自取得时即采用权益法核算进行调整；处置后的剩余股权不能对被投资单位实施共同控制或施加重大影响的，应当改按《企业会计准则第22号——金融工具确认和计量》的有关规定进行会计处理，其在丧失控制之日的公允价值与账面价值间的差额计入当期损益。在编制合并财务报表时，应当按照《企业会计准则第33号——合并财务报表》的有关规定进行会计处理。

第十六条　对联营企业或合营企业的权益性投资全部或部分分类为持有待售资产的，投资方应当按照《企业会计准则第4号——固定资产》的有关规定处理，对于未划分为持有待售资产的剩余权益性投资，应当采用权益法进行会计处理。

已划分为持有待售的对联营企业或合营企业的权益性投资，不再符合持有待售资产分类条件的，应当从被分类为持有待售资产之日起采用权益法进行追溯调整。分类为持有待售期间的财务报表应当作相应调整。

第十七条　处置长期股权投资，其账面价值与实际取得价款之间的差额，应当计入当期损益。采用权益法核算的长期股权投资，在处置该项投资时，采用与被投资单位直接处置相关资产或负债相同的基础，按相应比例对原计入其他综合收益的部分进行会计处理。

第十八条　投资方应当关注长期股权投资的账面价值是否大于享有被投资单位所有者权益账面价值的份额等类似情况。出现类似情况时，投资方应当按照《企业会计准则第 8 号——资产减值》对长期股权投资进行减值测试，可收回金额低于长期股权投资账面价值的，应当计提减值准备。

第四章　衔接规定

第十九条　在本准则施行日之前已经执行企业会计准则的企业，应当按照本准则进行追溯调整，追溯调整不切实可行的除外。

第五章　附则

第二十条　本准则自 2014 年 7 月 1 日起施行。

附录 6

企业会计准则第 33 号
——合并财务报表（2014 年 2 月）

企业会计准则第 33 号——合并财务报表

财政部　财会〔2014〕10 号　2014 年 2 月 17 日

第一章　总则

第一条　为了规范合并财务报表的编制和列报，根据《企业会计准则——基本准则》，制定本准则。

第二条　合并财务报表，是指反映母公司和其全部子公司形成的企业集团整体财务状况、经营成果和现金流量的财务报表。

母公司，是指控制一个或一个以上主体（含企业、被投资单位中可分割的部分，以及企业所控制的结构化主体等，下同）的主体。

子公司，是指被母公司控制的主体。

第三条　合并财务报表至少应当包括下列组成部分：

（一）合并资产负债表；

（二）合并利润表；

（三）合并现金流量表；

（四）合并所有者权益（或股东权益，下同）变动表；

（五）附注。

企业集团中期期末编制合并财务报表的，至少应当包括合并资产负债表、合并利润表、合并现金流量表和附注。

第四条　母公司应当编制合并财务报表。

如果母公司是投资性主体，且不存在为其投资活动提供相关服务的子公司，则不应当编制合并财务报表，该母公司按照本准则第二十一条规定以公允价值计量其对所有子公司的投资，且公允价值变动计入当期损益。

第五条　外币财务报表折算，适用《企业会计准则第 19 号——外币折算》和

《企业会计准则第 31 号——现金流量表》。

第六条 关于在子公司权益的披露，适用《企业会计准则第 41 号——在其他主体中权益的披露》。

第二章 合并范围

第七条 合并财务报表的合并范围应当以控制为基础予以确定。

控制，是指投资方拥有对被投资方的权力，通过参与被投资方的相关活动而享有可变回报，并且有能力运用对被投资方的权力影响其回报金额。

本准则所称相关活动，是指对被投资方的回报产生重大影响的活动。被投资方的相关活动应当根据具体情况进行判断，通常包括商品或劳务的销售和购买、金融资产的管理、资产的购买和处置、研究与开发活动以及融资活动等。

第八条 投资方应当在综合考虑所有相关事实和情况的基础上对是否控制被投资方进行判断。一旦相关事实和情况的变化导致对控制定义所涉及的相关要素发生变化的，投资方应当进行重新评估。相关事实和情况主要包括：

（一）被投资方的设立目的。

（二）被投资方的相关活动以及如何对相关活动作出决策。

（三）投资方享有的权利是否使其目前有能力主导被投资方的相关活动。

（四）投资方是否通过参与被投资方的相关活动而享有可变回报。

（五）投资方是否有能力运用对被投资方的权力影响其回报金额。

（六）投资方与其他方的关系。

第九条 投资方享有现时权利使其目前有能力主导被投资方的相关活动，而不论其是否实际行使该权利，视为投资方拥有对被投资方的权力。

第十条 两个或两个以上投资方分别享有能够单方面主导被投资方不同相关活动的现时权利的，能够主导对被投资方回报产生最重大影响的活动的一方拥有对被投资方的权力。

第十一条 投资方在判断是否拥有对被投资方的权力时，应当仅考虑与被投资方相关的实质性权利，包括自身所享有的实质性权利以及其他方所享有的实质性权利。

实质性权利，是指持有人在对相关活动进行决策时有实际能力行使的可执行权利。判断一项权利是否为实质性权利，应当综合考虑所有相关因素，包括权利持有人行使该项权利是否存在财务、价格、条款、机制、信息、运营、法律法规等方面的障碍；当权利由多方持有或者行权需要多方同意时，是否存在实际可行的机制使得这些权利持有人在其愿意的情况下能够一致行权；权利持有人能否从行权中获利等。

某些情况下，其他方享有的实质性权利有可能会阻止投资方对被投资方的控制。这种实质性权利既包括提出议案以供决策的主动性权利，也包括对已提出议案作出决策的被动性权利。

第十二条　仅享有保护性权利的投资方不拥有对被投资方的权力。

保护性权利，是指仅为了保护权利持有人利益却没有赋予持有人对相关活动决策权的一项权利。保护性权利通常只能在被投资方发生根本性改变或某些例外情况发生时才能够行使，它既没有赋予其持有人对被投资方拥有权力，也不能阻止其他方对被投资方拥有权力。

第十三条　除非有确凿证据表明其不能主导被投资方相关活动，下列情况，表明投资方对被投资方拥有权力：

（一）投资方持有被投资方半数以上的表决权的。

（二）投资方持有被投资方半数或以下的表决权，但通过与其他表决权持有人之间的协议能够控制半数以上表决权的。

第十四条　投资方持有被投资方半数或以下的表决权，但综合考虑下列事实和情况后，判断投资方持有的表决权足以使其目前有能力主导被投资方相关活动的，视为投资方对被投资方拥有权力：

（一）投资方持有的表决权相对于其他投资方持有的表决权份额的大小，以及其他投资方持有表决权的分散程度。

（二）投资方和其他投资方持有的被投资方的潜在表决权，如可转换公司债券、可执行认股权证等。

（三）其他合同安排产生的权利。

（四）被投资方以往的表决权行使情况等其他相关事实和情况。

第十五条　当表决权不能对被投资方的回报产生重大影响时，如仅与被投资方的日常行政管理活动有关，并且被投资方的相关活动由合同安排所决定，投资方需要评估这些合同安排，以评价其享有的权利是否足够使其拥有对被投资方的权力。

第十六条　某些情况下，投资方可能难以判断其享有的权利是否足以使其拥有对被投资方的权力。在这种情况下，投资方应当考虑其具有实际能力以单方面主导被投资方相关活动的证据，从而判断其是否拥有对被投资方的权力。投资方应考虑的因素包括但不限于下列事项：

（一）投资方能否任命或批准被投资方的关键管理人员。

（二）投资方能否出于其自身利益决定或否决被投资方的重大交易。

（三）投资方能否掌控被投资方董事会等类似权力机构成员的任命程序，或者从其他表决权持有人手中获得代理权。

（四）投资方与被投资方的关键管理人员或董事会等类似权力机构中的多数成员是否存在关联方关系。

投资方与被投资方之间存在某种特殊关系的，在评价投资方是否拥有对被投资方的权力时，应当适当考虑这种特殊关系的影响。特殊关系通常包括：被投资方的关键管理人员是投资方的现任或前任职工、被投资方的经营依赖于投资方、被投资方活动的重大部分有投资方参与其中或者是以投资方的名义进行、投资方自被投资方承担可变回报的风险或享有可变回报的收益远超过其持有的表决权或其他类似权利的比例等。

第十七条　投资方自被投资方取得的回报可能会随着被投资方业绩而变动的，视为享有可变回报。投资方应当基于合同安排的实质而非回报的法律形式对回报的可变性进行评价。

第十八条　投资方在判断是否控制被投资方时，应当确定其自身是以主要责任人还是代理人的身份行使决策权，在其他方拥有决策权的情况下，还需要确定其他方是否以其代理人的身份代为行使决策权。

代理人仅代表主要责任人行使决策权，不控制被投资方。投资方将被投资方相关活动的决策权委托给代理人的，应当将该决策权视为自身直接持有。

第十九条　在确定决策者是否为代理人时，应当综合考虑该决策者与被投资方以及其他投资方之间的关系。

（一）存在单独一方拥有实质性权利可以无条件罢免决策者的，该决策者为代理人。

（二）除（一）以外的情况下，应当综合考虑决策者对被投资方的决策权范围、其他方享有的实质性权利、决策者的薪酬水平、决策者因持有被投资方中的其他权益所承担可变回报的风险等相关因素进行判断。

第二十条　投资方通常应当对是否控制被投资方整体进行判断。但极个别情况下，有确凿证据表明同时满足下列条件并且符合相关法律法规规定的，投资方应当将被投资方的一部分（以下简称“该部分”）视为被投资方可分割的部分（单独主体），进而判断是否控制该部分（单独主体）。

（一）该部分的资产是偿付该部分负债或该部分其他权益的唯一来源，不能用于偿还该部分以外的被投资方的其他负债；

（二）除与该部分相关的各方外，其他方不享有与该部分资产相关的权利，也不享有与该部分资产剩余现金流量相关的权利。

第二十一条　母公司应当将其全部子公司（包括母公司所控制的单独主体）纳入合并财务报表的合并范围。

如果母公司是投资性主体，则母公司应当仅将为其投资活动提供相关服务的子公司（如有）纳入合并范围并编制合并财务报表；其他子公司不应当予以合并，母公司对其他子公司的投资应当按照公允价值计量且其变动计入当期损益。

第二十二条　当母公司同时满足下列条件时，该母公司属于投资性主体：

（一）该公司是以向投资者提供投资管理服务为目的，从一个或多个投资者处获取资金；

（二）该公司的唯一经营目的，是通过资本增值、投资收益或两者兼有而让投资者获得回报；

（三）该公司按照公允价值对几乎所有投资的业绩进行考量和评价。

第二十三条　母公司属于投资性主体的，通常情况下应当符合下列所有特征：

（一）拥有一个以上投资；

（二）拥有一个以上投资者；

（三）投资者不是该主体的关联方；

（四）其所有者权益以股权或类似权益方式存在。

第二十四条　投资性主体的母公司本身不是投资性主体，则应当将其控制的全部主体，包括那些通过投资性主体所间接控制的主体，纳入合并财务报表范围。

第二十五条　当母公司由非投资性主体转变为投资性主体时，除仅将为其投资活动提供相关服务的子公司纳入合并财务报表范围编制合并财务报表外，企业自转变日起对其他子公司不再予以合并，并参照本准则第四十九条的规定，按照视同在转变日处置子公司但保留剩余股权的原则进行会计处理。

当母公司由投资性主体转变为非投资性主体时，应将原未纳入合并财务报表范围的子公司于转变日纳入合并财务报表范围，原未纳入合并财务报表范围的子公司在转变日的公允价值视同为购买的交易对价。

第三章　合并程序

第二十六条　母公司应当以自身和其子公司的财务报表为基础，根据其他有关资料，编制合并财务报表。

母公司编制合并财务报表，应当将整个企业集团视为一个会计主体，依据相关企业会计准则的确认、计量和列报要求，按照统一的会计政策，反映企业集团整体财务状况、经营成果和现金流量。

（一）合并母公司与子公司的资产、负债、所有者权益、收入、费用和现金流等项目。

（二）抵销母公司对子公司的长期股权投资与母公司在子公司所有者权益中所享有的份额。

（三）抵销母公司与子公司、子公司相互之间发生的内部交易的影响。内部交易表明相关资产发生减值损失的，应当全额确认该部分损失。

（四）站在企业集团角度对特殊交易事项予以调整。

第二十七条　母公司应当统一子公司所采用的会计政策，使子公司采用的会计政策与母公司保持一致。

子公司所采用的会计政策与母公司不一致的，应当按照母公司的会计政策对子公司财务报表进行必要的调整；或者要求子公司按照母公司的会计政策另行编报财务报表。

第二十八条　母公司应当统一子公司的会计期间，使子公司的会计期间与母公司保持一致。

子公司的会计期间与母公司不一致的，应当按照母公司的会计期间对子公司财务报表进行调整；或者要求子公司按照母公司的会计期间另行编报财务报表。

第二十九条 在编制合并财务报表时，子公司除了应当向母公司提供财务报表外，还应当向母公司提供下列有关资料：

（一）采用的与母公司不一致的会计政策及其影响金额；

（二）与母公司不一致的会计期间的说明；

（三）与母公司、其他子公司之间发生的所有内部交易的相关资料；

（四）所有者权益变动的有关资料；

（五）编制合并财务报表所需要的其他资料。

第一节 合并资产负债表

第三十条 合并资产负债表应当以母公司和子公司的资产负债表为基础，在抵销母公司与子公司、子公司相互之间发生的内部交易对合并资产负债表的影响后，由母公司合并编制。

（一）母公司对子公司的长期股权投资与母公司在子公司所有者权益中所享有的份额应当相互抵销，同时抵销相应的长期股权投资减值准备。

子公司持有母公司的长期股权投资，应当视为企业集团的库存股，作为所有者权益的减项，在合并资产负债表中所有者权益项目下以“减：库存股”项目列示。

子公司相互之间持有的长期股权投资，应当比照母公司对子公司的股权投资的抵销方法，将长期股权投资与其对应的子公司所有者权益中所享有的份额相互抵销。

（二）母公司与子公司、子公司相互之间的债权与债务项目应当相互抵销，同时抵销相应的减值准备。

（三）母公司与子公司、子公司相互之间销售商品（或提供劳务，下同）或其他方式形成的存货、固定资产、工程物资、在建工程、无形资产等所包含的未实现内部销售损益应当抵销。

对存货、固定资产、工程物资、在建工程和无形资产等计提的跌价准备或减值准备与未实现内部销售损益相关的部分应当抵销。

（四）母公司与子公司、子公司相互之间发生的其他内部交易对合并资产负债表的影响应当抵销。

（五）因抵销未实现内部销售损益导致合并资产负债表中资产、负债的账面价值与其在所属纳税主体的计税基础之间产生暂时性差异的，在合并资产负债表中应当确认递延所得税资产或递延所得税负债，同时调整合并利润表中的所得税费用，但与直接计入所有者权益的交易或事项及企业合并相关的递延所得税除外。

第三十一条 子公司所有者权益中不属于母公司的份额，应当作为少数股东权益，在合并资产负债表中所有者权益项目下以“少数股东权益”项目列示。

第三十二条 母公司在报告期内因同一控制下企业合并增加的子公司以及业

务，编制合并资产负债表时，应当调整合并资产负债表的期初数，同时应当对比较报表的相关项目进行调整，视同合并后的报告主体自最终控制方开始控制时点起一直存在。

因非同一控制下企业合并或其他方式增加的子公司以及业务，编制合并资产负债表时，不应当调整合并资产负债表的期初数。

第三十三条　母公司在报告期内处置子公司以及业务，编制合并资产负债表时，不应当调整合并资产负债表的期初数。

第二节　合并利润表

第三十四条　合并利润表应当以母公司和子公司的利润表为基础，在抵销母公司与子公司、子公司相互之间发生的内部交易对合并利润表的影响后，由母公司合并编制。

（一）母公司与子公司、子公司相互之间销售商品所产生的营业收入和营业成本应当抵销。

母公司与子公司、子公司相互之间销售商品，期末全部实现对外销售的，应当将购买方的营业成本与销售方的营业收入相互抵销。

母公司与子公司、子公司相互之间销售商品，期末未实现对外销售而形成存货、固定资产、工程物资、在建工程、无形资产等资产的，在抵销销售商品的营业成本和营业收入的同时，应当将各项资产所包含的未实现内部销售损益予以抵销。

（二）在对母公司与子公司、子公司相互之间销售商品形成的固定资产或无形资产所包含的未实现内部销售损益进行抵销的同时，也应当对固定资产的折旧额或无形资产的摊销额与未实现内部销售损益相关的部分进行抵销。

（三）母公司与子公司、子公司相互之间持有对方债券所产生的投资收益、利息收入及其他综合收益等，应当与其相对应的发行方利息费用相互抵销。

（四）母公司对子公司、子公司相互之间持有对方长期股权投资的投资收益应当抵销。

（五）母公司与子公司、子公司相互之间发生的其他内部交易对合并利润表的影响应当抵销。

第三十五条　子公司当期净损益中属于少数股东权益的份额，应当在合并利润表中净利润项目下以“少数股东损益”项目列示。

子公司当期综合收益中属于少数股东权益的份额，应当在合并利润表中综合收益总额项目下以“归属于少数股东的综合收益总额”项目列示。

第三十六条　母公司向子公司出售资产所发生的未实现内部交易损益，应当全额抵销“归属于母公司所有者的净利润”。

子公司向母公司出售资产所发生的未实现内部交易损益，应当按照母公司对该子公司的分配比例在“归属于母公司所有者的净利润”和“少数股东损益”之间分配抵销。

子公司之间出售资产所发生的未实现内部交易损益，应当按照母公司对出售方子公司的分配比例在“归属于母公司所有者的净利润”和“少数股东损益”之间分配抵销。

第三十七条 子公司少数股东分担的当期亏损超过了少数股东在该子公司期初所有者权益中所享有的份额的，其余额仍应当冲减少数股东权益。

第三十八条 母公司在报告期内因同一控制下企业合并增加的子公司以及业务，应当将该子公司以及业务合并当期期初至报告期末的收入、费用、利润纳入合并利润表，同时应当对比较报表的相关项目进行调整，视同合并后的报告主体自最终控制方开始控制时点起一直存在。

因非同一控制下企业合并或其他方式增加的子公司以及业务，应当将该子公司以及业务购买日至报告期末的收入、费用、利润纳入合并利润表。

第三十九条 母公司在报告期内处置子公司以及业务，应当将该子公司以及业务期初至处置日的收入、费用、利润纳入合并利润表。

第三节 合并现金流量表

第四十条 合并现金流量表应当以母公司和子公司的现金流量表为基础，在抵销母公司与子公司、子公司相互之间发生的内部交易对合并现金流量表的影响后，由母公司合并编制。

本准则提及现金时，除非同时提及现金等价物，均包括现金和现金等价物。

第四十一条 编制合并现金流量表应当符合下列要求：

（一）母公司与子公司、子公司相互之间当期以现金投资或收购股权增加的投资所产生的现金流量应当抵销。

（二）母公司与子公司、子公司相互之间当期取得投资收益、利息收入收到的现金，应当与分配股利、利润或偿付利息支付的现金相互抵销。

（三）母公司与子公司、子公司相互之间以现金结算债权与债务所产生的现金流量应当抵销。

（四）母公司与子公司、子公司相互之间当期销售商品所产生的现金流量应当抵销。

（五）母公司与子公司、子公司相互之间处置固定资产、无形资产和其他长期资产收回的现金净额，应当与购建固定资产、无形资产和其他长期资产支付的现金相互抵销。

（六）母公司与子公司、子公司相互之间当期发生的其他内部交易所产生的现金流量应当抵销。

第四十二条 合并现金流量表及其补充资料也可以根据合并资产负债表和合并利润表进行编制。

第四十三条 母公司在报告期内因同一控制下企业合并增加的子公司以及业务，应当将该子公司以及业务合并当期期初至报告期末的现金流量纳入合并现金流量表，同时应当对比较报表的相关项目进行调整，视同合并后的报告主体自最终控制方开始控制时点起一直存在。

因非同一控制下企业合并增加的子公司以及业务，应当将该子公司购买日至报告期末的现金流量纳入合并现金流量表。

第四十四条　母公司在报告期内处置子公司以及业务，应当将该子公司以及业务期初至处置日的现金流量纳入合并现金流量表。

第四节　合并所有者权益变动表

第四十五条　合并所有者权益变动表应当以母公司和子公司的所有者权益变动表为基础，在抵销母公司与子公司、子公司相互之间发生的内部交易对合并所有者权益变动表的影响后，由母公司合并编制。

（一）母公司对子公司的长期股权投资应当与母公司在子公司所有者权益中所享有的份额相互抵销。

子公司持有母公司的长期股权投资以及子公司相互之间持有的长期股权投资，应当按照本准则第三十条规定处理。

（二）母公司对子公司、子公司相互之间持有对方长期股权投资的投资收益应当抵销。

（三）母公司与子公司、子公司相互之间发生的其他内部交易对所有者权益变动的影响应当抵销。

合并所有者权益变动表也可以根据合并资产负债表和合并利润表进行编制。

第四十六条　有少数股东的，应当在合并所有者权益变动表中增加“少数股东权益”栏目，反映少数股东权益变动的情况。

第四章　特殊交易的会计处理

第四十七条　母公司购买子公司少数股东拥有的子公司股权，在合并财务报表中，因购买少数股权新取得的长期股权投资与按照新增持股比例计算应享有子公司自购买日或合并日开始持续计算的净资产份额之间的差额，应当调整资本公积（资本溢价或股本溢价），资本公积不足冲减的，调整留存收益。

第四十八条　企业因追加投资等原因能够对非同一控制下的被投资方实施控制的，在合并财务报表中，对于购买日之前持有的被购买方的股权，应当按照该股权在购买日的公允价值进行重新计量，公允价值与其账面价值的差额计入当期投资收益；购买日之前持有的被购买方的股权涉及权益法核算下的其他综合收益等的，与其相关的其他综合收益等应当转为购买日所属当期收益。购买方应当在附注中披露其在购买日之前持有的被购买方的股权在购买日的公允价值、按照公允价值重新计量产生的相关利得或损失的金额。

第四十九条　母公司在不丧失控制权的情况下部分处置对子公司的长期股权投资，在合并财务报表中，处置价款与处置长期股权投资相对应享有子公司自购买日或合并日开始持续计算的净资产份额之间的差额，应当调整资本公积（资本溢价或股本溢价），资本公积不足冲减的，调整留存收益。

第五十条　企业因处置部分股权投资等原因丧失了对被投资方的控制权的，在编制合并财务报表时，对于剩余股权，应当按照其在丧失控制权日的公允价值进行重新计量。处置股权取得的对价与剩余股权公允价值之和，减去按原持股比例计算应享有原有子公司自购买日或合并日开始持续计算的净资产的份额之间的差额，计入丧失控制权当期的投资收益，同时冲减商誉。与原有子公司股权投资相关的其他综合收益等，应当在丧失控制权时转为当期投资收益。

第五十一条　企业通过多次交易分步处置对子公司股权投资直至丧失控制权的，如果处置对子公司股权投资直至丧失控制权的各项交易属于一揽子交易的，应当将各项交易作为一项处置子公司并丧失控制权的交易进行会计处理；但是，在丧失控制权之前每一次处置价款与处置投资对应的享有该子公司净资产份额的差额，在合并财务报表中应当确认为其他综合收益，在丧失控制权时一并转入丧失控制权当期的损益。

处置对子公司股权投资的各项交易的条款、条件以及经济影响符合下列一种或多种情况，通常表明应将多次交易事项作为一揽子交易进行会计处理：

（一）这些交易是同时或者在考虑了彼此影响的情况下订立的。

（二）这些交易整体才能达成一项完整的商业结果。

（三）一项交易的发生取决于其他至少一项交易的发生。

（四）一项交易单独考虑时是不经济的，但是和其他交易一并考虑时是经济的。

第五十二条　对于本章未列举的交易或者事项，如果站在企业集团合并财务报表角度的确认和计量结果与其所属的母公司或子公司的个别财务报表层面的确认和计量结果不一致的，则在编制合并财务报表时，也应当按照本准则第二十六条第二款第（四）项的规定，对其确认和计量结果予以相应调整。

第五章　衔接规定

第五十三条　首次采用本准则的企业应当根据本准则的规定对被投资方进行重新评估，确定其是否应纳入合并财务报表范围。因首次采用本准则导致合并范围发生变化的，应当进行追溯调整，追溯调整不切实可行的除外。比较期间已丧失控制权的原子公司，不再追溯调整。

第六章　附则

第五十四条　本准则自 2014 年 7 月 1 日起施行。

附录 7

企业会计准则解释第 1 号中关于企业并购与重组的部分（2007）

企业会计准则解释第 1 号中关于企业并购与重组的部分

财政部　财会〔2007〕14 号　2007 年 11 月 16 日

八、企业在股权分置改革过程中持有的限售股权如何进行处理？

答：企业在股权分置改革过程中持有对被投资单位在重大影响以上的股权，应当作为长期股权投资，视对被投资单位的影响程度分别采用成本法或权益法核算；企业在股权分置改革过程中持有对被投资单位不具有控制、共同控制或重大影响的股权，应当划分为可供出售金融资产，其公允价值与账面价值的差额，在首次执行日应当追溯调整，计入资本公积。

九、企业在编制合并财务报表时，因抵销未实现内部销售损益在合并财务报表中产生的暂时性差异是否应当确认递延所得税？母公司对于纳入合并范围子公司的未确认投资损失，执行新会计准则后在合并财务报表中如何列报？

答：（一）企业在编制合并财务报表时，因抵销未实现内部销售损益导致合并资产负债表中资产、负债的账面价值与其在所属纳税主体的计税基础之间产生暂时性差异的，在合并资产负债表中应当确认递延所得税资产或递延所得税负债，同时调整合并利润表中的所得税费用，但与直接计入所有者权益的交易或事项及企业合并相关的递延所得税除外。

（二）执行新会计准则后，母公司对于纳入合并范围子公司的未确认投资损失，在合并资产负债表中应当冲减未分配利润，不再单独作为“未确认的投资损失”项目列报。

十、企业改制过程中的资产、负债，应当如何进行确认和计量？

答：企业引入新股东改制为股份有限公司，相关资产、负债应当按照公允价值计量，并以改制时确定的公允价值为基础持续核算的结果并入控股股东的合并财务报表。改制企业的控股股东在确认对股份有限公司的长期股权投资时，初始投资成本为投出资产的公允价值及相关费用之和。

附录 8

企业会计准则解释第 2 号中关于企业并购与重组的部分（2008）

企业会计准则解释第 2 号中关于企业并购与重组的部分

财政部　财会〔2008〕11 号　2008 年 8 月 7 日

二、企业购买子公司少数股东拥有对子公司的股权应当如何处理？企业或其子公司进行公司制改制的，相关资产、负债的账面价值应当如何调整？

答：（一）母公司购买子公司少数股权所形成的长期股权投资，应当按照《企业会计准则第 2 号——长期股权投资》第四条的规定确定其投资成本。

母公司在编制合并财务报表时，因购买少数股权新取得的长期股权投资与按照新增持股比例计算应享有子公司自购买日（或合并日）开始持续计算的净资产份额之间的差额，应当调整所有者权益（资本公积），资本公积不足冲减的，调整留存收益。

上述规定仅适用于本规定发布之后发生的购买子公司少数股权交易，之前已经发生的购买子公司少数股权交易未按照上述原则处理的，不予追溯调整。

（二）企业进行公司制改制的，应以经评估确认的资产、负债价值作为认定成本，该成本与其账面价值的差额，应当调整所有者权益；企业的子公司进行公司制改制的，母公司通常应当按照《企业会计准则解释第 1 号》的相关规定确定对子公司长期股权投资的成本，该成本与长期股权投资账面价值的差额，应当调整所有者权益。

三、企业对于合营企业是否应纳入合并财务报表的合并范围？

答：按照《企业会计准则第 33 号——合并财务报表》的规定，投资企业对于与其他投资方一起实施共同控制的被投资单位，应当采用权益法核算，不应采用比例合并法。但是，如果根据有关章程、协议等，表明投资企业能够对被投资单位实施控制的，应当将被投资单位纳入合并财务报表的合并范围。

附录9

企业会计准则解释第3号中关于企业并购与重组的部分（2009）

企业会计准则解释第3号中关于企业并购与重组的部分

财政部　财会〔2009〕8号　2009年6月11日

一、采用成本法核算的长期股权投资，投资企业取得被投资单位宣告发放的现金股利或利润，应当如何进行会计处理？

答：采用成本法核算的长期股权投资，除取得投资时实际支付的价款或对价中包含的已宣告但尚未发放的现金股利或利润外，投资企业应当按照享有被投资单位宣告发放的现金股利或利润确认投资收益，不再划分是否属于投资前和投资后被投资单位实现的净利润。

企业按照上述规定确认自被投资单位应分得的现金股利或利润后，应当考虑长期股权投资是否发生减值。在判断该类长期股权投资是否存在减值迹象时，应当关注长期股权投资的账面价值是否大于享有被投资单位净资产（包括相关商誉）账面价值的份额等类似情况。出现类似情况时，企业应当按照《企业会计准则第8号——资产减值》对长期股权投资进行减值测试，可收回金额低于长期股权投资账面价值的，应当计提减值准备。

二、企业持有上市公司限售股权，对上市公司不具有控制、共同控制或重大影响的，应当如何进行会计处理？

答：企业持有上市公司限售股权（不包括股权分置改革中持有的限售股权），对上市公司不具有控制、共同控制或重大影响的，应当按照《企业会计准则第22号——金融工具确认和计量》的规定，将该限售股权划分为可供出售金融资产或以公允价值计量且其变动计入当期损益的金融资产。

企业在确定上市公司限售股权公允价值时，应当按照《企业会计准则第22号——金融工具确认和计量》有关公允价值确定的规定执行，不得改变企业会计准则规定的公允价值确定原则和方法。

本解释发布前未按上述规定确定所持有限售股权公允价值的，应当按照《企业会计准则第28号——会计政策、会计估计变更和差错更正》进行处理。

附录 10

企业会计准则解释第 4 号中关于企业并购与重组的部分（2010）

企业会计准则解释第 4 号中关于企业并购与重组的部分

财政部　财会〔2010〕15 号　2010 年 7 月 14 日

一、同一控制下的企业合并中，合并方发生的审计、法律服务、评估咨询等中介费用以及其他相关管理费用，应当于发生时计入当期损益。非同一控制下的企业合并中，购买方发生的上述费用，应当如何进行会计处理？

答：非同一控制下的企业合并中，购买方为企业合并发生的审计、法律服务、评估咨询等中介费用以及其他相关管理费用，应当于发生时计入当期损益；购买方作为合并对价发行的权益性证券或债务性证券的交易费用，应当计入权益性证券或债务性证券的初始确认金额。

二、非同一控制下的企业合并中，购买方在购买日取得被购买方可辨认资产和负债，应当如何进行分类或指定？

答：非同一控制下的企业合并中，购买方在购买日取得被购买方可辨认资产和负债，应当根据企业会计准则的规定，结合购买日存在的合同条款、经营政策、并购政策等相关因素进行分类或指定，主要包括被购买方的金融资产和金融负债的分类、套期关系的指定、嵌入衍生工具的分拆等。但是，合并中如涉及租赁合同和保险合同且在购买日对合同条款作出修订的，购买方应当根据企业会计准则的规定，结合修订的条款和其他因素对合同进行分类。

三、企业通过多次交易分步实现非同一控制下企业合并的，对于购买日之前持有的被购买方的股权，应当如何进行会计处理？

答：企业通过多次交易分步实现非同一控制下企业合并的，应当区分个别财务报表和合并财务报表进行相关会计处理：

（一）在个别财务报表中，应当以购买日之前所持被购买方的股权投资的账面价值与购买日新增投资成本之和，作为该项投资的初始投资成本；购买日之前持有的被购买方的股权涉及其他综合收益的，应当在处置该项投资时将与其相关的其他综合收益（例如，可供出售金融资产公允价值变动计入资本公积的部分，下同）转入当期投资收益。

（二）在合并财务报表中，对于购买日之前持有的被购买方的股权，应当按照该股权在购买日的公允价值进行重新计量，公允价值与其账面价值的差额计入当期投资收益；购买日之前持有的被购买方的股权涉及其他综合收益的，与其相关的其他综合收益应当转为购买日所属当期投资收益。购买方应当在附注中披露其在购买日之前持有的被购买方的股权在购买日的公允价值、按照公允价值重新计量产生的相关利得或损失的金额。

四、企业因处置部分股权投资或其他原因丧失了对原有子公司控制权的，对于处置后的剩余股权应当如何进行会计处理？

答：企业因处置部分股权投资或其他原因丧失了对原有子公司控制权的，应当区分个别财务报表和合并财务报表进行相关会计处理：

（一）在个别财务报表中，对于处置的股权，应当按照《企业会计准则第2号——长期股权投资》的规定进行会计处理；同时，对于剩余股权，应当按其账面价值确认为长期股权投资或其他相关金融资产。处置后的剩余股权能够对原有子公司实施共同控制或重大影响的，按有关成本法转为权益法的相关规定进行会计处理。

（二）在合并财务报表中，对于剩余股权，应当按照其在丧失控制权日的公允价值进行重新计量。处置股权取得的对价与剩余股权公允价值之和，减去按原持股比例计算应享有原有子公司自购买日开始持续计算的净资产的份额之间的差额，计入丧失控制权当期的投资收益。与原有子公司股权投资相关的其他综合收益，应当在丧失控制权时转为当期投资收益。企业应当在附注中披露处置后的剩余股权在丧失控制权日的公允价值、按照公允价值重新计量产生的相关利得或损失的金额。

五、在企业合并中，购买方对于因企业合并而产生的递延所得税资产，应当如何进行会计处理？

答：在企业合并中，购买方取得被购买方的可抵扣暂时性差异，在购买日不符合递延所得税资产确认条件的，不应予以确认。购买日后12个月内，如取得新的或进一步的信息表明购买日的相关情况已经存在，预期被购买方在购买日可抵扣暂时性差异带来的经济利益能够实现的，应当确认相关的递延所得税资产，同时减少商誉，商誉不足冲减的，差额部分确认为当期损益；除上述情况以外，确认与企业合并相关的递延所得税资产，应当计入当期损益。

本解释发布前递延所得税资产未按照上述规定处理的，应当进行追溯调整，追溯调整不切实可行的除外。

六、在合并财务报表中，子公司少数股东分担的当期亏损超过了少数股东在该子公司期初所有者权益中所享有的份额的，其余额应当如何进行会计处理?

答：在合并财务报表中，子公司少数股东分担的当期亏损超过了少数股东在该子公司期初所有者权益中所享有的份额的，其余额仍应当冲减少数股东权益。

本解释发布前子公司少数股东权益未按照上述规定处理的，应当进行追溯调整，追溯调整不切实可行的除外。

附录 11

企业会计准则解释第 5 号中关于企业并购与重组的部分（2012）

企业会计准则解释第 5 号中关于企业并购与重组的部分（2012）

财政部　财会〔2012〕19 号　2012 年 11 月 5 日

一、非同一控制下的企业合并中，购买方应如何确认取得的被购买方拥有的但在其财务报表中未确认的无形资产？

答：非同一控制下的企业合并中，购买方在对企业合并中取得的被购买方资产进行初始确认时，应当对被购买方拥有的但在其财务报表中未确认的无形资产进行充分辨认和合理判断，满足以下条件之一的，应确认为无形资产：

（一）源于合同性权利或其他法定权利；

（二）能够从被购买方中分离或者划分出来，并能单独或与相关合同、资产和负债一起，用于出售、转移、授予许可、租赁或交换。

企业应当在附注中披露在非同一控制下的企业合并中取得的被购买方无形资产的公允价值及其公允价值的确定方法。

五、企业通过多次交易分步处置对子公司股权投资直至丧失控制权，应当如何进行会计处理？

答：企业通过多次交易分步处置对子公司股权投资直至丧失控制权的，应当按照《关于执行会计准则的上市公司和非上市企业做好 2009 年年报工作的通知》（财会〔2009〕16 号）和《企业会计准则解释第 4 号》（财会〔2010〕15 号）的规定对每一项交易进行会计处理。处置对子公司股权投资直至丧失控制权的各项交易属于一揽子交易的，应当将各项交易作为一项处置子公司并丧失控制权的交易进行会计处理；但是，在丧失控制权之前每一次处置价款与处置投资对应的享有该子公司净资产份额的差额，在合并财务报表中应当确认为其他综合收益，在丧失控制权时一并转入丧失控制权当期的损益。

处置对子公司股权投资的各项交易的条款、条件以及经济影响符合以下一种或多种情况，通常表明应将多次交易事项作为一揽子交易进行会计处理：

（1）这些交易是同时或者在考虑了彼此影响的情况下订立的；

（2）这些交易整体才能达成一项完整的商业结果；

（3）一项交易的发生取决于其他至少一项交易的发生；

（4）一项交易单独看是不经济的，但是和其他交易一并考虑时是经济的。

六、企业接受非控股股东（或非控股股东的子公司）直接或间接代为偿债、债务豁免或捐赠的，应如何进行会计处理？

答：企业接受代为偿债、债务豁免或捐赠，按照企业会计准则规定符合确认条件的，通常应当确认为当期收益；但是，企业接受非控股股东（或非控股股东的子公司）直接或间接代为偿债、债务豁免或捐赠，经济实质表明属于非控股股东对企业的资本性投入，应当将相关利得计入所有者权益（资本公积）。

企业发生破产重整，其非控股股东因执行人民法院批准的破产重整计划，通过让渡所持有的该企业部分股份向企业债权人偿债的，企业应将非控股股东所让渡股份按照其在让渡之日的公允价值计入所有者权益（资本公积），减少所豁免债务的账面价值，并将让渡股份公允价值与被豁免的债务账面价值之间的差额计入当期损益。控股股东按照破产重整计划让渡了所持有的部分该企业股权向企业债权人偿债的，该企业也按此原则处理。

七、本解释自 2013 年 1 月 1 日施行，不要求追溯调整。

附录12

企业会计准则解释第6号中关于企业并购与重组的部分（2014）

企业会计准则解释第6号中关于企业并购与重组的部分

财政部　财会〔2014〕1号　2014年1月17日

二、根据《企业会计准则第20号——企业合并》，在同一控制下的企业合并中，合并方在企业合并中取得的资产和负债，应当按照合并日在被合并方的账面价值计量。在被合并方是最终控制方以前年度从第三方收购来的情况下，合并方在编制财务报表时，应如何确定被合并方资产、负债的账面价值？

答：同一控制下的企业合并，是指参与合并的企业在合并前后均受同一方或相同的多方最终控制，且该控制不是暂时性的。从最终控制方的角度看，其在合并前后实际控制的经济资源并没有发生变化，因此有关交易事项不应视为购买。合并方编制财务报表时，在被合并方是最终控制方以前年度从第三方收购来的情况下，应视同合并后形成的报告主体自最终控制方开始实施控制时起，一直是一体化存续下来的，应以被合并方的资产、负债（包括最终控制方收购被合并方而形成的商誉）在最终控制方财务报表中的账面价值为基础，进行相关会计处理。合并方的财务报表比较数据追溯调整的期间应不早于双方处于最终控制方的控制之下孰晚的时间。

本解释发布前同一控制下的企业合并未按照上述规定处理的，应当进行追溯调整，追溯调整不切实可行的除外。

三、本解释自发布之日起施行。

附录 13

企业会计准则解释第 7 号中关于企业并购与重组的部分（2015）

企业会计准则解释第 7 号中关于企业并购与重组的部分

财政部　财会〔2015〕19 号　2015 年 11 月 4 日

一、投资方因其他投资方对其子公司增资而导致本投资方持股比例下降，从而丧失控制权但能实施共同控制或施加重大影响的，投资方应如何进行会计处理？

答：该问题主要涉及《企业会计准则第 2 号——长期股权投资》《企业会计准则第 33 号—合并财务报表》等准则。

投资方应当区分个别财务报表和合并财务报表进行相关会计处理：

（一）在个别财务报表中，应当对该项长期股权投资从成本法转为权益法核算。首先，按照新的持股比例确认本投资方应享有的原子公司因增资扩股而增加净资产的份额，与应结转持股比例下降部分所对应的长期股权投资原账面价值之间的差额计入当期损益；然后，按照新的持股比例视同自取得投资时即采用权益法核算进行调整。

（二）在合并财务报表中，应当按照《企业会计准则第 33 号——合并财务报表》的有关规定进行会计处理。

二、子公司发行优先股等其他权益工具的，应如何计算母公司合并利润表中的“归属于母公司股东的净利润”？

答：该问题主要涉及《企业会计准则第 33 号—合并财务报表》等准则。

子公司发行累积优先股等其他权益工具的，无论当期是否宣告发放其股利，在计算列报母公司合并利润表中的“归属于母公司股东的净利润”时，应扣除当期归属于除母公司之外的其他权益工具持有者的可累积分配股利，扣除金额应在“少数股东损益”项目中列示。

子公司发行不可累积优先股等其他权益工具的，在计算列报母公司合并利润表中的“归属于母公司股东的净利润”时，应扣除当期宣告发放的归属于除母公司之外的其他权益工具持有者的不可累积分配股利，扣除金额应在“少数股东损益”项目中列示。

本解释发布前企业的合并财务报表未按照上述规定列报的，应当对可比期间的数据进行相应调整。

三、母公司直接控股的全资子公司改为分公司的，该母公司应如何进行会计处理？

答：母公司直接控股的全资子公司改为分公司的（不包括反向购买形成的子公司改为分公司的情况），应按以下规定进行会计处理：

（一）原母公司（即子公司改为分公司后的总公司）应当对原子公司（即子公司改为分公司后的分公司）的相关资产、负债，按照原母公司自购买日所取得的该原子公司各项资产、负债的公允价值（如为同一控制下企业合并取得的原子公司则为合并日账面价值）以及购买日（或合并日）计算的递延所得税负债或递延所得税资产持续计算至改为分公司日的各项资产、负债的账面价值确认。在此基础上，抵销原母公司与原子公司内部交易形成的未实现损益，并调整相关资产、负债，以及相应的递延所得税负债或递延所得税资产。此外，某些特殊项目按如下原则处理：

1. 原为非同一控制下企业合并取得的子公司改为分公司的，原母公司购买原子公司时产生的合并成本小于合并中取得的可辨认净资产公允价值份额的差额，应计入留存收益；原母公司购买原子公司时产生的合并成本大于合并中取得的可辨认净资产公允价值份额的差额，应按照原母公司合并该原子公司的合并财务报表中商誉的账面价值转入原母公司的商誉。原为同一控制下企业合并取得的子公司改为分公司的，原母公司在合并财务报表中确认的最终控制方收购原子公司时形成的商誉，按其在合并财务报表中的账面价值转入原母公司的商誉。

2. 原子公司提取但尚未使用的安全生产费或一般风险准备，分别情况处理：原为非同一控制下企业合并取得的子公司改为分公司的，按照购买日起开始持续计算至改为分公司日的原子公司安全生产费或一般风险准备的账面价值，转入原母公司的专项储备或一般风险准备；原为同一控制下企业合并取得的子公司改为分公司的，按照合并日原子公司安全生产费或一般风险准备账面价值持续计算至改为分公司日的账面价值，转入原母公司的专项储备或一般风险准备。

3. 原为非同一控制下企业合并取得的子公司改为分公司的，应将购买日至改为分公司日原子公司实现的净损益，转入原母公司留存收益；原为同一控制下企业合并取得的子公司改为分公司的，应将合并日至改为分公司日原子公司实现的净损益，转入原母公司留存收益。这里，将原子公司实现的净损益转入原母公司留存收益时，应当按购买日（或合并日）所取得的原子公司各项资产、负债公允价值（或账面价值）为基础计算，并且抵销原母子公司内部交易形成的未实现损益。

原子公司实现的其他综合收益和权益法下核算的其他所有者权益变动等，应参照上述原则计算调整，并相应转入原母公司权益项下其他综合收益和资本公积等项目。

4. 原母公司对该原子公司长期股权投资的账面价值与按上述原则将原子公司的各项资产、负债等转入原母公司后形成的差额，应调整资本公积；资本公积不足冲减的，调整留存收益。

（二）除上述情况外，原子公司改为分公司过程中，由于其他原因产生的各项资产、负债的入账价值与其计税基础不同所产生的暂时性差异，按照《企业会计准则第 18 号——所得税》的有关规定进行会计处理。

（三）其他方式取得的子公司改为分公司的，应比照上述（一）和（二）原则进行会计处理。

本解释中除特别注明外，其他问题的会计处理规定适用于 2015 年年度及以后期间的财务报告。

附录 14

企业会计准则解释第 8 号中关于企业并购与重组的部分（2015）

企业会计准则解释第 8 号中关于企业并购与重组的部分

财政部　财会〔2015〕23 号　2015 年 12 月 16 日

一、商业银行及其子公司（以下统称为“商业银行”）应当如何判断是否控制其按照银行业监督管理委员会相关规定发行的理财产品（以下称为“理财产品”）？

答：商业银行应当按照《企业会计准则第 33 号——合并财务报表》（以下简称《合并财务报表准则》）的相关规定，判断是否控制其发行的理财产品。如果商业银行控制该理财产品，应当按照《合并财务报表准则》的规定将该理财产品纳入合并范围。

商业银行在判断是否控制其发行的理财产品时，应当综合考虑其本身直接享有以及通过所有子公司（包括控制的结构化主体）间接享有权利而拥有的权力、可变回报及其联系。分析可变回报时，至少应当关注以下方面：

可变回报通常包括商业银行因向理财产品提供管理服务等获得的决策者薪酬和其他利益：前者包括各种形式的理财产品管理费（含各种形式的固定管理费和业绩报酬等），还可能包括以销售费、托管费以及其他各种服务收费的名义收取的实质上为决策者薪酬的收费；后者包括各种形式的直接投资收益，提供信用增级或支持等而获得的补偿或报酬，因提供信用增级或支持等而可能发生或承担的损失，与理财产品进行其他交易或者持有理财产品其他利益而取得的可变回报，以及销售费、托管费和其他各种名目的服务收费等。其中，提供的信用增级包括担保（例如保证理财产品投资者的本金或收益、为理财产品的债务提供保证等）、信贷承诺等；提供的支持包括财务或其他支持，例如流动性支持、回购承诺、向理财产品提供融资、购买理财产品持有的资产、同理财产品进行衍生交易等。

商业银行在分析享有的可变回报时，不仅应当分析与理财产品相关的法律法规及各项合同安排的实质，还应当分析理财产品成本与收益是否清晰明确，交易定价

（含收费）是否符合市场或行业惯例，以及是否存在其他可能导致商业银行最终承担理财产品损失的情况等。商业银行应当慎重考虑其是否在没有合同义务的情况下，对过去发行的具有类似特征的理财产品提供过信用增级或支持的事实或情况，至少包括以下几个方面：

1. 提供该信用增级或支持的触发事件及其原因，以及预期未来发生类似事件的可能性和频率。

2. 商业银行提供该信用增级或支持的原因，以及做出这一决定的内部控制和管理流程；预期未来出现类似触发事件时，是否仍将提供信用增级和支持（此评估应当基于商业银行对于此类事件的应对机制以及内部控制和管理流程，且应当考虑历史经验）。

3. 因提供信用增级或支持而从理财产品获取的对价，包括但不限于该对价是否公允，收取该对价是否存在不确定性以及不确定性的程度。

4. 因提供信用增级或支持而面临损失的风险程度。

如果商业银行按照《合并财务报表准则》判断对所发行的理财产品不构成控制，但在该理财产品的存续期内，商业银行向该理财产品提供了合同义务以外的信用增级或支持，商业银行应当至少考虑上述各项事实和情况，重新评估是否对该理财产品形成控制。经重新评估后认定对理财产品具有控制的，商业银行应当将该理财产品纳入合并范围。同时，对于发行的具有类似特征（如具有类似合同条款、基础资产构成、投资者构成、商业银行参与理财产品而享有可变回报的构成等）的理财产品，商业银行也应当按照一致性原则予以重新评估。

商业银行应当在2016年年度及以后期间的财务报告中适用本解释要求。本解释生效前商业银行对理财产品的会计处理与本解释不一致的，应当进行追溯调整，追溯调整不可行的除外。

附录 15

企业会计准则解释第 9 号中关于企业并购与重组的部分（2017）

企业会计准则解释第 9 号——关于权益法下有关投资净损失的会计处理

财政部　财会〔2017〕16 号　2017 年 6 月 12 日

一、涉及的主要准则

该问题主要涉及《企业会计准则第 2 号—长期股权投资》（财会〔2014〕14 号，以下简称第 2 号准则）。

二、涉及的主要问题

第 2 号准则第十二条规定，投资方确认被投资单位发生的净亏损，应以长期股权投资的账面价值以及其他实质上构成对被投资单位净投资的长期权益（简称其他长期权益）冲减至零为限，投资方负有承担额外损失义务的除外。被投资单位以后实现净利润的，投资方在其收益分享额弥补未确认的亏损分担额后，恢复确认收益分享额。

根据上述规定，投资方在权益法下因确认被投资单位发生的其他综合收益减少净额而产生未确认投资净损失的，是否按照上述原则处理?

三、会计确认、计量和列报要求

投资方按权益法确认应分担被投资单位的净亏损或被投资单位其他综合收益减少净额，将有关长期股权投资冲减至零并产生了未确认投资净损失的，被投资单位在以后期间实现净利润或其他综合收益增加净额时，投资方应当按照以前确认或登记有关投资净损失时的相反顺序进行会计处理，即依次减记未确认投资净损失金额、恢复其他长期权益和恢复长期股权投资的账面价值，同时，投资方还应当重新复核预计负债的账面价值，有关会计处理如下：

（一）投资方当期对被投资单位净利润和其他综合收益增加净额的分享额小于或等于前期未确认投资净损失的，根据登记的未确认投资净损失的类型，弥补前期未确认的应分担的被投资单位净亏损或其他综合收益减少净额等投资净损失。

（二）投资方当期对被投资单位净利润和其他综合收益增加净额的分享额大于前期未确认投资净损失的，应先按照以上（一）的规定弥补前期未确认投资净损失；对于前者大于后者的差额部分，依次恢复其他长期权益的账面价值和恢复长期股权投资的账面价值，同时按权益法确认该差额。

投资方应当按照《企业会计准则第 13 号——或有事项》的有关规定，对预计负债的账面价值进行复核，并根据复核后的最佳估计数予以调整。

四、生效日期和新旧衔接

本解释自 2018 年 1 月 1 日起施行。本解释施行前的有关业务未按照以上规定进行处理的，应进行追溯调整，追溯调整不切实可行的除外。本解释施行前已处置或因其他原因终止采用权益法核算的长期股权投资，无须追溯调整。